全国教育硕士专业学位研究生教育通用教材

（公共必修课使用）

教育原理（涂艳国主编）

教育研究方法（吴刚主编）

课程与教学论（石鸥主编）

青少年心理发展与教育（张大均主编）

丛书责编　刘立德　韩华球

本书责编　张茹丹

本系列教材为

全国教育专业学位研究生教育指导委员会
教材建设规划重点项目

全国教育硕士专业学位研究生教育通用教材
全国教育专业学位研究生教育指导委员会组织编写

KECHENG YU JIAOXUELUN

课程与教学论

石 鸥 主编

人民教育出版社
PEOPLE'S EDUCATION PRESS
·北京·

图书在版编目（CIP）数据

全国教育硕士专业学位研究生教育通用教材．课程与教学论 / 石鸥主编．—北京：人民教育出版社，2020. 12（2025.3 重印）

ISBN 978-7-107-35185-3

Ⅰ．①全… Ⅱ．①石… Ⅲ．①教育学—研究生—教材 Ⅳ．① G40

中国版本图书馆 CIP 数据核字（2021）第 019019 号

全国教育硕士专业学位研究生教育通用教材　课程与教学论

出版发行　人民教育出版社
（北京市海淀区中关村南大街 17 号院 1 号楼　邮编：100081）
网　　址　http://www.pep.com.cn
经　　销　全国新华书店
印　　刷　唐山玺诚印务有限公司
版　　次　2020 年 12 月第 1 版
印　　次　2025 年 3 月第 3 次印刷
开　　本　787 毫米 ×1 092 毫米　1/16
印　　张　21
字　　数　440 千字
印　　数　5 001~7 000 册
定　　价　36.00 元

《全国教育硕士专业学位研究生教育通用教材》

总　序

为了贯彻全国教育大会和《中国教育现代化2035》有关精神和理念，培养更多高素质、专业化的教育人才，我们依据《教育部人力资源社会保障部关于深入推进专业学位研究生培养模式改革的意见》、全国教育专业学位研究生教育指导委员会《全日制教育硕士专业学位研究生指导性培养方案（修订）》，组织编写了全国教育硕士专业学位研究生教育通用教材。从2021年起，本套教材将陆续出版，供各高等学校教育硕士专业学位课程教学使用。

教材与教学和科研密切相关，应该与时俱进，守正创新。一方面，我国教育硕士专业的教学和教材编写工作取得了显著进展，有助于我们在此基础上继续改进；另一方面，国外教育学、心理学研究的新理论、新方法不断引进，有助于我们拓宽视野，打开思路。本套教材力图体现以下两点：一是注重立足当代中国基础教育实践，尽可能吸收国内外最新研究成果，在理论体系、组织架构和编写体例等方面进行一些新的尝试；二是坚持继承与创新相结合，力求处理好基础性与应用性、稳定性与先进性、统一性与多样性等方面的关系，以切实帮助研究生提高基本理论素养和专业技能，养成专业精神。

承担本套教材编写工作的专家和他们带领的学术团队付出了艰辛劳动，在此，我代表全国教育专业学位研究生教育指导委员会向他们表示衷心的感谢和崇高的敬意。同时，全国教育硕士专业学位研究生教材建设得到了人民教育出版社一如既往的大力支持。郭戈总编辑、刘立德编审和韩华球编审付出了辛勤劳动。谨在此一并表示衷心感谢。

希望广大教育工作者尤其是本套教材的使用者提出宝贵的修改意见和建议，以使之不断完善和提高。

张斌贤

2020年11月

（本序作者张斌贤先生现任北京师范大学教育学部教授、全国教育专业学位研究生教育指导委员会秘书长）

本书前言

《课程与教学论》是全国教育硕士专业学位研究生教育通用教材，依据《教育部人力资源社会保障部关于深入推进专业学位研究生培养模式改革的意见》和全国教育专业学位研究生教育指导委员会《全日制教育硕士专业学位研究生指导性培养方案（修订）》有关精神和理念编写。本教材的读者对象主要是教育硕士专业学位研究生，同时也适用于学术硕士研究生的学习以及中小学教师的继续教育。

本教材是教育硕士专业学位研究生的学位基础课程教材。本教材立足于当代中国基础教育改革实践，分析、吸收、借鉴国内外相关研究的最新成果，努力体现内容的时代性、理论性与实践性，以期培养研究生的课程与教学的基本理论素养，使之具备课程与教学的实践智慧及技能，促进自身专业成长和发展。

本教材试图从整体上设计和思考课程与教学两个研究领域，紧密联系当代中国基础教育和教师教育的实际，在系统阐述课程与教学基本原理的基础上，强调结合基础教育课程与教学的实践，以切实帮助研究生提升专业精神和专业能力。

本教材编写主要遵循以下三条原则。

一是坚持理论性与实践性相结合。在理论上，本教材力求反映已有研究成果，并在内容上有所创新，努力反映课程与教学理论的发展变化；在实践上，积极关注课程与教学实践变革的成果，将其有机融入教材内容。

二是坚持基础性与时代性相结合。本教材精选课程与教学的基本理论和基础知识，并力求在传承的基础上与时俱进，增加课程与教学领域的最新研究成果，兼顾教学内容的基础性与时代性。

三是坚持本土化与国际化相结合。本教材吸收了我国课程与教学领域的理论与实践成果，同时也注重介绍国外先进的课程与教学理论与实践成果。

本教材由绪论、课程与教学论的理论基础、课程与教学目标、课程与教学内容、课程与教学实施（上）、课程与教学实施（下）、课程与教学评价、课程管理与领导、教师的课程与教学研究、国内外课程与教学改革等十章构成。书后所附参考文献为读者进一步深入研读相关理论提供了重要线索。

本教材的课时建议为每周两学时，开设一个学期。本教材的授课方式建议在传授基础理论知识的同时，辅以案例分析、读书报告、主题研讨、调查研究等方法，引导学习者关注现实问题，积极参与和研究课程与教学实践；考核方式建议采取综合评价方式。

本教材是集体通力合作的成果，由首都师范大学石鸥教授担任主编。各章执笔者如下：第一章，沈阳师范大学迟艳杰教授；第二章，深圳大学李臣之教授；第三章，华中师范大学陈佑清教授；第四章，首都师范大学石鸥教授；第五章，辽宁师范大学朱宁波教授；第六章，首都师范大学张菁教授；第七章，湖南第一师范学院刘丽群教授；第八章，东北师范大学陈旭远教授；第九章，福建师范大学余文森教授；第十章，陕西师范大学陈晓端教授。沈阳师范大学刘学利为全书的完成做了大量组织协调等相关工作。

为了更好地完成教材的编写工作，教材编写成员在首都师范大学、陕西师范大学以及网上多次开会，讨论研究本教材的有关事宜，确保了本教材的顺利面世。

基础教育课程改革发展很快，有一些材料刚写入教材不久，可能又发生变化了，尽管作者也多次进行修改，但难免有个别遗漏，敬请读者谅解。教材中也可能还有这样那样的不足之处，恳请专家和读者予以批评和指正，以便日后修改和完善。

教材建设是深化教育硕士专业学位研究生教育改革的突破口之一，希望本教材能为我国教育硕士专业学位研究生教育事业发展、为提升教育硕士培养质量做出应有的贡献。

最后需要特别说明的是，本教材的编写借鉴了大量国内外学者在课程与教学论方面的研究成果，借此机会，我们对这些成果的作者致以深深的谢意！

感谢全国教育专业学位研究生教育指导委员会与人民教育出版社对本教材的关心和支持！

编者

2020 年 10 月 25 日

目　录

Mu　Lu

第一章　绪论

教学目标

- 明确课程与教学在学校工作中的地位和作用。
- 辨析课程与教学概念，逐渐养成思考问题和分析问题的习惯和能力。
- 理解教与学、教师与学生的关系，进一步明确教师的职责。
- 探讨课程论与教学论学科能否成为一门学科，深入理解课程与教学论的研究对象和任务，进而理解学习本门课程对从事教育教学工作的意义。
- 了解课程与教学实践和思想的发展历程，深入理解在社会发展的历史进程中教育家面对的问题和解决问题的方式，并进一步理解继承与创新的关系。

第一节　课程与教学概述

在学校教育中，课程与教学具有重要的地位和作用。对国家和社会而言，课程是学校培养目标的具体化；对学生而言，课程是学生的精神食粮，可以促进学生身体和心理的健康发展；对教学而言，课程是教师教和学生学的主要对象，是联系教师和学生的纽带。教学是培养人才的基本途径，是学校教育工作的中心。

一、课程与教学的概念

（一）课程的含义

1. 课程的词源分析

我国古代文字中的“课”和“程”各自有其独立的意义。“课”有试验、考核的含义，还有按照规定的内容和分量教授或学习的意思。“程”的含义很多，有容量的含义，又有计量、考核，以及法式、规章之意；也可用来指进程和限度，如程度、程序、日程等，“课程”之“程”主要取此意。“课程”在古代连用，指功课的进程。西方“课程”（curriculum）一词的拉丁语词根是“currere”，意指“跑道”，由此引出的最为常见的课程定义是学习的进程（course of study）。

2. 当代几种典型的课程定义

由课程的拉丁语词源“跑道”的含义而引出的最为常见的课程定义是学习的进程。“但是，这种看法在现代课程文献中受到了广泛的批评，并遭到频繁的修正、替换，一般说来，还没有一个得到广泛接受的定义。课程定义因研究者或实践者在其课程思考和工作中对概念的使用而有所不同，因此，没有超出特定的研究、论文、看法或者值得讨论的政策文件等背景之外的特殊地给课程下定义的方式。一些作者规定他们的操作定义，而其他人则依据他们所说所做的含义来下定义。”①《简明国际教育百科全书·课程》列举了九种课程的定义，以说明课程定义的差异性。这种状况也反映在我国课程领域中。下面将介绍几种典型的课程定义。面对多样的课程定义，希望学习者认识到：课程没有绝对统一的定义，阅读课程方面的文献时，要领会作者的思想。“课程的定义不胜枚举，而对待定义问题的唯一正确方式是考察作者在其工作中是如何使用这一术语的。”②更为重要的是，在我们的教育实践中，不要放弃探寻课程意义的责任。

（1）课程即教学科目

把课程等同于教学科目，历史上由来已久，现实中也很常见。欧洲中世纪初的课程是指由文法、修辞、辩证法、算数、几何、音乐、天文学构成的“七艺”，西方现代学校课程体系也是在“七艺”的基础上逐渐发展而成的。以上都是在这个意义上使用课程的。《中国大百科全书·教育》对课程解释是多义的：课程有广义、狭义两种。广义指所有学科（教学科目）的总和，狭义指一门学科。③ 其中就有科目的含义。在这个意义上，我们常说的“课程表”中的课程也就是指教学科目。

（2）课程即教学内容

我国学者对课程的一种解释是：“为实现学校教育目标而选择的教育内容的称谓。”④把课程理解为教学内容，就是将各门学科和它们在课程计划中的地位、开设的顺序等总称为课程。

（3）课程即预期的学习结果

《简明国际教育百科全书·课程》对课程的多种定义中，第三种是：“学校传授给学生

---

①② T. 胡森，T. N. 波施特尔斯特. 简明国际教育百科全书·课程［M］. 江山野，主编译. 北京：教育科学出版社，1991：64—65，66.

③ 中国大百科全书总编辑委员会《教育》编辑委员会，中国大百科全书出版社编辑部. 中国大百科全书·教育［M］. 北京：中国大百科全书出版社，1985：207.

④ 顾明远. 教育大辞典（增订合编本）［M］. 上海：上海教育出版社，1998：892.

的、意在使他们取得毕业、获得证书或进入职业领域的资格的教学内容和具体教材的总计划。”① 这种观点最能体现“跑道”的隐喻，因为沿着学校提供的学习“路线”前进，学生就能获得毕业证书或能力水平证书。而第七种课程的定义是：“通过有组织地重建知识和经验而得到系统阐述的有计划、有指导的学习经验和预期的学习结果，在学校的帮助下，推动学习者个人的社会能力不断地、有目的地向前发展。”② 这两种定义的共同之处是：都是在目的—手段的逻辑下理解课程，都把课程看作为一定目的或目标所做的预先计划和安排。同样，学习计划也是为一定目的而设计，课程就是为实现一定目的的手段。

（4）课程即有计划的学习活动

《中国大百科全书·教育》对课程的第二种定义是：“学生在教师指导下各种活动的总和。”③ 从活动方面理解课程，强调的是学生的学习，而且这些学习不仅仅局限于书本学习。

（5）课程即学生学习经验

这种认识产生于20世纪20年代美国进步主义教育，在当代仍有很多学者支持这一观点。《简明国际教育百科全书·课程》中提到的第一种课程定义就是：“在学校建立一系列具有潜力的经验，目的是训练儿童和青年以群体的方式思考和行动。这类经验被称为课程。”④ 美国课程论学者艾斯纳（Z. W. Eisner）对此的理解则更为深刻，他说进步主义教育学者把课程理解为“学习者在学校的支持下所拥有的全部经验”，旨在强调几个举足轻重的信念。“第一，他们希望提醒其他教育者，课程的实际对孩子而言取决于他们的学校经验的品质，而不是简单取决于写在课程计划的几张纸。第二，某种意义上，只有当孩子经历了之后才会产生课程。这些进步主义教育者一致认为，孩子在学校中实际学到的要比课堂教学中的东西开阔，也比教师打算教的东西更富于变化。”⑤

无论哪种课程定义，不论课程被看作目标还是预期到达的结果，还是被看作学生在学校的学习活动或者是学生在学校支持下拥有的全部经验。如果没有为学生提供某种教学内容和学习计划，学校就不能发挥其作用。

（二）教学的含义

1. 我国古代的教与学

我国古代的“教”有几种含义。当教（jiào）读去声时，有教化、教诲的含义。当教（jiāo）读平声时，有传授知识技能的含义。古代文字是单音节字，教和学两字也连用，

---

①②④ T. 胡森，T. N. 波施特尔斯特. 简明国际教育百科全书·课程［M］. 江山野，主编译. 北京：教育科学出版社，1991：65.

③ 中国大百科全书总编辑委员会《教育》编辑委员会，中国大百科全书编辑部. 中国大百科全书·教育［M］. 北京：中国大百科全书出版社，1985：207.

⑤ 埃利奥特·W. 艾斯纳. 教育想象——学校课程设计与评价［M］. 李雁冰，主译. 北京：教育科学出版社，2008：27.

如《礼记·学记》说："是故古之王者，建国君民，教学为先。"① 但此时的"教学"并不完全同于我们今天常使用的"教学"，这里的"教"是教化，而"学"则更多地指道德修养的践行。

2. 我国近现代的教学概念

中国近代，随着学校教育制度的逐步确立，教授法成为师范教育中的一个科目。后来，陶行知倡导以"教学"取代"教授"，后通过全国教育联合会的推广，"教学"概念得以流行，"教授法"被"教学法"取代。20 世纪 50 年代，我国教育界全面学习苏联教育学。凯洛夫主编的《教育学》对教学的定义是"教师在学生自觉与自动的参加之下，以知识、技能和熟练技巧的体系去武装学生的过程"②。"教学过程一方面包括教师的活动（教），同时也包括学生的活动（学）。教和学是同一个过程的两个方面，彼此不可分割地联系着。在教学过程中，讲授应起主导的作用：正确地安排讲授是学生顺利地掌握知识、技能和技巧的主要条件。"③ 这一认识长期影响着我国对教学的认识，《中国大百科全书·教育》对教学的定义是"教师的教和学生的学的共同活动。学生在教师有目的、有计划的指导下，积极、主动地掌握系统的文化科学基础知识和基本技能，发展能力，增强体质，并形成一定的思想品德"④。

3. 西方的教学定义

在现代学校教育制度下，西方对教学的定义主要有以下几种。

其一，教学的描述性定义。"对惯用意义的描述以及对词的所指范围的说明被称为'描述性定义'。"⑤ 教学的描述性定义即"传授知识或技能"⑥。

其二，教学即成功。"教学即成功"思想的要点是，教学必然导致学生学习，就如杜威（J. Dewey）所说，教之于学就如卖之于买。"'教学'不仅意味着双方相互产生某种作用，而且也意味着学习者正在掌握所教的东西。"⑦

其三，教学是有意向的活动。"教学虽然在逻辑上并不一定包含学习的意思，然而教学有可能导致学习。教师可能教得并不成功，但是他会争取成功。所以，教学是有意识的行为，目的是要导致别人学习。"⑧

其四，教学是规范性行为。"规范性教学概念规定教学活动必须遵循某些道德

---

① 高时良. 学记评注［M］. 北京：人民教育出版社，1982：1.

② 凯洛夫. 教育学［M］. 沈颖，南致善，等译. 北京：人民教育出版社，1951：53.

③ 凯洛夫，等. 教育学［M］. 陈侠，朱智贤，等译. 北京：人民教育出版社，1957：130.

④ 中国大百科全书总编辑委员会《教育》编辑委员会，中国大百科全书出版社编辑部. 中国大百科全书·教育［M］. 北京：中国大百科全书出版社，1985：150.

⑤⑥⑦⑧ T. 胡森，T. N. 波施特尔斯特. 简明国际教育百科全书·教学（下）［M］. 中央教育科学研究所比较教育研究室，编译. 北京：教育科学出版社，1991：233，234，235，237.

准则。”①

二、教与学的关系

在现实中，教师的教与学生的学是不同的活动，但又紧密相连。认识两者的关系，有助于发挥各自的积极作用。

（一）相互依存的关系

教与学相互依存，密不可分。有教须有学，教不能离开学。对于教育工作者来说，“教学”就是指教的人指导学的人进行学习的活动。进一步说，指的是教和学相结合或相统一的活动。只有教或只有学的片面活动，或者至少这两项活动的简单相加而没有什么“结合”或“统一”②，都不是严格意义上的教学活动。

（二）相互促进的关系

教与学可以相互促进，即“教学相长”的引申意义。教学相长的原意是“就教师自身的教与学而言。后引申为师生之间相互促进：一方面教师的教导使学生得到发展；另一方面学生提出问题和要求，又促使教师继续学习，不断进步”③。

（三）学是教的依据，学决定教的效果

教师的教要遵循学生学习的规律和特点，教师从学生的需要、兴趣和已有的基础出发去教，才能引起和促进学生的学。陶行知说：“教的法子必须根据学的法子。”④ 学生是学习的主人，教师的教需要引起和促进学生的学，学生的发展最终是自我发展。因而，教师的教最终是为了不教，教师要致力于教会学生学会学习，培养学生的自学能力，让学生自主学习。

（四）教对学发挥指导和引导的作用

中小学生处于身心成长时期，发展还不成熟，而教师闻道在先，且具有专业知识和技能，教师的教“是促进学生能动而有效学习的条件”⑤。在课堂上，教师在教授一个概念时，举出正反两方面的实例，学生掌握这个概念的可能性就得到提高；教师向出错的学生发出矫正的反馈信息，学生学会的可能性就此加强。加涅（R. M. Gagne）说：

---

① T. 胡森，T. N. 波施特尔斯特. 简明国际教育百科全书·教学（下）[M]. 中央教育科学研究所比较教育研究室，编译. 北京：教育科学出版社，1991：238.

② 李秉德. 教学论 [M]. 北京：人民教育出版社，1991：2.

③ 顾明远. 教育大辞典（增订合编本）[M]. 上海：上海教育出版社，1998：720.

④ 陶行知. 陶行知全集（第1卷）[M]. 长沙：湖南教育出版社，1984：88.

⑤ 陈佑清. 教学论新编 [M]. 北京：人民教育出版社，2011：10.

“虽然没有教学，学习也能够发生，但教学对学习的影响常常是有益的，而且常常是易于观察的。”①

三、课程与教学的关系

（1）如果把课程理解为教学科目或教学内容，课程就是教学活动中的一个要素，那么教学包含了课程，两者不可分离。

教学活动基本要素包括教师、学生和教学内容。“教学目的凭借什么去完成？在学校教育中主要凭借教学内容，或者说是课程。”②《中国大百科全书·教育》中的认识，也是把教学内容与课程等同，教学内容是“学校给学生传授的知识和技能，灌输的思想和观点，培养的习惯和行为等的总和，也叫课程”③。如此，作为教学内容的课程，就是教学活动中联系教师与学生的桥梁和纽带，是教学过程中不可或缺的要素，“就如同骨骼离不开躯体一样，课程与教学不可分离”④。

（2）如果把课程理解为内容和教材的学习计划，那么课程与教学的关系就是目的与手段的关系，是一种循环促进的关系。

内容和教材的学习计划总是围绕着一定的目的来设计。为落实和实现学习计划，就需要相应的教学活动，从这个意义上，我们说课程与教学是目的和手段的关系。被誉为“课程理论之父”的拉尔夫·W. 泰勒（R. W. Tyler），在《课程与教学基本原理》中提出开发任何课程和教学计划都必须回答的四个基本的问题：学校应该达到哪些教育目标？提供哪些教育经验才能实现这些目标？怎样才能有效地组织这些教育经验？我们怎样才能确定这些目标正在得到实现？其中如何组织教育经验，主要涉及的就是教学活动。从而可见，在泰勒的“课程原理”中，课程包含了教学，教学活动是实现教育目的的手段或途径。

教学作为学习计划的实施过程，是教师二度创造的过程。教学效果的反馈会促进教学计划和方案的调整，教学要适应新计划的要求，就必须不断地进行完善，以实现课程目标。如此，课程与教学互相影响和促进。正如课程专家奥利瓦所言，“课程与教学的关系是循环的，意即它们是以连续的循环关系为基础的分离实体。课程对教学产生持续影响，反之，教学又影响课程”⑤。人们对课程与教学关系的认识，由于角度不同和对概念内涵

---

① 加涅，等. 教学设计原理［M］. 皮连生，等译. 上海：华东师范大学出版社，1999：4.

② 李秉德. 教学论［M］. 北京：人民教育出版社，1991：13.

③ 中国大百科全书总编辑委员会《教育》编辑委员会，中国大百科全书编辑部. 中国大百科全书·教育［M］. 北京：中国大百科全书出版社，1985：155.

④ Walker D F，Soltis J F. *Curriculum and Aims*［M］. 5th ed. New York：Teachers College Press，2009：1.

⑤ 崔允漷. 课程与教学［J］. 华东师范大学学报（教育科学版）1997（1）：59.

的理解不同，会有差异，而且是发展变化的。

四、教师与学生的关系

教师和学生是有情感和理性的人，在教学过程中具有能动性。教师与学生之间发生的联系、结成的关系称为师生关系。

（一）师生关系的意义

1. 师生关系是一种工作关系

“在教育活动中，教师承担执‘教’的社会角色，学生承担求‘学’的社会角色。”① 在这样的教育工作关系中，教师是知识的传授者。但是，教师所从事的是培养、塑造人的高尚事业，面对的是模仿性强、可塑性高的青少年儿童。所以，教师不仅是知识的传播者，还是学生发展的引导者和促进者，是学生品格养成的引路人。

2. 师生关系是一种人际互动关系

教师与学生之间的相处和互动构成了一种人际互动关系，包含丰富的情感交流。日常教育经验告诉我们，学生对教师的心理感受十分敏感，良好的师生关系有助于学生的心理健康发展。“亲其师而信其道”，良好的师生关系是实施有效教学的前提。教师对学生的关心、爱护和期望，是学生进步向上的动力，这就是皮格马利翁效应（详见知识窗 1-1）。

3. 师生关系是一种社会关系

师生关系还是一种社会关系，受到具有根本性质的社会关系的制约。一般说来，在具体的教育教学情境中，教师怎样对待学生、学生又怎样对待教师，存在一定的个体差异。但在不同时代、不同国家，师生关系还受到带有根本性质的社会关系的制约，受文化传统的影响。

知识窗1－1

皮格马利翁效应

皮格马利翁效应（Pygmalion effect），亦称“罗森塔尔效应”“人际期望效应”。1968年，美国心理学家罗森塔尔和雅各布森在“课堂中的皮格马利翁：教师期望和小学生智力发展”实验中发现并命名。实验结果表明，学生的智力、学业成绩以及社会行为会朝着教师期望的方向靠拢，使期望成为事实。其后，布朗和罗杰斯等人的研究认为教师期望实现过程各环节受诸多因素影响，教师期望的形成是由学生性别、身体特征、家庭经济状况、

① 陈桂生.“教育学视界”辨析［M］. 上海：华东师范大学出版社，1997：233.

兄弟姐妹情况、民族背景、智力测验结果、以前考试成绩、性格和行为的累加记录等信息的输入为依据，并不取决于单一的智力信息。期望一旦形成，就会通过表达期望的行为方式将信息传递给期望对象。

［资料来源］林崇德主编：《心理学大辞典》（上），上海教育出版社 2003 年版，第 891 页。

（二）优化师生关系

1. 教师首先应明确自己的教育责任和作用

唐代韩愈说："师者，传道、授业、解惑也。"教师是"学校中传递人类科学文化知识和技能，进行思想品德教育，把受教育者培养成一定社会需要的人才的专业人员"①。《中华人民共和国教师法》第一章第三条也赋予教师以崇高的责任："教师是履行教育教学职责的专业人员，承担教书育人，培养社会主义事业建设者和接班人、提高民族素质的使命。"

2. 教师应树立正确的学生观

其一，要认识到学生是具有发展潜能和发展需要的人。中小学生是具有思想感情的个体，具有发展的潜能，是发展中的人。学生有自己的需要、愿望和尊严，教师应该满足学生发展的需要。同时，中小学生也是未成年人，需要教师引导和纪律的约束。能够理解学生和公平公正地对待学生的教师，更容易获得学生的爱戴。

其二，要认识到学生是学习的主体，具有自主发展的倾向。学生具有主观能动性，会根据自己的需要和兴趣，确立学习目标和选择学习内容，对自己的学习活动进行有目的的调整和控制，并在这个过程中逐渐形成自主发展的倾向和能力。教师要给予学生选择的机会，调动学生的主动性和积极性。

其三，学生的发展既有共性又具有个别差异。每个年龄阶段的学生身心发展都具有一般特征和规律。同时，由于遗传、环境和个人努力等因素，学生的发展也存在着个别差异，每一个学生发展的速度、水平都是不同的。每一个学生拥有不同的兴趣、爱好和性格，在感知、记忆、思维等认知方面也存在差异。为此，教师要尊重差异，以发展的眼光看待学生。尊重学生、真诚对待学生的教师就会得到学生的信赖。

3. 教师要不断提高专业素质

"学高为师，身正为范。"教师和学生的关系是在日常教学生活中逐渐建立的。在两者关系当中，教师起主导性作用。教师的人格魅力、讲课风格等都会影响师生之间的关系。一个有修养、有学识、有道德的教师会赢得学生的尊重。

4. 要引导学生尊重教师和教师的劳动

我国有尊师重教的传统。教师的职责是育人，无论是课上讲解、演示、组织讨论，还

① 顾明远. 教育大辞典（增订合编本）[M]. 上海：上海教育出版社，1998：700.

是课下批改作业、与学生谈心和家长沟通，教师为教育工作都付出了很多努力。教师和家长要引导学生尊重教师、尊重教师的劳动。

第二节　课程与教学实践的发展历程

回顾课程与教学实践的发展历程，有助于我们了解课程与教学活动的历史，以便更好地认识和理解课程与教学的传统。

一、课程与教学实践的含义

教育实践是在一定的教育目的和价值引导下，教师与学生之间的交互活动。课程与教学实践是教师与学生以一定的内容为中介，围绕着共同目标而展开的互动活动。“教育史之内容，包括实际与理论两个方面。教育制度、教育实施状况及教育者生活等等，属于实际方面。政府的教育宗旨，学者的教育学说及时代的教育思潮等等，属于理论方面。”① 以下将以制约着实践的组织制度为线索，来说明历史中教与学的内容以及教学方式。

二、古代课程与教学实践

初民的生活经验大多是口耳相传的。公元前 800 年，在古埃及、古希腊、古印度、中国，文字开始有了广泛的应用，文字的普及和使用给教育带来了根本性的变化。

（一）我国古代课程与教学实践

官学与私学并行发展，相互补充，是我国古代教育制度的一大特色。在长期历史实践中，私学积累了更为丰富的办学经验。

1. 西周以前的非专门教育机构

我国的教育制度经历了一个漫长的发展过程，在相当长的时间内，我国的教育都不具备独立性。

传说中，五帝时期有“成均”，内容以乐教为主，后有虞庠之学，内容侧重于敬老慈幼。《孟子・滕文公上》说：“夏曰校，殷曰序，周曰庠，学则三代共之。”《礼记・明堂位》载：“殷人设右学为大学，左学为小学，而作乐于瞽宗”，说明商代教育机构（学校）

① 陈青之. 中国教育史［M］. 上海：上海书店出版社，2013：1.

已有大学、小学的程度之分。“瞽宗”的设立，表明商代对礼乐教育的重视。

商代是靠宗教和军事统治的，这就决定了商代教育的主要内容是习礼和习武。虽然商代铸铜、制陶等手工业也很发达，但这些技能仍在生产中传授。殷商是“学在官府”，即由官吏兼任教官，如乐教的教师也就是“乐师”。此外，只有贵族子弟才有学读写算的资格和条件。

2. 西周官学

西周是我国奴隶社会发展的鼎盛时期，实施分封制、井田制、礼制和工商食官制等政治、经济制度。“以周公为首，制定了一套完整的礼乐制度，加强了对被统治者的社会教化，开创了‘德政’与‘礼制’的政治局面。……周公制礼作乐对后世影响很大，儒家直接继承了这一传统，以礼、乐立教。”①

对教育影响较大的还有“诗”或“诗三百”的问世。《诗》是我国第一部诗歌总集，后成为儒家经典，即所谓的《诗经》，也成为古代通用的教材。西周的教育内容相对比较完善，以“六艺”为主，即“礼、乐、射、御、书、数”，且很重视基本技能的训练。西周的“六艺”教育具有开创的意义，对后世影响很大。

3. 春秋战国时期的私学

春秋时期，王官之学失守而降于民间，士阶层逐渐兴起了，他们掌握文字，会书写，并在固定场所收弟子，遂私学兴起。

（1）儒墨显学

春秋末期至战国初期是私学初创阶段，主要表现为私学在各地兴起，尤其是儒、墨两大显学的崛起。儒、墨两派中，又以孔子开创的儒家为最。《史记·孔子世家》载：“孔子以诗、书、礼、乐教弟子，盖三千焉，身通六艺者七十有二人。”孔子施教以培养“仁”“礼”等德行为中心，主张“文、行、忠、信”四教。他“删诗书、定礼乐、修春秋”，整理、保存、发展了殷周以来的文化。其门生弟子多继承他开创的事业，如战国时期的儒家大师孟子和荀子，亦致力于教授弟子。孔子开创“私学”，建立儒家学派，为春秋战国时期的学术勃兴开辟了道路。

墨子精于工艺，代表“农与工肆之人”的利益和要求。墨子自称有弟子三百人。墨家私学是一个纪律严格的团体，注重意志锻炼。除注重学习诗书外，重视力学、光学等实用的科学知识和技能的传授。墨子反对儒家“述而不作”的思想，明确提出“述而且作”的主张。

儒墨两家，是非相攻，贯穿战国以至秦、汉相接之际，从未间断。汉代独尊儒术后，墨家学派逐渐衰落。儒墨两家虽然对立，但却共同完成了春秋战国之际教育发展的历史任务——上承远古文化，下启诸子新学。战国中期，诸子蜂起，出现百家争鸣的高潮，诸子之学极大地丰富了我国私学的内容。

① 毛礼锐. 中国教育史简编［M］. 北京：教育科学出版社，1984：22.

（2）稷下学宫

战国时期，公室养士之风盛行，其中最为著名的是齐国的稷下学宫。所谓“稷下”，是指齐国都城临淄（今山东省淄博市）的稷门附近地区。稷下学宫创立于公元前 4 世纪，最初由“齐桓公立稷下之宫，设大夫之号，招致贤人而宠之”①，至齐宣王时达到鼎盛，所养学士达数百千人。稷下学宫虽为官办，但“不任吏治”，是“不治而议论者”，专门从事学术研究和教育教学，与“学在官府”完全不同。教师择优聘请，其首席称作“祭酒”，由众人公推。荀子因其“最为教师”，曾“三为祭酒”。师生行动上自由，“合则留，不合则去”。教学内容不受官方限制，“学者讲学、各授其长，稷下学宫是战国各家私学荟萃、争鸣交流的场所。”②荀子、孟子、邹衍等人都曾率弟子游学稷下。

4. 秦统一之后的官学

秦结束了诸侯割据的分裂局面，建立了统一的中央集权国家。秦统一了文字，学校系统十分完善，但施行的是“以吏为师”“以法为教”的文教政策，造成了学校教育的倒退。

汉是继秦出现的统一王朝，在“独尊儒术”的政策下，各类学校教育有了很大发展，形成了较为完备的学校教育系统。从办学上分为官学和私学。官学包括中央官学和地方官学，中央官学包括太学、鸿都门学和宫邸学；地方官学包括郡国（学）、县道邑（校）、乡（庠）和聚（序）。

（1）太学

太学的本义就是儒家经典中所说的大学。汉代太学的教师由博士担任，博士不仅讲授经学、教授弟子，还有奉使、议政的职事。两汉对太学生的称谓有“博士弟子”“诸生”“太学生”等。学生年龄上要求不严格，以贵族弟子居多，但也有家境贫寒的学生，正式的学生都有官俸，也可以自费求学。太学初建时，学生的名额较少，每位博士只收 10 名左右的学生，采用个别或小组教学。后来，随着太学的发展，学生的数量多以千万计，而博士最多时仅 15 名（通常是 14 名或更少）。个别教学的形式已不能适应太学的发展，于是出现了一种称为“大都授”的集体上课形式，主讲的博士称为“都讲”。此外，次第相传的教学形式也在太学内出现。高业弟子教授低业弟子的做法在私学中早已流传，太学借鉴此法，在一定程度上缓和了教师不足的矛盾。③ 教材以孔子删订的儒家经典——“五经”为主。太学生在太学的学习以听博士说经为主，也重自修鼓励自由研讨，同时，还可以向校外的大师求教。王充、张衡、崔瑗等人都是在游学太学期间，通过课外自修奠定了深厚的基础，成为一代学者和科学家的。太学在教学管理上重视考试，用以督促检查学生的学习。

（2）官学的完备

魏晋南北朝时期，由于社会动荡不安，官学减少。但完善了太学的考试制度，并增设

①② 毛礼锐. 中国教育史简编［M］. 北京：教育科学出版社，1984：27.

③ 孙培青. 中国教育史［M］. 上海：华东师范大学出版社，2009：109—111.

了国子学，规定五品官以上官员子弟入学，而太学则成为六品以下官员弟子求学之所。这是我国古代专门为士族子弟另设学校之始，是士族特权在教育制度上的体现。魏晋之际，学术思想活跃、社会动荡剧烈，产生了魏明帝创办的崇文馆和律学，以及西晋的书学。到南朝时期，专科教育有了新发展，宋文帝办儒、玄、史、文四馆。

唐朝政治统一、经济繁荣、文化科学先进，是当时世界上强大的文明国家，官学制度发展得十分完备。唐代官学依行政所属可以分为中央官学与地方官学，依学校的性质可分为三种不同类型。其一，是专修儒经的学校。中央官学中的国子学、太学、四门学、广文馆都属于这类学校。地方官学除府州医学和崇玄学外，也都是专修儒经的学校。其二，是专科学校。有律学、算学、书学学校，还有医学、兽医、卜筮学、天文、历数、漏刻学校。其三，是特殊学校。唐代设弘文馆和崇文馆，兼有行政、研究和教学的职能，与一般学校不同。其中，崇文馆不仅研习老子、庄子、列子之书，而且还参与僧尼道士管理之事。

宋代学校教育制度基本沿袭唐朝，但改革太学，创立“三舍法”，并增加了武学、画学等专科学校。辽、金、元时期的课程与教学，在效仿汉族先进课程与教学实践的基础上加入了少数民族传统的内容。到了明清朝时期，科举制度达到了鼎盛，官学以“四书”“五经”为主要的教学内容，教学的目的即为科举做准备。

5. 秦统一之后的私学

先秦为我国私学的初创阶段，之后一直未间断，逐渐发展完善。私学“就程度而言，可以分为蒙养教学与经师教学，前者相当于中、小学，后者相当于大学”①。

（1）蒙养教学

我国古代官学制度一般不包括蒙养教学，此项任务由民间私学承担。汉代蒙学名曰“书馆”，教学分为两级：一级以识字为主；一级程度较高，以《孝经》《论语》为主要教材，是经学的入门阶段。蒙学业成之后，可以“得试为吏”，也可以进入专习经学阶段。唐代蒙学亦有“村校”之称，村校除了教授字学之外，还十分重视诗歌教学。蒙学教学至宋代日益完善。宋元蒙养教学之所，有乡校、家塾、冬学等，设置普遍。元代首创社学，社学除教授农桑之外，还负有教化与蒙学的任务。明代蒙学可分为三类：一是私立的，称家塾；二是地方宗族设立的，称义学；三是官办与公助结合的，称社学。清代蒙学又有所发展，亦分三类：第一类称教馆或坐馆，是富人聘请教师在家教读子弟的蒙学；第二类称家塾或私塾，这是教师私人在家教授生徒的蒙学；第三类称义学或义塾，这是地方宗族设置的蒙学。各地各类蒙学，对入学年龄和学习内容等方面，均无统一规定。

我国古代的蒙养教材就其内容上可以分为六类。第一类是综合各种常识的识字课本，以《三字经》《百家姓》《千字文》等最为著名。第二类是诗文教学的课本。以《千家诗》《唐诗三百首》《古文观止》《唐宋八大家文钞》最为流行。第三类是历史知识的教材，最

① 毛礼锐. 中国教育史简编［M］. 北京：教育科学出版社，1984：51.

为著名的有晋朝李瀚编撰的《蒙求》。第四类是博物常识课本，如宋代方逢辰编写的《名物蒙求》，内容涉及天文、地理、鸟兽、草木、日用器材等各种自然常识，以四言韵语编写，便于儿童记忆。第五类是封建伦理道德教育的教材。这类教材多以宋明理学家所编，最为著名的有元代程逢原所编的《增广性理字训》，还有大约出于南宋的《名贤集》。第六类是于清中叶至近代初期产生的运用旧形式介绍新科学的教材，即有关"声、光、化、电之学"的课本。例如，1855 年合信著《博物新编》，是风行一时的综合性科学技术知识的启蒙读物，共分 3 级，"初级分地气论、热论、水质论、光论、电器论五部分，介绍了气象学、物理学、化学等基础知识"①。还有 19 世纪 70 年代由韦廉臣编写的《格物探源》，"《格物探源》是一本基督教教义与科学内容混杂的书籍，全书以宗教为体，科学为用"②。1868 年，同文馆还出版了《格物入门》。

我国古代蒙养教育尤其重视教养，即强调使蒙童养成良好的习惯和道德品质。蒙养教学主要是读、写、作三事。读即阅读，阅读教学包括教书、背书、理书（即温书）和讲书，都是个别施教。读书强调学童自己读为主，在反复阅读涵泳中，逐渐领悟书理。写即习字，习字教学也有一定方法和程序，宋代习字已有"描红"的字帖。作即写作，写作训练在蒙学中是十分重要的课程，教法是从模仿入手，注重锤字、炼句、布局、谋篇等基础训练，勤于练习，精于批改，注重循循善诱，因材施教。

我国古代素有重视家庭教育的优良传统。其中家学的传授又是古代私学的一种特殊形式。卜筮之术与史学是最古老的家学传授内容。后来，百工技艺也以家传为主，经学昌盛后，也成为家学的重要内容，中医、文学、艺术在古代也常通过家学传授相承、发展。

（2）书院教学

书院始于中唐，成熟于两宋，至明清达到鼎盛，晚清确立现代学制后终结。在长期的历史实践中，书院形态多样复杂。唐最早创办的丽正书院和集贤书院是官方藏书校书的场所，还具有举荐贤才、为皇帝提参考意见的作用。当时还有私人创设的书院，是私家读书之地。后来出现聚徒讲学性质的书院，到北宋初年发展成为比较完备的书院制度，南宋发展到极盛，当时有多家历史上非常著名的书院，如白鹿洞书院、岳麓书院等书院是当时学术活动和教育活动的中心，在儒家思想传承和创新中书院发挥重要作用，如南宋书院与理学兴盛就密切相连。书院教学以学生个人读书钻研为主，鼓励学生自学，多采取问难论辩的方式，注重启发学生的思维。这与一般官学只是先生讲，学生听完全不同。书院盛行"讲会"制度，这是书院最具特色的教学形式。"讲会"是指由两位或两位以上的老师共同讲学，或不同学术派别之间展开辩论。例如，南宋时期的"鹅湖之会"，即是朱熹和陆九渊两个不同学派之间的学术论争。后来由于定期举行，而形成"讲会"制度，一直延续到清代，这一定程度上体现了学术自由、百家争鸣的精神。此外，书院还有升堂讲学的形式，类似于现在的班级教学。书院教学实行"门户开放"，书院有名学者讲学，其他书院

①② 石鸥，吴小鸥. 中国近现代教科书史（上）[M]. 长沙：湖南教育出版社，2012：18，20.

和外地书院的师生也可前来听讲，来者不拒；对慕名师不远千里来求教者，书院热情欢迎，给以周到安排。学者自由讲学、学子可以遍求名师，名师硕儒公开辩论，可以“广见博闻，耳目一新，精神自奋”①。书院这些传统和经验，今天仍值得借鉴。1901 年，清政府下诏，将各省书院改为学堂，在省城的改为大学堂，在各府厅及直隶州的改为中学堂，在各州县的改为小学堂。

（二）西方古代的课程与教学实践

1. 古巴比伦、古埃及的早期学校

幼发拉底河和底格里斯河流域孕育出的古代美索不达米亚平原，是人类文明的发祥地之一。历史上的文明古国巴比伦就建立在这里。古巴比伦文化导源于苏美尔人，约在公元前 2000 年左右，他们创造了楔形文字，这是一种以形象为主的图形文字，早期只有高僧掌握文字，所以可以推断两河流域最早的学校诞生在寺庙。那时，知文识字的人被称为文士，而古巴比伦的学校就是培养文士的场所，文士可为官，可为僧侣，还可以成为私人雇佣的文字工作者。所以，学校教学内容主要有书写，练习抄写的内容包括散文、韵文、诗歌等，还有数学方面的知识以及司法知识。由于教学重机械抄写，不行启发式，教学过程中便常见杖责等强制手段。

古埃及的学校有宫廷学校、僧侣学校、职官学校和文士学校。教授与生产和生活密切相关的测量学、物理学、天文学、数学、建筑学、水利学、医学等，还有书写、计算以及律令的知识，教师惯用的教学方法是灌输。

2. 古希腊的课程与教学实践

古希腊教育是西方教育的来源，而古希腊教育又可分为斯巴达教育和雅典教育。

（1）斯巴达的课程与教学实践

斯巴达的教育与城邦军事目的相一致，就是要把斯巴达人训练成忠于国家、体格强壮的军人。因此，斯巴达建立了以军事体育训练为主要内容的教育制度，其课程与教学实践也以军事训练性质的实践为主。教学内容包括军事体育、政治道德、音乐和舞蹈等，忽视读、写、算等技能的训练。值得一提的是，斯巴达的女子也一样接受教育，他们认为只有强壮的妇女才能养育强壮的子女，妇女也可以参加战斗。

（2）雅典的课程与教学实践

“雅典教育经历两个明显阶段。雅典人把它们分为新、旧两个阶段的教育。”② 旧教育大约从公元前 6 世纪延续到公元前 5 世纪。与斯巴达的军士教育不同，雅典不仅为了战争，更是为了和平而教育孩子，课程与教学实践目的是把奴隶主的子弟训练成身心和谐发展的能履行公民职责的人。所以，孩子们要到私立的体操学校或角力学校就学，并通过五

① 毛礼锐. 中国教育史简编［M］. 北京：教育科学出版社，1984：83.

② 博伊德，金 . 西方教育史［M］. 任宝祥，吴元训，主译. 北京：人民教育出版社，1985：16.

项运动——跳、跑、角力、投标枪、掷铁饼，学习技巧。7 岁以后，男孩要进入音乐学校学习，开始学习识字，刚能阅读，便开始学习并熟记荷马史诗。稍大一些，就学习唱歌、演奏七弦琴等。由于七弦琴主要是为吟唱伴奏的，所以学会弹奏后，就学抒情诗人的作品。这些作品多为诗谱上和谐而有节奏的乐曲，雅典人认为它能与孩子的心灵吻合，从而变得更加文雅、和谐和有节奏，这种教育一般持续到 14 岁。之后，富裕子弟会从体操学校转入体育馆，接受两年更高级的体操训练。同时，他们可以出席公民集会，也可以出入剧院和法庭，以便了解政治讨论，领略艺术珍品和悲剧艺术。两三年后，年满 18 岁的自由民出身的雅典男青年就会被正式载入市公民册，成为埃弗比，并要在雅典神庙宣誓，至此普通教育结束。埃弗比成员还要用一年时间，与年龄相仿的青年一起从事艰苦劳动，学习使用各种武器，并在教师和政府官员的监督下练习体操，然后去戍边等。

公元前 5 世纪上叶，随着贸易的扩大，雅典出现了新的富商阶级，从先前的农业贵族手中争得所有权，建立了民主制度。在这种制度下，不分贫富，每个自由民都享有平等的权利。波斯战争中雅典获胜，国力更强。不久，来自外邦的“智者”成为雅典的教师，智者对年轻人进行文学和修辞学的教育，目的是为了让青年成为雄辩家而参加公众生活。

还有另一类遵循早期希腊科学传统的青年教育，为了探究而学习，这主要体现在毕达哥拉斯学派中。毕达哥拉斯学派认为一切皆源于“数”，一切能认识的事物都包含着数。该学派重视几何学、天文学、音乐、算术的学习。公元前 5 世纪结束前，第一个产生于雅典的哲学家苏格拉底（Socrates）出现了，后来了解自己民族的雅典教师就不断增加。起初，雅典自己的教师以不定期、无系统的方式奔波讲学。后柏拉图（Plato）在阿卡德米（Academy）和邻近花园建立学园，继续其老师苏格拉底的未竟事业，主要教授哲学和数学，培养思辨的兴趣和对真理的探索。柏拉图的学生亚里士多德（Aristotle）在吕克昂（Lyceum，位于阿波罗神庙旁）建立学园。

雅典家庭教育主要包括唱歌、讲故事、做游戏及礼仪养成。女孩是在家中接受教育，学习读、写、算、乐器演奏、家务、手工等。

古希腊文明向东方和西方传播所经历的几个世纪里，雅典学校一直享有卓越的地位。

3. 古罗马的课程与教学实践

古罗马的历史可分为三个时期：公元前 8 世纪至公元前 6 世纪是“王政”时期；公元前 6 世纪至公元前 1 世纪是“共和”时期；公元前 1 世纪至公元 5 世纪是“帝国”时期。约公元前 1 世纪初，古罗马建立了第一所拉丁语法学校，主要教授拉丁文学、修辞学和希腊文。在学习希腊教育形式的同时，形成了具有罗马特色的学校教育内容。

“帝国”时期，各个阶层六七岁的孩子都要在教仆的监护下就读初级小学，所学科目仅限于读、写和计算。十二三岁后，出身较好的男孩会进入文法学校，开始学习文法课程。当时的文法包括正确的语言艺术和诗人们的解释两个部分，即语法和文学，而且语法占据了大部分的时间。掌握语法之后，主要学习希腊文学和拉丁文学。大约 16 岁结束了文学的普通教育之后，准备担任公职的青年会穿上成人的服装，学习更专门的修辞学课程，接受演讲艺术的训练。罗马教育是从希腊派生出来的，但是范围要窄得多，学校中几乎不涉及体操、舞蹈、音乐、自然科学和哲学的学习，如果要学习也是作为文学和演讲术的副科，或在校外私下教授。

罗马帝国时期，加强了文化和教育的推行，在许多市镇开办了文法学校，学校以文法、修辞学为主要内容。在帝国后期，出现了基督教教育，内容主要是教义知识、宗教道德、音乐等，并极为排斥世俗教育。还出现了教义问答学校，通过这种学校，基督教第一次在世界上成为肯定的因素，同时它本身也采纳了希腊科学和哲学中一切好的方面。大约在5世纪前期，法学家和修辞学家马尔蒂亚努·凯博拉（M. Capella）编写了人文学科教科书。这种教科书是各类知识的文集，涵盖了当时主要的课程内容：文法、辩证法（逻辑学）、修辞学、几何学、算术、天文学、音乐，也称“七艺”。“尽管它枯燥无味，却显然满足了当时和随后几个世纪的需要。在整个中世纪，主要是中世纪的早期，这本著作特别受欢迎。”①

4. 拜占庭的课程与教学实践

330年，罗马皇帝君士坦丁（Constantine）迁都君士坦丁堡。395年，罗马帝国分裂为东西两个独立的国家。以罗马为都城的帝国西部，为西罗马帝国，不久受外族入侵而灭亡。建都君士坦丁堡的帝国东部，为东罗马帝国，史称拜占庭帝国，它持续了一千余年，在东西方经济和文化交流中起着重要的作用。

6世纪以后，随着基督教文化教育活动的加强，神学成为学校教育的基本内容，世俗学科的地位有所削弱。9世纪中期之后，随着研究古典文化知识的活动又活跃起来，世俗教育重新得到重视。在拜占庭帝国的学校教育中，初等教育一直保留着希腊化时代的教育传统，中等教育机构为文法学校，教育的基本内容是文法和古典作品研究，教科书多采用希腊化时代的注释。帝王也延聘教师，对其子女实施宫廷教育，教育内容主要是希腊古典知识，包括“七艺”和柏拉图、亚里士多德等人的著作。拜占庭的一些上层人士，常常在家中举办学术讨论会，邀请著名学者参加，涉及学科范围十分广泛，包括文学、哲学、历史学、诗剧、修辞学、社会政治理论以及数学、医学、地理学和声学等。在拜占庭世俗教育体系中，私人讲学占有重要位置。在拜占庭的各个城市，尤其是在希腊古城，盛行私人讲学之风，学者们私立学校，收费授徒。有的开设初级学校，招收6—8岁儿童，讲授内容包括正字法、文法初步知识和算术，以及荷马史诗和圣诗集等初级读物。有的学者开设专门学科讲座，讲授较为高深的学问，如哲学、语法学、修辞学、天文学、历史学和法学等科。

5. 教会对教育的垄断

476年，西罗马帝国灭亡。在帝国时期十分繁荣的修辞学校和文法学校消失了。日耳曼人在征服罗马过程中也受到基督教会的影响，使古代文明在宗教文化中得以保存。学校

① 博伊德，金. 西方教育史［M］. 任宝祥，吴元训，主译. 北京：人民教育出版社，1985：93.

在教会的支持下建立起来，主要目的是培养僧侣，如创办了歌咏学校，以唱歌、拉丁语和阅读为主要教学内容。此外还有主教学校，教学内容多半是关于神学和牧师职责的。在8世纪时，所有大教堂和联合教会都创立了歌咏学校和文法学校。同时，培养目标也发生了改变，这时的歌咏学校不再是培养唱诗歌手的专业学校，而是一种初等教育。文法学校也不再是仅仅为神学学习做准备，而成为向未来的教士开设普通课程以及一切专业课程的机构。总之，这个时期，课程的基础是“七艺”和《圣经》。5—11世纪，教会对教育的垄断对欧洲理智生活产生了极大影响。

在12世纪，贵族子弟的教育演变为骑士教育，骑士教育没有专设的教育机构，是在骑士生活和社会交往中进行。

三、现代课程与教学实践

区别于古代教育的是现代学校教育制度的确立。现代课程与教学实践就是建立在这一制度之上的。

（一）文艺复兴时期课程与教学实践

14世纪初叶开始的欧洲文艺复兴运动有其深刻的社会基础。10世纪以后，西欧的手工业和商业逐步发展起来。15世纪以后，随着生产力的发展和科学的进步，出现了工场手工业和商业、银行业。这样一来，在中世纪市民中形成了最初的资产阶级。15世纪末，新大陆的发现为新兴资产阶级开辟了更加广阔的空间，新兴资产阶级完成了资本的原始积累，同时也促进了资本主义生产力和资本主义生产关系的发展，资产阶级逐渐成为具有经济实力的社会力量。但是，当时在政治上占统治地位的封建地主阶级和教会极力压制和阻挠资本主义自由发展。于是，作为一支革命的力量，代表新生产方式的新兴资产阶级，展开了与封建统治阶级的斗争，这种斗争突出地表现在思想文化领域，即兴起于14世纪中叶，持续至17世纪中期，最早发生于意大利，后席卷整个欧洲的文艺复兴运动。新兴资产阶级打着古希腊、古罗马人的旗号，倡导古希腊、古罗马的文化思想和艺术，实质上是一场反封建、反教会的思想文化运动，更是反抗中世纪神学束缚，弘扬人的地位和作用，以人性反对神性的精神觉醒运动。

1. 人文主义教育

文艺复兴宣扬人文主义思想，建立了资产阶级新文化。人文主义者打破了中世纪的精神桎梏，从神学中解放了文学、艺术、哲学和自然科学，重视教育对人发展的作用，主张实施古希腊的和谐教育，培养社会、政治、文化、商业等方面的活动家，以及具有探索精神的开创性的人。他们重视人文学科，学习古希腊和古罗马有关文学、哲学和科学的古典作品。“七艺”摆脱了附属地位，成为传授人文之学的主要内容，并增加了历史学和道德哲学。“七艺”中的文法分化为文法、文学和历史学；几何学分化为几何学和地理学；天文学分化为天文学和力学，加上原有的修辞学、辩证法、算术和音乐，“七艺”演变为十一门学科。自然科学虽不占重要地位，但也纳入了教学内容。

人文主义者的道德教育偏重于世俗道德品质的养成，也就是资产阶级活动家和事业家所需要的坚强、勇敢、克制、爱国、乐观、积极向上、热爱自由、追求平等以及人道主义精神，还有宗教品质，并十分重视体育。在教育方法上，强调环境的陶冶，主张向自然学习；强调尊重儿童天性，反对压抑个性，主张减少甚至取消体罚，注重兴趣和启发诱导，提倡直观教学和游戏教学。

2. 班级授课在实践中产生

在捷克著名教育家夸美纽斯（J. A. Comenius）之前，荷兰平民兄弟会所掌管的学校里，就有了分年级教学。在夸美纽斯的同时代，拉特克等教师的教学经验，也给他很多启发。1614 年，夸美纽斯担任普雷拉乌（Prerau）拉丁语学校的校长，1618 年，兼任兄弟会学校校长。避难波兰的黎撒（Lissa）期间，夸美纽斯在黎撒的一所中学里任教，编写教科书。1632 年，夸美纽斯撰写了《大教学论》一书，阐明了“教育就是把一切事物教给一切人类的全部艺术”①。

夸美纽斯总结了以往的教学实践经验，对班级授课制和学校组织秩序进行了系统的说明。他制定了学校工作的学年制度，确定了班级是学校教育工作的基本单位，学校均为六个学年，每个学年分为四个学季，主张儿童在统一时间入学，各班同时开学，同时结业。把整个学年划分为月、周、日、小时，并据此制定每门学科的教学计划，教师向全体学生讲授。

（二）西方现代学校教育制度确立中的课程与教学实践

17—19 世纪，在哥白尼、伽利略、牛顿、培根等人的推动下，自然科学逐渐从神学束缚中解放出来，在 17 世纪以后迅猛发展。18 世纪下半叶，英国开始了第一次工业革命，进入了蒸汽时代。19 世纪上半叶，法、德、美诸国发生了工业革命。工业革命极大地提高了生产力，对人的培养提出了新的要求也创造了新的条件，促进了教育观、学制、课程、方法的变革。

1. 实科学校的设立

随着工商业的发展，新兴资产阶级逐渐形成。专门培养贵族子弟的文科中学，已不能满足资产阶级对教育的需要和要求，一种既具有普通教育性质，又具有职业教育性质的新型学校——实科中学便产生了。18 世纪初，在德国就已出现了实科中学。1708 年，虔信派信徒席姆勒（Zemmler）在哈勒创办了“数学、力学、经济学实科中学”。1747 年，赫克（Hecker）在柏林又开办了一所“经济学、数学实科中学”。此后，这类学校在德国各个城市中相继出现。席姆勒的实科中学以教授数学、物理学、力学、自然、天文学、地

① 夸美纽斯. 大教学论 [M]. 傅任敢，译. 北京：人民教育出版社，1984：1.

理、法律为主，并辅之以绘画、制图。后来也有的实科中学增设了建筑、商品制造、贸易、经济等学科。实科中学的出现说明随着经济的发展，教育也在不断前进。但在整个18世纪，实科中学的力量较之文科中学要弱小得多，它的社会地位也比文科中学要低得多。英、法等国直到19世纪初才开始建立实科中学。

在德国，文科中学与实科中学一直因地位不同而存在矛盾，斗争的结果是在1892年规定了三类中学并存：一是以传授拉丁语、希腊语为主的文科中学，但也开设数学、博物学、物理化学；二是只传授拉丁语而兼重自然科学的实科中学；三是不授古典语而注重数学、自然科学和现代语言的高级实科学校。三类中等教育机构都修业9年。各类中学都开设宗教、德语、历史、唱歌、手工、体育等科，总共12—16门课程，每周约30课时。①

2.19世纪普及义务教育

资本主义国家工商业的快速发展，对劳动者提出了更高的要求，普及教育逐渐成为国家的需要，西方各国在19世纪相继普及义务教育。

义务教育以1619年德意志魏玛邦公布的学校法令为最早，它规定6—12岁的男女儿童应一律入学。19世纪后，义务教育法得以推广和普及，成为各国教育普及运动的根本性措施。② 但早期的义务教育是为了宗教和良好的社会秩序。18世纪初，普鲁士两次宣布实施义务教育的法令。1802年，巴伐利亚颁布了《初等义务教育法》，1805年萨克森颁布了同样的法令，更进一步明确提出要实施普及义务教育。到了19世纪60年代，德国初等学校的适龄儿童入学率已超过95%，位居欧美国家前列。英国于1870年由国会正式颁布了《初等教育法》（也称《福斯特法》），这标志着英国国民教育制度正式形成。在法国，19世纪80年代颁布实施的《费里法案》，不但确定了国民教育义务、免费、世俗化三大原则，而且把这些原则的贯彻实施予以具体化。1852年，美国马萨诸塞州颁布义务教育法。第一次世界大战后，现代工业生产需要具备科学知识与生产技能的劳动力，这促进了美国学校教育的急速发展，到1918年为止，全美普及了初等义务教育。③

这一阶段，宗教神学课减少，并增设了实用知识的学科，如博物、史地、自然常识，中学增加了物理、化学，使学生能够学到较为广泛和有用的文化知识。在教学方法上，废除体罚和死记硬背，采用直观教学和实验教学，赫尔巴特学派的五段教学法也得到了广泛的传播。

---

① 滕大春．外国教育通史（第四卷）[M]. 济南：山东教育出版社，1989：91—94.

② 顾明远. 教育大辞典（增订合编本）[M]. 上海：上海教育出版社，1998：1896.

③ 王天一，夏之莲，朱美玉．外国教育史（下册）[M]. 北京：北京师范大学出版社，2005：84.

（三）新教育和进步主义教育运动中的课程与教学实践

1. 新教育运动中的学校课程与方法

19 世纪末，只注重书本知识、骄奢怠惰的贵族式学校教育已不能满足新兴资产阶级的要求，必须进行教育改革，以培养具有创新精神和开拓能力的资本主义事业的人才。1889 年，雷迪在英国创办了欧洲第一所新学校，即艾伯茨霍姆学校。他建立新学校的原则是把学生培养成为个性、能力、智慧、体力以及手工技巧等都充分发展，能够自主独立的人；反对死学书本，要求教育与生活相联系，使理论与实际结合起来。1896 年在德国利茨、1897 年在法国穆兰分别开办了“新学校”。这些“新学校”都远离城市，实际上是一种乡村寄宿学校，招收资产阶级子女，破除古典的传统的课程体系，注重近代语，并开设农艺、手工劳动等课程。20 世纪初，比利时的德可乐利（O. Decroly）、意大利的蒙台梭利（M. Montessori）在新教育思想的影响下，也开办了新学校。1921 年，英国的尼尔（A. S. Neill）在德国德累斯顿郊区开设一所国际学校，名为“新学校”，1924 年又迁至英国萨福克郡的雷斯顿，称萨默希尔（Summerhill）学校。欧洲的“新教育”反对传统的形式主义教育，重视儿童心理，以及儿童在活动中进行学习和创造性的表现。蒙台梭利方法、德可乐利教学法曾在 20 世纪上叶被介绍到我国，产生过一定影响。

2. 进步主义教育运动中的学校课程与教学

19 世纪末，为适应工业化、城市化和移民的需要，美国出现了一次资产阶级主导的社会改革运动，其目的是通过一个有控制的、合理化的社会过程，维护和发展资本主义。进步教育运动就是这个改革运动的组成部分，它反对当时美国沿袭欧洲形式主义占统治地位的旧传统学校教育，倡导不同于传统教育的教师、学校和教学方法。

美国教育家帕克（F. W. Parker）是进步主义教育的奠基人之一，于 19 世纪 70 年代在马萨诸塞州昆西市率先进行了新教学方法实验。1896—1904 年，约翰·杜威在芝加哥大学开办实验学校。第一次世界大战期间和战后，美国建立了许多新学校。此外，许多旧学校也转向进步主义教育，特别是在大城市的学校，采用活动课程、设计教学法等，以满足学生的个别需要并发挥学生的积极性。

芝加哥的实验学校是杜威教育思想的实验园。“这所学校为这样一种愿望所激励，即希望发现一个学校在行政管理、教材选择，以及学习、教学和训练的方法方面，能够在发展每一个人自己的能力和满足他们自己的需要的同时，又成为一个合作的社会。”① 实验学校的学制按照儿童发展情况，分为三个阶段，每个阶段按儿童年龄分为若干小组。第一阶段为 4—8 岁，这一阶段重视加强学校生活与家庭生活间的密切联系，开展自然研究、手工训练和缝纫等与儿童的校外生活相联系的活动。第二阶段为 9—12 岁，重点是获得读、写、操作、算的能力，掌握这些能力并非目的本身，而是为了获得规律性的知识和掌握使用工具的技巧。第三阶段为 13—15 岁，是中等教育的开始，在儿童掌握每门学科所

① 梅休，等. 杜威学校［M］. 王承绪，等译. 北京：教育科学出版社，2007：4—5.

使用的工具的范围内，一门一门地进行学习，并在一定程度上开展专门化的活动。以上各个阶段不是截然分开的，而是逐步地过渡。实验学校的课程就是由相互联系的各种活动组成。

3. 美国八年课程实验研究

1929年，经济危机爆发，美国中等教育面临着许多现实问题，如中学生毕业难以找到工作等，于是提出了改革中学课程的要求。1933年秋，“进步教育协会”选择了30所学校，招收实验班的学生，开展了“八年研究”（1934—1942年）。这些实验学校共同的目的是：“（1）致力于帮助学生适应社会生活；（2）编制一套更统一、更连贯的课程。”① “八年研究”取得的主要成果是：编制出既满足大多数学生的兴趣和需要，又为学生进大学后获得成功经验做好准备的教育计划；人们普遍接受用教育评价。泰勒（R. W. Tyler）正是在评价工作的基础上，写出了《课程与教学的基本原理》。

20世纪中叶以后，伴随着知识激增和知识经济时代的到来，世界各国纷纷展开课程与教学改革，信息技术应用到在课程和教学中，出现了计算机辅助教学。21世纪，信息技术进一步深入教学，电子书、慕课（massive open online course，即大规模开放在线课程，缩写为MOOC）的出现，对学校课程和教学提出了更大的挑战。

（四）我国现代学校教育制度下的课程与教学实践

我国现代学制始于清末。洋务运动时期，洋务派建立了新式学堂，1902—1903年，清政府先后颁布了《钦定学堂章程》和《奏定学堂章程》，正式确立了我国的现代学制。

1. 早期传教士来华办学中的课程

19世纪40年代，我国进入了半殖民地半封建社会，政治、经济发生了急剧的变化。在教育方面，许多西方传教士来华办学，如马礼逊学堂（澳门，1839年）、徐汇公学（上海，1850年）、格致书院（福州，1853年）、女子学校（宁波，1845年）等。教会学校的课程可分为三类。第一类是宗教课，学习《圣经》及各种宗教书籍、教义，还要参加宗教仪式和宗教集会，以及教会组织的传教活动。第二类是传统的中国经学课，内容包括《三字经》及“四书”等传统经典。“第三类是近代的科学文化课。如数学、物理、化学、生物、生理卫生、地理、历史、音乐、美术、体育等。”② 传教士来华办学的同时，也把西方近代科学介绍到中国，如《光论》（1853年），这是第一部翻译过来的、系统的光学专著，还译有《重学浅说》（1858年）和《重学》（1859年），后者译自英国著名物理学家惠威尔（W. Whewell）的《初等力学》。③

2. 晚清新式学堂

我国现代学校的设立始于19世纪60年代，它同洋务运动有密切联系。1862年、

---

① 拉尔夫·泰勒. 课程与教学的基本原理［M］. 施良方，译. 北京：人民教育出版社，1994：13.

②③ 石鸥，吴小鸥. 中国近现代教科书史（上）［M］. 长沙：湖南教育出版社，2012：5—6，17.

1863 年清政府先后同意设立京师同文馆、上海方言馆（初名为上海同文馆）① 等我国第一批现代学校。90 年代开始出现二级制和三级制的学堂，相互衔接的学校教育制度逐渐在实践中形成。

在新式学堂创办过程中，会翻译国外书籍作为教学用书，也有学堂自己编写的教科书，如南洋公学出版了一般教科书 11 种，包括《格致读本》《蒙学课本》《大本蒙学课本》《代数设问》《物算笔算教科书》《习字范本》《几何》《本国地理教科书》《万国地理教科书》等等。

3. 现代学制的确立及教科书

清政府为了取悦帝国主义并缓和国内矛盾，于 1901 年宣布“变法”，表示要改弦易辙，实行“新政”。1902 年颁布学制就是其“新政”之一。

光绪二十八年（1902 年）清政府颁布《钦定学堂章程》，1902 年为壬寅年，故该年所拟订的学制亦称“壬寅学制”。“壬寅学制”虽然正式公布，但并未实行。第二年，即光绪二十九年（1903 年），又由张百熙、张之洞、荣庆拟定《奏定学堂章程》（其中拟定的学制又称“癸卯学制”），1904 年 1 月颁布执行。“癸卯学制”以洋务派的思想为指导，其立学宗旨是：“无论何等学堂，均以忠孝为本，以中国经史之学为基。俾学生心术壹归于纯正，而后以西学瀹其智识，练其艺能，务期他日成材，各适实用，以仰副国家造就通才、慎防流弊之意。”② 该学制把学校教育分为初等教育、中等教育和高等教育，并分别规定了各级学校的目标、年限、入学条件以及相互的衔接关系。

其中，小学分为初等小学堂和高等小学堂。初等小学 7 岁入学，5 年毕业，属于普及教育性质。“以启其人生应有之知识，立其明伦理爱国家之根基，并调护儿童身体，令其发育为宗旨”。③ 初等小学堂教授课程有修身、读经讲经、中国文字、算术、历史、地理、格致、体操八门。视地方情形，还可设图画、手工为随意科。其中读经讲经课每学年每周都是 12 小时，占全部课时的 40%，每日半小时温经尚不计在其内。读经讲经内容以《孝经》《论语》《大学》《中庸》《孟子》《礼记节本》为必读。初等小学堂设立原则是在府、厅、州、县的各镇，也可以私人设立。

高等小学招收初等小学毕业生，入学不需考试，4 年毕业，“以培养国民之善性，扩充国民之知识，强壮国民之气体为宗旨”④ 。所授课程有修身、读经讲经、中国文学、算术、中国历史、地理、格致、图画、体操九门。视地方情形，手工、商业、农业可列为随意科。其中修身每周 8 小时，读经讲经以《诗经》《易经》及《仪礼》的《丧服经传》为必读，后有所删减。高等小学以州县设立为原则，大城镇也可设立。

中学招收高等小学堂毕业生或具有同等学力者，人数未达招生定额时，可不经入学考

---

① 孙培青. 中国教育史 [M]. 上海：华东师范大学出版社，2009：311—312.

② 舒新城 . 中国近代教育史资料（上册）[M]. 北京：人民教育出版社，1981：195.

③④ 舒新城 . 中国近代教育史资料（中册）[M]. 北京：人民教育出版社，1981：411，427.

试；超过招生定额时，以考试录取，5 年毕业。中学属于普通教育性质，兼有升学和就业两重目标。所授课程有修身、读经讲经、中国文学、外国语（东语、英语或德语、法语、俄语）、历史、地理、算学、博物、物理及化学、法制及理财、图画、体操十二门。每星期上课 36 小时。其中读经讲经课时最多，每年每周皆为 9 小时，其次是外国语。经学教材以《春秋左传》《周礼》为必读。

纵向上，“癸卯学制”把整个学程分为三段七级，儿童从七岁入小学，到通儒院毕业，共计 26 年。横向上，除直系各学堂外，另有师范教育及实业教育两个系统。这是我国历史上首个实施的现代学校制度，具有重要的历史意义。课程方面，则可“把《奏定学堂章程》（癸卯学制）看作我国近代课程体系的奠基石”①。

“癸卯学制”颁布后，1905 年又废除科举，出现新学热潮。商务印书馆审时度势，于 1903 年编写新式教科书，1904 年出版《最新教科书》系列，这套教科书涵盖了新学制要求开设的所有课目，并分级别，是“我国第一套现代意义的教科书”②。

4. “六三三学制”及课程

1912 年，中华民国成立，修改清末学制成为必然。民国新学制草案，于 1912 年 7 月由全国临时教育会议讨论通过，也称“壬子学制”。后又经过多次修改完善使其更为全面，形成了“壬子癸丑学制”，又称 1912—1913 年学制，但存在学习时间过长，过于整齐划一、灵活性不足等问题。1922 年 9 月，全国教育会联合会提出了学制系统改革案，并于 11 月 1 日以北洋政府大总统令的形式正式颁布《学校系统改革案》。该改革案一般被称为“新学制”，也称“壬戌学制”，因其采用美式的六三三分段法，故又称“六三三学制”。由于这个学制比较符合当时我国的情况，基本上沿用到 1949 年。

在讨论“壬戌学制”的同时，全国教育会联合会组织了“新学制课程起草委员会”，1923 年 6 月该委员会“刊布新学制课程标准纲要”③，“北京教育部只通令试行，而未正式颁布，但全国大多数小学都已依照新课程实施了”④，中学也照此实施。“值得重视的是，1923 年制订的新学制课程标准纲要，是我国第一次以现代教育科学为理论依据的、体系较为严整的中小学各科课程标准。它的实行，是我国 20 世纪二三十年代教育质量稳步发展和提高的重要保证之一。”⑤

“壬戌学制”中，小学阶段取消修身科，增加卫生、公民两科，将图画科改为形象艺术科，手工科改为工用艺术科，又将历史科、公民科、地理科、卫生科归为社会科；设自然科、园艺科，将国文科改为国语科，包括语言、读文、写作、写字；体操科改为体育科，仍保留算术科和音乐科。初级中学的必修科目有公民、历史、地理、国语、外国语、算学科、自然科、图画、手工、音乐、生理卫生、体育。

①③⑤ 吕达. 课程史论［M］. 北京：人民教育出版社，1999：7，301，302.
② 石鸥，吴小鸥. 中国近现代教科书史（上册）［M］. 长沙：湖南教育出版社，2012：144.
④ 陈侠. 近代中国小学课程演变史［M］. 福州：福建教育出版社，2007：39.

高级中学采用美国综合中学制度，或者说是分科制度，采用学分制和选科制，分设普通科和职业科，普通科分文理两组（第一组和第二组）。高级中学普通科课程由三大部分组成。（1）公共必修科目。这是高中学生所应受普通教育的最低限度，主要科目有国语、外国语、人生哲学、社会问题、文化史、科学概论、体育。“普通科第一组还是第二组，公共必修科目都是相同的。但各组的同一科目的教材和教法不宜完全相同，应按分组的不同情形分别教授。”① （2）分科专修科目。无论是第一组还是第二组，“分科专修科目”中都分为两种：一种是“分科必修科目”，即主要的基本的科目，另一种是“分科选修科目”。普通科第一组的分科专修科目侧重文学和社会科学，必修科目包括特设国文、心理学初步、伦理学初步，选修科目为社会学之一种、自然科学或数学之一种；第二组的分科专修科目侧重数学和自然科学，必修科目包括三角、几何、代数、解析几何大意、用器画，选修科目为物理、化学、生物中的二科。（3）纯粹选修科目。其设置由学校按地方情形酌定，学生可以根据自己的兴趣，经过一定的批准手续选修，但分量不得超过毕业学分总额的 20%。

1906 年，清学部颁布《强迫教育章程》，这是中国政府计划实行义务教育的第一道正式法令。1915 年后，民国政府详细计划实行义务教育，各省拟定实施计划或开始试办，形成了一个全国性的兴办义务教育运动，但最终没能实现。

5. 晚清及民国时期的教学方法

清末，新式学堂中多采取班级教学，逐渐取代以前的个别教学形式。赫尔巴特“五段教学法”最为流行，并采用考试、升降级、取消体罚等多种制度。

赫尔巴特“五段教学法”给教师带来了很多便利，一时得到了普遍应用。但不久后，不少教育界人士觉得它过于机械呆板，于是出现了“自学辅导法”“自动教学法”“分团教学法”等各种教学方法。② 同时，设计教学法、道尔顿制、文纳特卡制等实验纷纷传入我国。“道尔顿制传入中国之前，教育界对班级上课制难以适应学生个性发展表示不满，正在思索改革。舒新城、余家菊等人觉得在书塾中，学生各依自己的进度进行个别学习，以及书院中的自学、讨论等方法也有它们的长处。”“道尔顿制传来，大可解除吾人精神上之桎梏，而使吾人敢于回思从前所视为陈腐不足道之私塾制与书院制。”③ 我国教育家也积极结合中国实际展开教育改革，如陶行知在南京创办的晓庄学校、李廉方在开封教育实验区小学推行的“二年半制”（亦称“廉方教学法”）实验等，都是十分具有创造性的课程与教学实验。

6. 新中国成立以来的课程与教学实践

（1）20 世纪 50 年代的学制与课程

中华人民共和国成立后，教育部于 1951 年颁布了《关于改革学制的决定》，还制定和颁布了各级各类学校规程或暂行办法，对不同学校的教育宗旨、目标、任务、原则、内容、方法，

① 吕达. 课程史论［M］. 北京：人民教育出版社，1999：303.

② 陈景磐. 中国近代教育史［M］. 北京：人民教育出版社，1979：297.

③ 瞿葆奎，丁证霖. “道尔顿制”在中国［J］. 教育研究与实验，1985（2）：77—90.

以及学校管理等做了相应规定，从而建起了新中国完整的学校教育制度体系。

1950年8月，教育部颁发了《小学各科课程暂行标准（草案）》和《中学暂行教学计划（草案）》，制定了全国统一的教学计划。1950—1952年和1956年，教育部分别颁发了第一套、第二套教学大纲，人民教育出版社于1952年和1956年分别出版了相应的教材，确定了全国统一编写和供应中小学教材的政策。

在改编教材的同时，全国各地开展学习苏联教育经验的活动，中小学普遍学习凯洛夫（И. А. Каиров）主编的《教育学》。这一时期，取消“课程”与“课程理论”的提法，使用《教育学》中的“教学计划”“教学法”。《教育学》中提出课的结构和类型等思想，对当时中小学教师教学具有现实的指导意义。在教学组织上，以班级教学为主，取消以前的分组教学和个别教学。同时，我国教育工作者根据国情，改革已有班级组织，创造出了适合于经济落后、人口分散地区的复式教学，以及走出课堂、结合生产的现场教学。

（2）“文化大革命”时期的课程与教学实践

“文化大革命”时期，我国教育思想受极左思想的严重影响，缩短了修业年限，中小学正常的教学秩序遭到严重的破坏，教学计划、教学大纲和教材处于无序状态。我国中小学的课程与教学内容充斥着政治口号和领袖语录，中小学课程片面突出政治和联系实际，大幅度削减基础知识，教学质量严重降低。

（3）改革开放以后的课程与教学实践

粉碎“四人帮”后，我国开展了肃清极左思想影响及教育领域中的“拨乱反正”工作。在学制方面，否定了“文化大革命”时期的学制改革，延长了各级各类学校的修业年限。1978年，颁布了“文化大革命”结束后第一个全国统一的全日制中小学教学计划，规定小学学制为5年，中学学制也是5年（三二分段），共10年。1981年4月7日，教育部颁发《全日制六年制重点中学教学计划（试行草案）》和《全日制五年制中学教学计划（试行草案）的修订意见》，其中规定：“中学学制定为六年。由五年制向六年制过渡……多数地区可争取在1985年前，把中学学制改为六年。”设置的课程包括政治、语文、数学、外语、物理、化学、生物、历史、地理、生理卫生、体育、音乐、美术等。此后，我国大部分地区恢复了“六三三”制，小学与中学共12年，并一直沿用至今。

1986年，《中华人民共和国义务教育法》通过。1992年，国家正式颁布了九年义务教育课程计划和九年义务教育阶段各科课程标准。1994年，又正式颁布了普通高中阶段课程计划和课程标准，开始了新的课程改革。“国家正式实施了审定制度，建立了一纲多本的符合国际普遍趋势的全新的教材管理体制。同时，把课程分为国家课程和地方课程，给地方课程赋予一定的权利，允许地方根据实际需要编写地方教材。在课程类型划分上，把过去单一的学科课程分为学科课程和活动课程两大类。”① 这次课程改革给中小学校带来

① 田慧生. 我国基础教育课程改革：回顾与前瞻［J］. 中国教育科学，2015（2）：83—103＋82＋258—259.

了活力，很多学校开展了各式各样的试验，取得许多成功经验。

改革开放以来，我国中小学教学开展了形式多样的教学方法改革实验，有识字教学法、自学辅导教学法、情境教学、六步教学法、杜郎口自主学习教学模式改革等等。还有在学者指导下开展的教学实验和改革，“有发端于20世纪80年代的整体改革实验……从90年代中期开始的主体教育实验，对全国中小学教学影响颇大的新基础教育实验、新教育实验等”①。这些实验共同促进了课程与教学实践的发展。2001年，教育部颁布《基础教育课程改革纲要（试行）》，标志着我国新一轮基础教育课程改革（简称新课程改革）全面启动。2004年，教育部颁布了普通高中的课程改革方案。

第三节　课程与教学理论的发展历程

一、我国古代课程与教学思想

我国课程与教学思想的源头可以追溯到春秋战国时期。其中，儒家思想对后世影响最为深远。

《论语》是儒家的经典著作，记录了孔子及其弟子的言行。“孔子之教”重在日常生活中养成品德，其中蕴含着丰富的教学思想。孔子强调“学而时习之”，孔子本人就以“学而不厌”给弟子以身示范。《论语·述而》曰：“子以四教：文、行、忠、信。”孔子施教的过程是“兴于诗、立于礼、成于乐”②，这也是修道的过程。孔子注重因材施教，主张启发诱导和学思结合。“学而不思则罔，思而不学则殆。”③后来，宋代朱熹提出了“朱子读书法”：循序渐进、熟读精思、虚心涵泳、切己体察、着紧用力、居敬持志。

战国时期的《学记》是世界最早的教育专著。《学记》认识到“建国君民，教学为先”，强调“化民成俗”的教化目的，提出了“教学相长”“未发先豫（预）”“循序渐进”“启发诱导”“长善救失”“藏息相辅”等教学原则，这些在今天仍需要我们继承和弘扬。

二、外国古代课程与教学思想

古希腊时期的苏格拉底是著名的哲学家和教育家，他善用谈话法（也被称为问答法）与人讨论真理，启发别人思考正义、勇敢、虔诚、自制等美德的含义。

---

① 王嘉毅. 从移植到创新——改革开放30年来我国教学论学科的发展［J］. 教育研究，2009（1）：25—30.

②③ 杨伯峻. 论语译注［M］. 北京：中华书局，1980：93，18.

作为苏格拉底的学生，柏拉图继承和发展了他的思想，著有《理想国》。在柏拉图看来，教育的目的在于陶冶人的灵魂。在人生命伊始阶段，理智尚未发达，灵魂同躯体沉浸在感觉和情绪之中，因此音乐、寓言、童话能帮助儿童想象美和善。音乐伴随儿童从幼年一直到青少年，其节奏、和谐就能深深印入人的心灵，使他们内心得到陶冶、行为优美。随着年龄增长，教育的科目便扩展开来，应包括体育、算术、几何、天文等科学，其中数的学习能激发思考，为从想象发展到理智做好准备。这些学科能帮助儿童走向以善为目标的学习和生活。

亚里士多德是伟大的思想家和哲学家，在哲学、科学、政治学、逻辑学等诸多方面有很深的造诣，在很多基本问题上，他与老师柏拉图观念一致，同时又在其基础上有所发展。亚里士多德认为，人的理性和理智是本性力求达到的目的。身体和灵魂不同，灵魂由理性和非理性部分组成，与之对应的两种状态是理智和欲望。身体比灵魂先产生，所以非理性部分比理性部分先产生。因此，对身体的关心应先于对灵魂的关心，随后训练欲望，但最终是为了理性。与此相对应，就有三重教育：身体训练、品德教育和理智教育。他根据"灵魂生长"说提出教学主张，根据儿童年龄把教育分为三个时期，主张以体育锻炼、音乐、绘画、阅读和书写为教育内容，强调以练习和实践培养德行，以沉思培养心智。

古罗马时期，昆体良（M. F. Quintilianus）根据自己的教学实践，撰写了西方教育史上第一部系统的教学法专著——《雄辩术原理》。昆体良提出，雄辩家须接受初级学校、文法学校、修辞学校三个阶段的学校教育。各级学校的课程设置要围绕培养雄辩家这一总目标。初级学校的教学内容主要是读和写，属于启蒙教育。文法学校开设文法、阅读、音乐、几何等课程，为培养雄辩家打好基础。修辞学校主要开设辩证法、伦理学、物理学（又称自然哲学）。他主张根据学生的能力、资质因材施教，他还最早提出了分班教学的初步设想，认为同一时间内，同一个人给多个人讲解，全体学生都会有所收获，节省时间和精力。而且，优秀学生的影响、公共活动中的交往锻炼都能促进人的发展。昆体良是古代西方第一个专门论述教育问题的思想家，他在教学方面的见解为文艺复兴时期教学思想打下了基础。

三、外国现代课程与教学思想

（一）夸美纽斯对教学论的贡献

在《大教学论》中，夸美纽斯第一次系统说明了班级授课制，并阐述了教师对众多学生施教的基本原则，涉及教学的直观性原则、激发学生求知的积极性原则、循序渐进原则、量力性原则、连续性和简明性原则等。在外国教育思想发展史上，夸美纽斯是第一个试图建立分科教学法的教育家。他在不同章节分别论述了科学教学法、艺术教学法和语文教学法，以及道德教育方法和灌输虔诚的方法。

夸美纽斯制定了统一的学年制度，强调学校要有工作计划，对假期、宗教节日、每日学习和娱乐时间都给出了详细的计划。

（二）卢梭的自然教育思想

让-雅克·卢梭（Jean-Jacques Rousseau）是18世纪法国启蒙思想运动中涌现出的杰出思想家和教育家，卢梭十分重视教育的作用，提出了反封建的自然教育理论。在其著作《爱弥儿》中，卢梭通过呈现爱弥儿从出生到成人的教育过程，系统阐述了他的自然教育思想。

卢梭自然教育思想的核心是强调教育必须遵循自然的要求，顺应人的自然本性。他否定教会传统的“原罪说”，认为人的天性是善的，是腐败的社会使人堕落。他主张在自然的淳朴环境中对儿童进行教育，以培养自由人。“问题不在于教他各种学问，而在于培养他有爱好学问的兴趣，而且在这种兴趣充分增长起来的时候，教他以研究学问的方法。毫无疑问，这是所有一切良好的教育的一个基本原则。”①

（三）裴斯泰洛齐的要素教育理论

裴斯泰洛齐（J. H. Pesstalozzi）继承和发展了夸美纽斯自然适应的教学思想，对近代教学理论的发展做出了重要贡献。他赞同夸美纽斯与卢梭尊重儿童心理发展展开教学的思想，同时基于自己长期的教育实践，在教育史上首次明确提出了“教育心理学化”的口号，并提出了要素教育理论。“要素教育论的基本思想，就是认为初等学校的各种教育都应该从最简单的要素开始，然后逐渐转到日益复杂的要素，以便循序渐进地促进人的和谐发展。”②

（四）赫尔巴特的教学阶段思想

赫尔巴特（J. F. Herbart）明确地提出教育学要以哲学和心理学为基础，在《普通教育学》中倡导“通过教学进行教育”（即教学的教育性原则），强调把知识教学与品德教育统一起来。

赫尔巴特根据他在统觉理论中对统觉过程的划分，相应地提出了三种教学方法：单纯的提示教学、分析教学和综合教学。在《普通教育学》中，他提出了教学阶段论，将教学过程分为“明了、联想、系统、方法”四个阶段。其弟子齐勒尔（T. Ziller）和赖因（W. Rein）又将之发展为“预备、提示、联想、总结、应用”五个阶段。赫尔巴特学派的“五段教学法”对后世教学实践产生了重大影响。

（五）斯宾塞的“什么知识最有价值?”

斯宾塞（H. Spencer）是19世纪中后期英国著名的哲学家、社会学家和教育家，近代自然科学教育的倡导者。在《教育论》一书中，首篇论文就是《什么知识最有价值?》，由此他也提出了课程领域中这一经典问题。他认为首先需要一个衡量价值的尺度或标准，而他提出为完满的生活做准备就是衡量知识价值的唯一标准。斯宾塞根据人类生活主要的

---

① 卢梭. 爱弥儿［M］. 李平沤，译. 北京：商务印书馆，1978：223.

② 吴式颖. 外国教育史教程［M］. 北京：人民教育出版社，1999：298.

五种活动，提出了“准备直接自我保全的教育，准备间接自我保全的教育，准备做父母的教育，准备做公民的教育，准备生活中各项文化活动的教育”①。与此对应的课程就包括：生理学；逻辑学、数学、力学、物理学、化学、天文学、地质学、生物学、社会学科；心理学、教育学；历史、社会学；美术、音乐、诗歌。他从指导行为和训练心智两个方面，说明科学知识比古典学科更有价值。

（六）杜威的课程与教学思想

著名哲学家、教育家杜威基于其经验自然主义的哲学思想，以及对美国民主社会的关怀，提出了其课程与教学思想，成为现代教育思想的里程碑。

杜威的教育理想是通过教育传递和培育民主社会的价值，他在《民主主义与教育》的序中开篇就阐明了他的社会理想和教育理想，他说：“本书体现了我探索和阐明民主社会所包含的思想，和把这些思想应用于教育事业的许多问题所做的努力。”② 在杜威看来，“民主主义不仅是一种政府的形式；它首先是一种联合生活的方式，是一种共同交流经验的方式”③。在经验的连续性和相互作用的原则下，在经验课程中培养人的社会性。他倡导问题教学法，目的是在培养学生反省思维的过程中发展学生的社会性品质。这样，他通过教学过程中儿童作业等相互协作的活动方式，把学校变成雏形社会，从而实现了他“学校即社会”的教育信条，以培养民主社会需要的公民品质，实现了“问题教学法中的教育性：公民理性与公民态度的统一”④。

在 1910 年出版的《我们怎样思维》中，杜威不仅说明了思维训练的意义、反省思维的过程，对知识和科目、对课堂教学、对教师作用的认识也是很全面的。到了晚年，杜威仍然反对非此即彼的思维方法，并进一步深刻地追问和思考：“究竟自由的含义是什么？在什么条件下自由才能够实现呢？在促进未成年人的教育发展中，教师和书籍的作用究竟是什么呢？儿童怎样才能熟悉过去，并能使这种熟悉变成评价和认识现实生活的强大的动力？”⑤ 这些问题直至今天也需要我们不断思考。

（七）20 世纪中叶之后的课程与教学思想

1957 年 10 月，苏联第一颗人造地球卫星发射成功，促使美国 1958 年通过《国防教育法》，强调教育质量和教育目标，展开了以学科知识结构为中心的课程改革。布鲁纳（J. Bruner）在《教育过程》中强调结构的重要性，提出“任何科目都能够按照某种正确的

---

① 斯宾塞. 斯宾塞教育论著选［M］. 胡毅，王承绪，译. 北京：人民教育出版社，1997：60.

②③ 约翰·杜威. 民主主义与教育［M］. 王承绪，译. 北京：人民教育出版社，1990：1，92.

④ 迟艳杰. 在社会历史进程中理解杜威的教学价值思想［J］. 华东师范大学学报（教育科学版），2010（2）：17—23.

⑤ 约翰·杜威. 我们怎样思维·经验与教育［M］. 姜文闵，译. 北京：人民教育出版社，2005：247.

方式，教给任何年龄阶段的任何儿童”①。因为，任何学习的首要目的在于将来为我们服务，那么学校里学习的技能可以迁移，但是第二种迁移——原理和态度的迁移更重要，因为其中蕴含的基本观念能用来不断扩大和加深知识，这应是教育过程的核心。为此，“工作的主要目的在于编写出有效的教材，也就是既重视内容范围，又重视结构体系的教材”②。在教学方法上他倡导发现法。后来课程与教学研究中，美国的施瓦布（J. J. Schwab）、古德莱德（J. I. Goodlad）、艾斯纳、派纳（W. F. Pinar）、多尔（W. E. Doll），以及加拿大的范梅南（M. Manen）等人都从不同方面推进了课程与教学思想的发展。

在苏联，随着马克思主义的诞生和教学实践的不断积累，产生了以马克思主义认识论为指导的教学论。20 世纪下半叶，苏联教学论不断发展，其代表有赞科夫（Л. В. Занков）的“发展教学理论”和巴班斯基（Ю. К. Бабанский）的“教学过程最优化理论”。

四、我国近现代课程与教学思想

（一）晚清民国时期介绍国外的教授法

晚清时期颁布的《钦定学堂章程》和《奏定学堂章程》规定学校须统一教科书，组织统一班级，教学须一律用演讲式，注重整齐划一。当时师范学校所讲授的方法是赫尔巴特学派的五段教学法。最早传入我国的是日本教授法著作，如汤本武比古的《教授学》（1901 年）、樋口勘次郎的《统合新教授法》（1903）、神保小虎的《应用教授学》（1905 年）等。③

（二）民国时期自编课程与教学法用书

教授法教材的编写与师范学校开设这门课程有关。早在 1903 年，《奏定初级师范学堂章程》中就规定开设“教授法”。1912 年教育部公布的《师范学校规程》和 1913 年教育部公布的《高等师范学校规程》都规定教育学科中包含教授法。国人自编的教授法教材有：朱孔文编《教授法通论》（1903 年）、商务印书馆编译所编《教授法原理》（1913 年）、蒋维乔编《教育学讲义》（1916 年）、余奇编《教育学要览》（1917 年）、钱体纯编《教授法》（1917 年）等等。④

在课程与教学法研究中，还有舒新城著《现代教育方法》（1930 年）、罗廷光著《普通教学法》（1930 年）、赵廷为著《小学教学法通论》（1933 年）、熊子容编写的《课程编制原理》（1934 年）、盛朗西编写的《小学课程沿革》（1934 年）、肖承慎著《教学法三讲》（1940 年）、陈侠著《近代中国小学课程演变史》（1943 年），这些著作都对我国传统的教授法和当时的教学改革进行了总结和评述。此外还有俞子夷、朱晸旸编的《新小学教材和教学法》（1934 年）、赵廷为著《教材及教学法通论》（1944 年）等。

---

①② 布鲁纳. 教育过程［M］. 邵瑞珍，译. 王承绪，校. 北京：文化教育出版社，1982：6，24.
③④ 董远骞. 中国教学论史［M］. 北京：人民教育出版社，1998：30—31，31.

（三）民国时期对美国课程与教学思想和方法的介绍及研究

五四运动后，随着平民主义之教育学说风行，美国教育家来华，便引入了杜威为代表的进步教育思潮。杜威的多部教育著作先后被翻译出版，如《我的教育信条》《思维术》《杜威五大讲演》《学校与社会》《儿童与教材》《教育上兴味与努力》《明日之学校》《民主主义与教育》等。杜威教育和教学思想对我国教育界产生了很大的影响，他的学生克伯屈（W. H. Kilpatrick）撰写的《教学方法原理》（*Foundation of Method*），对我国教材编写也影响深刻。我国翻译出版了桑代克的《教育心理学》，三大学习定律成为对我国教育的影响长达数十年之久。

随着美国教育思想的引入，国内展开了设计教学法、道尔顿制、文纳特卡制等实验。参与实验的俞子夷、舒新城等人纷纷撰文总结实验经验，如《道尔顿制研究集》（1924年）等。

（四）民国时期展开的本土教学实验的总结

这一时期，国人也开展了自创教学法的研究和实验，其中首推是陶行知的“教学做合一”思想。他主张生活即是做学教，并撰写多本专门论述“教学做合一”的书。此外，还有李廉方的教学法实验。1933 年，李廉方在开封教育实验区大花园及杏花园实验学校展开小学教学法实验，最初学校采用类似二部制的组织，即一班在教室授课，另一班则在教室外工作，而得名“二重制”，后更名“二年半制”。实验目的为“以一般小学学龄儿童二年半授课时数修完部定四年课程”，以完成当时理想中之义务教育。“其方法最大之贡献，尚不在能经济教育年限，而在革新过去我国教学，而创一适合国情之优良教学法。”① 其他教育工作者对此也进行过介绍，如肖承慎的《教学法三讲》（1940 年）。陶行知、李廉方也进行了系统总结，我们现在仍能通过《陶行知全集》《李廉方教育文存》等了解这一段历史。

新中国成立后，我国开始学习苏联《教育学》和《教学论》，同时也展开了本土研究和探索。改革开放后，迎来了教育研究的春天，课程与教学论建设进入了新的历史发展时期。

第四节　课程与教学论的研究对象与学科性质

随着课程与教学实践的发展，课程与教学理论也不断丰富。课程与教学论作为发展中的一门学科，对其研究对象和学科性质的认识，需要在历史发展过程中来理解。

---

① 肖承慎. 教学法三讲［M］. 福州：福建教育出版社，2009：96.

一、课程与教学论学科的产生及研究对象

（一）教学论学科的产生及研究对象

从历史发展来看，教学论的产生要早于课程论。“Didaktika”（教学论）一词来源于希腊语，其原意是教导。它是在17世纪时被拉特克和夸美纽斯引入到教育学中的术语。夸美纽斯在《大教学论》中将“教学论”理解为“教学的艺术”，“是一种把一切事物交给一切人类的全部艺术”①。

“从十九世纪末、廿世纪初起，教学论的对象限于教养的范围，但涉及的只是教学中有组织的教养。……1882年奥·维尔曼（O. Willmann）出版了《教学论作为教养的科学》，格·凯兴斯泰纳出版了《教养的理论》。”② 正如我们在第二节介绍到，学校教育的普及存在一个历史过程，文艺复兴后很长一段历史时间内，欧洲还存在大量贵族和平民子弟不到学校接受教育的情形。到了19世纪，赫尔巴特在《普通教育学》中就十分强调“通过教学来进行教育”③。

到了20世纪50、60年代，苏联出版了以教学论命名的著作，但尚未明确把教学论看成一门独立的学科，而是理解为：“教学论是教育学的一部分，它阐述教育和教学的理论。它研究的问题是：学校教育的任务和内容，学生掌握知识、技能和技巧的过程，教学原则、方法和教学组织形式。苏维埃教学论提出了一项极重要的任务，就是要认识符合于新一代共产主义教育目的的有效教学的一般规律。”④

民国时期，作为师范学校的一门课程而开“教学法”，出版了教学法方面的教材和著作。“建国初期（1949—1966年）是引进苏联教学论，批判旧教学思想，并开始为新中国教学论做初步探索。”⑤ “文化大革命”后是教学论发展的春天。我国学者在学习和借鉴苏联教学论基础上，进行了新的探索，普遍承认教学论是一门学科。“教学论是教育学的一个分支，是研究教学过程的规律及其应用的科学”⑥，教学论的研究对象是“研究教学的客观规律”⑦，“探讨教学本质和有关规律，寻求最优化的教学途径和方法，以达到培养社会所需人才的目的。”⑧ 还有观点认为教学论是研究教学问题的学科，这些问题包括了教学规律等事实问题、价值问题和技术问题。⑨

---

① 夸美纽斯. 大教学论［M］. 傅任敢，译. 北京：人民教育出版社，1984：3.

② 弗拉基米尔·鲍良克. 教学论［M］. 叶澜，译. 福州：福建人民出版社，1984：3.

③ 赫尔巴特. 普通教育学［M］. 李其龙，译. 杭州：浙江教育出版社，2002：14.

④ 达尼洛夫，叶希波夫. 教学论［M］. 北京师范大学外语系1955级学生，译. 北京：人民教育出版社，1961：5.

⑤ 董远骞. 中国教学论史［M］. 北京：人民教育出版社，1998：61.

⑥ 董远骞，张定璋，裴文敏. 教学论［M］. 杭州：浙江教育出版社，1984：3.

⑦ 王策三. 教学论稿［M］. 北京：人民教育出版社，1985. 54.

⑧ 李秉德. 教学论［M］. 北京：人民教育出版社，1991：8—9.

⑨ 裴娣娜. 教学论［M］. 北京：教育科学出版社，2007：15—16.

（二）课程论学科的产生及研究对象

作为学习内容或教学科目的课程，已经历许多年代，课程实践古已有之。但是“课程被公认为是一门独立的学术研究领域”①，还是 20 世纪的事。美国教育学者博比特（F. Bobbitt）被派往菲律宾帮助设计小学课程，在这一经历的基础上，他于 1918 年撰写了《课程》一书，被视为课程作为研究领域的开端。博比特第一次明确表述了研究课程编制过程的重要性，并且强调应该以社会的需要来确定课程目标。1924 年，他又撰写了《怎样编制课程》一书，提出了课程编制的步骤：首先是对人类经验的分析，然后是对职业活动分析，进而提出派生的目标，然后选择目标、制订详细计划，从而使研究课程编制成为一个新的专业。美国教育学者查特斯（W. Charters）曾与博比特共事，他撰写的《课程编制》一书于 1923 年出版。查特斯与博比特同样强调通过分析成人活动而提出课程目标，进而编制课程。由于他们把科学的思维方式引进了刚刚出现的课程编制（curriculum development）领域，他们的课程编制成为科学的课程编制，“科学的课程编制是用实验的方法来决定教什么的一种尝试”②。

在课程论学科产生的过程中，泰勒也做出了贡献。1949 年，泰勒基于“八年研究”的实践和经验，撰写了《课程与教学的基本原理》。泰勒在《课程与教学的基本原理》一书中提出了编制课程和教学计划都必须回答的四个基本问题：第一，学校应该试图达到什么教育目标？第二，提供什么教育经验最有可能达到这些目标？第三，怎样有效地组织这些教育经验？第四，我们怎样才能确定这些目标正在得以实现？在他看来，这些问题构成了考察课程与教学问题的基本原理，故也被称为“泰勒原理”。他认为，课程规划者应从学科内容、学生及社会这三方面收集资料以确立一般的目标。但这些目标为数众多，课程规划者要通过“教育哲学”（或办学宗旨）和“学习心理”这两个“筛子”对它们进行进一步的筛选。泰勒把评价视为课程编制中的一个重要环节，因为它可以让教育工作者了解所选择的学习经验是否达到了预期的效果，教师所教授的课程是否有效。

“泰勒原理”以目标为课程编制的核心，建立了课程编制的目标模式，将评价引入到课程编制过程，提供了一个课程研究的范式，对于当代课程开发与研究影响深远，《课程与教学的基本原理》一书被公认为是现代课程理论的奠基石。

（三）课程论与教学论的关系

课程论与教学论发展到今天，关于二者之间的关系，学界一直有不同的看法，主要包括“大教学论”“大课程论”“相互独立论”和“课程与教学整合论”等主张。所谓大教学论的主张，就是认为课程是指教学内容，是教学活动的一个要素，因而对课程的研究也就

---

① T. 胡森，T. N. 波施特尔斯特. 简明国际教育百科全书·课程［M］. 江山野，主编译. 北京：教育科学出版社，1991：199.

② 约翰·D. 麦克尼尔. 课程导论［M］. 施良方，等译. 沈阳：辽宁教育出版社，1990：352.

包括在教学论中；大课程论则相反，“主张课程包含教学，课程论包含教学论”①。

“相互独立论”认为，课程论和教学论都是教育学的下位理论，有各自的研究对象，尽管有一定的横向联系，但各自都是一门独立的学科。例如，美国学者比彻姆（G. A. Beauchamp）认为“课程理论是教育学的下位理论”②。我国也有学者持这种主张，认为：“课程领域存在的特殊矛盾（即课程领域的基本矛盾）是肩负素质教育任务的各级学校对学生各基本素质发展的要求与学生原有素质水平落后于素质教育总体要求的矛盾，当代新课程应为解决这一特殊矛盾而产生、运行和发挥作用。”③ 基于此，课程论学科需以课程问题为研究对象。“教学研究者就须针对教学领域存在的一系列重要问题进行全面、深入的研究，从而建立正确处理教师恰当施教与学生主动学习的互动关系的理论，即当代教学论。可见，当代教学论须以教学问题为研究对象。”④ 总之，两学科有各自的研究对象，尽管两学科之间必然存在一系列横向联结处，但出发点和落脚点不同，是独立的两个学科。

“课程与教学整合论”认为“20 世纪课程与教学重新整合”⑤ “课程与教学一体化改革是当代国内外教育改革发展的基本趋势，课程论与教学论整合也成为理论研究的主要取向和广大读者的迫切要求”⑥。“课程与教学论构成教育研究的一个重要领域，它是课程论与教学论两个相对独立但又相互影响而内在关联的学科整合的产物。”⑦ 本教材也坚持整合论。21 世纪开始的我国基础教育课程改革，实行课程三级开发，为学校课程建设提供了空间，教师不仅需要具有现代教学思想和教学技能，而且需要掌握课程编制的基本理论、基本过程和基本方法，以开发学校课程。同时教师还需要明确国家课程（包括教科书）的基本结构，以及其他课程资源有机结合的原则和方法，为正确理解和开发教材提供理论依据。从学科建设上，课程与教学论整合为一门学科，将拓展课程论和教学论的各自研究空间，在学校课程与教学紧密结合处展开深入系统的研究，将会促进学科建设。

（四）课程与教学论的研究对象

学界对课程与教学论的研究对象有不同看法。本书认为，课程与教学论是根据人类文化成果和社会对人素质的要求，研究学校教什么、何时教、怎样教的问题，是指导教师以现代教学思想和方法，有效地实现培养目标的一门学科。研究内容主要包括：课程与教学中的基本关系、课程与教学实践和理论的发展历史、课程与教学论的理论基础、课程与教学目标、课程与教学内容、课程与教学设计、课程实施与教学过程、课程与教学评价、课

---

①⑥ 黄甫全. 现代课程与教学论学程（下册）[M]. 北京：人民教育出版社，2006：20—21，1.

② 乔治·A. 比彻姆. 课程理论 [M]. 黄明皖，译. 北京：人民教育出版社，1989：3.

③④ 廖哲勋. 用发展的眼光透视当代课程与教学的关系——兼论当代课程论与教学论的关系 [J]. 中国教育科学，2013（2）：75—93+74+190—191，89.

⑤ 张华. 课程与教学整合论 [J]. 教育研究，2000（2）：52—58.

⑦ 陈旭远. 课程与教学论 [M]. 北京：高等教育出版社，2012：1.

程管理与领导、课程与教学研究等。

知识窗1-2

国内关于课程与教学论研究对象的主要观点：

1.“课程与教学是教育的基本构成和核心构成。课程与教学研究是教育研究中的基本领域和核心领域。以探究课程与教学的基本原理和问题为对象的课程与教学论是教育科学的重要分支。”（张华主编：《课程与教学论》，上海教育出版社2000年版，第11页。）

2.“课程与教学论的研究对象是课程与教学问题。”“课程与教学问题，是指反映到研究者大脑中的、需要探明和解决的课程与教学实际矛盾和理论疑难。”（黄甫全主编：《现代课程与教学论学程（上册）》，人民教育出版社2006年版，第13—14页。）

3.“从课程与教学论的定义我们知道，它是以学校情境中的课程教学现象及其基本问题为研究对象，以揭示课程教学规律为研究任务和目的，并以课程教学规律所揭示出来的原理为指导来开展课程教学实践。”（张传燧主编：《课程与教学论》，人民教育出版社2008年版，第22页。）

4.“概括起来，科学研究是发现和解决问题的过程，照此类推，就可以把课程与教学论的研究对象界定为课程问题和教学问题。”（王本陆主编：《课程与教学论》（第2版），高等教育出版社2009年版，第4页。）

5.“研究课程与教学现象、问题，其目的是要揭示课程与教学的规律，确立价值、指导实践。”（陈旭远主编：《课程与教学论》，高等教育出版社2012年版，第2页。）

6.与作为一门课程的课程与教学论不同，“作为一门学科的课程与教学论则是以整个课程与教学现象为其研究对象，描述为人们所关注的各种课程与教学现象及其相互关系，确立有效的课程与教学实践的条件，提出切实可行的实践建议。”（周兴国、段兆兵主编：《课程与教学论》，中国科学技术大学出版社2012年版，第10页。）

二、课程与教学论的学科性质

课程与教学论的学科性质与研究任务密切相关。课程与教学论的研究任务主要包括解释和规范两个方面。解释是对现象、原因、条件、关系和联系的说明，回答是什么、为什么的问题。课程与教学论解释的任务，即是对课程与教学现象、对学科中的基本概念、课程与教学论中的基本关系，如知识学习与智力发展、教师与学生、教师的教与学生的学等关系，以及对培养目标、课程结构等进行说明和解释，增进人们对它们的认识和理解，以形成现代课程与教学思想。课程与教学论对以上问题的解释、说明，使之具有理论思辨的性质。

课程与教学论的理论思辨性，使课程与教学论研究区别于经验汇编，也不是对教育和教学政策文件的解释，而是有自己相对独立的研究对象、基本的范畴和概念，以及相对稳定的表达系统。

所谓规范的任务，即课程与教学论要对教师的教进行指导，要在课程与教学评价以及管理等方面提出建议。因而，课程与教学论还具有较强的应用性。

本章小结

本章从多方面对课程与教学进行了探讨。我们介绍课程的多种含义，每一位学习者应该注意考察这一术语使用的语境。而对教学概念的介绍既包含我国的历史传统，也有西方的认识。其次，尝试说明课程与教学的关系、教与学的关系和教师与学生的关系，以及课程与教学在学校工作中的地位和作用，从而帮助学习者进一步明确教师的职责。我们回溯了教学论和课程研究领域产生的历史，进而探讨课程与教学论整合为一门学科的理由，这也是需要每一位学习者思考的，尤其需要深入理解这门学科的研究对象、研究任务和学科性质。

人类的课程与教学活动是在一定时间和环境中发生的，人类对课程与教学的认识也相伴而生。通过课程教学实践和思想的历史回顾，可以看到这是一个不断探索的过程，教育家总是站在时代的前沿，关心儿童和社会进步。我们希望学习者能够欣赏并拥有这种探索的勇气和精神。

拓展学习

1. 如何界定课程与教学？如何理解它们在学校工作中的地位？
2. 如何理解教与学的关系？
3. 如何理解教师与学生的关系？
4. 谈谈学习课程与教学论的意义。
5. 课程论与教学论能整合为一门学科吗？为什么？
6. 如何理解课程与教学论的学科性质？
7. 通过课程与教学实践及思想历史的学习，你有哪些收获？产生什么疑惑和问题？

选读文献

1. 高时良译注:《学记》，人民教育出版社 2016 年版。

我国先秦时期儒家教育经验的总结，是世界上最早的有系统的教育专著，内容包括教育作用和目的、学制、内容、原则和方法，以及师生关系等。

2. 夸美纽斯著，傅任敢译:《大教学论》，教育科学出版社 1999 年版。

近代第一部系统的教育学著作，首次全面说明了班级授课制，为教师面向众多学生授课提出了基本的教学要求，还说明了分科教学的方法，描述了现代学校的组织和管理。

3. 赫尔巴特著，李其龙译:《普通教育学》，人民教育出版社 2015 年版。

赫尔巴特被誉为“科学教育学的奠基人”。他在该书中提出“通过教学进行教育”，论述了性格与兴趣的关系，提出了教学的形式阶段，其弟子将其发展为五段教学法，影响深远。

4. 卢梭著，李平沤译:《爱弥儿》，人民教育出版社 2001 年版。

在《爱弥儿》中，卢梭通过描绘爱弥儿从出生到成人的教育过程，系统地阐述了他的自然教育思想。

5. 杜威著，王承绪译:《民主主义与教育》，人民教育出版社 2005 年版。

该书是杜威教育思想的重要代表作，阐述了他的民主主义教育理想。杜威主张在问题教学法中展开社会性的作业，从而沟通知识与品德，避免学习知识与日常生活品性养成的割裂，以培养学生的理智和公民道德。

第二章　课程与教学论的理论基础

教学目标

- 了解课程与教学理论发展与哲学、心理学和社会学的历史渊源。
- 掌握现代主要哲学、心理学和社会学流派的思想观点。
- 理解现代哲学、心理学和社会学观点在课程与教学论发展中的地位和作用。
- 能够运用哲学、心理学和社会学的观点和方法分析课程与教学问题。

课程与教学论的理论基础，是与课程教学目标、内容、方式、手段、评价等方面直接相关的最基本的理论研究领域。课程与教学论需要基础学科理论与方法的支撑，也要从这些学科中汲取有助于自身发展的营养。国内外诸多学者对课程与教学论的理论基础做了大量的研究，比较一致的看法是，哲学、心理学、社会学是本学科主要的理论基础。

第一节　课程与教学论的哲学基础

哲学，是自然知识、社会知识和思维知识的概括和总结，是世界观和方法论的统一。作为理论之母，哲学是课程与教学理论发展的首要基石，也是影响最为长久和深刻的。① 课程与教学论诸多流派之所以对课程教学有不同的看法，其源头就是因为各自持有不同的哲学观。

一、课程教学与哲学：历史考察

课程与教学理论发展和实践变革深受哲学、心理学和社会学的引导，而实际上心理

① 从立新. 课程论问题［M］. 北京：教育科学出版社，2000：303.

学、社会学也受哲学的支配。因此，哲学是课程与教学论最重要的理论基础。有什么样哲学观就有什么样的课程教学观，课程教学观是不同时期哲学观的具体体现。

具有师承关系的苏格拉底、柏拉图、亚里士多德被并称为“古希腊三贤”，他们的哲学思想对课程与教学理论发展产生了重要作用。

苏格拉底被西塞罗敬奉为“哲学之父”，主张哲学家的定义应该是热爱智慧的人，而不是有智慧的人，后人称苏格拉底的哲学为“伦理哲学”，在哲学史上具有伟大的意义。“苏格拉底是在批判自然哲学的基础上建立起自己的概念论哲学的。知识问题和道德问题是其哲学的核心问题。”① 他提出“德性即是知识”，认为只有通过求知才能获得知识，因为知识是对道德的永恒不变的一般概念的认识。如何引发儿童获得新知？他提出了“产婆术”的方法，成为“启发式”教学的源头。一方面，苏格拉底提出的一系列教育思想长时间地主导着人们的思维方式和教育方式。另一方面，他的很多观点也引发了后学的诸多讨论，如“苏格拉底对普遍知识和沉思的理智生活的追求，造成了教育上的旁观与非介入的态度，由于被认识的东西被认为先在于认识者的观察与探究而存在，而且它们完全不受观察者、探究者、认识者的影响，这使人在知识对象面前只能成为谦卑的接受者”②。

柏拉图继承了苏格拉底的美德观，倡导“美德即知识”，提出“只有具有最高智慧的哲学家才能掌握美德，也只有哲学家才能教授美德”③。他认为哲学、辩证法高于其他一切学科，要想真正学好高深学科的哲学理论，把握绝对实在的真知，认识善理念，还必须学习其他学科，掌握各门科学的知识。④ 柏拉图提出了一种理念论和回忆说的认识论，把世界分为现象世界（可见世界）和理念世界（可知世界），理念世界是真实的存在，永恒不变；而人类感官所接触到的现实世界，只不过是理念世界的微弱的影子。相应地，知识也可以分为两部分：知性知识和理性知识。知性知识是数学和科学研究的对象，理性知识是辩证法研究的对象，并认为唯一真实的知识必须是有关于概念的。因此，柏拉图主张辩证法是学校里最重要的课程，其次是数学，再次是其他学科。他提出了各级学校的课程设置，⑤ 这对后来课程理论的发展产生了重要影响。

作为柏拉图的弟子，亚里士多德堪称古希腊哲学的集大成者，被公认为是古希腊最博学的人，也称“百科全书式的哲学家”。他质疑柏拉图的观点，认为通过感官所接触到的世界是真实存在的，也是认识的源泉。因此，感觉是认识的起源，没有感觉，就没有认识活动，也就不可能有知识，从而提出了任何事物都是“形式”与“质料”的统一体，即物体的普遍性与特殊内容相统一，主张形式与质料相互交融、密不可分。据此，亚里士多德把知识分成逻辑学、理论科学、实践科学、制作科学四大类。第一、二类知识与“形式”

---

① 黄甫全. 课程与教学论［M］. 北京：高等教育出版社，2002：38.

② 高慎英. 苏格拉底的教育方法及其危机［J］. 教育研究，2008（2）：73—76.

③ 吴式颖，任钟印. 外国教育思想通史（第二卷）［M］. 长沙：湖南教育出版社，2002：274.

④ 赵祥麟. 外国教育家评传（第一卷）［M］. 上海：上海教育出版社，2003：90.

⑤ 赵卿敏. 课程论基础［M］. 武汉：华中科技大学出版社，2004：13.

相关，第三类知识是质料与形式相联系的知识，第四类主要与质料相关，是纯技术的知识。亚里士多德的哲学思想为课程与教学研究开启了理性主义和经验主义之先河，影响深远。

进入资本主义社会后，提高劳动生产效率、发展科学技术，显得十分重要。培根（F. Bacon）认为经院哲学家玩弄的亚里士多德的哲学让人们陷入争论，无法走向真理，主张把感性认识与理性认识结合起来，让经验与理性“结婚”，以帮助人们获得知识。他认为知识的主要形式不是别的，只是真理的表象，科学知识是把握真理表象的突出表现。培根进一步把科学知识分为三类：人类以外的自然界的知识、关于人本身的知识、关于人对自然的知识。这个百科全书式的知识观，为学校课程科学化奠定了基础，影响了不少教育家，推动了近代学校课程的发展。例如，洛克（J. Locke）、夸美纽斯等，他们继承和发展了培根的知识论和方法论，逐渐发展出百科全书式的学校课程体系。夸美纽斯论证了现代意义的课程体系，为他的国语学校、拉丁语学校描绘了丰富的课程设想，并在教科书编写上做出了卓越的贡献。

文艺复兴以后，一些英国、德国的哲学家沿着各自坚守的知识论和方法论，分别形成理性主义、经验主义的传统。他们的观点对学校课程教学产生的重要影响，集中反映在形式训练说和实质教育论上。

二、现代课程与教学论的哲学基础

19 世纪末至 20 世纪 60 年代，课程与教学论逐步走向独立。自柏拉图和亚里士多德以来，经验主义与理性主义的争论有了新的进展，实用主义、要素主义、永恒主义与分析哲学等哲学思想对课程与教学理论发展产生了重要影响。

（一）实用主义课程与教学观

实用主义（pragmatism）于 19 世纪末在美国形成。查尔斯·皮尔士（C. S. Peirce）、威廉·詹姆斯（W. James）和约翰·杜威是实用主义的主要代表。他们认为以往哲学家之所以犯“二元论”错误，原因在于把认识的主体与对象分割开来，当作两个独立存在的领域。实用主义主张“经验”是主体与客体之间连续不断的相互作用，认识主体、客体、对象、环境存在于经验这个统一体中。这样，哲学的任务就是研究经验，研究有机体与环境、认识主体与客体的相互作用。由此形成了一种新的知识观。立足于实用主义哲学的基本精神，杜威提出了“教育即生活”“教育即生长”“教育即经验的持续不断改造”“教育是一个社会的过程”等实用主义教育哲学的基本命题，进而建构了一套博大精深的支撑课程与教学理论的思想体系。

实用主义对课程与教学的影响集中体现在杜威的论述及其教育实验中。杜威强调儿童的生活是一个整体，反对传统科目对儿童经验的割裂，强调与儿童的生活经验相联系，将课程与学生主动作业（如纺织、金工、木工等）结合起来，主张以儿童的生活经验为根基组织课程与教学。让儿童“从做中学”，通过“做”，让学校成为学生生长而非授受课本知识的地方。为此，杜威还提出著名的“五步教学法”，即教学过程应由创设情境、明确问题、提出假设、解决问题、检验假设五个环节组成。这一提法使教学过程成为儿童和教师共同参与、合作、相互作用的过程，① 体现出了实用主义的崭新的教学过程观和学生观。

杜威实用主义课程与教学思想是进步主义教育运动的基石，成为课程与教学理论发展史上的里程碑，以罗蒂为代表的一批美国哲学家发展了杜威哲学中整体论、社会等成分，形成了“新实用哲学”。在教育领域，多尔等学者吸取了杜威哲学中的“反思”“过程”等理念，确立了反映时代发展动向的后现代课程观。尽管杜威也承认自己的教育实验并没有很好地解决课程与教学问题，一些观念也很难落实，但他的课程与教学观的确让人耳目一新，影响广泛而深远。

（二）要素主义课程与教学观

要素主义（essentialism）是20世纪30年代在美国兴起的一个重要的教育哲学流派，是在反思进步主义教育运动的过程中发展起来的。其主要代表人物是巴格莱（W. C. Bagley）、科南特（J. B. Conant）等人。

巴格莱明确指出：“美国教育的首要功能是要保卫和加强这些理想，特别是要强调言论自由、出版自由、集会自由和宗教自由。这些民主的理想就是包括在要素主义的纲领中最首要的要素。”② 要素主义认为“课程是人类与世界的相互作用之结果，是社会的成功已成为社会遗产的东西”③。要素主义者主张以要素为核心建立课程，从而形成了以学科为中心的核心课程。为达到传授共同的文化要素的目的，要素主义强调应该恢复各门学科在教育过程中的地位，并按照严格的系统编写教材。要素主义者反对从生活经验中学，主张“接受教学”方法。在课程与教学评价上，巴格莱、科南特与贝斯特均坚持“高标准，严要求”④ 的学业标准，如果学生达不到标准，就要判不及格，要留级。

要素主义者认为，课程政策、课程内容和教学方法要立足社会现实，观照教育实际，对实用主义教育提出了有力的挑战。⑤ 同时，由于历史的局限性，要素主义课程教学哲学观也存在一些不足，如在课程与教学内容方面，“除了一般地强调课程应当以人类文化遗

---

① 刘远碧，廖其发. 赫尔巴特与杜威师生观的比较与启示 [J]. 西南师范大学学报（人文社会科学版），2006（6）：85—90.

② 华东师范大学教育系，杭州大学教育系. 现代西方资产阶级教育思想流派论著选 [M]. 北京：人民教育出版社，1980：156.

③ 崔相录. 二十世纪西方教育哲学 [M]. 哈尔滨：黑龙江教育出版社，1989：153.

④ 李臣之，郭晓明，和学新，等. 西方课程思潮研究 [M]. 北京：人民教育出版社，2012：13.

⑤ 陈晓瑞，郝文武. 西方教育哲学流派课程与教学思想 [M]. 北京：中国轻工业出版社，2008：155.

传要素为内容，一般地强调数学、理科和外国语课程的地位以外，对于哪些内容是人类文化遗产中的‘要素’，以及如何选择和确认这些‘要素’，无论是巴格莱还是科南特，都没有提出具体的标准和可操作的方法”①。这为后续研究者留下了空间。

（三）永恒主义课程与教学观

永恒主义（perennialism），产生于20世纪30年代经历资本主义危机、经济萧条的美国，是在对进步主义教育的批判中产生的，主要代表人物有赫钦斯（R. M. Hutchins）、艾德勒（M. J. Adler）、阿兰（Alain）等。永恒主义者在永恒的绝对的实在观、永恒不变的人性观、复古的社会观及永恒的客观的价值观的指导下，抨击进步主义教育的软弱性，主张复兴西方古老的人文主义课程和教学观。

永恒主义的课程与教学目标着眼于人的理性、道德和精神的塑造，使人发展人之为人的根本特征。永恒主义者反对“社会适应论”“直接需要论”，认为“永恒学科”是课程的核心。赫钦斯认为，永恒学科首先是那些经历了许多世纪而达到古典著作水平的书籍，课程应该主要由永恒学科组成。② 因此，学校应该选择经典的名著作为课程与教学内容，汲取它们“超时代性”“超社会性”的永恒思想。除此之外，这些“永恒课程”还应该包括最基本的3R（reading，writing，arithmetic）和语言、文法、修辞、逻辑、数学等科目。课程与教学实施围绕“理智训练”展开，教师通过教学促进学生积极进行自我活动，③ 以此实现理智的训练。永恒主义者认为名著课程应主要采取交流、对话、辩论等方法，教师在课程与教学的实施过程中只起到指导和引导的作用。“教师不做讲解，像苏格拉底那样，以质问、暗示方式引导学生学习。”④ 永恒主义教育中教师观与要素主义类似，“权威和服从”是二者共同的关键词。

永恒主义在反对当时占统治地位的进步主义课程论的斗争中发挥了重要的作用，确立了人文主义价值观，强调分科教学，主张学生以学习人类积累的知识为主，这些无疑迎合了中小学生掌握基础知识的要求。然而，永恒主义教育是一种极端保守的教育主张，在教育实践中的影响范围并不大，“主要局限于大学和上层知识界中的少数人，特别是由于永恒主义教育的复古态度，把学生的学习限于古典著作，因此遭到了许多人的批判”⑤。

（四）分析哲学的课程与教学观

分析哲学（philosophical analysis）“注重对概念的澄清、辨析，注重论证的严密性，

---

① 丛立新. 课程论问题［M］. 北京：教育科学出版社，2000：48.

② 王承绪，赵祥麟. 西方现代教育论著选［M］. 北京：人民教育出版社，2001：211—212.

③ 李臣之，郭晓明，和学新，等. 西方课程思潮研究［M］. 北京：人民教育出版社，2012：26—27.

④ 赵卿敏. 课程论基础［M］. 武汉：华中科技大学出版社，2004：57.

⑤ 吴式颖. 外国教育史教程［M］. 北京：人民教育出版社，1999：697.

这种论证过程以讲道理为实质的内容”①。其主要的代表人物有索尔蒂斯（J. F. Soltis）、谢弗勒（I. Scheffler）和康纳（D. J. O’ Connor）等。分析哲学主要有两个分支，即逻辑实证主义哲学和日常语言分析哲学。

逻辑实证主义认为“逻辑是哲学的本质”，哲学的任务就是建立一种规范化的语言，即数理逻辑化的符号系统，以解决因为语言和逻辑的错误使用而产生的哲学问题。罗素（B. Russel）是早期逻辑实证主义的代表，他对学校课程设置有过详细论述，指出 14 岁前及 15 岁以后课程应包括的主要学科和类型。对课程理论产生较大影响的是艾耶尔（A. J. Ayer），他认为哲学的任务是澄清语言，区别命题的真伪，通过还原命题来解释命题的意义，而有关知识的真命题只有分析命题和综合命题。“分析命题的效度只取决于它所包含的符号的界定，综合命题的效度则是由经验的事实决定。”② 所以，数学和自然科学是证实知识的唯一可靠的方式，应该是学校课程的核心，其他学科命题无法检验，不代表知识，无意义，在学校课程中无足轻重。此外，逻辑实证主义还认为，世界上所有事物都有某种属性和关系，认识事物应有先后。所以，课程安排要由简至繁、从抽象到直观。逻辑实证主义证实的原则，在逻辑上排除了人们日常生活，难以让人信服。但关于课程设置的逻辑顺序的观点对学校学科安排和内容排列，仍有启发意义。

日常语言分析哲学与逻辑实证主义的相同点是，把语言作为研究对象，试图通过分析语言来把握世界和存在。所不同的是，在日常语言分析哲学看来，语言只有在特定的情境、活动、目的或生活方式中才有意义，因此可以从艾耶尔宣称无意义的命题中发现意义。作为日常语言分析哲学的代表，赫斯特（P. H. Hirst）发表的《博雅教育与知识的性质》一文，探讨了经典的课程问题“什么知识最有价值”。主张教育既不能追求百科全书式的知识，也不能追求专家式的知识，而要让学生掌握人类在理解世界时所形成的独特的、可以作为任何学习之基础的知识的形式。博雅教育就是以这些知识形式为基础设计而成的，课程编制不是简单地根据信息和技能编写，而是尽可能向学生介绍知识的基本形式，至少在某种程度上包罗全部知识。另一位分析语言分析哲学代表谢弗勒认为，教育就是有意识地培养学生的质疑和追问的精神，课程与教学活动要激发学生的兴趣，达成知识、技能的教学目标，引导学生形成正确的态度。赖尔则反对心物二元论，把“知道什么”与“知道怎样干”两个概念重新进行区分，使人们对教学过程有了新的认识。同时强调教师需要具备熟练的分析语言、灵活驾驭语言的能力，并培养学生具有较强的语言能力，让学生成为好“读者”和好“听众”③，这样教师就能有效引导他们参与教学过程，提高教学的质量。

① 杨国荣. 分析哲学与中国哲学［J］. 中国哲学史，2009（4）：104—111.

② 施良方. 课程理论——课程的基础、原理与问题［M］. 北京：教育科学出版社，1996：67.

③ 陈晓瑞，郝文武 . 西方教育哲学流派课程与教学思想［M］. 北京：中国轻工业出版社，2008：232.

基于分析哲学的课程与教学研究未能摆脱其自身哲学范式的局限，既没有用概念重新构建课程与教学理论，也没有考虑价值与道德问题。同时，分析方法既没有统一的衡量标准，也存在非客观性的一面。如果分析哲学方法的作用被夸大，“就有可能把教育理论的一些根本问题湮没在空泛的、烦琐的字句分析之中”①。如果个体严格按照赫斯特的博雅教育观去教育，就可能最终成为心智高度发达却发展不完全的人。的确，赫斯特列举的知识形式不一致可能会动摇人们对其理论的信心，他似乎较少注意到社会历史因素在学校课程中的巨大作用。但也有学者说：“课程论将永远不会从赫斯特的打击中恢复过来。”②

三、现代课程与教学论哲学基础的后现代转向

自 17 世纪以来，主体与客体、心与物、理性与感性之间的对立问题反复地成为争论的焦点。20 世纪六七十年代，西方国家社会政治生活变化巨大，需要新的理论来做出新的阐释。后现代主义（postmodernism）随即兴起，后现代主义者质疑文艺复兴以来资本主义社会一些宏大叙事的合法性。1979 年，利奥塔（Jean-Francois Lyotard）《后现代状况》一书出版，标志着后现代主义正式登上了哲学舞台。

后现代主义对课程研究产生了重大影响。后现代主义课程研究追求非理性、多元性、差异性，主张为课程提供多种选择性解释，反对权威和控制，主张平等对话，消解“中心”，崇尚“理解”，从建构、后结构、生态、种族、审美等不同角度和背景理解课程。“概念重建”成为后现代主义课程研究的主旨。

在概念重建运动中，一些课程理论工作者结合现象学、诠释学、混沌学、心理分析、后结构主义、批判理论、过程哲学、女性主义、多元文化主义等多种理论，将后现代哲学引入课程研究领域，采用哲学的、文化的话语，从各自的教育哲学史出发研究课程问题，提出了各种各样的课程新概念和新主张。总体上可以分为两大分支：一是基于“现象学”“存在主义”“解释学”的理论观点，推崇个体自我意识的觉醒和提升，可称为“个体取向论者”，代表人物有派纳、格林（M. Greene）、休伯纳（D. Huebner）等；二是基于“法兰克福学派”“知识社会学”的理论观点，认为个体主体价值的实现离不开社会经济和意识形态的约束，应把个体和社会结合起来，可称为“个体—社会统合论者”，代表人物主要有阿普尔（M. Apple）、麦克唐纳德（J. Macdonald）、吉鲁（H. Giroux）等。“个体取向论者”将胡塞尔所提出的“生活世界”和“相互主体性”的思想作为课程理论的基石；基于存在主义哲学提出了新的课程理论，推崇“个人意志自由”与“存在经验”，并把“自我意识的觉醒”和“学会选择”作为课程追求的最高目标。“个体—社会统合论者”将“社会批判理论”的基本精神以及“知识社会学”的研究成果整合到其课程理论之中，认

① 吴式颖. 外国教育史教程［M］. 北京：人民教育出版社，1999：715.

② 施良方. 课程理论——课程的基础、原理与问题［M］. 北京：教育科学出版社，1996：71.

为课程应启发学生的意识，在对社会意识形态的批判中使其个性得到更好的发展。

对泰勒原理的批判是后现代主义课程研究的重点。派纳认为，以泰勒原理为代表的传统课程理论“秉持实证主义科学观、追求课程理论的‘客观性’，使课程理论沦为控制工具”①。他进而提出，在“技术理性”的支配下，泰勒的课程研究提供了课程开发的“处方”，即普适性的程序和规则，使得课程理论具有“反理论的”“反历史的”特点。而派纳认为：“课程是一个高度符号性（symbolic）的概念，它是老一代人选择性地告诉年轻一代的内容。如此理解，课程具有强烈的历史性、政治性、种族性、性别性、现象性、自传性、美学性、神学性与国际性。课程成为一代人努力界定自我与世界的场所。”② 因此，从“技术”走向“理解”，是超越泰勒原理的基本方向，强调课程的多元化、非体系化、关注学习者的自我意识和创造性、和谐性特征，是基本追求。③ 教学则是师生围绕课程内容进行对话、理解、探究、交往的过程，也是课程的新意义、新内容不断生成的过程。

后现代主义激发课程与教学理论反省自身，激活了课程教学研究，扩展了研究视野，丰富了课程教学话语，促进了课程与教学理论领域的繁荣。但实际上只是课程与教学研究表面的繁华，基于多元理论基础、研究方法、分析框架、概念原理的课程与教学研究，彼此之间缺乏有机联系，难以找出贯穿的一致性的线索。因此，如何实现课程与教学研究真正的繁荣，仍然是一个值得深究的问题。

四、哲学对课程与教学论发展的影响

通过考察代表性哲学流派与课程教学理论的发展，很容易发现哲学总是在以不同方式、在不同程度上对学校课程与教学产生不同层面的制约作用，影响学校课程与教学理论的形成与发展。

（一）哲学是课程与教学论最根本的理论基础

课程教学理论与实践，总是离不开诸多学科的支撑。“就学校课程理论和实践而言，离不开心理学、社会学和哲学的基础，而在这三者中，最重要的当推哲学基础。”④ 实际上，教学理论也是一样。

哲学可以直接地或间接地通过其他学科对课程教学理论与实践产生影响。与科学相

① 张华. 课程与教学论［M］. 上海：上海教育出版社，2000：25.

② Pinar W F, Reynolds W M et al. *Understanding Curriculum*［M］. New York: Peter Lang Publishing, 1995：847-848.

③ 李臣之，张家军. 理解本位课程思潮：特征与启示［J］. 深圳大学学报（人文社会科学版），2010（5）：152—157.

④ 施良方. 课程理论——课程的基础、原理与问题［M］. 北京：教育科学出版社，1996：59.

比，哲学乃是影响教育更重要或更根本的因素，换言之，决定教育的最后根据不是科学而是哲学。① 在杜威看来，哲学其实应当是“教育的一般理论”，它不仅可以“提供解决现实社会精神和道德问题的方式”，而且有助于“明确教育活动的目的和方法”，哲学“不仅是全部学校教育活动的出发点，而且是全部课程活动的关键所在”②。没有哲学支撑的课程与教学理论，很难想象其存在的可能性。

尽管如此，在强调哲学作为课程教学理论与实践根本的理论基础的同时，也不能把哲学作为唯一的理论基础，理所当然地认为课程与教学论完全是由哲学的发展决定。

（二）哲学对课程与教学论形成与发展产生重要影响

哲学为课程与教学论提供了认识论和方法论，有什么样的认识论和方法论，就有什么样的课程与教学观。

认识论是哲学的重要组成部分，知识的来源、价值、形式、确定性等属于认识论的研究范畴，人们对知识的看法明显地反映在课程与教学观当中。源于柏拉图的唯理论认为理念是永恒的，知识早就存在于人的内心世界，因而其课程观主张注重理性活动。源自亚里士多德并经英国哲学家的发展而形成的感觉论认为知识来源于感觉，因而其课程观注重知识和技能的传授。杜威调和感觉论与唯理论，用经验统一主客体，因而其课程观提倡“做中学”。培根、斯宾塞、赫斯特等都对知识的价值问题进行了回答，由此开创了科学教育、博雅教育之先河。

哲学为课程与教学论提供方法论支撑，主要作用表现为三个维度：其一，把哲学看作研究课程与教学问题的前提；其二，把哲学看作课程与教学的价值评判工具；其三，把哲学看作课程与教学的方法论学说，不同维度对课程与教学的作用不同。③ 例如，后现代主义反对现代主义二元对立逻辑追求确定性的做法，质疑本质与现象、中心与边缘、主体与客体之间非此即彼的确定性，采用多元的方法论，摆脱僵化的形式理性，将人类从传统方法论的桎梏中解放出来，建立一个开放、多元的方法群落，为后现代主义课程与教学研究创造了一套新的话语体系和百花齐放的课程与教学研究格局。

第二节　课程与教学论的心理学基础

与哲学相比，心理学对课程与教学理论的影响更加直接，也更加具体，哲学、社会学

① 戚万学. 决定教育的最后根据是哲学 [J]. 江苏教育学院学报（社会科学版），1995（1）：53—55.

② 有宝华. 课程、教学与哲学——美国几种教育哲学的课程与教学理论比较分析 [J]. 外国教育资料，1999（5）：3—5.

③ 杨爱程. 西方课程论的哲学社会学基础评介 [J]. 比较教育研究，1992（6）：1—6.

对课程与教学理论的影响也往往需要通过心理学得以实现。① 本节重点梳理课程、教学与心理学之间关系的发展脉络，在此基础上，探讨不同现代心理学派的课程与教学主张，以及心理学对学校课程教学发展的影响。

一、课程教学与心理学：历史考察

心理学对课程、教学的影响由来已久，远在科学心理学没有建立起来的时候，人们就开始依据心理过程的变化发展来讨论教育问题。② 心理学与课程教学的发展息息相关。

亚里士多德被学术界公认为是把心理学引入教育的第一人。他首次提出灵魂和生命肉体不可分的观点，在他看来，灵魂是指生物体的机能，具有潜能和官能。人的灵魂可分为理性和非理性两个部分，非理性的部分又包括营养的灵魂和感觉的灵魂。③ 为了顺应这三方面的灵魂，亚里士多德提出了相应的教育方略，后人称为“官能心理学”（faculty psychology）。按照这种理论，官能的操练是智慧的来源。学习内容本身并不重要，官能的发展高于一切，知识的价值在于作为训练官能的材料。直到文艺复兴以后，官能心理学还是一种最为人们所接受的学说，④ 对后来的课程和教学观产生了较大的影响。

17 世纪，形式训练说在官能心理学的基础上逐渐形成，其代表人物为约翰·洛克，关于形式训练说的论述集中在他的《理解能力指导散论》中。他指出：“教育的事情，并不是要使青年人精通任何一门学科，而是要打开他们的心智，装备他们的心智，使他们有能力学会这门学科。”⑤ 洛克认为学习数学有利于养成严密推理的习惯，没有什么学科可以取代数学的这种功能。因此，学校设置课程的价值并非在于学科本身，而在于通过学习这些学科训练学生的心智。⑥ 总而言之，形式训练说把改进各种官能、提高官能的能力作为教学最主要的目标，认为学科内容关键在于是否具有难度和训练价值。因此，用来训练心智最好的材料就是难记的古典语言、数学和自然科学中的难题。“实质教育论”并没有成为驳倒“形式训练说”的有力依据，致使形式训练说在欧美盛行长达二百年。⑦

世界上第一个明确提出将心理学作为教育学理论基础的人是赫尔巴特。他认为，教育的主要使命，就是让人相信基督教的守法公民所相信的所有的事情，从真理和公正到服务、职责、很好地工作、健康的身体和心灵。他挑战当时占主导地位的官能心理学，反对

① 丛立新. 课程论问题［M］. 北京：教育科学出版社，2000：306.

② 马云鹏. 课程与教学论（第二版）［M］. 北京：中央广播电视大学出版社，2005：28.

③ 吴式颖，任钟印. 外国教育思想通史（第二卷）［M］. 长沙：湖南教育出版社，2002：71.

④⑥ 施良方. 课程理论——课程的基础、原理与问题［M］. 北京：教育科学出版社，1996：27，27—28.

⑤ 约翰·洛克. 理解能力指导散论［M］. 吴棠，译. 北京：人民教育出版社，1993：39.

⑦ 严梅福. 心理学：教育科学发展的重要理论基础［J］. 湖北大学学报（哲学社会科学版），2008（3）：12—15.

心灵具有与生俱来的官能，基于观念心理学提出“观念联合”（association of ideas）说。他指出官能心理学的教育目的只是训练简单官能，其课程与教学只关注课程与教学的训练作用，而观念联合说则强调新旧观念的联合，强调兴趣的重要性，主张课程编制和教学实施应注重根据学习者的兴趣来选择和扩充课程与教学内容。① 官能心理学、观念联合论，以及以此二者为基础形成的形式训练说和实质教育论，曾在学校课程史上产生过重大影响。但这些学说毕竟缺乏科学的依据，引起了各种争议②。于是，一些心理学家采用新的研究方法，使心理学开始逐步转向了科学形态。

19 世纪后半叶，心理学逐渐从非科学形态中脱离出来走向科学化。“心理学走向独立，是从实验心理学的兴起开始的”③，为此做出巨大贡献的是冯特（W. M. Wundt）。从历史来看，赫尔巴特明确提出了心理学是一门科学的主张，并对此进行了大胆尝试，但最终冯特才是科学心理学的创始人，④ 或者说“是冯特使心理学最终获得了科学的形态”⑤。冯特提出的一些心理学理论，如对内省法的运用、元素分析、情感三维说和意志行动的创造性对学校课程与教学理论发展具有重要影响。美国心理学家普遍接受了以冯特为代表的科学心理学及其实验科学的形式，使心理学走向机能主义，并主导美国心理学发展。而真正敲响形式训练“丧钟”的是桑代克（E. L. Thorndike）。他通过对 13 500 名中学生进行关于“学业成绩与智商分数之间的迁移问题”的调查发现，通过某些学科而引起理智能力的发展是极为有限的。⑥ 在桑代克看来，传统的重点学科在理智训练方面不具有特殊优势，课程选择要突破思维的局限性。为了解学习者的学习过程，桑代克通过迷箱等实验，发现动物的学习方式是试误式的，以此推论人也是通过反复尝试错误而获得经验的。因此，在教学过程中教师要创设试误学习的环境，在充分信任学生的基础上提供一定的指导，让学生在不断尝试中获得经验和愉悦感。

20 世纪 60 年代，随着认知心理学的革命，现代心理学兴起。认知心理学革命不仅给心理学带来了新的研究方式和方法，更主要的是向心理学的传统理论发起了挑战，催生了现代科学心理学的建立。现代心理学重视科学的价值，强调科学的方法；信奉经验主义，强调感觉经验是认识的唯一源泉；强调个体的中心地位，把个体的心灵或个体的行为视为研究的对象。⑦ 为此，基于现代心理学的课程与教学目的，则强调个体价值的实现，其课程与教学内容的选择突出了学习者的经验和兴趣。

后现代主义心理学是在对现代心理学的种种特征如实在论、主客二元论和科学至上论等进行批判的基础上产生的。后现代主义心理学“包含着许多不同的理论体系，如社会建

---

①②⑥ 施良方. 课程理论——课程的基础、原理与问题 [M]. 北京：教育科学出版社，1996：28，28，29.

③ 赵卿敏. 课程论基础 [M]. 武汉：华中科技大学出版社，2004：110.

④ 高申春. 德国心理学的理论性质及其发展道路 [J]. 社会科学战线，2003 (2)：230—232.

⑤ 车文博. 中外心理学比较思想史 [M]. 上海：上海教育出版社，2009：51.

⑦ 叶浩生. 西方心理学中的现代主义、后现代主义及其超越 [J]. 心理学报，2004 (2)：212—218.

构主义心理学、话语心理学、多元文化论、释义心理学、叙事心理学、解构主义心理学和后现代女权心理学等等。其中，社会建构主义心理学处在中心地位。这些理论观点尽管存在着差异，有时相互之间也存在着对立和冲突，但存在着一些明显的特征将它们维系在一起，共同构成了西方心理学中的后现代主义取向”①，为后现代课程教学提供了心理学理论支撑。

二、现代心理学流派的课程教学观

自心理学诞生以来，课程教学研究便与其结下了不解之缘。不同课程与教学流派深受相应的心理学流派的影响，其中又以行为主义、认知主义、人本主义和建构主义心理学的影响最为明显。

（一）行为主义课程与教学观

行为主义摒弃了心理学用内省法研究主观意识的传统，而主张以客观的方法研究可观察的行为，这在近代西方心理学史上是划时代的转变。行为主义的发展大致经历了三个阶段：旧行为主义、新行为主义和新的新行为主义。

华生（J. B. Watson）是旧行为主义的主要代表，其主要观点为机能主义和条件反射学说。② 华生在抨击桑代克效果律基础上提出了学习律。在他看来，桑代克的效果律是心灵主义的，不过是陈旧的享乐主义的翻版而已。他又提出了频因律和近因律，并强调了其重要性。华生认为，在其他条件相等的情况下，某种行为练习得越多，习惯形成得就越迅速。“当反应频繁发生时，最新近的反应比较早的反应更容易得到加强。”③ 于是，课程和教学就是要提供特定的刺激，引起学生的特定反应。因此，课程与教学目标越具体就越有利于学生的学习。

早期行为主义者多是典型的环境决定论者，其课程教学设计和实施无视有机体内部过程的发展。而这种极端化和简单化的倾向不可避免地受到其他心理学家的强烈批评。一批行为主义者在批判早期行为主义简单化倾向的基础上，推动行为主义发展到另一个新的水平，新行为主义就此诞生了。④ 新行为主义以赫尔、托尔曼和斯金纳（B. F. Skinner）为主要代表，在逻辑实证主义和操作主义的基础上发展起来，斯金纳是新行为主义学习理论的创始人。斯金纳强调在学习过程中，操作性行为比应答性行为更具有代表性。他把这种行为看作是强化类条件作用，认为在这种条件的作用下可以提升反应的概率，从而刺激新

① 叶浩生．西方心理学中的现代主义、后现代主义及其超越［J］．心理学报，2004（2）：212—218.

② 高峰强．行为主义学习理论进展的内在轨迹——尝试性的透视和探索［J］．外国教育研究，1997（3）：1—6.

③ 施良方．学习论——学习心理学的理论与原理［M］．北京：人民教育出版社，2000：55.

④ 叶浩生．行为主义的演变与新的新行为主义［J］．心理学动态，1992（2）：19—24.

的行为产生。据此他提出了强化理论，把强化视为促进学习的主要途径。可以说强化理论是桑代克效果律的进一步延伸和发展，对学校课程与教学发展产生了很大影响，如“程序教学、计算机辅助教学、自我教学单元、个别学习法和视听教学这类的学习方式，就是以此为理论基础的”①。新行为主义在继承和借鉴中得到发展，它秉持行为主义基本精神，又吸收了认知革命的成果。

美国心理学史家库克认为：“温和的新行为主义几乎全然丧失了其可鉴别的特点。以至于值得在其名称前面再加上一个新的‘新’字”，这意味着，行为主义的第三代——新的新行为主义产生了。”新的新行为主义是以班杜拉（A. Bandura）等人为代表，他们把认知、思维看成是积极、主动的过程，十分重视认知、思维等心理因素在行为调节中的作用，也强调研究方法的客观性。虽然新的新行为主义探索了认知与思维在行为调节中的作用，存在认知心理学的成分，但它把行为预测与控制作为其研究的根本目标，这与早期行为主义保持一致，而与认知心理学有着本质的区别。班杜拉在批判过去环境决定论的基础上提出了三元交互决定论，探讨了环境、行为以及人的主体因素之间的交互交错、相互影响的关系，其中每二者之间都存在着双向的相互决定关系。班杜拉还以人为基本研究对象，强调教学过程中要体现并引导学习者体验替代过程（观察学习的过程）、认知过程、和自我调节过程。

行为主义可以说是20世纪上半叶对学校课程与教学影响最大的心理学流派，主要表现在以下几个方面：“在课程与教学方面强调行为目标；在课程内容上强调由简至繁累积而成；强调基本技能的训练；主张采用各种教学媒介进行个别教学；提倡教学设计或系统设计的模式；主张开发各种教学技术；赞同教学效能核定，成本—效应分析和目标管理等做法。”② 课程编制中盛行的目标模式和教学设计就是源于行为主义心理学。行为主义心理学往往以实验为基础，把学习过程描述得过于简单、机械，学生的学被简单地看成是一种消极被动的接受灌输的过程，而忽视了学生的认知结构、学习方式和学习的认知过程，使得这些复杂的认知过程无法得到具体的解释，因此受到了学术界不少批评。

（二）认知学派的课程与教学观

与行为主义学派不同，认知学派关注的焦点不是简单探究“刺激—反应”之间的关系，而是强调重建学习者的认知结构。

布鲁纳注重知识之间的联系，强调基本知识的重要性和教材的理论性。③ 在他看来，学习学科的基本结构至关重要，这也成为其结构课程的核心观点。因此，教学目标在于理解学科的基本结构。对此，他反对行为主义以强化为主的程序教学，主张学生掌握学科知

① 施良方. 课程理论——课程的基础、原理与问题［M］. 北京：教育科学出版社，1996：31.
② 施良方. 试论课程的心理学基础［J］. 高等师范教育研究，1995（2）：26—32.
③ 贾玉霞，姬建峰. 当前课程设置中存在的心理学问题［J］. 中国成人教育，2007（12）：130—131.

识基本结构的最好办法就是发现法；反对“刺激—反应”的被动强化，主张激发学生学习的内部动机。因此，教师在课程与教学的实施过程中必须注重为学生创设各种情境。① 在教材编写上，提倡螺旋式教材组织编排形式。尽管布鲁纳的结构课程观对课程与教学有很大的启示，但“过分强调知识结构化，忽视了与现实生活的联系；过分夸大儿童学习的主观能动性，忽视了教师的作用，在一定程度上违反了教学的客观规律导致教学改革的失败”②。

与布鲁纳不同，奥苏伯尔（D. P. Ausubel）在课程与教学设计中不再关注学科的知识结构，而是学生的认知结构。他根据学习发生的方式，把学习分为接受学习和发现学习，又根据学习材料与学习原有知识结构的关系把学习分为机械学习和意义学习，并强调学生的学习应主要是有意义的接受学习。奥苏伯尔认为，影响接受学习的关键因素是认知结构中起固定作用的观念的可利用性，为此他提出了先行组织者（advanced organizer）的教学策略。所谓的先行组织者，就是为了更好地促进知识的迁移，呈现一种先于学习任务本身的具有引导性材料，以便为新的学习任务提供观念上的固着点，增强新旧知识之间的可辨别性。

虽然认知心理学把课程、教学与人的内部心理机制统一起来，增强了教育的科学性，但由于其理论只侧重认知方面，因此决定了它有限的适用范围。③ 而种种弊端的出现，导致课程改革运动走向失败，这也进一步推动了人本主义课程教学观的诞生。

（三）人本主义课程与教学观

20 世纪 60 年代早期，由马斯洛（A. H. Maslow）领导的心理学团队开始了一场被称为“第三势力心理学”（行为主义被称为西方心理学的“第一势力”，精神分析则被称为西方心理学的“第二势力”）的运动。人本主义心理学就是在反对行为主义和精神分析的背景下形成和发展起来的，④ 代表人物主要有马斯洛和罗杰斯（C. R. Rogers）。

罗杰斯认为对学习者有真正价值的是意义学习。所谓意义学习，是指学生自主、自觉的学习。人文主义课程与教学评价以自我评价（self-evaluation）为主，辅之以其他多样化、个性化的评价方式，评价目的和内容都呈现出以促进学生的自我发展（思维、情感等）为主的特点。人本主义心理学充分尊重学生个性，主张教学目的应该立足于学生的个性发展。其课程观在反思“学科中心课程”的基础上，逐渐将课程的中心从学科移向个人。其教学观主张以自由学习、开放教室和合作学习为主要形式的个别化教学和以学生为中心、以情感和认知为基础、学生自主学习的“非指导性教学”。

---

① 余文森．布鲁纳结构主义教学理论评析［J］．外国教育研究，1992（3）：13—16.
② 叶绪江．对布鲁纳结构主义课程论的再认识［J］．教育探索，2002（2）：58—59.
③ 马云鹏．课程与教学论（第二版）［M］．北京：中央广播电视大学出版社，2005：32.
④ 赫根汉．心理学史导论（第四版）［M］．郭本禹，译．上海：华东师范大学出版社，2004：852—853.

整体来看，人本主义心理学的课程与教学高度重视教学中的情感因素，充分尊重学生个体，强调学生个性发展，建立融洽的师生关系等等，对课程编制、教学实施都有启发作用。① 例如，现代远程教学设计体现出教学目标设计的人性化、教学模式设计的非指导性、教学方法设计的情感性、教学环境设计的社会性、教学管理设计的发展性，这都就是在人本主义心理学的影响下产生的。② 但是，人本主义过分夸大人自然潜能的作用，忽视社会对学生发展的现实性和可能性的必然制约。反过来，“影响到人的整体的发展，使人的自我实现最终难以实现”③。因此，课程与教学设计需要在“社会”和“人”之间寻求平衡。

（四）建构主义课程与教学观

建构主义是 20 世纪 80 年代中期以后兴起的学习理论思潮，是行为主义发展到认知主义以后的进一步发展。建构主义深受皮亚杰、维果茨基、布鲁纳、杜威等人的影响。在教育心理学领域，更多学者主张将建构主义划分成认知建构主义和社会建构主义两大类。不同建构主义理论在具体观点上有很大的差异，但它们在有关知识、学生、学习和教学等基本问题上也存在一些共识。④

在知识观上，建构主义强调知识具有不确定性、多元性，知识是不断建构和生成的；在学习观上，建构主义认为学习是个体积极主动建构的过程，有个体独立建构的过程，也有学习共同体互动的过程；在教学观上，建构主义认为教材所提供的知识不再是教师传授的内容，而是学生主动建构意义的对象，因此提倡随机通达教学和情境性教学模式；在学生观上，建构主义者强调教师要尊重学生差异，基于差异利用差异，形成学习共同体，让学生差异成为学习资源；在师生观上，建构主义提倡在教师引导下以学习者为中心，教师是意义建构的帮助者、促进者和推动者，而不是知识的提供者和灌输者，学生是学习信息加工的主体，是意义建构的主动者，而不是知识的被动接收者。

不论在国外还是国内，建构主义思想都为课程和教学改革提供了重要指导。例如，德国有的州在教学大纲修订和教科书编写过程中，将建构主义的学习、教学、知识等思想观点写进了学科教学大纲中。我国台湾地区于 1993 年公布的小学数学课程标准中也明确提出要依据建构主义的教学理念进行数学教育。可见，建构主义在一定程度上指导着世界范围内一些国家的课程理论与教学实践。

当然，对建构主义也存在一些批评。一些教学设计专家对建构主义知识论在教学设计实践中的实用性或操作性深表怀疑。托巴斯（S. Tobias）等甚至认为，建构主义理论并无

① 马云鹏. 课程与教学论（第二版）[M]. 北京：中央广播电视大学出版社，2005：33.

② 马会梅，田志勇. 人本主义心理学对现代远程教学设计的影响 [J]. 河北师范大学学报（教育科学版），2010（10）：108—111.

③ 李臣之，郭晓明，和学新，等. 西方课程思潮研究 [M]. 北京：人民教育出版社，2012：153—154.

④ 冯忠良，等. 教育心理学 [M]. 北京：人民教育出版社，2010：154.

实际意义。① 事实上，一种理论思想就是一个特定时代的历史产物，考察任何一种理论都需要与当时的时代背景相结合。

三、心理学对课程与教学论发展的影响

早在20世纪末，杜威就论述说："心理的考虑也许会遭到忽视或推在一边，但它们不可能被排除出去。把它们从门里赶出去，它们又从窗子里爬进来。"② 由此可见，课程教学与心理学有着千丝万缕的关系。"课程与教学要解决'教学什么'和'怎样教学'的问题，心理学首当其冲地为此提供了有关人脑研究理论、人的思维与智力发展理论，特别突出的是为课程与教学提供了学习理论和发展理论。可以说，没有心理学提供的心理发展理论、学习动机与认知策略理论、学习兴趣和学习态度等理论，就没有现代课程与教学论的形成与发展。"③ 可见，心理学为课程与教学论的形成与发展提供了坚实的理论基础。

具体来说，心理学对学校课程教学具有重大意义，它是探讨学习活动、学习内容和学习方法的基础。同时，学生观、学习观、教师观的选择与实现也同心理学有着密切关联。因此，有研究表示"国内外教学心理学研究者都试图把心理学原理与教学问题紧密联系在一起，建立以认知教学理论和现代学习理论为基础，运用现代信息加工理论和计算机模拟方法，从课堂教学情境出发，以研究知识和认知技能的获得，以及如何设计并安排学习条件来发展这种知识和技能为目的教学心理学学科体系"④。

综上所述，心理学对学校课程与教学的影响可以归纳为以下几点。一是心理学为学校课程与教学目标厘定提供了具体指导，使课程与教学目标具体化、可操作化。二是心理学影响着课程与教学内容的选择与组织。在选择课程与教学内容时，一般会考虑学生的学习能力，对知识的接受能力，即知识内容的难易程度，还会考虑选择的内容是否会激发学生的学习兴趣、动机，是否贴近学生的实际生活，等等。三是心理学为教师有效实施教育教学提供了方法的指导。"如何根据学生学习的心理特点将知识有效地传授给学生是教育者共同关心的课题"⑤，而心理学对怎样激发学生的学习动机、提高学生的课堂注意力、培养学生解决问题的策略和方法等均做出了具体阐释。可以说，课程与教学设计和实施过程无不涉及心理学。

心理学的发展无疑给学校的课程建设和教学改革带来了深刻的影响，人的心理发展规

---

① 李芒. 建构主义到底给了我们什么？——论建构主义知识论对教学设计的影响［J］. 中国电化教育，2002（6）：10—15.

② 杜威. 学校与社会·明日之学校［M］. 赵祥麟，等译. 北京：人民教育出版社，1994：130—131.

③ 黄甫全. 课程与教学论［M］. 北京：高等教育出版社，2002：51.

④ 张大均. 当代教学心理学研究的基本走向［J］. 教育研究，1994（10）：63—67.

⑤ 张大均，胥兴春. 近20年来教育心理学研究对我国教育改革的推动作用［J］. 心理科学，2005（6）：140—142＋145.

律是课程与教学必须遵循的基本规律，违背规律做事，必然事倍功半，与教育目的背道而驰。然而，课程与教学论也不能停留在对“人”的关注，“社会”同样也是绕不过去的。

第三节　课程与教学论的社会学基础

社会学是一门研究人类社会和人们社会行为的科学。① 课程与教学是一种社会性行为，既受社会政治、经济的制约，同时也与社会环境交互作用。社会学的观点、方法对课程教学理论与实践有着明显价值和意义，它是继哲学、心理学之后对学校课程与教学产生重大影响的一门学科。

一、“前科学”时期的社会学与课程教学

虽然社会学在19世纪才成为一门独立的学科，但此前人们对社会的看法早已有之，并影响着课程与教学问题的思考。

从柏拉图开始，西方思想家大都重视教育的社会功能，并关心课程教学问题。柏拉图在《理想国》中论述了社会阶级的构成，以及不同阶级所需要的课程。他认为“理想国”由三种不同层次的人组成：哲学家、军人、手工业者及农民。这三者分别代表金质、银质、铜铁质的灵魂，在社会上各司其职。教育目的在于培养他们为国家服务。为此，课程及要求应有所区别，于是形成了“金字塔”形的课程与教学体系。柏拉图将课程设置与社会等级构成对应关系，所提出的学科课程加上智者派提出的文法和修辞，构成了“七艺”，直到文艺复兴之前在欧洲学校课程都占据支配地位。亚里士多德也主张国家掌控教育，认为国家的存在依赖于公民的本质，每个公民都必须接受共同的普通教育，规定的课程包括读、写、音乐、体育。亚里士多德比柏拉图更进了一步，“既注重课程的社会功能，也强调课程的对人的发展的价值”②。

17世纪，资产阶级革命爆发，需要与之相适应的新的社会理论，洛克的“社会契约论”应运而生。洛克认为，人们在最初自然状态下是自由平等的，将这种自然权利转让给执政者，执政者能够保护人们的生命、财产的自由。社会制度是由大多数人的意志相结合而形成的“契约”的产物。“绅士”是社会契约的履行者，需要各方面的学识，应该接受体育、德育、智育等方面的教育，其中德育位居第一。真正的绅士要具有德行、智慧、礼仪和学问，但洛克认为咬文嚼字的烦琐分析没有实际价值，因此，他取消了希腊语、修辞

① 风笑天. 社会学导论（第二版）[M]. 武汉：华中科技大学出版社，2008：2.

② 吴永军. 课程社会学 [M]. 南京：南京师范大学出版社，1999：19.

学、逻辑学、雄辩术等科目，删除了大部分的拉丁文训练。洛克在《教育漫话》中提出了包括六大方面的“绅士教育”课程，突出了实用性和多样性原则，表达了资产阶级的意识形态，对之后的课程发展起到一定的推动作用。

卢梭在《社会契约论》中进一步发展了洛克社会契约论的思想，指出在自然状态的社会里，人人顺应天性发展，后来为保护劳动财产而放弃了自己的权利。与洛克不同的是，卢梭指出“私有制”让邪恶笼罩人间，违背了原始的社会契约。因此，在私有制社会里进行教育只能起到腐化败坏的作用。最好的教育只有在理想的或“自然状态”的国家里才有可能实现。这同洛克的告诫有些相似，① 却走得更远一些。卢梭设想的教育分婴儿期、儿童期、青年期和青春期四个时期，分别安排不同的课程。例如，处于青春期的青年人已经意识到社会关系，需要学习历史、伟人传记、自然宗教等，接受道德教育和宗教教育。尽管卢梭对教育的划分及其课程设想脱离了当时的社会现实，对当时及后来课程实践的影响不大，但其课程思想成为“儿童中心”的源头，对儿童中心课程思潮影响深远，同时也间接地影响到课程设计与教学实践。

直接对课程设计产生巨大影响的是斯宾塞，他被誉为“社会达尔文主义之父”。他认为社会如同物种一样，是由简单向复杂的自然进化过程（即“社会进化论”）；社会如同一个有机体，能够进行自我管理和协调（即“社会有机论”）。② 他的教育观与这种社会观具有一致性，他认为，教育的功能就是要使学生为完满生活做好准备，在制订课程之前，必须先确定最需要知道些什么东西，或者说，必须先弄清楚各项知识的价值。为此，斯宾塞主张创建一个衡量知识价值的尺度，这就是为完满生活做好准备的程度。因此，他把人类生活分为五个部分并提出了相应的课程，详见知识窗 2-1。在斯宾塞看来，科学应在所有的学科中占主宰地位。

知识窗 2-1

斯宾塞构建的课程体系

1. 准备直接保全自己的教育，相应的课程是解剖学、生理学、卫生学。

2. 准备间接保全自己的教育，相应的课程是伦理学、算术、几何学、力学、物理学、化学、天文学、地质学、生物学、社会学、外语。

3. 准备做父母的教育，相应的课程是生理学、心理学、教育学。

4. 准备做公民的教育，相应的课程是历史。

---

① 洛克告诫那些“家里请得起导师的人”把孩子留在家里，不要送到普通小学去学习，以免受到“恶习熏染”。

② 马和民. 新编教育社会学［M］. 上海：华东师范大学出版社，2002：21.

5. 准备生活中各项文化活动的教育，相应的课程是绘画、雕刻、音乐和诗歌。

［资料来源］赵卿敏著：《课程论基础》，华中科技大学出版社 2004 年版，第 207 页。

斯宾塞的课程体系几乎包括了近代自然科学和社会科学的全部学科，有力地推动了近代科学的进步。他对于“什么知识最有价值”的分析，是课程社会学必须回答的前提性问题。他提出的课程主张，虽然没有得到当时英国官方、大学和学术界的承认，但在广大民众中甚为流行，在欧洲大陆有大批热情的追随者，其影响所及横跨欧美亚包括我国在内的许多国家。① 斯宾塞注重学科与社会发展的联系，的确给当代课程教学研究与实践发展诸多有益启示。

总的来看，19 世纪中叶以前的社会学处于“前科学”时期。西方思想家关于课程与社会关系的认识，既注重课程的社会化功能和促进个人发展的功能，也强调课程对社会政治经济的适应。但是这些看法的提出大多处于自发状态且缺乏充分论证。对于社会与课程教学的关系较为全面的探讨，还是在社会学成为独立学科之后，尤其是教育社会学出现之后。

二、“科学”时期社会学流派的课程教学观

20 世纪初，社会学成为独立科学，尤其自 50 年代以来，发展迅速，学派凸显，对课程与社会关系的探讨也日益丰富。西方社会学流派中，功能论、冲突论、互动论、批判论从不同的角度透析了社会学，尤其是教育社会学对课程教学论产生的影响。

（一）功能论的课程与教学观

19 世纪 20 世纪初，西方处于变革时代。社会结构转变带来了许多新问题和矛盾，如贫富悬殊、失业严重、传统价值观念动摇等，以涂尔干（E. Durkheim）为代表的结构功能主义（structural functionalism）社会学应运而生。20 世纪中叶，帕森斯（T. Parsons）整合早期社会学家思想，正式发展成结构功能主义。

涂尔干不赞同以往社会契约论的观点，不认为社会是个体共同形成的契约的产物。他强调社会制度、规范和角色功能的发挥，有助于保持社会平衡、促进社会发展。他认为社会的变迁不可避免，但需要保持相对的稳定性，而社会的稳定发展，主要是因为成员之间有共同的信念、态度和价值观。每个社会都形成了某种规范，而教育正是要帮助儿童掌握这种规范，使儿童成为一名适合社会环境要求的合格的“社会成员”，以及符合某一特定环境要求的“特定团体”的合格成员。所以总体上教育的目的在于，使儿童的身体、智力

① 马和民. 新编教育社会学［M］. 上海：华东师范大学出版社，2002：22.

和道德状况都得到激励和发展，以适应整个社会在总体上对儿童的要求，并适应特定环境的要求。家庭、学校、教师在儿童社会化过程中都发挥重要作用，国家干预而不垄断教育。涂尔干十分重视道德教育，倡导维护道德的神圣性，把纪律、忠诚和自治看作德行的三要素，将科学学习和进行具有道德性质的教学作为道德规范内化的主要途径。

与涂尔干类似，帕森斯也强调稳定社会秩序，并进一步把学校、班级和家庭看作一个社会体系，认为有共享的价值观是这个体系不至于解体的必备条件。学校作为社会机构，就是要传递基本的价值观念和技能，帮助儿童进入社会。“社会正是通过社会化功能，及通过教育传递某种共享的价值观念，消除了潜在的社会分裂和冲突。”① 以此为理论基础，课程目的就是促使学生社会化，“主张通过考试来敦促和检验学生社会化的结果，课程的功能应是一种促进学生的行为有助于维持社会结构，保持社会平衡的手段”②。因此，学校课程与教学不仅起到适应社会的作用，也起到协调社会的作用。

结构功能主义推动了教育与社会结构之间关系的研究，促进了对教育、班级、家庭作为社会体系的社会学研究，也帮助人们认识到了教育制度以及教育改革的社会制约性，理解了教育对于其他社会制度的功能及其相互关系。但结构功能主义“过分强调教育与社会之间的和谐而忽视冲突，过分强调教育体制的稳定而忽视变迁，过分强调教育的积极功能而忽视消极功能”③。此外，对课程内部一致性的分析没有充分考虑到群体之间存在的阶级阶层现象、文化冲突、敌对甚至校园暴力现象。④ 这些局限使得结构功能主义沦为一种为现存社会制度和秩序辩护的工具。

（二）冲突论的课程教学观

20 世纪 60 年代末 70 年代初，在反对功能论强调社会稳定和共同价值观念的基础上，冲突论应运而生。冲突论强调社会矛盾、权力差异和社会变化，其研究主题主要有：国家对教育的控制，阶级、民族和种族隔离，师生冲突，学生的分组和分流，教育公平等。主要代表人物有鲍尔斯（S. Bowles）、金蒂斯（H. Gints）、柯林斯（R. Kollins）和华勒（W. Waller）。

冲突论认为在社会结构中，团体之间存在彼此对立、目标不一致、利益不均等问题，为获得更多利益，就会爆发冲突。团体间的冲突会引发社会变迁，社会正是依靠冲突和稳定不断交替出现实现更新和平衡。鲍尔斯和金蒂斯运用冲突论对资本主义教育制度进行剖析和批判，不仅研究正式课程，还着力研究潜在课程。在《资本主义美国的学校教育》一书中，把教育制度放到资本主义体制大背景下考察，认为意识形态的国家机器可以影响所有制度性领域，这种影响在学校中表现得特别明显。学校知识和生产领域的阶级结构有紧

①③ 徐瑞，刘慧珍．教育社会学［M］．北京：北京师范大学出版社，2010：57，60—61.

② 胡斌武．课程社会学基础研究述评［J］．重庆工学院学报，2001（6）：97—99.

④ 钱民辉．教育社会学概论（第四版）［M］．北京：北京大学出版社，2017：92.

密的对应关系，学校不断“复制”着原有不平等的经济结构及社会分工，维持和再生产现有的社会秩序，使原有不平等合法化。从语言、课程到制定的“游戏规则”都有利于上层阶级的孩子，因为规则本身就体现了上层阶级的意志。鲍尔斯和金蒂斯对资本主义国家教育不公平现象的深刻批判，揭示了教育资源配置失衡背后的深刻经济根源。

柯林斯在《文凭社会》中提出学校并不是资产阶级维系个体文化差异的工具或机器。阶级矛盾和意识形态冲突并不是所有学校冲突的根源，而不同地位的群体围绕荣誉、声望所展开的竞争以及对教育文凭的无止境追求，才是产生学校教育冲突的主要原因。现代社会是一个学历至上的社会，文凭和文化资本已经成为获得更高收入和权力的工作的必要条件，是地位群体成员身份的标志。① 总之，教育中的阶层化现象以及现代社会对高学历的追求，是利益集团借此维护其精英统治的一个手段，“教育完全依附于权力统治，成为对人们进行分化、筛选的重要机构”②，最终导致教育失去独立性的可怕后果。

1932年，华勒的《教学社会学》出版，这是在教育社会学领域最早以冲突论观点剖析学校内部社会关系的经典论著，特别是其中有关“师生关系”的论述见解独到。基于冲突的理论基础，华勒揭示了学校内部人际关系的整体概况，即学习在内力与外力作用下，其内部的关系始终处于不断的冲突、争斗的关系之中。可以说，学习就是将此不平衡转化为平衡的一个协调过程。对人际关系方面的论述，华勒把它归纳为以下两个方面：教师是制度化的领导，如同封建体制下世袭的君王、贵族一样；师生关系是制度化了的“支配—从属”关系。③学生服从教师，教师是权威。“支配—从属”的师生关系使学校成为带强制性的社会机构，对立、冲突存在于学校之中。

冲突论支配下的课程与教学观集中表现为五大特点。其一，课程知识标明的是一种身份文化，即标明某种身份的语言、衣着方式、价值标准、意识形态等；其二，学校课程实施就是传递这种特殊的身份文化；其三，课程类型主张潜课程；其四，课程设置实际上反映了权力集团的关系；④ 其五，在学校课程与教学过程中师生之间和生生之间均会存在文化冲突。相对于功能论而言，冲突论更加强调教育的阶级制约性，认为教育改革和发展的动力主要在于各阶级、阶层或地位群体教育利益的矛盾和冲突。这在某种程度上补充了功能论的认知不足和理论盲点，为人们全面地认识教育现象提供了另外一个视角。此外，它为微观教育学如教育互动论提供了分析问题的理论框架⑤，对基于互动论的课程教学观产生了影响。

①⑤ 徐瑞，刘慧珍. 教育社会学［M］. 北京：北京师范大学出版社，2010：68—69，72.

②③ 钱扑. 冲突论及其教育目的功能观——对一种教育社会学理论流派的剖析［J］. 外国教育资料，1999（4）：60—61，61.

④ 胡斌武. 课程社会学基础研究述评［J］. 重庆工学院学报. 2001（6）：97—99.

（三）互动论[①]的课程教学观

教育社会学中的互动理论主要源于社会学、社会心理学中的“互动论”，[②] 可称为教育互动论。教育互动论主要是运用互动论的理论视角来解释教育中的诸多现象，它不同于功能论和冲突论。互动论更关注学校生活和教育过程，强调要对学校中的人际互动、个体行为进行研究，重点研究学生在学校日常生活中如何交往、如何使这种交往产生实质性意义，尤其是师生之间的交互关系，是教育互动论十分关注的重点。因此，教育互动论有时被称为教育的解释理论或微观的教育社会学。[③] 其主要流派有知识社会学、符号互动论。

知识社会学流派的代表人物主要有英国的麦克尔·杨和伯恩斯坦等人，他们把知识社会学与人种方法论结合起来，认为知识、真理、能力、智力以及其他所谓的客观现实，实际上都是在社会中被建构起来的。麦克尔·杨认为课程并不是必然正确的，它仅仅反映了某一社会特定的权力分配情况，课程知识有意无意地反映了文化选择，这种选择与统治阶级的价值、信念相适应，因为课程知识是一种意识形态，权力可以将知识的主要范畴合法化，并由某一集团所支配。学校课程并不一定比其他知识更能够有效解释世界，学术知识并不比日常生活中所获得的知识更高级，知识、常识和客观性都是人类的产物，是建构性的。麦克尔·杨还试图用阴谋理论来说明课程知识的阶层化问题（详见知识窗 2-2）。他还借鉴米德等人的理论，具体分析了“知识”“能力”“科学”等教育范畴在课堂情境中的互动，提出“课程即事实”“课程即实践”两种实施方式，前者注重学生被动接受知识，后者则认为知识是社会建构的。

知识窗 2-2

阴谋理论（conspiracy theory）

指社会的权势集团操纵学校，施展阴谋，压制下层阶级的儿童，使他们安于劣势的地位，权势者制订对自己有利的规则，同时又教导儿童要相信这些规则是客观的、公平的。

［资料来源］吴永军著：《课程社会学》，南京师范大学出版社 1999 年版，第 65 页。

---

① 使用“互动论”的表述，考虑到逻辑的对应：“功能、冲突、互动”反映了三种不同理论视角在各自核心概念和命题上的差异，而实证主义、解释主义则强调了各自方法论上的差异。转引自：马和民. 新编教育社会学（第二版）[M]. 上海：华东师范大学出版社，2009：29.

②③ 马和民. 新编教育社会学（第二版）[M]. 上海：华东师范大学出版社，2009：37.

伯恩斯坦被认为“也许是教育领域最杰出的思想家”①，受迪尔凯姆结构主义理论的影响，他主要关注教育知识的组织、传递和评价过程中的差异与变化问题，用分类和架构的概念探讨权力、社会控制和教育知识的关系。他的最大贡献是区分了两种类型的教育知识代码，即“集合代码”和“整合代码”，并据此区分了“集合型”和“整合型”两类课程。他在《社会阶级、语言编码与社会控制》中探讨了学校使用的语言与不同阶级使用的语言在结构上的差异，并据此分析了学生学业成绩失败的原因。他还区分了两种不同的语言编码：限制性语言编码和精致性语言编码。上层阶级的语言属于精致性编码语言，而下层劳工阶级的语言属于限制性编码语言。学校的官方语言常常倾向于使用精致性编码，这样，中上层阶级子女的社会语言代码与学校教育知识之间就具有了同质性；而下层阶级子女的社会语言代码与学校教育知识之间存在着明显的异质性。这使得不同阶级子女在受教育可能性上存在差异，并因此导致了学业成绩的差异。② 艾格莱斯顿（J. Eggleston）把教学内容与社会控制问题分成两个侧面：一是社会对于教学内容的控制，即社会中各种势力、制度与观念对于学校教育内容的制约；二是通过教学内容的传授而实现的社会控制，即指由于能力分组、去向选择以及教学过程中的人际关系，潜在课程等因素的影响，将导致学生在教育知识的接近程度上出现等级差别，从而导致学生的社会分化。③

符号互动论认为，社会是一个以符号为媒介，由个体互动形成的动态实体。在教育中的应用以哈格里夫斯（D. H. Hargreaves）为代表，他撰写的《人际关系与教育》于1975年出版，是运用符号互动论研究微观教育问题的范例。他接受米德关于自我的发展观念，指出在教学过程和师生交往过程中，师生会首先从自我概念出发，产生对对方的角色期待，进而对师生互动的情境进行各自的定义，并按照各自的期待和定义进行角色的扮演。但是，当师生互动开始之后，尤其是当互动过程中产生问题时，教师和学生会根据具体的互动情形对各自的情境定义和角色扮演进行适当的调整，对自我概念进行修正，以便使互动继续有效地进行下去。在这个调整的过程中会出现教师与学生的“相互试探”“讨价还价”和“重新协商”。最终，师生会形成新的角色期待和情境定义，角色扮演也会适当改变。④可以说，“符号互动论者把教育现象看成是一种创造性的事实，把教师和学生视为课程意义的创造者”⑤，深化了对师生关系的认识。

教育互动论以互动论为基础讨论课程问题，认为课程既包含静态的符号形式，又包含动态的互动过程，是一个以符号为媒介，以课程参与者互动为推动力的动态发展过程。课程互动的因素包括“三主体、四过程”。“三主体”指的是课程编订者以教育理论专家为主体，课程实施者以教师为主体，课程接受者以学生为主体。所谓“四过程”指的是课程设

---

① T. 胡森，T. N. 波斯尔斯韦特. 教育大百科全书（第2卷）[M]. 张斌贤，石中英，等译. 重庆：西南师范大学出版社，2006：333.

②④ 徐瑞，刘慧珍. 教育社会学 [M]. 北京：北京师范大学出版社，2010：78，75—76.

③ 鲁洁，吴康宁. 教育社会学 [M]. 北京：人民教育出版社，1990：653.

⑤ 廖圣河. 论教师课程的社会学基础 [J]. 江西社会科学，2013（3）：248—252.

置、课程编订、课程实施和课程反馈过程。① 总的来说，“社会互动论是一门关涉人际交往的学说，它推动了社会学理论研究向微观领域的转变，为揭示和分析人际互动问题提供了新视角”②，为思考课程与教学问题打开了又一扇窗。

相比功能论和冲突论，互动论使我们明了学校中所发生的实际情况，也为教育社会学带来了许多新的研究方法，如参与式观察、人类学研究方法等，其研究结果还为宏观教育社会学理论提供了实证性检验和支撑。但它也存在缺陷，如互动论者过于强调“人是生活的创造者。”“把分析社会互动作为问题的核心，这有可能忽略社会对作为行动者的个体的强制作用。而实际上，无论哪个人都无法超越社会外部环境的制约。教师也好、学生也好、学校行政领导也好，都只能部分地创造学校或课堂生活。”③ 综合来说，“教育互动论往往会过于看重个体的自主性和能动性，忽视教育的社会制约性，容易导致教育上的浪漫主义”④。

需要指出的是，无论是功能论、冲突论，还是互动论教育社会学研究，都是以资本主义社会学校教育为背景，所揭示的问题都是基于资本主义国家政治、经济、文化，同我国社会及教育背景有本质差异。但是，这些理论研究的方法、思路也对我们研究学校课程教学有一定的借鉴价值。

三、社会学对课程与教学论发展的影响和启示

课程与教学活动中包含着各种各样的社会现象，与社会系统诸要素有着内在的本质的联系。课程与教学并非独立于社会系统而存在，其一切活动深受社会学规律的制约。学校课程、教学总是以这样或那样的方式同“社会”发生不同程度的交集，“与社会不相干的课程是不存在的”⑤。同样，与社会不相干的教学也是不存在的。

（一）社会学是课程与教学论发展的重要支撑

社会学是课程与教学论发展的重要支撑。离开了社会背景，课程与教学论争论毫无意义。社会观应该被看作研究课程与教学问题的前提。正如涂尔干所言，教育首先是为满足社会的需要，教育的目的主要在于年青一代系统地社会化。人总是在一定的社会、一定的文化中生存的，教育的使命就在于造就能够在一定的历史、社会文化中生存并继承和发展

---

① 梁明月. 互动论教育社会学流派的课程观［J］. 内蒙古师范大学学报（教育科学版），2007（4）：60—62.

② 顾玉军，马成乾. 社会互动论视角下的师生交往［J］. 现代教育科学，2010（6）：34—35＋9.

③ 马和民. 新编教育社会学［M］. 上海：华东师范大学出版社，2002：38.

④ 徐瑞，刘慧珍. 教育社会学［M］. 北京：北京师范大学出版社，2010：80.

⑤ 施良方. 课程理论——课程的基础、原理与问题［M］. 北京：教育科学出版社，1996：55.

这种文化的人。① 课程与教学实际上是在复制和再现着各种社会关系，社会学对社会阶级、社会冲突与社会互动的种种看法，都可以成为课程与教学论研究的理论基础。

课程与教学研究总是要解决好目标确立、内容选择、实施与评价等核心问题，均离不开社会学的支撑。课程与教学目标总是社会统治阶级的要求在学校教育中的具体体现，任何时期、何种类型的课程与教学都离不开一定社会的经济、政治、文化与科技的影响，不研究"社会"，就无从研究课程与教学。社会政治经济制度制约着课程设置和实施过程。社会上占支配地位的阶级，总是要通过学校的课程来维护自身利益，课程教学内容的选择也不可避免地受到阶级色彩和意识形态的约束。即使是课堂教学内容，也往往脱离不了教师的价值判断。课程教学实施过程也存在"潜在课程"，课程知识的选择、分类、分配、传递、评价，都反映了社会权力分配和社会控制的原则。教师会不自觉地向学生潜移默化地传递某些观念、态度，甚至文化偏见。"师生对课堂上自我角色、他人角色的认定影响着课堂组织形式及人际关系，形成课堂上控制与服从、协商与对抗、竞争与合作等行为方式。"② 最后，阶级、文化偏见也同样会存在于看似公正的各种考试与测验中。

概而言之，学校课程与教学系统受到社会系统各种因素的影响，并在不同层面受到不同程度的支配，课程教学实施过程无处不渗透着一定社会文化心理、阶级要求、种族偏见等，因此，课程与教学研究离不开社会学。

（二）社会学对课程与教学论发展的启示

从前述主要流派的课程教学观分析，可以看出学校课程教学总是发生在一定社会环境中，不存在与社会毫无关联的课程与教学。社会学研究在概念、方法、观点等方面都为课程与教学研究提供了启发。

首先，社会学的概念、范畴可以扩展课程教学论研究的框架、视野。诚如鲍尔斯所说，知识社会学应当成为课程发展的基础，"运用知识社会学观点来思考课程能产生一些基本关系。运用知识社会学于课程研究中，知识的实证的观点转变为反思的观点，这产生了关于知识的合法化尤其是课程的合法化的有趣问题"③。艾格莱斯顿将课程教学与社会控制问题分为"社会对课程与教学的控制"和"通过课程与教学而实现的社会控制"，为我们分析课程与教学决策、内容选择等提供了有效工具。而结构功能主义理论"蕴含着丰富的道德思想与邃密的道德教育见解。其对社会行动的道德建构，为学校道德教育的实践提供了方法论启示"④。同样，华勒的《教学社会学》中关于学校内部社会关系的论述，对我们理解学校系统、研究师生关系提供了启示。社会学者提出的社会组织、社会互动、

① 黄甫全．课程与教学论［M］．北京：高等教育出版社，2002：43．
② 马云鹏．课程与教学论（第二版）［M］．北京：中央广播电视大学出版社，2005：39．
③ 吴永军．课程社会学［M］．南京：南京师范大学出版社，1999：62．
④ 唐爱民．帕森斯结构功能主义社会学的道德教育意蕴［J］．教育科学，2014（4）：22—26．

社会冲突、阶级分层、权力、意识形态、文化霸权、文化资本等等概念，具有普适性，可以用于解释课程与教学中的社会问题，或研究具有社会性质的课程与教学问题。

其次，课程与教学研究需要确定合理恰当的“知识”观。作为社会文化的重要组成部分，课程既传递和复制社会文化，同时也受到社会文化尤其是意识形态的规范制约。因此，纯粹客观的、价值中立的知识是不存在的，知识社会学对课程研究的贡献就在于此。但是，也不能完全否认知识的客观性，因为知识不完全受意识形态所决定，高度发达的科学和生产力往往不以人们意志为转移，很少甚至完全不受意识形态控制的新的知识。进而言之，意识形态也有先进与落后之分，先进的意识形态指导下生产的知识，能够达到普遍性，超越意识形态的局限性。因此，我们不能夸大意识形态的主观意图，也不能忽视知识的客观性，在课程教学研究与实践过程中，需要树立恰当的知识观，只有这样才能拥有正确的课程观和教学观。

再者，课程与教学研究也可借鉴社会学的研究方法和思路。知识社会学、符号互动理论和人种志方法论等为课程与教学社会学研究提供了方法论基础。① 例如，符号互动论强调自我是社会互动的核心，对课程教学研究的启示是，学习者能够主动地解释和建构其生活世界。人种志方法论研究人在日常生活中用什么方法来相互了解从而共建社会秩序，它启示我们，课程教学研究要关注课程教学的具体过程。艾普尔主张必须“生活”在教室中，观察教室中发生的复杂的相互作用的形式，有助于我们超越“象牙塔”走进田野做深度的“扎根”研究。伯恩斯坦关于课程分类的理论，对我们研究分科课程、整合课程等问题很有启发。如此等等，需要我们认真总结，以便优化或创新课程教学研究方法。

最后，还要正确看待国外社会学研究成果在我国课程与教学研究中的运用。关于学校课程的思想总是与一定的社会背景联系在一起。学校课程的设置或者是为了使学生适应某种社会环境，或者是为了引发某种社会变革。在社会学理论的各流派中，以结构功能论、冲突论和互动论三大流派对学校课程教学理论的影响最大，而这三大流派的兴起和发展，都与当时的特定的社会背景密切相关。了解这些流派，需要回到流派所处的时代，切忌简单拿来和移植。

本章小结

课程与教学论的发展深受哲学、心理学和社会学的影响。哲学、心理学和社会学在课程与教学论发展中具有十分重要的地位和影响作用。哲学是课程与教学论最根本的理论基础，为课程与教学论发展提供认识论和方法论基础。

心理学是课程与教学论发展不可或缺的“人学”基础。心理学为学校课程与教学目标

---

① 吴永军. 课程社会学［M］. 南京：南京师范大学出版社，1999：62.

厘定提供了具体指导，使课程与教学目标具体化、可操作化；心理学影响着课程与教学内容的选择与组织；心理学为教师有效实施教育教学提供了方法的指导。

社会学是课程与教学论发展的重要支撑。课程、教学与社会系统各要素紧密关联，课程与教学问题探究还需要置身于复杂社会环境中。社会学研究在概念、方法、观点等方面都为课程与教学研究提供了启发。

不同哲学观、心理学观、社会观都是特定历史条件下特定社会情境的产物，因此，分析、理解和评价这些思想观点，需要回到当时的时代背景。但课程与教学论发展需要合理吸取已有的哲学、心理学和社会学的思想观点，有效借鉴其研究方法、概念范畴等，拓展课程与教学研究思路与框架。

拓展学习

1. 为什么要学习课程与教学论的理论基础？
2. 哲学、心理学和社会学在课程与教学论发展中的地位和作用有哪些？
3. 为什么说课程与教学论研究离不开社会学？
4. 后现代哲学对课程与教学理论发展的影响主要表现在哪些方面？
5. 如何理解意识形态与课程教学内容选择之间的关系？
6. 社会学和心理学研究方法对课程与教学论研究有哪些启示？

选读文献

1. 施良方著：《课程理论——课程的基础、原理与问题》，教育科学出版社 1996 年版。

本书是深化与发展我国课程与教学领域研究的一个重要标志。通过对课程的心理学、社会学和哲学基础的探讨，对课程目标、课程内容、课程实施、课程评价等整个编制过程的分析与反思，对课程理论体系和研究范式的思索，对课程一些基本问题的探讨，对课程的历史、现状的剖析以及对未来课程的展望，从而确立起比较完整的课程理论框架。

2. 吴永军著：《课程社会学》，南京师范大学出版社 2001 年版。

本书内容包括课程社会学研究概述、当代西方课程社会学研究述评、社会系统与课程、课程内容的社会学分析、课程结构的社会学分析、课程授受的社会学分析、课程评价的社会学分析和课程现代化的社会学分析。

3. 施良方著：《学习论——学习心理学的理论与原理》，人民教育出版社 2000 年版。

本书通过对西方学习理论的研究成果进行整理和概括，以期增进我国教育界对该理论领域发展动向的了解。同时，还侧重于对学校学习的研究，对学习的基本问题进行了专门的理论概括，介绍了学习的原理与策略，有利于学生将理论与实践结合。

4. 李臣之、郭晓明、和学新等著：《西方课程思潮研究》，人民教育出版社 2012 年版。

本书是对 20 世纪初以来西方课程思潮的一次全面、系统的历史性反思与发展性思考，将课程思潮及其相关课程理论置于广阔的社会大背景下，历史、辩证地梳理各类课程思潮产生的社会基础、历史文化背景、思想理论渊源、主要特征、基本主张等，强调儿童—社会、学科—活动、效率—理解课程的平衡。

第三章　课程与教学目标

教学目标

- 理解课程与教学目标在教育目标系统中的地位及其含义。
- 了解我国课程与教学目标两种取向的特征及其差异。
- 了解国外著名的教育目标分类理论，熟悉布卢姆教育目标分类学的框架。
- 理解新课程改革提出的三维目标及核心素养目标的含义。
- 了解影响课程与教学目标设计的因素。
- 能熟练地设计单元或课时的教学目标。

第一节　课程与教学目标概述

为了便于把握课程与教学目标的其他问题，首先，需要辨析课程与教学目标在教育目标系统中所处的位置，并以此为基础理解课程与教学目标的基本含义。其次，还需要理解在我国教育实践中存在的两种不同取向的课程与教学目标。

一、教育目标系统中的课程与教学目标

教育目标是对教育所要培养的人的质量规格的规划和设计。教育目标是由不同层次的目标构成的系统。在西方国家，经常被提及的教育目标有教育目的（aims）、教育目标（goals）、课程与教学目标（objectives）。这些说法分别对应我国的教育宗旨、培养目标、课程目标、教学目标等。

（一）教育宗旨

“教育宗旨”亦被称为“教育目的”，是一个国家对其教育的总体目的或最终的价值取向（尤其是人才培养总的质量规格）的规定。在我国，教育宗旨一般以“国家教育方针”的形式，在相关的法律法规、重要的政策文件中进行表述。以下是自新中国成立以来我国教育宗旨的相关表述。

1957 年，毛泽东在最高国务会议上指出：“我们的教育方针，应该使受教育者在德育、智育、体育几方面都得到发展，成为有社会主义觉悟的有文化的劳动者。”这个提法奠定了后来我国关于教育方针表述的基础。

1996 年《中华人民共和国教育法》规定：“教育必须为社会主义现代化建设服务，必须与生产劳动相结合，培养德、智、体等方面全面发展的社会主义事业的建设者和接班人。”

1999 年颁发的《中共中央国务院关于深化教育改革全面推进素质教育的决定》，将新时期我国教育方针规定为：“以提高国民素质为根本宗旨，以培养学生的创新精神和实践能力为重点，造就‘有理想、有道德、有文化、有纪律’的德智体美等全面发展的社会主义建设者和接班人。”

2010 年印发的《国家中长期教育改革和发展规划纲要（2010—2020 年）》中，对我国教育宗旨做出了这样的规定：“全面贯彻党的教育方针，坚持教育为社会主义现代化建设服务，为人民服务，与生产劳动和社会实践相结合，培养德智体美全面发展的社会主义建设者和接班人。”

（二）培养目标

“培养目标”是指对各级各类学校教育目标的规定，是教育总目的在不同类型、不同层次教育中的具体化。学前教育、义务教育、普通高中教育、中等职业技术教育、高等教育等分别具有各自的培养目标。

以下为教育部 2001 年印发的《义务教育课程设置实验方案》中，关于义务教育阶段学校“培养目标”的规定：

全面贯彻党的教育方针，体现时代要求，使学生具有爱国主义、集体主义精神，热爱社会主义，继承和发扬中华民族的优秀传统和革命传统；具有社会主义民主法制意识，遵守国家法律和社会公德；逐步形成正确的世界观、人生观、价值观；具有社会责任感，努力为人民服务；具有初步的创新精神、实践能力、科学和人文素养以及环境意识；具有适应终身学习的基础知识、基本技能和方法；具有健壮的体魄和良好的心理素质，养成健康的审美情趣和生活方式，成为有理想、有道德、有文化、有纪律的一代新人。

另外，除了从素质结构的角度进行规定外，培养目标也可以从学生将来毕业去向的角度进行规定。在我国，全日制普通高中学校的培养目标从培养学生将来的走向看，包括：“既要为高一级学校输送合格的新生，当前还要着重注意培养大批优良的劳动后备力量。”这与中等职业技术教育以面向劳动市场，培养掌握中初级技术的劳动者为培养目标显然不同。

（三）课程目标

课程目标是教育宗旨或教育总目的在特定课程领域中的体现，也可以说是学校培养目标在课程设计和开发中的具体化。课程目标的作用非常重要，它不仅可以为教材的编写、课程资源的开发、教学内容的选择和组织提供依据，也可以为教学目标的设计提供依据和参考。

以下是教育部制定的《义务教育数学课程标准（2011 年版）》对数学课程目标的规定，包括课程总目标和具体目标两个方面。其中既体现了义务教育阶段学校的培养目标的要求，也反映了数学课程的性质和育人功能。

数学课程的总目标：

通过义务教育阶段的数学学习，学生能：

1. 获得适应社会生活和进一步发展所必需的数学的基础知识、基本技能、基本思想、基本活动经验。

2. 体会数学知识之间、数学与其他学科之间、数学与生活之间的联系，运用数学的思维方式进行思考，增强发现和提出问题的能力、分析和解决问题的能力。

3. 了解数学的价值，提高学习数学的兴趣，增强学好数学的信心，养成良好的学习习惯，具有初步的创新意识和实事求是的科学态度。

总目标从以下四个方面具体阐述，如表 3-1 所示：

表 3-1　数学学科四维目标

知识技能	● 经历数与代数的抽象、运算与建模等过程，掌握数与代数的基础知识和基本技能。 ● 经历图形的抽象、分类、性质探讨、运动、位置确定等过程，掌握图形与几何的基础知识和基本技能。 ● 经历在实际问题中收集和处理数据、利用数据分析问题、获取信息的过程，掌握统计与概率的基础知识和基本技能。 ● 参与综合实践活动，积累综合运用数学知识、技能和方法等解决简单问题的数学活动经验。
数学思考	● 建立数感、符号意识和空间观念，初步形成几何直观和运算能力，发展形象思维与抽象思维。 ● 体会统计方法的意义，发展数据分析观念，感受随机现象。 ● 在参与观察、实验、猜想、证明、综合实践等数学活动中，发展合情推理和演绎推理能力，清晰地表达自己的想法。 ● 学会独立思考，体会数学的基本思想和思维方式。

续表

问题解决	● 初步学会从数学的角度发现问题和提出问题，综合运用数学知识解决简单的实际问题，增强应用意识，提高实践能力。 ● 获得分析问题和解决问题的一些基本方法，体验解决问题方法的多样性，发展创新意识。 ● 学会与他人合作交流。 ● 初步形成评价与反思的意识。
情感态度	● 积极参与数学活动，对数学有好奇心和求知欲。 ● 在数学学习过程中，体验获得成功的乐趣，锻炼克服困难的意志，建立自信心。 ● 体会数学的特点，了解数学的价值。 ● 养成认真勤奋、独立思考、合作交流、反思质疑等学习习惯，形成实事求是的科学态度。

（四）教学目标

教学目标是某门课程在具体教学过程中的不同时段，针对该时段课程内容开展教学活动所追求的目标。教学目标体现在课程教学的每一次活动之中，是某门课程的总目标（即课程目标）在该课程教学过程中的具体化。教学目标包括学年（或学期）教学目标、单元教学目标、课时教学目标等。相比于前述三个层次的目标，教学目标是在具体的教学活动中得以体现和落实的教育目标，因此是最为具体和可操作的教育目标。

以下为一位小学语文教师为课文《特殊的葬礼》设计的教学目标：

1. 学会课后 8 个生字及生词；

2. 正确、流利、有感情地朗读课文；

3. 感受大瀑布今昔对比，激发学生珍爱自然与生命的真情，唤起学生爱惜自然、保护地球的责任感。

以下为一位小学数学教师为《辨认方向》一课设计的教学目标：

1. 认识东南、东北、西南、西北等方向，并能用语言描绘物体所在方向。初步掌握利用方向板辨认方向的方法；

2. 经历观察、操作、想象、交流、辨认等过程，丰富学生对现实空间的认识，培养初步的空间观念；

3. 激发学习兴趣，感受数学与生活的紧密联系。

上述四类教育目标存在着层次关系。教育宗旨处于最高层次，它决定各级各类学校的培养目标的制定；学校培养目标处于中间层次，它决定课程目标与教学目标的设计。反过来讲，教学目标是课程目标在教学活动的设计和实施过程中的具体体现，课程目标是培养目标在课程领域中的具体化，它体现并落实培养目标的要求；而培养目标又是教育宗旨（或教育总目的）在各级各类学校教育中的具体化，并体现和落实教育宗旨的要求。

每个层次的教育目标均有其特定的意义。教育宗旨比较概括、抽象、简洁，因此有利于把握教育的大方向和核心价值；而课程与教学目标一般追求教育宗旨在具体课程与教学中的落实，所以比较具体、细致、具有可操作性，便于检测和考评。要全面地把握教育目标，既不能停留在抽象、笼统地对教育宗旨一般描述的层次上，也不能陷入过于琐碎和细化的行为目标的分类之中，而要将两者结合起来，在把握教育宗旨规定的大方向的前提下，对教学目标进行尽可能具体的描述。

从上面的论述中可以看出，课程目标与教学目标既存在联系，也有不同之处。课程目标是相对于一门课程而言的，也就是说，任何一门课程都有与该门课程的特性、内容结构及其功能相一致的课程目标。而教学目标则是在该门课程的教学过程中，针对一个个教学单元或教学课时制定的目标，因而是课程目标在教学单元或教学课时中的具体化。

二、课程与教学目标的不同取向

在我国，对于课程与教学目标的观念把握和实际选择，存在两种不同的取向，即以知识掌握为主的目标取向和以促进学生发展为本的目标取向。

（一）以知识掌握为主的目标取向

在我国，以知识掌握为主的目标取向是较为主流的课程与教学目标取向。这表现在日常教学观念、“科学的”教学理论以及学校教学实践之中。

日常生活用语成为观察某种观念是否存在或流行的一种重要载体。在日常生活中，人们经常将教师的工作称为“教书”，学生上学学习称为“读书”，学校则被当作传授知识的殿堂，“教学”被很多人认为就是指“书本知识的授受”活动。这些日常说法反映出我国流行的教学观念的知识本位倾向。

教学的知识本位倾向不但表现在日常用语中，更为典型的是以“科学的形态”存在于现行教学理论之中。我国现行理论形态的教学观念体系形成于20世纪80年代，其中最有代表性、影响最大的是“教学认识论”。教学认识论将教学定性为一种特殊的认识活动。

“教学认识论”对教学的目的任务、教学过程的本质以及教学在学校教育工作中的地位等主要的教学问题，都做出了明确的回答。其中，核心的观念是，认为教学是教师通过引导学生学习书本知识而促进学生身心素质全面发展的活动。“教学的主要工作就是传授和学习人类社会历史经验，学生德智体诸方面的发展都是在这个基础上，围绕着这个中心，通过或结合这个过程而实现的。”①

---

① 王策三. 教学论稿［M］. 北京：人民教育出版社，1985：101，103.

教学的知识本位倾向在我国的学校教育实践中也有鲜明的体现，并被学校教育实践所放大。这突出地表现在中小学的课程设置、教学过程组织以及考评方式选择上。在我国，基础教育阶段的学校课程设置绝大多数属于学科课程，中小学尤其是中学的教学几乎全是书本知识教学。以应试成功为主要追求的课堂教学的实际过程是，教师将学科内容拆分为一个个"知识点"，并以考试可能涉及的"知识点"为重点，以对这些知识点的精细讲解、深入理解、反复训练、频繁检测（查漏补缺）为主要活动，组织课堂教学过程。教学考评的工具主要是书面考试，这种考评方式着重检测学生对知识点掌握的系统程度和牢固程度，以及某些认知类素质（主要是语言智能和数理逻辑智能）发展的情况，而难以检测学生其他方面素质发展的情况。

这种目标取向将学生学习的目标主要定位于：掌握基本知识和基本技能（即"双基"）。或者说是以对书本上记录的人类文化科学知识的理解、记忆、占有、再现作为学生学习或教学的主要目标。在"双基"目标中，基本技能主要是与知识的感知、记忆、理解和书面运用所对应的认知类技能，如语文学习中的听、说、读、写等，数学中的识数、计算、逻辑推理等。在实际教学中，由于这些认知技能是渗透在知识的掌握过程之中的，再加上很多教师在教学中片面追求知识的记忆和再现等低层次的认知活动，致使高层次的认知技能未能得到很好的训练，由此，"双基"目标实际上被窄化为仅仅注重知识的记忆和再现。我国目前中小学教学中比较普遍地存在的教师"教书与育人脱节"、学生"高分与低能并存"等现象，也深刻地反映了这一现实。

（二）以发展为本的目标取向

以发展为本的目标取向强调，课程与教学应以促进学生的身心发展作为最终目标或根本目标。

1. 学生发展的基本含义

"发展"是一个被广泛用于多个学科领域的概念。"发展"关注的是事物随着时间的推进而发生的变化。这种变化既有量变，也有质变；既有连续性，也有阶段性；既可能是正向、积极的，也可能是反向、消极的。发展的这种含义对于所有事物的发展均是适用的。只是，对于不同事物而言，其发展的内容和对象是不同的，比如，"经济发展"的对象是经济总量和经济结构，"社会发展"的对象包括政治、经济、科技、文化等多种要素。

目前国内外对人的发展的理解，基本上都是将之看作随着时间的推移，人的身心所出现的变化。这种关于人的发展的理解使用的是"发展"的基本含义或通用含义。比如，胡森等人主编的《国际教育百科全书》对"人的发展"做了这样的解释：人的发展主要是指"一个人从胚胎到死亡的过程"，或者说，是指"随时间的推进在人身上所发生的变化"①。

---

① 中央教育科学研究所比较教育研究室．简明国际教育百科全书·人的发展［M］．北京：教育科学出版社，1989：1—2.

斯莱文（R. E. Slavin）认为："发展指人们在其一生中是如何成长、适应和改变的，主要包括生理发展、个性发展、社会情绪发展、认知发展以及语言发展。"①叶澜强调要从人生命全程来看发展："个体发展是指人的身心诸方面及其整体结构与特征随着年龄的推移而发生的不断变化的过程……其实质是个体生命的多种潜在可能逐渐转化为现实个性的过程。"②

我们认为，对于人的发展的理解，不能停留在一般性地强调它是指人的身心随着时间推进而出现的变化上，而要揭示人的发展的特殊性，即要明确人的发展的对象和内容是什么，人的发展所追求的结果又是什么。从这个角度看，我们可以将人的发展界定为：人的身心素质（素养）的形成与完善的过程。所谓"身心素质（素养）的形成"，是指身心素质（素养）从无到有的变化过程；"身心素质（素养）的完善"，是指身心素质（素养）从少到多、从低水平到高水平的变化过程。在此，我们对人的发展的理解主要关注正向、积极的变化。

可见，要理解"人的发展"的具体含义，关键是要理解素质或素养的含义。素质或素养是指人在学习和发展中所形成的那些内在的、比较概括的、相对稳定的身体和心理方面的特征（特质），是决定性地影响人的活动状况及其质量的内在因素。或者说，人在学习和发展过程中，会形成一些对人的活动状况及其质量产生根本影响的特征（特质），这些特征（特质）被称为素质、素养、品质等等。③ 素质或素养是用以表征人的发展状况及其质量的概念，故而有"某人有素质（素养）或无素质（素养）""某人素质（素养）高或素质（素养）低"等说法。

在我国，传统的理解基本上将素质与素养当作是同义的概念。只不过，"素质"的原始含义是指先天性、生理性的基质，但在我国 20 世纪 80 年代中期以来形成的"素质教育"概念中，素质的含义被扩展为泛指人基于先天生理基础，通过后天努力和环境影响而形成的身心特质。"素养"的本来含义就是指经过后天努力和环境影响所形成的特质，没有"先天素养"的说法。素养与"修养""教养"几乎同义。

在英语文献中，用于表达"素质""素养"的词汇比较多样、复杂，如特质（trait）、素质教育（quality education）、文学素养（literacy attainment）、艺术素养（artistic accomplishment）、科学素养（scientific literacy）、核心素养（key competency）。

素质或素养的重要性源于它对于人的生活及活动的影响。素质或素养一旦形成，就成为与人的身心结构及生命活动融为一体的人的相对稳定的特征（特质），它与人的生命及其活动不可分离。在同样的生活环境或外在条件下，一个人生活、活动的状况及其质量主

① Slavin R E. *Educational Psychology*: *Theory & Practice* [M]. Pearson Education Asia Limited and Peking University Press，2004：28.

② 叶澜. 教育概论 [M]. 北京：人民教育出版社，1991：201.

③ 陈佑清. 教学论新编 [M]. 北京：人民教育出版社，2011：80.

要是由其所具有的素质或素养决定的。比如，一个人倾向于从事什么活动和为何从事该种活动（兴趣、理想、价值观等），在活动中如何调节控制活动过程（认知了解、情感投入、意志调节），从事活动的水平与效率（技能、能力）、新颖性和独特性（创造力）、美感（审美力），以及在活动中与他人关系的协调性（交往及合作）、处理与他人及集体利益冲突时遵守社会规范的状况（道德品质、守法意识、政治品质），等等，都是由其所具有的相关素质或素养决定的。①

2. *以发展为本的目标取向的特征*

通过与以知识掌握为主的目标取向的比较，可以发现以发展为本的目标取向的特征，如表 3-2 所示。

表 3-2　两种不同取向的教学目标比较

目标取向	基本主张	对知识的看法
以知识掌握为本	将知识掌握本身当作教学的主要目标或唯一目标	知识目的论
以学生发展为本	将学生素质发展当作教学的根本目标或最终目标	知识工具论，认为掌握知识是教学目标的一个方面

区别于以知识掌握为本的目标取向，以发展为本的目标取向强调，课程与教学应将促进学生身心素质的形成或完善作为根本或最终目标。课程与教学虽然要以书本知识作为基本的学习内容和对象，但不能停留在对书本知识的记忆和复现上，而要关注如何通过书本知识的学习促进学生的身心素质的发展。课程与教学要解决的一个关键问题是，如何将外在于学生、作为学生学习对象的前人和他人创造的书本知识，转化为学生的身心素质，使得学生因为掌握了书本知识而变得更会为人处事、生存立世，即获得生存和生活所需要的各种素质或本领。而知识的转化、内化与简单的记忆、复现有着本质的区别。

以发展为本的目标取向对于知识学习的总的看法是：虽然掌握基本知识也是教学的目标之一，但并不是教学的最终目标、根本目标或全部目标，书本知识学习是促进学生身心素质发展的重要资源、工具或手段；并且，它只是落实学生身心全面发展所需要的诸多资源、工具或手段中的一种。因此，以发展为本的目标取向所持的知识观是：坚持“知识工具论”（详见知识窗 3-1）的观念，而反对“知识目的论”的观念。

过去在我国流行这样一种说法：教育或教学的主要任务是传承人类创造和积累的文化知识财富。此种说法实际上将传承和保存人类知识当作教育、教学的根本目的，而忘记了从学习者的立场理解知识教学的意义。实际上，从学习者的立场来看，学生学习人类知识

① 陈佑清. 人作为活动主体的素质结构［J］. 教育研究，2002（6）：30—34＋38.

的根本目的是借助它促进自身素质获得更好的发展，离开这个目的，文化知识的学习对于学习者而言可能是毫无意义的。

知识窗 3-1

陶行知的知识工具论

陶行知先生强调，书本知识只是生活中诸多工具中的一种：“文字与书本只是人生工具之一种，‘老八股’与‘洋八股’教育拿它当作人生的唯一工具看待，把整个的生活都从这个小孔里表现出去，岂不要把生活剥削得黄皮骨瘦吗？……中国教育所以弄到山穷水尽，没得路走，是因为大家专靠文字、书本做唯一无二的工具，并且把文字、书本这个工具用错了。”“书本是个重要的工具，但书本以外的工具还多着呢！……做一件事要想做得好，须用锄头便用锄头，须用斧头便用斧头，须用书本便用书本，须合用数样数十样工具便合用数样数十样工具。”陶行知先生明确地提出，要将书本知识当作做事、生活、教育的工具：“我们对于书的根本态度是：书是一种工具，一种生活的工具，一种‘做’的工具。工具是给人用的；书也是给人用的。”

［资料来源］中央教育科学研究所编：《陶行知教育文选》，教育科学出版社 1981 年版，第 59、96、120 页。

第二节 课程与教学目标的分类

对课程与教学目标分类的系统研究，最初源于布卢姆等人完成的“教育目标分类学”。之后，教育目标分类问题在西方引起了广泛地关注和深入的探究，并形成了诸多新的教育目标分类框架。我国也有一些对教学目标分类的思考。

一、布卢姆等人的教育目标分类学

（一）布卢姆等人的教育目标分类学的形成及影响

对教育目标分类体系的设想，最初是由一些考试专家于 1948 年在波士顿召开的美国心理学年会上提出的。其主要代表人物有布卢姆（B. S. Bloom）和克拉斯沃尔（D. R. Krathwohl）等人。他们深受美国著名课程论专家泰勒提出的课程编制的“目标模式”的影响，旨在通过教育目标分类为观察教育过程、分析教育活动和进行教育评价提供一个框架。① 之后，布卢姆与 30 位“学院和小学考试委员会”的成员组织了一个小组，对教育目标分类体系的制定展开了大规模研究。1956 年，该研究的成果《教育目标分类学——第一分册：认知领域》出版。1964 年，克拉斯沃尔和布卢姆等人编著的《教育目标分类学——第二分册：情感领域》具体描述了情感领域的目标分类体系。1989 年，哈罗（A. J. Harrow）的《动作技能领域教育目标分类学》（1972）与辛普森（E. J. Simpson）的《动作技能领域教育目标分类》（1972）被汇集并命名为《教育目标分类学——第三分册：动作技能领域》出版。这三本著作构成了布卢姆教育目标分类体系的三个主要部分：认知领域、情感领域和动作技能领域。

布卢姆等人完成的教育目标分类学，其中特别是《教育目标分类学——第一分册：认知领域》（以下简称《手册》）在世界上产生了广泛的影响。《手册》面世六十多年来，已经被翻译成二十多种文字，在世界范围内的测验设计和课程开发领域产生了深远影响。有学者曾作过一项调查，以了解 20 世纪前 75 年中有哪些重要著作对课程产生过影响。结果表明，《手册》是排在第八位到第十一位的四部重要著作之一。最近，南卡罗来纳大学的教育博物馆要求一个全国性的专家小组“确认对 20 世纪美国教育产生过重大影响、结果和反响”的教育书籍。该专家小组列出的书单包括了《手册》和另一部情感领域分类学的著作。无数关于测评、课程和教师教育的教科书都参考和引用过《手册》中的例子。②

（二）布卢姆等人的教育目标分类学的框架

布卢姆等人的教育目标分类学，从认知、情感、动作技能三个领域，对教育目标进行了精细的划分和界定。其中，对每个领域目标的分类包括两个方面：先对该领域的目标进行由初级到高级的层次划分，然后对每一层次的目标再进行细致的类别划分，由此建构了严密、系统的目标分类体系。

1. 认知领域的教育目标

布卢姆等人把认知领域的教育目标，从低级到高级共分为知识（knowledge）、领会（comprehension）、运用（application）、分析（analysis）、综合（synthesis）、评价（evaluation）六个层级，其中每个层级又划分为不同的子类（如表 3-3 所示）。③ 六个级别呈阶梯关系，高水平的目标包含并基于较低水平的认知目标。

---

① A. J. 哈罗，E. J. 辛普森. 教育目标分类学——第三分册：动作技能领域［M］. 施良方，唐晓杰，译. 上海：华东师范大学出版社，1989.

② L. W. Anderson，等. 布卢姆教育目标分类学修订版：分类学视野下的学与教及其测评［M］. 蒋小平，张琴美，译. 北京：外语教学与研究出版社，2009：1.

③ B. S. 布卢姆，等. 教育目标分类学——第一分册：认知领域［M］. 罗黎辉，等译. 上海：华东师范大学出版社，1986.

表 3-3 认知领域教育目标分类

1. 知识	2. 领会	3. 运用	4. 分析	5. 综合	6. 评价
1.1 具体的知识 1.2 处理具体事物方式方法的知识 1.3 学科领域中的普遍原理和抽象概念的知识	2.1 转化 2.2 解释 2.3 推断		4.1 要素分析 4.2 关系分析 4.3 组织原理的分析	5.1 进行独特的交流 5.2 制订计划或操作步骤 5.3 推导出一套抽象关系	6.1 依据内在证据来判断 6.2 依据外部准则来判断

2001 年，安德森（L. W. Anderson）等人对认知领域的教育目标分类进行了修订。修订后的分类体系由知识维度和认知过程维度构成。其中，知识维度将知识分为事实性知识、概念性知识、程序性知识、元认知知识四个主类别；认知过程维度包括记忆（回忆）、理解、应用、分析、评价、创造六个主类别。该分类框架认为，任何一个认知目标都可归于此分类表的一个或多个方格之中（如表 3-4 所示）。

表 3-4 修订后的认知领域教育目标二维分类体系①

知识维度	认知过程维度					
	1. 记忆（回忆）	2. 理解	3. 应用	4. 分析	5. 评价	6. 创造
A. 事实性知识						
B. 概念性知识						
C. 程序性知识						
D. 元认知知识						

知识维度和认知过程维度包含的亚类如下（如表 3-5、表 3-6 所示）：

表 3-5 修订后的认知领域教育目标分类中的知识维度目标分类

A. 事实性知识	B. 概念性知识	C. 程序性知识	D. 元认知知识
A1. 术语知识 A2. 具体细节和要素的知识	B1. 分类和类别的知识 B2. 原理和通则的知识 B3. 理论、模型和结构的知识	C1. 具体学科的技能和算法的知识 C2. 具体学科的技术和方法的知识 C3. 确定何时使用适当程序的准则知识	D1. 策略性知识 D2. 关于认知性任务的知识 D3. 关于自我的知识

① L. W. Anderson，等. 布卢姆教育目标分类学修订版：分类学视野下的学与教及其测评［M］. 蒋小平，张琴美，译. 北京：外语教学与研究出版社，2009：21.

表 3-6　修订后的认知领域教育目标分类中的认知维度目标分类

1. 记忆（回忆）	2. 理解	3. 应用	4. 分析	5. 评价	6. 创造
1.1 识别 1.2 回忆	2.1 解释 2.2 举例 2.3 分类 2.4 总结 2.5 推断 2.6 比较 2.7 说明	3.1 执行 3.2 实施	4.1 区别 4.2 组织 4.3 归因	5.1 检查 5.2 评论	6.1 产生 6.2 计划 6.3 生成

修订后的认知领域教育目标二维体系分类，不仅克服了原有分类将知识与对知识起作用的不同智力操作混淆的缺陷，同时进一步细化和完善了认知过程的层次性。

2. 情感领域的教育目标

克拉斯沃尔和布卢姆等人将情感领域的教育目标，依据价值内化的程度由低到高依次划分为接受（receiving）、反应（responding）、价值化或价值的评价（valuing）、组织（organization）、价值与价值体系的性格化（characterization）五个层级，并对每一层级又进行了细分（如表 3-7 所示）①。

表 3-7　情感领域教育目标分类

1. 接受	2. 反应	3. 价值的评价	4. 组织	5. 价值或价值复合体的性格化
1.1 觉察 1.2 愿意接受 1.3 有控制或有选择的注意	2.1 默认的反应 2.2 愿意的反应 2.3 满意的反应	3.1 价值的接受 3.2 对某一价值的偏好 3.3 信奉	4.1 价值的概念化 4.2 价值体系的组织	5.1 泛化心向 5.2 性格化

3. 动作技能领域的教育目标

关于动作技能的分类比较多，这里主要介绍哈罗等人的分类框架。哈罗等人提出，动作技能（psychomotor）由心因（psycho）与动作（motor）两个部分构成，可表示意向动作或随意动作。动作技能的形成由简单到复杂包含六种水平或层级：反射动作、基本—基础动作、知觉能力、体能、技巧动作和有意沟通六个层级（如表 3-8 所示）。②

① D. R. 克拉斯沃尔，B. S. 布卢姆等．教育目标分类学——第二分册：情感领域［M］. 施良方，张云高，译. 上海：华东师范大学出版社，1989.

② A. J. 哈罗，E. J. 辛普森. 教育目标分类学——第三分册：动作技能领域［M］. 施良方，唐晓杰，译. 上海：华东师范大学出版社，1989.

表 3-8　动作技能领域教育目标分类

1. 反射动作	2. 基本—基础动作	3. 知觉能力	4. 体能	5. 技巧动作	6. 有意沟通
1.1 分节反射 1.2 节间反射 1.3 节上反射	2.1 位移动作 2.2 非位移动作 2.3 操作动作	3.1 动觉辨别 3.2 视觉辨别 3.3 听觉辨别 3.4 触觉辨别 3.5 协调能力	4.1 耐力 4.2 力量 4.3 韧性 4.4 敏捷性	5.1 简单适应技能 5.2 复合适应技能 5.3 复杂适应技能	6.1 表情动作 6.2 解释动作

二、其他的教育目标分类学

在布卢姆教育目标分类学公布之后，西方关于教育目标分类的研究逐渐增多。20 世纪 70—90 年代，形成了很多新的分类框架，如加涅的“五种学习结果”分类、罗米索斯基的“知识技能分类”、梅里尔的“二维矩阵分类”等等。到了 20 世纪末 21 世纪初，教育目标分类研究进入一个新的阶段，形成了一些新的具有代表性的分类框架，如安德森等人完成的对布卢姆认知领域分类的修订分类、豪恩斯坦的“行为整合统筹分类学”、马扎诺的分类学等等。① 以下重点介绍其中几种典型的分类框架。

（一）豪恩斯坦的教育目标分类学

1998 年，豪恩斯坦（A. D. Hauenstein）的《教育目标的一种概念框架——对传统分类学的整合》出版，提出了关于教育目标分类的新框架。豪恩斯坦的教育目标分类学是在对布卢姆教育目标分类学进行扬弃的基础上，形成的一种具有“突出教育目标分类的整体统一、简洁明快、协调均衡、聚焦行为的特点”②的教育目标分类的新框架。

1. 豪恩斯坦教育目标分类学的基本思路

首先，豪恩斯坦将教育目标置于完整的教学系统中进行考虑。他认为，完整的教学系统由四个要素构成：（1）输入，即信息或内容，指他人或外在的知识，包括符号性、描述性、处方性与技术性的信息；（2）过程，指学习者获得经验或体验，以将输入的信息或内容转化、内化，从而实现认知、情感、心因动作的目标并将它们整合为行为；（3）输出，即学习的结果，这体现为学习者成为有知识、有情操、有胜任力的人；（4）评价性反馈，指基于学习监控和评估的反馈信息，对系统的运作做出调整。因此，在豪恩斯坦看来，教育目标是学习者通过经验或体验过程，将外在的信息转化或内化为自身知识的结果。在他的目标分类结果中，不包含布卢姆分类学所提及的记忆层次的知识，而是将这种知识当作实现教育目标的输入性的条件或资源。③

①②③ 盛群力，等. 21 世纪教育目标新分类［M］. 杭州：浙江教育出版社，2008：前言 1—2，26，27.

其次，豪恩斯坦对布卢姆教育目标的分类结果进行了精致化的修改、补充。这主要表现在，将认知、情感、心因动作三个领域的目标统一划分为五个层级，每个层级下的子类的数量也比原来大为减少。同时，新增行为领域目标来统筹认知、情感和心因动作领域的目标。每一层级的行为目标是对应层级的认知、情感和心因动作目标的整合表现，如行为目标中的“习得”水平，是由认知目标中的“形成概念”水平、情感目标中的“接受”水平和心因动作目标中的“知觉”水平等目标整合而成。①

2. 豪恩斯坦教育目标分类学的具体框架

以下为豪恩斯坦的教育目标分类的具体框架（如表 3-9 所示）。②

表 3-9　豪恩斯坦的教育目标分类的具体框架

认知	情感	心因动作	行为
1. 概念化 1.1 识别 1.2 定义 1.3 概括	1. 接受 1.1 意识 1.2 愿意 1.3 关注	1. 知觉 1.1 感知 1.2 识别 1.3 观察 1.4 心向	1. 习得 1.1 接受 1.2 知觉 1.3 概念化
2. 领会 2.1 转换 2.2 释义 2.3 推断	2. 反应 2.1 默许 2.2 依从 2.3 评估	2. 模仿 2.1 激活 2.2 仿效 2.3 协调	2. 同化 2.1 反应 2.2 领会 2.3 模仿
3. 应用 3.1 澄清 3.2 解答	3. 形成价值 3.1 接纳 3.2 喜爱 3.3 确认	3. 生成 3.1 整合 3.2 标准化	3. 适应 3.1 形成价值 3.2 应用 3.3 生成
4. 评价 4.1 分析 4.2 验证	4. 信奉 4.1 信任 4.2 承诺	4. 外化 4.1 维持 4.2 调整	4. 施行 4.1 信奉 4.2 评价 4.3 外化
5. 综合 5.1 假设 5.2 解决	5. 举止 5.1 展示 5.2 调适	5. 精熟 5.1 创意 5.2 至善	5. 抱负 5.1 综合 5.2 展露个性 5.3 精熟

（二）马扎诺的教育目标分类学

1. 马扎诺对人类行为模式的理解

马扎诺（R. J. Marzano）的教育目标分类框架是建立在他对人类行为模式的理解基础

① 盛群力，等. 21 世纪教育目标新分类［M］. 杭州：浙江教育出版社，2008：32.

② 盛群力，等. 21 世纪教育目标新分类［M］. 杭州：浙江教育出版社，2008：32—33；黎加厚. 新教育目标分类学概论［M］. 上海：上海教育出版社，2010：180.

之上的。马扎诺认为，人类行为模式是由四个系统相互作用构成的：自我系统、元认知系统、认知系统和知识系统。人类行为的基本过程是，当人面临一个新的任务时，首先由自我系统决定是否需要介入，然后由元认知系统提出相关的行为目标和策略，接着由认知系统处理相关的信息。以上三个系统的运作都需要借助已经储存的知识系统。①

2. 马扎诺教育目标分类学的框架

马扎诺将知识系统和加工系统当作两个不同的维度，建构了教育目标分类的二维框架（如图 3-1 所示）。其中知识系统维度包括信息类知识（陈述性知识）、心理程序知识、心因性动作程序知识；加工系统维度包括自我系统、元认知系统和认知系统。②

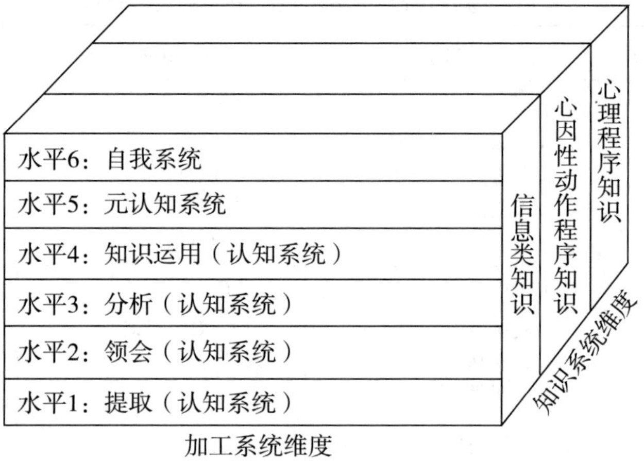

图 3-1　马扎诺教育目标分类学的二维框架

上述分类框架中的加工系统的目标包括如下六个层次的目标，每一个层次又包含多个类别的子目标（如表 3-10 所示）③。

表 3-10　马扎诺教育目标分类学框架中的加工系统的目标分类

1. 提取	2. 领会	3. 分析	4. 知识运用	5. 元认知	6. 自我系统
1.1 再认 1.2 再现 1.3 执行	2.1 整合 2.2 符号表征	3.1 匹配 3.2 分类 3.3 错误分析 3.4 概括 3.5 具体运用	4.1 决策 4.2 问题解决 4.3 实验探究 4.4 调查研究	5.1 明确目标 5.2 监控过程 5.3 监控清晰度 5.4 监控准确性	6.1 检查重要性 6.2 检查效能感 6.3 检查情绪反应 6.4 检查总体动机

上述分类框架中的知识系统的目标包括如下具体类别的知识（如表 3-11 所示）④。

①②③④ 盛群力，等. 21 世纪教育目标新分类［M］. 杭州：浙江教育出版社，2008：71—72，72，73，81.

表 3-11　马扎诺教育目标分类学框架中的知识系统的目标分类

信息类知识（陈述性知识）	有组织的观念	原理/概括
	细节	时间序列/事实/术语
心理程序知识	过程	宏观程序
	技能	方法/算法/单一规则
心因性动作程序知识	过程	复杂组合程序
	技能	简单组合程序/身体基本动作

（三）加涅的学习结果分类系统

加涅认为，学校的教育目标就是预期的学生学习结果。从人类习得的性能来分析，可区分出五种学习结果（如表 3-12 所示）。

表 3-12　加涅对学习结果的分类

学习结果类别	主要含义	对学生的能力要求	示例
言语信息	“知什么”或陈述性知识，是陈述观念的习得能力	记忆和再现	如记忆事物名称、地点，陈述事实或一系列事件
智慧技能	运用概念和规则对外办事的能力，与“怎么办”或“知如何”有关	理解、运用概念与规则，进行逻辑推理	如运用词汇、语法等进行阅读和写作，运用心算将 100 元转换成 20 个 5 元
认知策略	运用概念和规则对内调控的能力，具体是指学习者用以调控自己的注意、学习、记忆和思维的内部过程	如何学习、如何记忆、如何更有效地学习	如运用形象记忆术“山巅一寺一壶酒”记住圆周率“3.14159”
动作技能	个体有目的、有意识地利用身体动作去完成一项任务的能力	描述进行动作的程序性规则；精确、连贯和流畅的肌肉运动	如踢球、舞蹈表演、组装机器、用钢笔书写等
态度	影响个体行为选择的内部状态，由认知、情感、行为或行为倾向三种成分构成	个体对人、对物、对事件的行为或行为倾向	如乐于帮助他人，偏爱听音乐、踢球、阅读，爱好和平、反对战争等

（四）梶田叡一的教育目标分类学

日本教育评价学家梶田叡一认为，各国文化背景不同，教育传统各异，不能完全照搬布卢姆等人提出的欧美式教育目标分类理论。他借鉴布卢姆等人的理论，同时结合本国教育实践，提出了基于“开”“示”“悟”“入”的具有东方色彩的教育目标分类理论①（如

① 黎加厚. 教育目标分类学概论［M］. 上海：上海教育出版社，2010：181.

表 3-13 所示）。

“开”“示”“悟”“入”源于佛典《法华经》，表示对佛教教义的四种理解程度。“开”即开阔视野，启迪思维；“示”即掌握要点，基本会做；“悟”即能够自己理解；“入”即能把知识变成生活或人格的构成部分。

表 3-13　梶田叡一的教育目标分类学框架

维度 \ 理解程度	“开”	“示”	“悟”	“入”
认知目标要求	尽可能地予以注意，利用已有经验，要有体验和实施	能理解含义，会运用术语及概念	能把知识变成自己的东西而应用于实践	能把认知活动看作形成自己人生观和世界观的一部分
情感目标要求	尽可能地去感知，要有实感和体验	能了解优点和特长	尽可能地加深对优点等的理解，将自己的领悟体现到行动中去	用深刻体验到的优点构成日常生活
意志目标要求	将注意转向目标，产生效力感，要有体验和实感	体验含义，按含义所示方向行动	能够自行确定意义和价值，能够按照意义和价值的方向约束自己	用自己所领悟的意义从事各种日常工作
技能目标要求	将注意转向目标，形成模式印象，利用已有经验	基本上可以对照模式完成任务	能在没有模式的情况下完成任务	能把形成技能看作行动或生活的一部分

三、我国新课程改革中的课程与教学目标分类

2001 年，教育部印发《基础教育课程改革纲要（试行）》以及各学科的课程标准，从“知识与技能”“过程与方法”“情感态度与价值观”三个维度设计课程与教学目标。2013 年，教育部启动普通高中课程方案和各科课程标准的修订工作。为充分体现信息时代个人发展和社会发展的新特点，教育部要求这次高中课程改革方案修订一方面要立足于“立德树人”的根本要求，同时要借鉴国际课程改革的先进经验，尤其是欧美以核心素养为导向的课程改革经验。2016 年 9 月，由北京师范大学林崇德领衔的教育部重大攻关项目成果“中国学生发展核心素养”发布。此成果对新时期我国学生身心全面发展的素养结构提出了一种新的理解。在此基础上，2017 年版普通高中各学科课程标准开始以“学科核心素养”作为课程目标。

（一）2001 年新课程改革倡导的三维目标

1. 三维目标的基本内容

（1）知识与技能维度

知识与技能维度是指学生终身学习所必备的基础知识和基本技能。但这里的基础知识

及基本技能与我国传统教学的“双基”提法中的基础知识和基本技能有所不同。首先，传统教学中的“双基”带有较强的学科知识本位色彩，更为强调学科知识的系统性、科学性和完整性以及与之相应的学习技能，而三维目标中的“知识与技能”是以能否“适应终身学习”的需要为衡量标准的。其次，三维目标中的“知识与技能”较“双基”在内涵上有了新的突破，其中，基本技能除了传统的基本“读”“写”“算”技能之外，被赋予了充满时代气息的新内涵，如搜集和处理信息的能力、获取新知识的能力、分析和解决问题的能力以及交流与合作的能力等。

（2）过程与方法维度

过程与方法维度关注的是学生的学习所经历的过程及其采用的方法。不同的学习过程及其采用的不同方法会导致不同的学习结果。在传统的教学中，由于教师严格控制教学过程并主要采用系统讲授的方法，致使学生所使用的学习方式和方法也主要是被动听讲、接受和机械训练、记忆等，并最终导致学生学习的过程呈现出被动、机械、单一的特点，学生学习的结果主要是记住了大量的知识结论和训练了某些认知技能。针对这种状况，三维目标从“过程与方法”维度凸显学生在学习过程上的能动参与、主动建构、获取体验，在学习方式方法上运用包括接受学习、自主学习、合作学习、探究学习等多样化的学习方式方法。这样一来，学生学习知识与技能的过程才能成为学会学习和形成正确价值观的过程。

（3）情感态度与价值观维度

情感态度与价值观维度关注学习者在学习过程中，对所要学习的知识技能和自身学习过程所形成的感受体验、倾向偏好和价值取向。学生的学习的结果不仅仅是掌握作为纯粹客观对象的知识和技能，他还会对知识技能本身和学习知识技能的过程形成一定的情感态度与价值观。例如，对所学知识的兴趣、喜爱、专注，对学习过程的热爱、志向和责任等。当然，三维目标中的“情感态度”，不仅指学习方面的情感态度，更重要的是指乐观的生活态度、求实的科学态度、宽容的人生态度；“价值观”不仅强调个人的价值，更强调个人价值和社会价值的统一；不仅强调科学的价值，更强调科学的价值和人文价值的统一；不仅强调人类价值，更强调人类价值和自然价值的统一，从而引导学生确立起对真善美的价值追求以及人与自然和谐和可持续发展的理念。

三维目标代表着学生发展的三个维度，而不是各自独立的三类目标。首先，三维目标同时突出结果性的目标（知识与技能，情感、态度与价值观）与过程性的目标，而不是孤立地强调结果性的目标。应该说，不同学习过程会引发不同的学习结果。没有能动参与、主动建构、获取体验的学习过程，学生掌握的知识技能就只能是僵化的知识技能，所形成的情感态度价值观也只能是消极、被动、厌倦的。其次，在学生的学习和发展中，三个维度交织在一起，密不可分。学生为了给自身的发展奠定一定的基础，需要掌握一定的知识和技能；而学生掌握任何知识和技能时都要经历一个过程（不管过程是主动参与还是被动接受），并在这个过程中运用一定的方法（不管方法是合作探究还是死记硬背）；且学习的过程，总会伴随一定的情感和态度（不管是积极还是消极，是认真还是敷衍），总会产生一定的价值取向（不管是正确还是错误）。教学过程中，三个维度的目标缺一不可。最后，从学生学习和发展追求的总体目标来看，学生的发展是三维目标的整合：知识与技能目标立足于让学生“学会”，过程与方法目标立足于让学生“会学”，情感态度与价值观目标立足于让学生“想学”。任何一个维度的缺失，都会影响学生的发展。三维目标的这一特性，要求教师在教学过程中应尽量将三维目标整合起来，在落实知识和技能目标的同时，兼顾过程与方法目标、情感态度与价值观目标。

2. 提出三维目标的意义

三维目标的提出被很多人当作是这次课程改革的“亮点”，具有重要的意义。

首先，三维目标立足本土，抓住了我国传统教学目标设计中的问题。新课程的三维目标，是对我国教育中传统的“双基”目标的扬弃，使原有的“双基”目标融入了新的元素，如以适应终身学习为标准，以体现社会生活、时代发展和科技进步为特色。同时，三维目标将我国传统教学中曾被提倡但始终没有受到足够重视的“学习过程”“学习方法”“学习兴趣”“学习态度”等，都合理地纳入课程与教学目标并加以突出强调，从而在目标定位上彰显了新课程“以学生为本”“促进学生全面、主动和个性化发展”的理念。

其次，三维目标借鉴和吸收了国外先进的教学目标分类思想和理念，尤其是布卢姆的教育目标分类理论和加涅的学习结果分类理论（如表 3-14 所示）。

表 3-14　我国新课程三维目标与布卢姆教育目标分类理论和加涅学习结果分类理论的比较

布卢姆的教育目标分类	加涅的学习结果分类	我国新课程的三维目标
认　知	言语信息 认知策略	知　识 过程与方法
动作技能	智慧技能 动作技能	技　能
情　感	态　度	情感态度与价值观

以下案例是一位教师执教朱自清的散文《春》的教学片断，其中体现了对三维目标的追求：

（当教学到“小草偷偷地从土里钻出来”这句话时，师生之间展开了如下对话）

师：春天到了，小草长出来了。小草怎么长出来的呢？

生（齐声）：小草偷偷地从土里钻出来。

师：作者用了“偷偷地”这个词。“偷偷地”就是说小草趁人家不注意，让人毫无察觉地、无声无息地从土里长出来了。但是没有用“长”，而是说从土里（老师用右手食指做了一个向上的手势）——

生（齐声）：钻出来了。

师：用“钻”这个词，写出小草的生长是很不容易的。它要穿过厚厚的土层，有时还会碰到石头瓦块，就要顶翻它们，然后茁壮地生长出来。可见一个“钻”字，就写出了春草虽小，但是它们的生命力，却是极顽强、极旺盛的。大家看，“偷偷地”和“钻”这些词用得多好啊！①

在上述案例中，教师通过解读“钻”“偷偷地”等字词，引导学生展开联想和想象，认识小草生长的劲头，领悟小草默默无闻、不哗众取宠的品质，以及不怕困难挫折、顽强进取的拼搏精神。在字词教学中将三维目标进行了有效整合。

（二）《中国学生发展核心素养》提出的素养结构

为了更好地理解《中国学生发展核心素养》，需要了解国际上关于核心素养问题的研究。因为，我国对于核心素养问题的研究受到了国际上关于核心素养问题研究的启发。

1. 国际上关于核心素养问题研究概述

（1）核心素养研究的背景

国外核心素养研究最有代表性是经济合作与发展组织（OECD）的素养的界定与遴选：理论和概念基础（Definition and Selection of Competencies：Theoretical and Conceptual Foundations，简称 DeSeCo 项目）和欧盟的核心素养框架研究。这两项研究均诞生于20 世纪 90 年代末至 21 世纪初，其关注的焦点问题是：为适应 21 世纪的信息化、知识经济、全球化及终身学习时代，教育应该如何为个体人生成功和社会健全发展培养所需要的核心素养。因为，在新的时代背景下，人的实际生活和社会发展经常面临各种复杂的情境，个体需要具备解决复杂情境中的实际问题所需要的素养，才能获得人生的成功和促进社会发展。因此，核心素养也被称为“21 世纪素养”，它突出的是解决复杂情境中的实际问题所需要的素养。②

（2）核心素养的基本含义

何谓核心素养？DeSeCo 项目是从功能论的角度界定素养的，认为核心素养是一个动态和整合的概念，它有三个特征：首先，核心素养是能够应对复杂情境中工作的要求并成功开展工作的能力；其次，核心素养是比知识、技能等更宽泛的概念，它是相关知识、技能、态度、价值观和情感的集合体；最后，核心素养是基于行动和情境导向的。这一界定偏于从具体生活情境中的成功行动的角度界定素养概念和确定素养要素。③ 欧盟的核心素养框架对素养和核心素养做出了如下的界定：“素养是适用于特定情境的知识、技能和态度的综合。”此处情境是指个人生活面临的情境，如社会情境、职业情境等。“核心素养是所有个体达到自我实现和发展、成为主动的公民、融入社会和成功就业所需要的那些素养。”④

参照 OECD 及欧盟对核心素养的界定，并对比 competency、ability 与 skill 等单词在

---

① 张聪慧. 三维目标该如何统一［J］. 语文建设，2005（8）：34—35.

②④ 张华. 论核心素养的内涵［J］. 全球教育展望，2016（4）：10—24.

③ 张娜. DeSeCo 项目关于核心素养的研究及启示［J］. 教育科学研究，2013（10）：39—45.

英语表达中基本含义的差异，我们认为，核心素养（key competency）主要是指一个人成功应对实际生活中某种活动或行为所需要的“胜任力或竞争力”，它是由完成该种活动或行为所需要的知识、技能、态度等多种素质要素构成的综合性素质或整体性素质。换句话说，人只有具备从事某种活动所需要的综合素质或整体素质，他才能胜任这项活动并具有竞争力；而当一个人仅具有从事某种活动所需要的某个或某些方面的素质，他不可能胜任这项活动并具有真正的竞争力。从内涵来看，“核心素养”仍然是指存在于人身上的内在的、比较概括的、相对稳定的身心特征（特质），是影响当代人的生活或活动状况和质量的内在因素，因此，核心素养依然属于素质（素养）的范畴。只不过，区别于原来素质教育中所讲到的单一的素质要素（如价值观、智力、技能、态度），核心素养属于素质或素养中的一种综合性或整体性的素质（素养）。从外延来看，依据国外核心素养研究关注的焦点，核心素养是指当代人最应具备的关键素养。“核心素养不是面面俱到的素养‘大杂烩’，而是全部素养清单中的‘关键素养’。从此意义上讲，核心素养是素质教育、三维目标、全面发展、综合素质等中间的‘关键少数’素养，是各种素养中的‘优先选项’，是素质教育、三维目标、全面发展、综合素质等的‘聚焦版’。”①

（3）核心素养与素质（素养）在内涵方面的差异与联系

根据上面的理解，作为刻画、描述人的身心特征（特质）的两个概念，“核心素养”与“素质（素养）”的主要差异在于，它们在刻画、描述的人的身心特征（特质）时所使用的单位的大小或综合程度不同。

素质（素养）作为代表各种具体素质要素共同属性的概念，其构成要素通常被分解为基本的身体素质要素（如身体运动的速度、耐力、力量、灵敏性、对环境的适应力等）和心理素质要素（如智力、情感、意志、技能、能力、兴趣、价值观等）。不同的素质要素影响人的活动不同侧面的状况及其质量，或者说，一种素质要素对应于描述人的活动某一方面的状况及其质量。比如，兴趣和价值观作为两种素质要素，是影响人的活动倾向及其意义的基本心理素质；能力是影响人的活动水平与效率的心理素质；创造力是影响人的活动的新颖性和独特性的心理素质；等等。

由于核心素养是人成功应对或完成某种实际活动所需要的“胜任力或竞争力”，因此，一种核心素养通常是与当代社会情境中人所从事的某种实际活动整体或人的活动应具有的某种特征相对应的；人从事不同类型的实际活动或人的活动达到某种特征的要求就需要不同的核心素养。如OECD提出的“自主行动”“在异质的社会团体中互动”等素养主要针对当代人的活动的特征而言的，而“中国学生发展核心素养”列表中提到的“国际理解”“学会学习”等，则是指向现代人在一些新的活动领域应具备的素养。

据此可以看出，素质要素是核心素养的构成单位。一种核心素养是由顺利、高质量完成当代社会情境中的某种实际活动所需要的各种素质要素集合而成。例如，欧盟核心素养

① 褚宏启．核心素养的概念与本质［J］．华东师范大学学报（教育科学版），2016（1）：1—3.

框架中，对于每种核心素养都从知识、技能、态度三个方面分析其构成内容。因此，核心素养突出了素质（素养）在当代社会背景下的情境适应性、综合性、复杂性等特征。核心素养概念致力于从人适应当代社会发展所形成的复杂的生活情境的角度，描述人的身心发展应达到什么样的素养状态。但是，当我们在教育中规划如何培养人的核心素养以及怎样评价人的核心素养时，必然会进一步分析每种核心素养所包含的素质要素，并从具体的素质要素出发，规划核心素养培养的过程和评价的标准。

（4）素质（素养）和核心素养所包含的要素结构分析的异同

作为同样是表征人身上的特征或特质的概念，素质和核心素养所关注人的特征（特质）的范围、种类、大小或综合程度是不同的。这一点尤其表现在对于素质和核心素养所包含的要素结构的分析中。

对于素质要素结构，国内流行多种看法。主要有：德才兼备；德智体美全面发展＋创新能力＋实践能力；认知＋情感＋动作技能；知识与技能＋过程与方法＋情感态度与价值观；思想道德素质＋文化科学素质＋身心健康素质＋劳动技术素质；等等。上述素质要素结构呈现如下共同点：第一，追求从全面发展的角度划分人的素质结构，即划分的素质要素种类要体现人的身心整体、全面发展的要求；第二，划分的标准是素质要素在人的活动中的功能；第三，素质要素划分的结果一般以基本的身体素质要素或心理素质要素为分析和表达单位。

而“核心素养”研究对于核心素养要素的种类和结构的把握，偏重于从对人生成功和社会健全发展的角度，即从素养对于人的实际生活的功能及影响的角度进行分析。所以它偏重从人的实际生活或活动领域的不同，或者从适应当代社会要求的人的行为特征的不同，去划分核心素养的种类，且主要分析适应当今时代挑战所要特别关注的“关键素养”。从 OECD 的 DeSeCo 项目和欧盟提出的核心素养框架来看，与素质要素结构分析不同，核心素养结构分析呈现如下特点。第一，它不是对于人的全面发展的全部素养要素的分析，而是关注当代社会所特别需要的关键少数素养。“核心素养作为‘关键少数’的高级素养，甚至也不是基础素养。”比如，国际核心素养清单中，就没有将作为学生发展最为基础的身体素质、读写算等技能列入其中。① 第二，以当代人的生活面对的重要的活动领域或突出的活动特征为依据或标准，划分核心素养的种类和结构。例如，OECD 将核心素养区分为三大类：互动性地使用工具、在异质群体中互动、自主行动。第三，核心素养要素是以与成功应对当代社会某种活动领域或达到某种活动特征相对应，如“学会学习的核心素养”“自主行动的核心素养”等。由于一种核心素养对应于某种实际活动或活动应达到的某种特征，而人成功完成某种活动需要多个方面的素质，因此，一种核心素养是由多个方面的素质要素构成的。所以，核心素养研究所划分出的核心素养要素的单位是综合性的。

可见，在关注素质或素养的范围、划分的标准、划分出的素质和素养的单位大小或综

① 褚宏启. 核心素养的概念与本质 [J]. 华东师范大学学报（教育科学版），2016（1）：1—3.

合程度等方面，核心素养对于其要素结构的分析与素质教育对于素质要素的结构的分析是不同的。

2. 我国的核心素养研究

我国关于核心素养研究始于2012年。党的十八大报告指出："坚持教育为社会主义现代化建设服务、为人民服务，把立德树人作为教育的根本任务，培养德智体美全面发展的社会主义建设者和接班人。"为贯彻党的十八大精神，2014年3月，教育部印发了《教育部关于全面深化课程改革落实立德树人根本任务的意见》，其中首次提到"核心素养"一词。该意见指出，研究制定学生发展核心素养体系是立德树人的首要环节，并提出把核心素养体系作为研究学业质量标准、修订课程方案和课程标准的依据，用于统领课程改革的各个环节。之后，由北京师范大学林崇德领衔的团队，对我国学生身心发展核心素养进行了系统、深入的研究，并于2016年9月发布了最终研究成果"中国学生发展核心素养"结构体系。该体系将我国学生发展核心素养的结构概括为：三大领域、六个方面、十八个要点（如表3-15所示）。

表3-15 "中国学生发展核心素养"结构

领域	文化基础						自主发展						社会参与					
核心素养	人文底蕴			科学精神			学会学习			健康生活			责任担当			实践创新		
基本要点	人文积淀	人文情怀	审美情趣	理性思维	批判质疑	勇于探究	乐学善学	勤于反思	信息意识	珍爱生命	健全人格	自我管理	社会责任	国家认同	国际理解	劳动意识	问题解决	技术应用

上述三大领域、六个方面核心素养的基本内涵及其包含的素养要点如下。

（1）文化基础：文化是人存在的根和魂。"文化基础"重在强调能习得人文、科学等各领域的知识和技能，掌握和运用人类优秀智慧成果，涵养内在精神，追求真善美的统一，发展成为有宽厚文化基础、有更高精神追求的人。包括人文底蕴和科学精神两个方面。

①人文底蕴。主要指学生在学习、理解、运用人文领域知识和技能等方面所形成的基本能力、情感态度和价值取向。具体包括人文积淀、人文情怀和审美情趣等基本要点。

②科学精神。主要指学生在学习、理解、运用科学知识和技能等方面所形成的价值标准、思维方式和行为表现。具体包括理性思维、批判质疑、勇于探究等基本要点。

（2）自主发展：自主性是人作为主体的根本属性。"自主发展"重在强调能有效管理自己的学习和生活，认识和发现自我价值，发掘自身潜力，有效应对复杂多变的环境，成就出彩人生，发展成为有明确人生方向、有生活品质的人。包括学会学习和健康生活两个方面。

①学会学习。主要指学生在学习意识形成、学习方式方法选择、学习进程评估调控等方面的综合表现。具体包括乐学善学、勤于反思、信息意识等基本要点。

②健康生活。主要是学生在认识自我、发展身心、规划人生等方面的综合表现。具体包括珍爱生命、健全人格、自我管理等基本要点。

（3）社会参与：社会性是人的基本属性。“社会参与”重在强调能处理自我与社会的关系，养成现代公民所必须遵守和履行的道德准则和行为规范，增强社会责任感，提高创新精神和实践能力，促进个人价值实现，推动社会发展进步，发展成为有理想信念、敢于担当的人。包括责任担当和实践创新两个方面。

①责任担当。主要是学生在处理与社会、国家、国际等关系方面所形成的情感态度、价值取向和行为方式。具体包括社会责任、国家认同、国际理解等基本要点。

②实践创新。主要是学生在日常活动、问题解决、适应挑战等方面所形成的实践能力、创新意识和行为表现。具体包括劳动意识、问题解决、技术应用等基本要点。

值得说明的是，与国际上核心素养研究仅关注关键少数核心素养不同，“中国学生发展核心素养”研究所建构的实际上是我国学生身心发展的素养结构，是对新时期我国学校培养目标的一种新的设计。相比于过去表述比较概括、抽象的培养目标，“中国学生发展核心素养”所提出的人的素养结构有两个显著的特点：其一，突出了新时代所特别需要而过去被忽视的一些素养，如科学精神、学会学习、健康生活、责任担当等；其二，对学生身心发展的素养结构的把握逻辑更为清晰，内容更为全面和具体。

（三）2017 年版普通高中各学科课程标准中课程目标

“中国学生发展核心素养”发布后又面临着如何将其转化或具体化为课程与教学目标的新问题。2017 年，教育部发布的普通高中各学科的课程标准，分别凝练出每个学科的学科核心素养，并在学科核心素养的基础上提出了学科课程目标。以下呈现的是《普通高中语文课程标准（2017 年版）》对语文学科核心素养和课程目标的规定：

（一）语文学科核心素养

语文学科核心素养是学生在积极的语言实践活动中积累与建构起来，并在真实的语言运用情境中表现出来的语言能力及其品质；是学生在语文学习中获得的语言知识与语言能力，思维方法与思维品质，情感、态度与价值观的综合体现。

语文学科核心素养主要包括四个方面：语言建构与运用、思维发展与提升、审美鉴赏与创造、文化传承与理解。

（二）语文课程目标

围绕上述四个方面的学科核心素养，语文学科应实现的课程目标包括如下方面：

1. 语言积累与建构；
2. 语言表达与交流；
3. 语言梳理与整合；
4. 增强形象思维能力；
5. 发展逻辑思维；
6. 提升思维品质；
7. 增进对祖国语言文字的美感体验；

8. 鉴赏文学作品；
9. 美的表达与创造；
10. 传承中华文化；
11. 理解多样文化；
12. 关注、参与当代文化。

第三节 课程与教学目标的设计与表述①

一、课程与教学目标设计的方法

应该如何设计教育目标？这实际上是设计教育目标的方法论问题，这个问题在我国一直未能得到应有的重视。在我国，学校所用的培养目标和教师所理解的教学目标一般是简单套用国家教育方针和课程标准上的规定，缺乏自己的选择和设计。

在教育史上，斯宾塞不仅提出了系统的教育目标，更重要的是他第一次明确地提出了确立教育目标的方法。在分析"什么知识最有价值"时，斯宾塞提出了从对学生现实生活的作用、功能出发判断知识的价值："每个人在提出任何一种知识的价值时，总是指出它与生活某些部分的关系。""怎样去完满地生活？这个既是我们需要学的大事，当然也就是教育中应当教的大事。……我们有责任把完满的生活作为要达到的目的摆在我们面前，而经常把它看清楚，以便我们在培养儿童时能审慎地根据这个目的来选择施教的科目和方法。"② 斯宾塞又把人类生活的活动领域按其重要程度分为五类，并详细分析了科学知识对于顺利完成这五类活动的意义，进而得出结论："什么知识最有价值，一致的答案就是科学。"③

斯宾塞强调要从学生未来完满生活需要的角度来设计教学目标，这一方法影响了后来的博比特和查特斯（W. Charters）等人。前者创立了教育目标的"活动分析法"，即以对广泛的人类的职业和行为经验的分析为基础，确立了10个活动领域的800多个目标；后者将博比特的活动分析法改造成为教育目标设计的"工作分析法"。④

泰勒是一位系统研究教育目标设计方法的课程与教学论专家。泰勒的教育目标设计思想涉及三个问题：教育目标的来源、教育目标的筛选、教育目标的陈述。关于教育目标的来源，泰勒认为，有三种信息可以帮助我们确立教育目标。

---

① 参阅陈佑清. 教学论新编［M］. 北京：人民教育出版社，2011：325—330.
②③ 斯宾塞. 斯宾塞教育论著选［M］. 胡毅，等译. 北京：人民教育出版社，1997：58—59，91.
④ 张华. 课程与教学论［M］. 上海：上海教育出版社，2000：5—8.

“对学习者本身的研究”。在制定教育目标中，对学习者的研究主要是调查、了解学生的需要和兴趣。“只有在把有关学习者的信息与某些理想的标准以及公认的常模的某些看法进行比较，从而确认学习者目前的状况与公认的常模之间的差别时，对学习者的研究才可能提出教育目标。这种‘差别’或‘差距’，便是通常所讲的‘需要’”。①

“对校外当代生活的研究”。泰勒认为，随着人类积累的知识急剧增加，学校不可能将全部知识都包括在学校教育计划之内，因此要根据知识对社会生活意义的大小来选择学生在学校要学习的知识。如此，学生所学的知识才能有效地运用于将来的生活。至于如何通过对校外社会生活的分析确定教育目标，泰勒沿用了斯宾塞、博比特等人采用的生活领域或活动分析的方法。②

“学科专家对目标的建议”。泰勒认为，学科专家了解学科对学生的发展到底有什么价值，他们的研究能够从两个方面为教育目标的制定提供启示。一是对学科自身所具有的在学科范围内对于学生身心发展的功能或价值的揭示，如科学具有促进个人和公众健康、利用和保护自然资源、使人们像科学家一样看待世界等三个主要的功能。二是对学科在促进学生在学科范围之外的身心发展的功能的揭示，如科学对于一个人处理人际关系的每一个领域都有特殊的价值。③

泰勒认为，从上述三个来源获得的教育目标数量可能很多，且从不同的来源确定的目标之间还会有冲突，因此要挑选少量非常重要而又互相一致的目标，需要对这些目标进行筛选。筛选的工具或依据是哲学和学习心理学。

在选择教育目标时运用哲学。因为哲学实质上“旨在界说一种良好生活和良好社会的性质”，或“勾画一种令人满意的和有效的生活所不可或缺的价值观”，所以，可以运用哲学，对最初列出的教育目标加以鉴别，以确定那些具有高度价值的目标。比如，在民主社会，教育哲学常常特别注重这样一些价值，如：“承认每一个人的重要性，不论其种族、国籍、社会或经济地位如何”“提供广泛参与各种社会团体活动的机会”“鼓励个性多样化”“相信理智是处理重大问题的一种方法，而不是依赖专制或贵族团体的权威”，这些价值很容易被列为教育目标的内容。④

在选择教育目标时运用学习心理学。泰勒认为，学习心理学能在选择教育目标当中发挥多种功能。比如，它能使我们把可能期望实现的目标与不可能实现的目标区别开来；帮助我们把在特定年龄阶段可行的目标，与那些可能需要花费很长时间或几乎不可能达到的目标区别开来；指明达到某一种教育目标所需要的条件。学习心理学对学习性质的定义也会直接影响教育目标的制定，如按照桑代克的学习理论，我们会把形成各种具体的行为习惯当作教育目标，而以贾德（C. H. Judd）等人的类化迁移理论来看学习，掌握一般的原

①②③④ R. W. 泰勒. 课程与教学的基本原理［M］. 施良方，译 . 北京：人民教育出版社，1994：3—4，14—15，21—24，26.

理、一般态度和方法应是教育的主要目标。①

我们在选择教育目标时，可以遵循如下的思维逻辑：社会角色—活动类型—素质结构。一般而言，教育目标最具体的层次是指明人的发展所对应的素质结构；但是，要具体地把握素质结构，需要从人的活动（行为）来分析，因为，不同的活动（行为）所对应的素质结构是不一样的，比如人际交往所对应的素质结构与动手操作需要的素质结构在内容上具有明显的差异。而人在生活中从事活动（行为）的类型或内容与人所扮演的社会角色有很大关系。因此，社会角色—活动类型—素质结构，构成了分析教育目标的三个相互依赖的逻辑层次。现行教育目标设计存在的一个突出的问题是，直接从素质结构去规定教育目标，而没有明确这种素质结构是与什么样的社会角色及其从事的哪些角色行为相对应。这样设计的素质结构往往是抽象、笼统的，且只是对素质的内容进行经验罗列，而未能真正把握素质的内在结构。

二、课程与教学目标设计的依据

（一）课程总目标的设计

课程目标的设计应主要考虑两方面的因素。首先，课程目标的设计要尽量体现培养目标或教育宗旨对于学生身心发展的要求。某一类型（如普通教育或职业技术教育）或某一阶段（如义务教育段或高中教育段等）的教育，其对应的培养目标决定了该类或此阶段教育到底要开设哪些门类的课程，以及每门课程在促进学生身心发展方面应实现的培养目标或在总的培养目标中应发挥的功能是什么。其次，课程目标的设计要基于各门课程自身对于学生身心素质的发展可能具有的功能和价值。而后者又是由每门课程自身的性质、研究的对象、研究的方法及其形成的知识体系决定的。因此，不同的课程在促进学生身心素质的全面发展中都有自己独特的发展价值或功能。比如，数学与语文就是两种不同的知识系统，它们对于学生身心发展的价值存在重要的差异。课程目标的最终确定，是综合课程自身可能具有的发展价值和落实教育宗旨或培养目标对于学生身心发展的应然追求的结果。

课程目标是将一门课程当作一个整体而设计出来的目标，它一般由课程与教学专家完成的，具体呈现在课程标准之中。以《义务教育语文课程标准（2011 年版）》为例，其中充分体现了国家教育宗旨的要求，也反映了语文课程的性质和发展功能。具体表述如下。

1. 在语文学习过程中，培养爱国主义、集体主义、社会主义思想道德和健康的审美情趣，发展个性，培养创新精神和合作精神，逐步形成积极的人生态度和正确的世界观、

① R. W. 泰勒. 课程与教学的基本原理［M］. 施良方，译. 北京：人民教育出版社，1994：29—33.

价值观。

2. 认识中华文化的丰厚博大，汲取民族文化智慧。关心当代文化生活，尊重多样文化，吸收人类优秀文化的营养，提高文化品位。

3. 培育热爱祖国语言文字的情感，增强学习语文的自信心，养成良好的语文学习习惯，初步掌握学习语文的基本方法。

4. 在发展语言能力的同时，发展思维能力，学习科学的思想方法，逐步养成实事求是、崇尚真知的科学态度。

5. 能主动进行探究性学习，激发想象力和创造潜能，在实践中学习和运用语文。

6. 学会汉语拼音。能说普通话。认识 3 500 个左右常用汉字。能正确工整地书写汉字，并有一定的速度。

7. 具有独立阅读的能力，学会运用多种阅读方法。有较为丰富的积累和良好的语感，注重情感体验，发展感受和理解的能力。能阅读日常的书报杂志，能初步鉴赏文学作品，丰富自己的精神世界。能借助工具书阅读浅易文言文。背诵优秀诗文 240 篇（段）。九年课外阅读总量应在 400 万字以上。

8. 能具体明确、文从字顺地表达自己的见闻、体验和想法。能根据需要，运用常见的表达方式写作，发展书面语言运用能力。

9. 具有日常口语交际的基本能力，学会倾听、表达与交流，初步学会运用口头语言文明地进行人际沟通和社会交往。

10. 学会使用常用的语文工具书。初步具备搜集和处理信息的能力，积极尝试运用新技术和多种媒体学习语文。

（二）单元或课时教学目标的设计

真正由教师参与设计的教学目标是在学科教学中的单元教学目标或课时教学目标。这类教学目标的设计应综合考虑如下三方面的因素。

1. 落实课程总目标的要求

单元或课时教学目标要尽力落实本单元或课时的内容在完成课程总目标中可能具有的功能，即以学生全面发展作为单元或课时目标的根本取向，尽可能实现三维目标：知识与技能、过程与方法、情感态度与价值观。

对于三维目标的理解，要注意它的价值取向问题。三维目标本身是中性概念，它可以服务于不同取向的目标。新课程改革所倡导的三维目标的核心取向，应该是有助于学生创新精神、实践能力和自主学习意识发展的三维目标，而不是以对书本知识的接受、继承为核心取向（在单纯的书本知识的接受和占有中，也有知识与技能、过程与方法、情感态度与价值观的问题）。

三维目标自身的内容包括两个不同的方面。一是指课程内容本身所包含的知识与技能、过程与方法、情感态度与价值观。如，课程内容自身发现、发展的过程及所使用的方法；课程内容自身中体现的情感态度与价值观等。二是指学生在学习这些内容时所表现出来的处理学习内容所使用的知识与技能、过程与方法，产生的情感态度与价值观。

2. 教学内容本身的发展价值

任何一个学科中的单元或课时教学内容都具有特定的、有限的发展功能，而不具有无限的发展功能。所以，在制定单元或课时教学目标时，特别要从教学内容本身具有的发展功能出发设计教学目标，即要考虑最有针对性的目标，而不要提出泛泛而论、面面俱到的目标。在实际教学中，一些教师在设计教学方案时，简单地套用课程与教学的总目标作为单元和课时教学目标，或者片面追求全面的目标，而没能从课程内容本身的发展价值或功能出发，提出最有针对性的目标。

例如，李白的《静夜思》，可能具有的发展价值主要有：

（1）让学生学会其中的一些字、词（知识目标）；

（2）让学生学会诵读古诗词（技能目标）；

（3）让学生理解诗词的含义并体会其表达的情感（理解目标、情感目标）；

（4）学会以借物、写境表达情感的写作方法（表达的技能）。

3. 学生现有的发展水平及其最近发展区

学生的身心发展是通过借助学习相应的课程内容，将自身身心素质从低水平（现有水平）向高水平（潜在水平）转化的过程。有时，一种教学内容对于不同的人而言，其发展价值表现的方面及其大小是不一样的。比如李白的《静夜思》，小学生学习它所能实现的发展价值，可能主要在认识字词和学会诵读；而中学生学习它所获得的发展价值可能达到较高的层次，如理解诗的意境和体会思想情感，或学习它的表现手法。所以，教学目标要根据学生现有的发展水平及其最近发展区所决定的接受的可能性，在“内容本身的发展价值”中选择相当的层次或水平作为教学的目标。

三、教学目标的表述

（一）教学目标表述的主要问题

泰勒总结了在教学目标的表述方面存在的三种不合适的形式。第一种是以教师要做的事情的形式来呈现，如：“本节课我要给大家介绍进化论，并演示观察的方法”；第二种是以列出需要学生学习的课题、概念、原理或其他内容要素的形式呈现目标，如本节课要学习“绿色植物把太阳能转化为化学能”；第三种是采取概括化的行为方式如“发展批判性思维”“培养鉴赏力”等形式呈现。①

在我国，不少教师所表述的教学目标存在以下问题。

（1）泛化的表述，即用一种模糊、笼统的语言描述教学目标，甚至直接将教育宗旨或

① R. W. 泰勒. 课程与教学的基本原理［M］. 施良方，译. 北京：人民教育出版社，1994：34—36.

培养目标当作教学目标。例如，“培养学生的文化素养”“教学生学会学习”“塑造学生积极向上的人生态度”等。对这样的目标，不同的人可以产生不同理解，因此是难于检测的目标。

（2）抽象化的表述，即以一般的心理活动或素质概念表述具体的教学目标。比如，使用“掌握”“理解”“知道”“懂得”等词来表述教学目标。实际上，这些心理过程或素质不能直接观察，因而也是难以检测的。

（3）窄化的表述。最常见的表现是，仅仅关注学科教学中那些最直接、最容易检测的知识、技能方面的目标的表述，并将其当作全部的教学目标。

（二）行为化教学目标的表述

教学目标的表述最重要的是使教学目标行为化。只有以行为表述的目标，才可能以直接、具体和可观察的方式进行检测和判断。那么，应该如何编写行为目标呢？编写行为目标有三个步骤。①

1. 确定预期学习结果所对应的行为

很多教学目标直接指向人的内在心理或素质的改变，但这些心理或素质是不能直接观察和测量的，因此在编写目标的时候，要找到能反映人的心理变化所对应的外在的行为，并以行为动词来表达目标。而且，要使教学目标具体、无争议，这些动词应具有被人们广为接受的意义，并能具体、明确地描述某种行为。

比如，预期的目标是“培养学生批判性阅读的技能”，那么，可以从以下的行为判断学生是否形成这种技能：

（1）区分事实和意见；（2）区分事实和推论；（3）指出因果关系；（4）指出推理的错误；（5）区分有关和无关的论点；（6）区分可靠和不可靠的推论；（7）根据书面材料建立有效的结论；（8）指出正确的结论需要的假设。②

又如，学习“植物的生长”这一单元的一般教学目标是“了解植物的生长条件”，那么，可以将此目标表述为以下四个层次的行为目标：

（1）正确说出影响植物生长的四个因素。这项行为目标要求学生获得的知识类型是“事实”；知识的掌握水平是“正确”；智力操作方式是“记忆”；智力活动水平是“再现”。

（2）连贯、迅速地说出影响植物生长的各个要素。把（1）中的“四个”改为“各个”，消除了数量上的提示，并且进一步提出了“连贯”“迅速”这两项要求，从而对“熟练”程度做出了限定。

（3）解释为什么黑暗地方不长青草。这项行为要求学生获得的知识类型是“概念”；

---

① Borich G D. *Effective Teaching Methods: Research-Based Practice* [M]. Pearson Education, Inc., 2007: 86—91.

② 黄政杰. 课程设计 [M]. 台北：东华书局，1991：255.

智力操作的方式除“记忆”外，还有“分析”“推理”；智力活动水平是“变式应用”。

（4）设计一个在月球上培育植物的实验。这样的行为要求学生运用不止一门学科的知识，并且要充分发挥想象力，创造性地综合应用多种知识。完成这样的作业不应过分限制完成的时间和其他条件，完成质量上也允许有较大的差异。①

2. 指明产生预期学习结果所对应的行为的条件

影响学习结果产生的条件包括，使用哪些材料、哪些设备或工具以及在什么时间内完成，等等。条件不同，结果就会不一样。因此，明确目标的同时，应指明某种行为结果产生的条件。以下列举的是一些包含条件的教学目标：

（1）以李白和杜甫的诗歌为例，区分唐代文学中的浪漫主义和现实主义；

（2）使用欧洲14—18世纪哥特式和巴洛克式大教堂的图片，比较哥特式和巴洛克式建筑风格的差异。

行为目标中的条件，可以是单项也可以是多项。如：

（1）在15分钟之内使用提供的参考书，写出电功率、电压、电流和电阻的公式；

（2）使用电子词典或网络，在20分钟或更短的时间内，纠正两页手稿上拼写和标点的错误。

3. 明确在规定的条件下行为应达到的行为水平

可以从如下三个方面确定学生学习所达到的行为水平：

（1）行为的准确性，如要求准确地完成某种行为；

（2）行为的速度，如规定在某一时间范围内完成某种行为；

（3）行为的创造性，即要求有创造性、有个性地完成某种行为。

下面列举的教学目标包含了对行为水平的规定：

（1）以李白和杜甫的诗歌为例，正确区分唐代文学中的浪漫主义和现实主义的典型特征（不少于3个）（规定了行为的准确性）；

（2）阅读《卖火柴的小女孩》，发表自己的评论。或：用自己的语言概述牛汉的《高粱情》所表达的思想与情感（规定了行为的创造性）。

一个完整的行为目标要同时考虑上述三个方面的要求。例如下面的教学目标：

（1）通过本单元的学习，全班学生都必须学会参照课文例解或其他参考资料，在45分钟内独立解答至少10道不同类型的一元二次方程式，解答步骤和结论的正确率至少达到80%；

（2）使用温度计，测量2升水在25厘米深处的温度（精度在1℃以内）；

（3）运用电子词典或电脑网络，在20分钟或更短的时间内，以100%的正确率纠正两页手稿上的拼写和标点的错误。

---

① 李秉德. 教学论［M］. 北京：人民教育出版社，2000：69.

本章小结

课程与教学目标是教育目的或培养目标在具体课程中的具体化。课程与教学目标有以知识掌握为主和以促进学生发展为本两种不同的取向，这两种取向的目标对学生学习的最终结果的理解有重要的差异。

西方关于教育目标分类研究最具代表性的是布卢姆等人的教育目标分类学，从认知、情感、动作技能三个领域对教育目标进行了精细地划分和界定，建构了比较严密、系统的目标分类体系。此外，还有豪恩斯坦、马扎诺、加涅以及梶田叡一等人的教育目标分类理论。国内对于课程与教学目标分类的研究成果主要有2011年新课程改革倡导的三维目标，以及2016年发布的《中国学生发展核心素养》。

课程目标的设计应主要考虑两种因素：一是要尽量体现培养目标或教育宗旨对于学生身心发展的要求；二是要基于各门课程自身对于学生身心素质的发展可能具有的功能和价值。教学目标是在学科教学中的单元教学或课时教学的目标，设计时应综合考虑三个因素：落实课程总目标的要求、教学内容本身的发展价值、学生现有的发展水平及其最近发展区。教学目标的表述最重要的是使教学目标行为化。

拓展学习

1. 以知识掌握为本的目标取向的表现及其局限有哪些？
2. 简要分析以发展为本的目标取向的特征。
3. 描述布卢姆教育目标分类学的框架，并分析其主要的特征。
4. 分析我国新课程三维目标分类的结构及其意义。
5. 以某一学科为例，思考如何将《中国学生发展核心素养》设计的素养结构转化为学科核心素养结构。
6. 选取中小学某一学科的一个单元或一课时内容，设计相应的教学目标。要求：尽量要体现三维目标的要求，并以行为动词表述目标。

选读文献

1. L. W. Anderson等著，蒋小平等译：《布卢姆教育目标分类学修订版：分类学视野下的学与教及其测评》，外语教学与研究出版社2009年版。

本书对教学目标、教学过程中的教学活动和教学评估按24个目标单元进行分类，构成了 72 种分类结果。本书的完成，表明知识分类学习论思想已被课程、教学和评估专家接受，是科学心理学与教学论相结合进入新阶段的标志性成果之一。

2. 盛群力等著：《21 世纪教育目标新分类》，浙江教育出版社 2008 年版。

本书追踪国外教育目标分类研究的新进展，主要介绍了安德森研究团队对布卢姆认知目标修订版、豪恩斯坦对布卢姆教育目标做出的修订、马扎诺的教育目标新分类、乔纳森对于学习结果的分类、加涅的五种学习结果分类及其教学条件适配观、梅里尔的学习结果与教学策略适配分类学、罗米索斯基关于知能结构与教学策略适配的分类学和欧洲经济合作组织关于培养高层次关键能力的框架。

3. 陈佑清著：《教学论新编》，人民教育出版社 2011 年版。

本书尝试建构一种“以学生发展为本的教学论”，倡导以学生身心素质的形成与完善作为教学活动的最终追求；以“总论—学习与发展的过程—教导的过程—具体情境中的教学”为主线，对教学论的基本范畴和问题进行了深入论述，反映了当代教学论学科建设与发展的成果，建立了相对完整的教学论学科体系。

第四章　课程与教学内容

教学目标

- 理解课程与教学内容的取向与含义。
- 掌握课程与教学内容选择的依据与原则，应用相关理论，能够根据实际选择不同的课程与教学内容。
- 能够联系实际，理解课程与教学内容的组织原则和呈现方式。
- 了解课程与教学内容载体的表现形式及其相互关系，掌握课程方案、课程标准和教科书的基本内涵。

第一节　课程与教学内容概述

课程与教学是学校教育的核心，教育目的的达成依赖于课程与教学目标的实现。课程与教学目标一旦确定，内容的选择随即成为迫在眉睫的问题。课程与教学内容是课程与教学目标的具体化，主要回答“教什么”“学什么”的问题。就像课程与教学纷繁复杂的定义一样，人们对课程与教学内容的解释也各执一词，但都必然地与各自对课程与教学所下的定义紧密相连。对课程与教学内容的不同理解，体现了不同的教育价值观。

一、课程与教学内容的取向

课程与教学的历史源远流长，开展课程与教学专门研究的历史却不长，但无论是在课程与教学的实践中还是在相关的理论研究中，课程与教学内容都是不能回避的基本问题。特别是近代以来，随着教育学成为一门独立的学科，赫尔巴特以实践哲学和观念心理学为依据，最终确立了以学科知识为中心的学科课程论，把“知识”放在学校教育中的首要地位。关于课程与教学究竟要教什么，哪些知识可以进入课程与教学的讨论便再没有平息过，甚至因此形成了不同的课程理论流派。1859 年，斯宾塞提出了“什么知识最有价值”的著名问题，在他看来，能为人们完满生活做准备的知识最有价值，所以他把科学知识置于课程的中心位置。而杜威认为，最有价值的知识莫过于与儿童生活经验相联系的经验，所以他强调的是一种经验的课程。1949 年，泰勒在其所著的《课程与教学的基本原理》一书中也提出了“怎样选择有助于达到教育目标的学习经验”的问题。时至今日，课程与教学的内容仍是一个人们争论不休的问题，对这一问题的讨论大多围绕以下几种不同的取向展开：课程与教学内容即学科知识；课程与教学内容即社会生活经验；课程与教学内容即学习经验。

（一）课程与教学内容即学科知识

这种取向强调学科知识的系统性逻辑性及教育进程安排，认为“课程即教学科目”，而教学科目就是具体学科。课程与教学内容的主要来源是人类长期积累的、逐渐分化为不同学科的知识，教学的任务就是把经过选择并系统化的知识传递给学生。“课程即教学科目”是由来已久、使用最普遍的课程定义。它将课程理解为静态的知识体系，课程与教学目标的基本来源就是学科的发展，课程与教学的主要内容就是学科知识。

课程与教学内容在传统上历来被当作要学生习得的知识。我国古代夏、商、周时期的学校教育，专门向统治阶层子弟传授治人之术、治国之道，如西周就有“六艺”（礼、乐、射、御、书、数）之说。古希腊的学校课程则主要是所谓的“七艺”。中外古代课程教学内容与古代的知识形态是一致的，因为人类古代的知识形态特征就是笼统的、原始的综合化。到了近代，随着各门科学纷纷脱离“哲学”母体，学校课程也逐步分化，出现了真正以学科为中心的学科课程。课程内容就是各门学科中的基础知识，包括学科中的基本事实、概念、原理、体系等。课程内容追求知识体系的完整性，尽力勾勒出一个学科的全貌。教学的目的就是向学生传授这些知识，而知识的传授是以教材为依据的，教材是知识的物质载体。事实上，我国自 20 世纪 50 年代初引进凯洛夫主编的《教育学》以后的几十年里，基本上是把课程与教学内容作为学科教材来处理的。

从教育意义上讲，课程分科的做法具有突出的优势。分科可以让学生直接且深入地领略该学科的研究对象、方法、逻辑和最新进展，清晰地了解各学科的研究目的和边界，有利于学生获得相对系统完整的科学知识体系，也有利于后续科学研究的深入和创新。当然，分科过细也必然会带来限制学科发展等弊端。跨学科、综合学科的兴起，对教科书改革的综合化趋势也是一大挑战，这显然是任重道远的事业。

在学校实践中，这一观点则表现为重视学科教材编写，确保各门学科知识的系统性，使师生明确教与学的内容，从而使课堂教学有据可依。其实质是对于知识，特别是理性知识的推崇，学校理所当然地被视为“传授和学习知识的殿堂”。正如有学者所指出的：“有组织的学科内容是作为课程设计决策时最常用材料依据。人们运用它，是因为它反映了人类的集体智慧，代表了人类的文化遗产。学习作为有组织的知识体系的学科，被认为对文明的不断进步是至关重要的。同时，具备这样一个知识体系也被认为是一个受过教育的人的重要特点”。①这种以学科知识为取向的课程价值观主张要精心选择学习材料并合乎逻辑地呈现给学生。但是，人们也逐渐发现这样的课程存在着诸多缺陷：“第一，它把要教授给学生的知识分离、肢解了。第二，它脱离了学生的现实世界。第三，它对学生的能力、需要及过去的经验未予足够的注意。第四，这种设计对学生来说是一种低效率的安排方式，与他们在一个更为自然的环境中的学习方式是相矛盾的。第五，它鼓励被动的和有些肤浅的学习方式，掌握内容的广度比对内容理解的深度更为重要。第六，随着人类知识的积累，必然产生新的学科。这些新学科增加到课程中去，导致了已经内容繁多的学科体系中学科的激增。”②

（二）课程与教学内容即社会生活经验

泰勒曾指出，学校必须采取某些方法对现代生活进行分析，从中选择和确定学生学习的恰当目标。当课程与教学目标的基本来源主要是社会生活的需求时，社会生活经验就成为课程与教学的主要内容。通过分析社会生活来确定和设计课程与教学内容的倾向，早在斯宾塞时期就开始了，他根据成人生活的五个领域设计课程内容体系。20 世纪以来，一些课程与教学论专家看到了科学技术的进步对社会发展的影响，并试图做出相应的反应。在课程与教学理论发展史上，关于学校课程与社会生活的关系有三种典型的观点，即被动适应论、主动适应论和超越论。

被动适应论的典型代表是博比特和查特斯。博比特曾明确指出课程与教学应当对社会的需要做出反应，并通过研究成人的活动，识别各种社会需要，把它们转化成课程目标，再进一步把这些目标转化成学生的学习活动。③ 后来，这种方式构成了课程编制方法中所谓的“活动分析法”，它为后来盛行的课程目标模式提供了方法论依据。持这一观点的人认为，教育在本质上是为有效的成人生活做准备，学校课程应当以适应当代社会的需要为根本宗旨，课程与教学内容应反映当代社会生活经验。

主动适应论的典型代表包括杜威的经验主义课程理论和社会改造主义课程理论。杜威认为个人与社会是有机统一的，教育是一个社会化的过程，教育即生活本身，而不是成人生活的被动准备。教育问题在本质上是一个使人的特性与社会目的和价值协调起来的问题。为了实现这种协调，学校教育应按照民主社会的要求加以组织，并且应对儿童进行社会指导，这种指导的途径是“主动作业”，即把社会生活中的典型职业（如烹调、缝纫、木工、金工、纺织等）加以提炼概括，使之成为学生在学校中从事的活动。学生在从事

①② T. 胡森，T. N. 波施特尔斯特．简明国际教育百科全书·课程［M］. 江山野，主编译. 北京：教育科学出版社，1991：2，6.

③ 约翰·富兰克林·博比特. 课程［M］. 刘幸，译. 北京：教育科学出版社，2017：35—36.

"主动作业"的过程中，在与教师和其他学生互动合作的过程中，会不断生成社会情感、社会态度和社会价值观。杜威提出的"学校课程积极适应社会生活"的理念是现代课程理论发展的重要里程碑，并直接启发了社会改造主义课程理论的发展。① 社会改造主义课程理论认为，学校课程应该以社会生活经验为核心，并指向社会生活经验的改造。具体地说，应当把重视个人经验的课程改造为重视集体经验、社会经验的课程，把重视个人智能发展的课程改造为重视集体意志统一的课程，把指向当前社会经验的课程改造为指向未来社会经验的课程。

20 世纪 70 年代以后，受现象学、存在主义、社会批判理论、后现代主义等哲学思潮的影响，出现了学校课程与社会生活关系的"超越论"。该理论认为：教育是社会的一种主体，学校课程不是对社会生活经验的被动选择，也不是被动地传递着某些流行的社会生活经验的工具，学校课程本身就是社会生活经验。儿童在生活，教师也在生活，儿童与教师的交往是整个社会生活经验的有机构成。学校课程有权利也有义务在时代精神的建构中贡献自己的力量。当教育及课程的主体地位真正确立起来之后，学校课程与其他社会生活经验的关系就是一种对话、交往、超越的关系。学校课程主动选择社会生活经验，不断批判与超越社会生活经验，并不断建构新的社会生活经验。②

将课程与教学内容理解为社会生活经验，强调的是课程与教学内容与社会生活的联系，反对过于详细的分科教学，是对"课程内容即学科知识"的挑战。这种取向的课程与教学内容，关注的不是向学生呈现些什么，而是学生从事的各种活动。但是，这种取向在具体的实践操作中，也存在明显不足。尽管学生可能很活跃地活动，却无法看到学生是如何同化课程与教学内容的，无法看到学生的经验是如何发生的。同时，由于对系统学科知识的不重视，容易导致教学质量的下降。

（三）课程与教学内容即学习者的经验

"学习经验"或"教育经验"是课程与教学理论常用的术语。泰勒在他的《课程与教学的基本原理》中经常使用"学习经验"或"教育经验"。他认为学习经验既不同于一门课程所涉及的内容，也不同于教师所从事的活动，而是指学生与外部环境的相互作用。当课程与教学目标的基本来源主要是学习者的需要的时候，学习者的经验就成为课程与教学的主要内容。在历史上，卢梭、杜威以及人本主义课程理论等，都把学习者的经验置于课程与教学内容的核心。

把"学习经验"作为课程与教学内容，强调的是学生对课程的理解、体验，强调学生已有认知结构和情感特征对课程与教学内容的支配作用，认为课程内容不是由课程专家支配的，而是受学生控制的。因为学习是通过学生的主动行为发生的，学生的学习取决于他

① 钟启泉，汪霞，王文静. 课程与教学论［M］. 上海：华东师范大学出版社，2008：70.

② 张华. 课程与教学论［M］. 上海：上海教育出版社，2000：205.

自己做了什么，而不是教师呈现了什么或要求做什么。学生之所以参与，是因为教育环境中某些特征吸引他，学生是对这些特征做出反应。所以，在同一课堂上学习的两个学生，可能会有两种不同的学习经验，即每个学生对课程的体验是不一样的，他们都会对其所接触到的课程内容进行解读、内化，并在外化的过程中用已有的认知结构和经验去解读、表征。所以，每个学生对课程内容建构赋予的意义是不一样的。

将课程内容视为学生的学习经验，必然会突破外部施加给学生的东西，因为学生是否真正理解课程内容，取决于学生的心理建构。知识只能是学会的，而不是教会的。这种取向的课程与教学内容，强调学生在课程学习中的主体地位，但也提升了课程设计的难度。因为学习经验是学生的心理体验，只有学生本身才能体验这种经验，而作为教师则无法全面清楚地了解每一个学生的真实体验，也无法全面清楚地把握学生的心理特点、感受及影响心理的特定环境及其他因素。这往往会导致课程内容过于受学生的支配而削弱教师对课程与教学内容的控制、引导与评价。

由此看来，这三种课程与教学内容取向都有其合理的因素，但也都有其明显的缺陷。它们是在不同社会背景下提出的，是不同的哲学观、教育观和儿童观在课程与教学内容问题上的体现。坚持某一个方面而否认、排斥其他方面，使它们相互对立起来，或用形而上学的方式静止地看待它们的办法都不足取。不论是“学科知识”“社会生活经验”还是“学习经验”，它们对人的身心发展都有实用价值。人类最终的奋斗目标是实现人类自身的解放，而人类自身的解放是一个整体而不是孤立的一个层面或支点，在实现自身解放的过程中，既要接受知识的滋养，又要接受社会的规范，还要主动地适应与改造社会。我们在理解课程与教学内容时，需要辩证地处理好这几方面的关系。

二、课程与教学内容的含义

“课程与教学内容”也称“课程内容”或“教学内容”，是指各门学科中特定的事实、观点、原理和问题，以及处理它们的方式，它是在一定的教育价值观及相应的课程与教学目标指导下对学科知识、社会生活经验或学习者的经验中有关知识经验的概念、原理、技能、方法、价值观等的选择和组织而构成的体系。①

（一）课程与教学内容的构成以课程与教学目标为出发点

课程与教学内容是为实现课程与教学目标服务的，有什么样的目标，就需要什么样的内容。课程与教学内容的选择与组织应该遵循目标定向原则，即根据课程与教学目标来选择和组织课程与教学内容，让目标和内容取得一致。一般来说，不同的课程与教学目标需要选择与组织不同的课程内容。但是，由于课程内容本身的多质性，同一课程内容可以服

① 钟启泉，汪霞，王文静. 课程与教学论［M］. 上海：华东师范大学出版社，2008：68.

务于不同的课程目标。所以，课程内容的选择与组织就必须在明确课程目标的前提下，认真分析与课程目标相关的各类课程内容，认识和掌握其各自的性质与特点，这样才能保证课程内容的选择和组织的针对性与有效性。

课程内容的选择与组织脱离课程目标，是当前课程与教学领域的突出问题。课程内容是实现课程目标的手段，但由于课程内容直接指向“教什么”的问题，因而导致一些人以为内容是课程与教学工作者要解决的最主要的问题。有些人甚至是在没有注意到目标是什么即为什么要教的情况下，便对课程与教学内容问题发表议论，这样做难免会失之偏颇。

（二）课程与教学内容是直接经验和间接经验的总和

课程与教学论界的主流观点认为，课程与教学内容的基本来源包括学科、学习者、社会。据此，课程与教学内容可以从学科知识、学习者经验和社会生活经验三种不同意义或类似的意义来理解。尽管不同的理论流派对这三个来源的关系存在着不同的认识，尽管除了这三个来源外还可能有其他来源，但这三个方面是课程内容的基本来源，在这一点上，人们已取得共识。

课程内容具有直接经验和间接经验两种形态。任何形式的课程都必须包括一定的直接经验或间接经验。这两大类经验之间有很多区别，同时也有着内在的联系。直接经验是指与学生现实生活直接相关的社会知识、自然知识及其技能的总和，如社会生活经验、处理与自然事物关系的知识和经验、技能技巧等。① 直接经验多是那些确定性较低、稳定性较低、个人性较明显、情境性较明显并具有明显的过程性的经验。有的课程甚至以直接经验为主，如活动课程。间接经验的特点是理论化、系统化，即现成知识，通常简称为知识，甚至表现为书本知识，它是人类文明的精华，具体包含在各学科中。实际上，我们经常说的“知识”，就是经验的一个重要组成部分，这个部分与直接经验相比，具有更强的确定性、稳定性、公共性或普遍性、间接性。② 在学校多数课程中，特别是学科课程中，间接经验或书本知识往往是主体，是主要内容。在课程内容的基本来源上，要处理好直接经验与间接经验的关系。

（三）课程与教学内容是促进学生发展的基本材料

学生的发展要靠课程与教学内容实现，即通过认识课程与教学内容，把课程与教学内容内化为自身的知识和技能，并在这个过程中提高能力和思想境界。只有那些能够为学生主体活动全面建构提供机会的课程内容，能够有效地引导学生开展智力活动和非智力活动的课程内容，才是能够有效促进学生发展的教育材料。而那些限制学生主体活动全面展开

① 廖哲勋，田慧生．课程新论［M］．北京：教育科学出版社，2003：183．

② 丁念金．课程论［M］．福州：福建教育出版社，2007：89．

的课程内容，则不利于学生通过教学获得发展。这说明，课程内容对学生发展具有内在的制约性，课程内容必须经过严格的、精心的选择和组织。

具体到中小学课程内容来说，一般包括以下几个领域的内容。

一是关于自然、社会和人的基础知识。这些内容主要包括各门科学的基本事实、基本概念、基本原理和基本理论。中小学各门学科课程的内容便主要是这些方面的理论知识。

二是关于认识活动方式的能力和技能。主要包括一般智力技能（如观察能力、记忆能力、思维能力、想象能力、创造能力等）和各种操作能力（如身体运动技能、艺术活动技能、操作简单生产和生活工具的技能等）等方面的内容。

三是能促进实践活动能力发展的经验。主要包括促进组织能力、自我管理能力、自我调控能力、自我评价能力、语言表达能力、审美能力、品德行为能力、解决实际问题的能力等方面发展的经验。

第二节　课程与教学内容的确定

长久以来，教育有一种把人类所有的科学知识、生活经验和社会技能都教给学生的愿望。而且理论上一切人类文明精华均有可能成为学生的学习内容即课程内容。但鉴于有限的受教育时间以及科学知识更新速度的加快，这一美好的愿望永远也不可能实现。据托夫勒（A. Toffler）预测，就知识增长的速度来讲，今天出生的小孩到大学毕业时，世界上的知识总量将增加 4 倍。当这个小孩 50 岁时，知识总量将是他出生时的 50 倍。而且，全世界 97%的知识都是在他出生以后才研究出来的。① 因而，到底学生应该优先学什么，教师应该重点教什么，即课程内容的选择便成为一个重要的问题。

一、确定课程与教学内容的依据

课程与教学内容的选择与确定是一个价值判断的过程，体现着不同的课程与教学目标的要求。从总体上说，制约课程内容选择与确定的直接依据是课程与教学目标，而要实现目标，具体说来，就涉及三方面内容：社会发展需要、学习者的身心发展规律和学科知识发展。

（一）社会发展需要

社会发展对学生素质发展的一般要求，是课程内容选择与确定的客观依据。不同的社

① 托夫勒. 未来的震荡［M］. 任小明，译. 成都：四川人民出版社，1985：173.

会生产力发展水平和状况、政治经济制度、社会意识形态，会对学生的素质发展提出不同的要求。学生要成为合格的社会成员，适应社会生活和生产的需要，就必须具有同社会主流价值观一致的思想意识和社会生活方式。因此，课程内容的选择首先需要注重社会取向，根据社会发展的需要选择适应社会发展的相关知识与经验。

学生个体的发展总是与社会的发展交织在一起。教育面对的不仅是学生当前的生活，还应该考虑到学生未来生活的需要。因此，在选择和确定课程与教学内容时，就必须要考虑现实社会与未来社会的需求，使学生在未来的社会生活中能有所作为。2013 年，教育部全面启动对 2004 年开始施行的普通高中各学科课程标准的修订工作，并于 2017 年 12 月颁布普通高中各学科课程标准。课程内容的改革首先体现在强化外语能力方面。随着经济全球化的不断推进，各国之间的交流日益频繁，外语能力无疑对于高中生的终身发展具有重要意义。所以此次高中课程改革在原来的英、日、俄三种外语的基础上，增加了德、法、西三种外语，使得高中外语教学扩大为六种语言。同时，课程内容更加关注科学技术的发展，随着科学技术的迅速发展，尤其是信息技术的长足进步，科学技术的新成果更多地进入高中课程，帮助高中生了解科技的最新进展，跟上时代发展的步伐。尤为重要的是提出学科核心素养概念，把培养学生适应未来社会需求的必备品格与关键能力作为高中课程教学的重心。其背景之一即为经济、科技的迅猛发展和社会生活的深刻变化对提高全体国民素质和人才培养质量提出了新要求。

课程内容的选择与确定还需要符合特定社会的主流价值与意识形态要求。课程内容的主要作用之一是培养个人对国家与特定价值观的认同感，这种认同感是促进社会安定的基础。

课程史上，有许多课程专家主张课程要依据社会发展需要而定。例如，美国课程论专家塔巴（H. Taba）根据学校的社会功能、社会需要、知识和学科的性质，提出了六项课程选择的原则，其中位列第一、第二项的分别是：内容的有效性和重要性，与社会现实的一致性。英国课程论专家丹尼斯·劳顿（D. Lawton）也认为，确定课程内容选择的标准时要考虑“社会现实”，他提出的七项原则中第一项为社会的效用，第二项为社会责任感，第六项为家长与社会的压力。①

（二）学习者的身心发展规律

教育的基本目的是要实现学生的身心发展。因此，课程与教学内容的选择和确定应特别注重学生发展，尤其是关注学习者的需要、兴趣、身心发展特点等因素。

学习者的需要是“完整的人”的身心发展的需要，即儿童人格发展的需要。课程内容的选择与确定必须满足学习者身心发展的需要，能促进学习者个性自由发展。对学习者天性的理解和认识不同，为学习者提供的知识和经验就不同。例如，人本主义课程理论认

---

① 马云鹏. 课程与教学论［M］. 北京：中央广播电视大学出版社，2002：107.

为，自我实现是个体生长的基本需要，课程设置和内容选择的基本出发点应是受教育者自我实现的基本需要，因此强调课程满足受教育者自我实现的需要，主张课程的功能是要为每一个学习者提供有助于个人自由和发展的、有内在激励的经验。①

在选择与确定课程内容时，需要考虑学生的兴趣。教育是一个主动的过程，这个过程涉及学习者自身的积极主动的努力。一般来说，学习者只有感兴趣，才会主动参与，从而学会有效地应对这些情境。这一点早已经成为共识。为强调这一点的重要性，泰勒在他的文章中引用了杜威的话："当学习是被迫的、不是从学习者真正的兴趣出发时，有效的学习相对来讲是无效的。"②

学生的身心发展水平与特点决定了对课程内容的接受程度。因此内容选择和确定的过程中，需要根据学生的特点确定内容的深度、广度、难度。心理学的研究在这方面做出了重要贡献，如语言关键期、思维关键期以及儿童不同年龄阶段的认知特点等，都是确定课程与教学内容的重要依据。研究表明，儿童在获取信息的许多方面都与成人不同。例如，与成人相比，儿童在感觉登记的性质和操作上要差些，因为成人在感觉登记时会采用一种序列编码的策略，把感觉登记的信息及时转移到短时记忆中，而儿童却不会运用这种策略；儿童最初加工信息的速度比成年人要慢些，因为成年人比儿童更擅长利用部分信息来推论或猜测刺激是什么；儿童控制自己注意过程的难度要大些，因为儿童区分相关刺激与无关刺激的能力有限，能引起成人注意的线索，不一定会引起儿童的注意；还有一些因素导致儿童不能利用他们能够利用的记忆策略，如小学低年级学生不能利用分组或分类的方式来帮助记忆；如此等等。③ 类似的儿童心理特点尤其是认知心理发展特点的相关研究，都为选择和组织课程与教学内容提供了依据。

（三）学科知识发展

无论何时何地，系统的学科知识始终是课程与教学内容的主要来源之一。因此，知识尤其是学科知识是制约课程内容选择的基本因素。学科知识对课程内容的影响主要体现在数量增长、更新速度和基本结构等方面。

学科知识的数量在不断增长，而且增长的速度日益加快，这对课程与教学内容的选择与确定构成了日益严峻的挑战。如何从浩如烟海的知识中选出最具代表性、最具价值的知识来作为课程内容，在当今信息时代更是难题。正因如此，联合国教科文组织认为：教育内容的确定问题大概从来没有像今天这样复杂和迫切。④

---

① 廖哲勋，田慧生. 课程新论［M］. 北京：教育科学出版社，2003：187.

② Tyler R W. Assessing Educational Achievement in the Affective Domain［J］. *NCME Measurement in Education*，1973（4）：1-8.

③ 施良方. 课程理论——课程的基础、原理与问题［M］. 北京：教育科学出版社，1996：99.

④ 拉塞克，维迪努. 从现在到2000年教育内容发展的全球展望［M］. 马胜利，等译. 北京：教育科学出版社，1996：202.

学科知识的更新速度制约着课程与教学内容的更新速度。知识的更新速度越快，要求课程与教学内容更新的速度也越快。事实上，这与课程内容的稳定性和基础性是矛盾的，而且即便课程内容是在稳定的前提下及时更新，也不可能跟得上知识增长的速度。实际上，知识的更新速度越快，就越要考虑可持续发展的问题，知识的学习不仅仅是为了掌握知识本身，而更多的是为将来的学习打下基础，所以更加凸显了课程与教学内容的选择的重要性。

学科知识的基本结构制约着课程与教学内容的结构。近代学科发展的一个重要趋势是学科的不断分化，这导致学校课程相应不断分化，即学校课程的门类日益增多。近年来，学科知识在继续分化的同时，又较明显地出现综合的趋势，即原有的学科不断融合、交叉和综合，这也推动了学校课程的整合，这种既分化又综合化的知识也成为课程内容的重要来源之一。

二、确定课程与教学内容的思路

人类社会积累的经验和知识不可胜数，仅现有的学科门类就有数千门之多，而学生所能掌握的学科门类以及各门学科的内容是极其有限的，所以课程与教学内容必须经过严格的、精心的选择。在确定课程内容时，应首先处理好以下三组关系。

（一）注意处理好课程与教学内容三个依据之间的关系

如前文所述，课程与教学论界的主流观点认为课程与教学内容的基本来源可分解为学科、学习者和社会。通过考察发现，历史上诸多课程内容选择取向的形成和强化，其主要原因是对课程内容确定依据的不同理解。例如，倡导“课程与教学内容即学习者经验”的学者中大部分不否认学科知识和当代社会生活经验的价值，只不过他们认为，所有学科知识和社会生活经验只有经过学习者自己的主动选择并转化为学习者人格发展的需求时才有意义；否则，这些学科知识和社会生活经验不论被学习者怎样有效地接受，终究都会压制学习者的人格发展，而不是发展与解放学习者的人格。①

课程与教学内容的确定首先要根据教育目的和课程与教学目标，注意处理好课程内容三个来源之间的关系。现在基础教育的发展趋势，主要表现为尊重学习者的主体意识，强调学习者的探究与主动学习，促进学习者个性发展。因此，现代课程内容以学习者的经验为主导取向，以学习者的经验为核心，整合学科知识、社会生活实践经验。总体上是既关注学生个体发展，也关注特定社会的需要和学科发展的趋势。

---

① 张华. 课程与教学论［M]. 上海：上海教育出版社，2000：209.

（二）注意处理好各个领域学科知识之间的关系

现代社会，学科知识已发展为科学、人文、艺术等多个领域，每个领域都有其内在的逻辑体系和特定的价值与功能。要把这些知识的全部或大部分变成课程与教学的内容，显然是不现实的。那么，每个领域选择哪些学科进入课程？每个学科选择哪些内容进入课程？这是在确定课程内容时必须考虑的重要问题。

对于“什么知识最有价值?”的问题，斯宾塞认为：“一致的回答就是科学。”这一结论对19世纪后期以后的西方学校课程与教学内容产生了深远影响。自19世纪，特别是20世纪以来，科学技术迅猛发展，并全面支配了社会生活和人的精神领域。科学在课程体系中居于绝对支配地位，人文道德、艺术等课程的占比急剧萎缩，更为严重的是，音乐、美术、文学等学科也被异化，变成了寻找规律性的学科，其目的不再是陶冶人的性情、培养审美情趣和提升个体体验，而变成掌握特定知识、技能。对此，美国课程论专家施瓦布曾批评道：“在音乐欣赏的教学中，似乎唯一目的就是辨别交响乐或协奏曲的明确主题，骄傲地说出作品号码和作曲家的名字。音乐演奏的教学目的似乎就是跟得上音符和服从教师关于乐谱的讲解。在文学教学中，戏剧和小说似乎是观看人生的窗口，或者更糟糕，正如同在音乐欣赏中那样，似乎这种游戏的目的就在于懂得挑选关于人物、人生或者作者年代方面的一些珍闻似的。美术跟文学一样，似乎其目的就是提供一个跟真实生活一模一样的照片。”①

人本主义哲学认为，在课程与教学内容的选择中没有理由强调科学的优先性。科学、艺术、人文道德是人类文化的不同领域，彼此间虽然存在差异，但不能因此否定它们的内在联系。科学、艺术、道德内在地统一于促进人的真、善、美的养成。因此，在选择课程内容时，应在承认并尊重科学、艺术、人文道德等领域彼此间差异的同时，自觉地将这些领域整合起来。

如何理解科学、艺术、人文道德的整合？第一，科学不是价值中立的，而是价值负载的，科学也是人们对世界意义的一种表征方式。不论是从科学发现的过程，还是从获得的某些科学结论来看，科学都是某些人基于特定的目的、借助特定手段、运用某种方法、从某种角度对世界的解释，这个过程不可能是价值中立的。许多人本主义者一再强调，那些声称“价值中立”的科学工作者不过是使其价值观神秘化，他们所执行的不过是旨在维持现状的保守主义的政治观。我们不仅要问“什么知识最有价值”，还要问“谁的知识最有价值”，以便所选的学习内容能指向社会公正与人的解放。第二，科学、艺术、人文道德具有等价性。科学、艺术、人文道德虽然分别属于不同的文化领域，但却具有各自的价值，无论是对个人的发展、社会发展，还是对文化本身发展，三者都起着不可替代的作用，不能重视某些方面而轻视其他方面。第三，科学、艺术、人文道德相互渗透、相互依赖，具有内在统一性。教育的最终目的是指向人的解放、人的自由，而人的自由境界是一

① 瞿葆奎．教育学文集·美国教育改革［M］．北京：人民教育出版社，1990：247—270.

个真、善、美内在统一的境界，实现这一境界的课程与教学内容也应该是科学、艺术、道德的统一，不能将三者分离。科学中有美也有善，艺术中有善也有真，道德中有真也有美，只有将科学、艺术、道德真正整合起来，课程内容才真正是有价值的，才能真正促进学生全面和谐的发展。①

（三）注意处理好课程与教学内容和社会生活之间的关系

课程与教学内容脱离社会实际历来是被教育改革家抨击的焦点，世界各国均是如此。综观整个 20 世纪，对课程与教学内容起支配作用的主要是科学世界，学校教育将学生置于一个理性的世界里，这样做很容易使学生失去对生活世界的关注。国外有专家甚至认为："今天我们坚持认为人人（几乎无一例外）都要学习数学。然而相对来说，学生在成年生活中很少会真正用到这些知识。相反，我们都要建立某种家庭。那么为什么持家不能在学校里成为严肃而持续的学科呢?"② 为了改变传统教育不太关注课程与现实生活的联系、漠视学生的主体地位，从而导致儿童难以深刻理解所学内容、难以适应当下及未来生活的弊端，我国 2001 年启动的新一轮基础教育课程改革将"回归儿童生活世界"作为一个重要理念提了出来。一时间，"课程回归儿童生活""课程走入儿童生活""课程联系儿童生活"等命题在我国课程研究和实践领域引起高度关注并在实践中逐步落实。2007 年，英国掀起的新一轮课程改革同样注重加强课程内容与儿童生活的联系，强调让学校课程适应社会需要，特别重视儿童的"生活技能"，要求学校培养出适应知识经济需求的"候选人"。2008 年，日本颁布了新的《学习指导要领》，以活用型学力观为指导，明确指出要培养学生的生存能力——确实的学力，包括：掌握基础的、基本的知识和技能；活用基础知识和基本技能；具有解决问题所需要的思考力、判断力；具有学习兴趣和热情等。

课程内容理应贴近现实生活，只有与现实生活紧密联系的内容，才能真正成为学生的趣之所在、志之所在。将现实生活的内容引入课堂，通过儿童熟悉的生活经验呈现抽象的学科知识，才能拉近学生与学习内容之间的距离，使之产生亲近感，从而激发学生内在的积极情感体验，引起兴趣，使其热爱学习，主动学习，做学习的主人。

课程教学和社会生活结合，不是将课程内容等同于社会生活，也不是将生活中的问题和现象直接拿来作为课程内容，而必须做学术化、抽象化的处理。这包括两条实践路径：一是自下而上地提升、提炼生活内容，使其上升到理论的高度，从而使学生看到生活的深刻意义而不是表面上纷繁复杂的现象；二是自上而下地将系统的课程内容与社会生活相联系，使抽象的内容得以展开其丰富、具体的表现。另外，不能为了让课程内容与社会生活产生联系而简单地降低其理论水平。"在某种意义上，教育知识是非常识性知识。这样一

① 邓艳红. 课程与教学论［M］. 北京：首都师范大学出版社，2007：153—154.

② 内尔·诺丁斯. 批判性课程：学校应该教授哪些知识［M］. 李树培，译. 北京：教育科学出版社，2012：5.

种知识从专门的、地方性的知识中破茧而出，通过科学的多种语言和艺术品的多种反省形式，使得创造与新的现实的发现成为可能。”①

我国21世纪初启动的新一轮基础教育课程改革把“改变课程内容的繁、难、偏、旧和过于注重书本知识的现状，加强课程内容与学生生活以及现代社会科技发展的联系”作为重要的改革目标之一，从课程内容的角度确定课程改革和学生生活的联系。为实现这一目标，各科课程标准无不强调从学生的已有经验出发，加强课程内容与日常生活的联系。例如，物理课程标准明确提出“从生活走向物理，从物理走向社会”的基本理念，要求物理课程贴近学生生活，激发并保持学生的学习兴趣，并将物理规律应用于生产生活实际；化学课程标准在内容标准部分将“身边的化学物质”作为五个一级主题之一，从日常生活和生产中选取学生熟悉的素材，用五彩缤纷的化学物质和丰富多彩的化学变化让学生体验化学之美。人文道德类课程更是根据小学低年级儿童身心发展的特点，按照儿童生活的逻辑，依据“儿童与自我、儿童与社会、儿童与自然”三条轴线和“健康、安全地生活，愉快、积极地生活，负责任、有爱心地生活，动脑筋、有创意地生活”等方面进行内容的选择和编制，珍视童年生活的价值，承认儿童的生活与成人生活的等价性，尊重他们现实的生活及其兴趣、需要、游戏等的独特价值，而不仅仅将其视为一般意义上的手段或工具。

由此可见，课程内容不应该是单一的、纯理论化的抽象知识，而应向学生呈现人类群体的生活经验，并把它们纳入到学生生活世界中加以组织。所以，学生在学校的学习也不应该只是单一形式的训练或机械记忆，而应从科学、人文道德、艺术等领域，培养学生的基本生活能力和正确的生活态度。

三、确定课程与教学内容的原则

所谓原则，即基本要求。确定课程与教学内容的原则，即课程内容确定过程中应该遵循的基本要求。史密斯（B. O. Smith）认为，从历史上看，课程与教学内容的选择与确定有五大准则。②

第一，系统知识准则。这一准则强调课程内容必须具有重要性、基础性，由浅入深，由简而繁，由古而今。前一内容应是后一内容的基础。该准则注重学科本身的系统性，注重文化的累积与传递，注重逻辑系统的安排，注重学术研究，相对忽视学生的兴趣、需要、本性与发展的要求，忽视社会需要。因此，这个准则对于逻辑系统非常严密的学科最为适用。

第二，历久尚存准则。这一准则认为人类心理多尚存保守，多年一直沿用的知识内容

① 全国十二所重点师范大学. 教学论［M］. 北京：教育科学出版社，2007：179.

② 钟启泉. 现代课程论［M］. 上海：上海教育出版社，1989：222—224.

就是好的内容，自然也就应该是被采用的内容。因为这里面既有理智的因素——经过多年考验而未遭弃置的课程与教学内容自有其存在的理由与价值，也有情感的因素——人类有怀旧的倾向，无论道德、学术，总喜引昔证今，追踪古人。而伦理、音乐、美术、文学等学科最易有此倾向。这个准则极重视人类文化的保存与传递，但忽视学习者的本性、兴趣与需要，也忽视了社会的需要与方向，其最大的流弊是缺乏新知，阻滞进步。

第三，生活效用准则。这一准则或称社会效率准则。它以个人的社会生活为着眼点，认为对人生有用的内容即为好内容。斯宾塞、博比特等人持此观点。在他们看来，凡是能促进人生各类活动的课程与教学内容，即为具备社会效率的内容，即为有用的课程内容。该准则的特点是重视个人的生活需要，而相对忽视学习者的本性、兴趣与当前需要，而且也忽视了社会发展需要及社会应有的方向。

第四，兴趣需要准则。这一准则以学习者当前的兴趣与需要为着眼点，认为凡符合学习者兴趣与需要的内容均为好内容。广而言之，凡是能帮助学习者个人实现其目的及解决其问题的内容均为可选的课程内容。这个准则特别重视学习者在各年龄阶段的兴趣与需要，即重视学习者的本性，其缺点是不重视系统知识，容易遗漏成人社会认为重要的学习内容。

第五，社会发展准则。这一准则强调课程内容应该帮助学习者了解民主社会的真义，民主社会个人的权利和责任，获得民主的方法，并养成在民主社会中履行个人责任的能力。由于这一准则注重民主社会的促进以及社会发展的方向，也自然注重社会现状与社会问题的研究。其缺点是容易忽视文化的积累与传递，以及学习者个人的需要与兴趣。

实际上，以上五大准则也可以看成是确定课程与教学内容的基本原则。其核心涉及科学性、时代性（注重文化传承）、生活性、学生个性、社会性等原则。但是，由于教育哲学观点、学生观及知识观的不同，在选择与确定课程内容时，所遵循的准则往往是不一样的，有不同的侧重点。同时，由于各门学科的性质不同，课程内容发挥的作用也存在差异，因而内容的确定所依据的原则也可能是不同的。具体到中小学课程内容上，需要遵循以下原则。

（一）基础性原则

课程内容的基础性是由“中小学教育是基础教育”这一根本性质决定的。基础教育是提高全民素质的基础工程，它应该使全体学生在思想品德、科学文化、身体心理等方面都打下良好的基础。因此，课程内容应该包括使学生成为一名合格公民所必备的基础知识和基本技能，同时也要包括学生以后继续学习所必需的技能和能力。这意味着，人类的文明成果不是都能成为中小学教学内容的，只有具有基础性或被改造为基础知识和基本技能时，才能成为中小学学生学习的内容。所谓基础性，有两个方面的含义：“从一个方面讲，它具有普遍性或共同性，无论是事实知识或原理知识，都是客观上大量存在的事物和基本规律的反映，因而适用于广大的空间、较长的时间和众多的事物，成为学生学习和从事各种职业都用得着的工具。从另一方面讲，它具有发生性、起始性。后来学习其他知识，必须以它为准备条件，或者不过是它的发展，或者是它的扩充，或者是它的加深，或者是改造，或者这几种情况兼而有之。”①

课程内容的基础性在知识迅猛发展的时代越发重要。因为当代社会信息量激增且更新速度加快，学生不可能吸收全部信息，终身学习已成为学生的必然选择。学校教育必须使学生具备终身学习的知识和能力，为学生的终身学习与终身发展打下坚实的基础。

2001年，《基础教育课程改革纲要（试行）》提出的基础教育课程改革的具体目标之一是：“精选学生终身学习必备的基础知识和基本技能。”《普通高中课程方案（实验）》提出课程与教学内容选择的基础性原则为：强调掌握必需的经典知识及灵活运用的能力；注重培养学生浓厚的学习兴趣、旺盛的求知欲、积极的探索精神、坚持真理的态度；注重培养学生收集和处理信息的能力、获取新知识的能力、分析和解决问题的能力、交流与合作的能力。

（二）科学性原则

课程内容一定要避免科学性错误，要反映对客观真理的追求。课程内容一方面要体现强烈的意识形态特性和积极的价值导向，另一方面也应该尽可能与学科知识体系结合起来，发挥学科育人的独特价值，比如从数学中引出对真理的执着追求，从语文中引出对日出日落之壮观的感悟，从政治中引出公民的应有责任义务与担当。应突出学科的核心概念体系，精选本学科关键的、基础的概念、原理、观点，避免明显的科学性错误。② 科学性原则在我国理科课程中得到了比较好的体现，比如物理课程标准注重对科学探究、科学精神、社会责任感的培养：“能保持对自然界的好奇，能初步领略自然现象中的美妙与和谐，对大自然有亲近、热爱、和谐相处的情感。”“具有对科学的求知欲，乐于探索自然现象和日常生活中的科学道理，有动手探究简单日常用品或新器件中科学原理的兴趣与勇气，有将科学技术应用于日常生活、社会实践的意识。”“尊重自然规律，具有判断大众传媒是否符合科学事实的初步意识，有实事求是的科学态度。”

（三）时代性原则

课程内容要充分反映社会进步和科学技术发展的成果，适当引入本学科最新研究成果。长期以来，由于中小学课程要求保持相对的稳定性，很多新的内容并没有及时进入课程，课程内容滞后于时代的发展。例如，生物科学在20世纪迅猛发展并取得了一系列的研究成果，包括DNA分子结构和功能的揭示、克隆技术、人类基因组计划，这些都标志着人类进入了生物科学技术时代，但遗憾的是，学生作为生活于其中的公民却没有接触这

① 王策三. 教学论稿［M］. 北京：人民教育出版社，1985：216.
② 石鸥. 教科书概论［M］. 广州：广东教育出版社，2019：122.

些与他们未来生活密切相关的知识和技能，课程与教学内容没能把这些最新的内容及时地反映出来。

21 世纪以来的新一轮基础教育课程与教学改革力图对此有所突破，各学科课程标准改变以往单纯以学科为中心的做法。例如，生物科学以动物学、植物学和生理卫生为逻辑线索，确立了以“人与生物圈”为主线的课程体系，课程围绕人和绿色植物，注重科学探究，生物体的结构层次，生物与环境，生物圈中的绿色植物，生物圈中的人，动物的运动和行为，动物的生殖、发育和遗传，生物的多样性，生物技术，健康生活等主题，力图培养学生正确的生命观、科学精神与社会责任感，注重反映生物科学的最新进展，细胞生物学、分子生物学、生态学和生物技术等领域的新成果进入生物课程。在地理课程中，人地和谐发展、资源的开发和利用、工农业生产布局调整、区域规划、遥感、地球定位系统等内容都被编入课程，环境教育、环保意识、空气污染这些突出问题都得到重视。对于历史这门本身似乎缺乏时代感的学科来说，家国情怀、人文主义精神、科学态度、重证据的思想、时空观念、历史解释、民主与法治观念、国际意识、可持续发展观点等极富时代感的思想和观念渗透其中，这使得历史课的学习不再远离学生的生活。

（四）导向性原则

所谓导向性，是指我们选择和确立的课程与教学内容，要反映国家意志，符合主流文化，以社会核心价值观为导向；要吸收和弘扬本民族的优秀传统文化，同时注意借鉴异域文化的优秀成分；要有益于培养学生向上向善的积极的人生态度与世界观；内容的确定应体现时代性，具有国际视野和多元文化观；要与课程标准的人才目标和政治要求保持一致。①

《基础教育课程改革纲要（试行）》指出要“形成积极主动的学习态度，使获得基础知识与基本技能的过程同时成为学会学习和形成正确价值观的过程”。2016 年 9 月，《中国学生发展核心素养》颁布，它确立了中国学生发展核心素养总体框架，以培养“全面发展的人”为核心，注重培养学生六大方面的核心素养。2017 年，高中课程方案发布实施，强调在学科教学中着重培养学生的学科核心素养。这些指导思想直接引导课程内容的选择与确定。

导向性原则是由培养目标决定的。例如，课程目标为培养个人对国家与特定价值观的认同感，历史课程内容就要强调培养学生历史唯物主义观念、时空观念等等，使学生“逐渐了解中国国情，理解并热爱中华民族的优秀文化传统，形成对祖国历史与文化的认同感，初步树立对国家、民族的历史责任感和历史使命感”，要注重“培养爱国主义情感，逐步确立为祖国的社会主义现代化建设、人类和平与进步事业做贡献的人生理想”，“了解人类社会历史发展的多样性，理解和尊重世界各国、各地区、各民族的文化传统，学习汲

① 石鸥. 教科书概论［M］. 广州：广东教育出版社，2019：122.

取人类创造的优秀文明成果，逐步形成面向世界、面向未来的国际意识”，等等。

可见，在课程内容的确立过程中，价值是目的，选择是手段，价值导引选择，选择围绕价值展开，有什么样的价值观就有什么样的内容观。1957 年，苏联发射了世界第一颗人造地球卫星，全世界都震惊了，也引发了美国课程内容的变革。从 20 世纪 60 年代开始，美国大幅度加强了科学教育，突出了科学课程，还开发了一些新的科学课程的教学方法，着力培养学生发现问题和解决问题的能力。科学类课程是这样，人文类课程就更是这样。学生“在学校所学的一些课程是由科学性事件和政治性事件造成的”。① 所以在利奥塔尔看来，科学知识似乎比过去任何时候都更依附于权力，知识和权力是同一个问题的两个方面：谁决定知识是什么？谁知道应该决定什么？在信息时代，知识的问题比过去任何时候都更是统治的问题。② 可见，在确定课程内容时，必然会肯定某些知识而排斥另一些知识，必然需要考虑国家和社会特殊时期的特殊要求。

（五）关联性原则

课程内容的确定要处理好各学科之间的关系。横向上要妥善处理相关学科之间的关系，纵向上要处理本学科的不同学段内容之间的关系，避免不必要的重复交叉。目前的一些课程内容，比如政治类课程内容、历史类课程内容，这方面的问题比较突出，没有得到有效解决。比如，初中的历史写到哪里？它是义务教育的结束，有些人毕业后将走向社会，他们是否需要掌握完整的历史脉络的知识？如果初中学完了中国历史，那么高中呢？大学呢？政治类课程也是如此，小学教爱国主义、道德规范，中学也教爱国主义、教道德规范。理论上虽然是各有侧重，但实际处理起来并不容易。学生学习时总感觉似曾相识，降低了学习的兴趣，影响了学习的效果。另外，当今课程是学科中心的课程，学科本位的缺陷也很突出。以“水”为例，化学有化学的“水”，物理有物理的“水”，地理有地理的“水”，如何打破学科壁垒，让学生真正明白完整意义的“水”？这都是确定课程内容时需要打通考虑的。③

所谓关联性，不仅指学科间和学科内的关联，实际上在不同的原则间也要注意关联性。比如要注意基础性和时代性的联系，注意内容广度与深度的联系，注重科学知识与社会生活的联系，注重科学性与导向性的联系，还要注意知识获得与能力提升及素养形成之间的联系，注重学生的社会化和个性化发展的要求的联系，等等。

---

① 克里克山克，贝勒尔，梅特卡夫等. 教学行为指导［M］. 时绮，等译. 北京：中国轻工业出版社，2003：112.

② 让·弗朗索瓦·利奥塔尔. 后现代状态：关于知识的报告［M］. 车槿山，译. 北京：生活·读书·新知三联书店，1997：14.

③ 石鸥. 教科书概论［M］. 广州：广东教育出版社，2019：122—123.

知识窗4-1

关于课程与教学内容选择准则的有代表性观点

泰勒曾多次系统论述过选择课程内容（他用“学习经验”一词）的原则。在他看来，美国的课程改革通常由学科专家来确定目标，他们很少关注学生的兴趣和需要。而他认为学生应该是学习的积极参与者，而不是被动的接受者，根据这一观点，他提出了选择学习经验的十条原则：

（1）学生必须具有使他有机会实践目标所蕴含的那种行为的经验；

（2）学习经验必须使学生由于实践目标所蕴含的那种行为而获得满足感；

（3）使学生具有积极投入的动机；

（4）使学生看到自己以往反应方式的不当之处，以便激励他去尝试新的反应方式；

（5）学生在尝试学习新的行为时，应该得到某种指导；

（6）学生应该有从事这种活动的足够和适当的材料；

（7）学生应该有时间学习和实践这种行为，直到成为他全部技能中的一部分为止；

（8）学生应该有机会循序渐进地从事大量实践活动，而不只是简单重复；

（9）要为每个学生制定超出他原有水平但又能达到的标准；

（10）使学生在没有教师的情况下也能继续学习，即要让学生掌握判断自己成绩的手段，从而能够知道自己做得如何。

巴恩斯（Barnes）认为，选择学习内容要遵循九条原则：

（1）符合学生的能力和知识；

（2）依照学校教育目标、价值，以及适当的程序原则；

（3）基于先决概念和技能的分析；

（4）采用逐渐增加知识的学习模式；

（5）提供配合学习目标的练习活动；

（6）学习活动应有变化；

（7）提供讨论和写作的机会，以促进反省和吸收；

（8）给予学生应付特例的机会；

（9）由熟悉的情境引导至不熟悉的情境。

多尔以十个问题来作为课程内容选择的准则：

（1）这些经验对学生有用吗？

（2）这些经验有助于满足学生的需要吗？

（3）学生对这些经验会觉得有趣吗？

（4）这些经验能鼓励学生进一步探讨吗？

（5）这些经验看起来真实吗？

(6) 这些经验如何符合学生的生活性能?

(7) 这些学习经验的现代性如何?

(8) 这些经验在熟练整个学习内容上是属基本的吗?

(9) 这些经验能达成许多目标吗?

(10) 这些经验能提供既广且深的学习吗?

[资料来源] 黄政杰著:《课程设计》,东华书局 1991 年版,第 274 页。

四、课程与教学内容选择的时代命题

2014 年 3 月,《教育部关于全面深化课程改革落实立德树人根本任务的意见》正式印发。其中,在“着力推进关键领域和主要环节改革”中提出,“将组织研究提出各学段学生发展核心素养体系,明确学生应具备的适应终身发展和社会发展需要的必备品格和关键能力”,并且“根据核心素养体系,明确学生完成不同学段、不同年级、不同学科学习内容后应该达到的程度要求,指导教师准确把握教学的深度和广度,使考试评价更加准确反映人才培养要求”。核心素养体系被置于深化课程改革、落实立德树人目标的基础地位,成为下一步各项教育工作的关键因素。2016 年 9 月,《中国学生发展核心素养》发布,它确立了中国学生发展核心素养总体框架,以培养“全面发展的人”为核心,分为文化基础、自主发展、社会参与三个方面,综合表现为人文底蕴、科学精神、学会学习、健康生活、责任担当、实践创新六大素养,具体细化为国家认同等 18 个基本要点。① 这预示着中国的基础教育改革进入新的阶段,正从“知识本位”时代走向“核心素养”时代。

“核心素养”概念的提出与实施,被认为是素质教育的再出发,对于课程与教学的意义首先体现在课程与教学内容的选择上。核心素养为课程与教学内容的确定提供了重要依据:② 当今课程实践中的最大难题就是知识太多,更新太快。我们有太多的东西要教要学,我们有太多的知识选择,但又感觉无从选择,很难选择,因为选择的依据并不清晰,“精选课程内容”往往成为空泛的口号。难怪联合国教科文组织发出如此感叹:教育内容的确定问题大概从来没有像今天这样复杂和迫切。我们总说要把最有价值的知识传递给下一代,可是斯宾塞“什么知识最有价值?”的这一问题成为百年课程难题,是杜威全力推崇的实用知识还是永恒主义精心遴选的经典知识?是关于是什么的知识,还是关于为什么、关于怎么做、关于谁的知识?具体到特定学科中,是更多的古代史还是近现代史,是更多的欧洲、美洲史还是亚洲、非洲史?是更多的陈胜、吴广还是唐宗、宋祖?是更多的唐诗还是宋词?是更多的鲁迅还是曹雪芹?是更多的传统文化还是现代文化?任何知识都有其独特的价值,让哪种知识在多大程度进入课程是个非常棘手的问题。信息时代的来临

① 赵婀娜,赵婷玉.《中国学生发展核心素养》发布 [N]. 人民日报,2016-09-14 (7).

② 石鸥. 核心素养的课程与教学价值 [J]. 华东师范大学学报(教育科学版),2016 (1):9—11.

让问题变得更复杂，人类创造的知识快速增长、传播，知识无限，生命有限，学校生涯更有限，解决“生有涯而知无涯”的问题显得极为迫切。

传统上，我们是依据学科逻辑来确定课程内容的。以学科知识结构及其发展逻辑为依托的课程内容的确定，路径相对明确，但内容选择的困难程度日益加大，内容越来越多，所选内容对学生发展的价值却没有保障。只有更新教育理念，将课程内容的确定依据从知识在学科中的意义，转向知识在核心素养培养中的意义上来，才能解决有限与无限的矛盾，解决内容精选的问题。比如，依据学科概念的逻辑，科学发展史上那些科学家可歌可泣的事迹，意义并不大；但依据核心素养培养的逻辑，这些感人事迹具有重要的育人价值。又比如，依据学科发展和学科概念体系的课程设计对于地心说和日心说的知识是容易处理的，它的重心是关注这些知识本身的呈现以及学生的掌握情况；而依据核心素养的课程设计则认为，重要的不仅仅是教学生知道这两种学说有哪些基本知识点，还需要让学生通过学习能够真正领悟科学家不迷信、不盲从，献身科学，为真理不畏牺牲的品质，培养其“科学态度与责任”，这一核心素养是人们特别需要的、贯穿所有时代的高贵品质。核心素养成为确定课程内容的重要依据，基于核心素养来组织课程内容、编写教材，这是课程理论与实践的重大进步。

“核心素养”是当前基础教育与课程改革的关键词，培养学生的核心素养是我国描绘的 21 世纪教育蓝图。核心素养的理念与落实既符合全球性教育趋势，又针对我国教育教学的现实，对我国正在进行的课程改革提出了最本质的要求和长久的指引。从概念的厘清到实际的践行，“核心素养”在经过了学术界的普遍热议之后，如何在学校的课程与教学层面得以实现，成为教育理论与实践工作的重点与难点。在学生核心素养的培养中，课程内容的确定具有重要的基础性作用。如何确定促进学生核心素养发展的内容，成为学校教育课程与教学的时代命题。

第三节　课程与教学内容的组织

课程与教学内容的选定十分重要，对选定的内容的设计和组织也很重要。选定的课程内容是建构课程的材料或“砖石”，需要依据特定的标准进行结构化的组合，这一过程就是课程内容的组织，也有人称之为内容的设计或呈现。课程内容的组织是指把为学生学习而选定的知识和经验按一定的结构和顺序加以排列，使之相互联系，起到相互强化的作用。课程内容的编排和组织直接影响着课程教学的效果，也制约着课程实施过程中学生学习的活动方式。

一、课程与教学内容的组织原则

关于课程与教学内容的组织，泰勒提出了三条逻辑规则，在 20 世纪四五十年代曾有过相当大的影响，至今仍常被一些课程专著所引述。它们是连续性（continuity）、顺序性（sequence）和整合性（integration）：连续性是指直线式地陈述主要的课程要素；顺序性是强调每一后继内容要以前面的内容为基础，同时又对有关内容加以深入、广泛地展开；整合性是指各种课程内容之间横向联系，以便有助于学生获得一种统一的观点，并把自己的行为与所学的课程内容统一起来。①

尽管泰勒的这三条基本准则至今仍具指导意义，但在课程编制的实际工作中还会遇到许多具体问题，这就需要我们对课程与教学内容组织的问题进行更为深入的思考。综合前人的研究，我们认为课程组织应遵循以下原则。

（一）处理好纵向组织与横向组织的关系

所谓纵向组织，或称序列组织，是指按照某些准则以先后顺序排列课程与教学内容。在教育史上，论述最多就是纵向组织的原则。《学记》中“不陵节而施”“先其易者，后其节目”，就是强调按纵向序列组织教学内容。夸美纽斯也告诫教师要按由简至繁的序列安排内容。一般说来，强调学习内容从已知到未知，从具体到抽象，是古今中外教育家的一贯主张。

近年来，一些教育心理学家从心理学的角度提出了新的序列组织的原则。例如，加涅认为，人类学习的复杂程度是不一样的，是由简单到复杂依次推进的。他按复杂程度把人类学习归为八类，提出了累积学习的模式，一般称为层次结构理论。布卢姆等人的教育目标分类学，也是强调学习内容由简单到复杂的顺序排列的典型。一些发展心理学家则是从人成长过程的角度，对课程内容组织的序列提出了要求，在他们看来，学生生理的、社会的、理智的以及情感的发展，都是按一定顺序由内部加以调节的。因此，课程内容的组织必须顾及学生发展的阶段。例如，科尔伯格（L. Kohlberg）提出了道德判断领域里学习内容的组织方式。在他看来，道德认识的发展要依次经过一系列阶段。当学生的发展达到某一阶段最低阈限后，学习该阶段事情就会容易些。这实际上与皮亚杰（J. Piaget）心理发展阶段理论相一致，皮亚杰强调课程与教学内容应与学生思维发展阶段相匹配，而思维发展阶段是按顺序依次发展的。

横向组织是指按照某些准则以横向顺序排列各种课程与教学内容。横向组织要求打破学科的界限和传统的知识体系的界限，以便让学生有机会更好地探索社会和个人关心的问题。这是与 20 世纪 60 年代以后自然科学与社会科学汇流，各学科日趋综合的趋势相顺应的。在一些教育家看来，如果要使学生所学的内容对他们生长具有重要意义，就必须摆脱

① 施良方. 课程理论——课程的基础、原理与问题［M］. 北京：教育科学出版社，1996：114.

传统学科的形式和结构。所以他们主张用一些所谓的“大观念”“大概念”“广义概念”“探究方法”作为课程与教学内容组织的要素，使课程内容与学生校外经验有效地联系起来。实际上，他们强调的是知识的广度而不是深度，关心的是知识的应用而不是知识的形式。课程内容的横向组织的基本标准是“整合性”，即对所选定的各种课程要素，在承认差异的前提下，寻找它们之间的内在联系。

例如，我国中小学课程体系中强调“从小学至高中设置综合实践活动并作为必修课程”，还设置了一些“综合性学科”，包括义务教育阶段的科学、艺术和道德与法治、历史与社会等。这些课程不是按照学科体系的逻辑展开，而是在学科知识和方法的基础上进行跨学科的整合，努力淡化学科界限，重建学科知识体系。比如，历史与社会课程强调历史、地理和其他文科的融合和联系，提倡从学生的生活实际出发，选择学生感兴趣且能体现多学科整合的主题，开展教学活动。《全日制义务教育历史与社会课程标准（一）》就设置了“我们在社会中成长”“我们身边的经济、政治和文化”“我们生活的区域与环境”“中国历史与文化”“世界历史与文化”等综合性的主题。

然而，这种横向组织也遇到了一些实际问题，比较突出的是对课程内容的确定和组织要求很高，同时也对教师提出了更高的要求，任课教师要精通或熟悉多门学科的内容，而目前的教师队伍尚不完全具备这一条件。

相比较而言，纵向组织注重学科知识体系和知识的深度，而横向组织强调课程内容的综合性和知识的广度。一般来说，大多数课程内容的组织都会同时考虑纵向组织和横向组织两个维度。

（二）处理好逻辑顺序与心理顺序的关系

所谓逻辑顺序，就是指根据学科本身的系统和内在的联系来组织课程与教学内容。它强调的是学科知识体系固有的逻辑顺序的排列，至于这种逻辑对学生有什么意义则考虑不足。

所谓心理顺序，是指按照学生心理发展的特点来组织课程内容。它强调的是根据学生身心发展的特征，以及他们的兴趣、需要、经验等来组织课程内容。它认为学生是课程的中心，是目的。对于学生的生长和发展来说，一切学科的逻辑都处于从属地位，学科服务于学生发展。

课程内容是按逻辑顺序组织还是按心理顺序组织，或许是教育史上争论最激烈的课程问题，也是所谓的“传统教育”与“新教育”的最大分歧所在。在课程史上，“传统教育”主张根据学科的逻辑顺序来组织课程内容，“新教育”则强调遵从学生的心理顺序来组织课程与教学的内容。

现在几乎没有人会再固执一端，越来越多的人倾向于学科的逻辑顺序与学生的心理顺序的统一。一方面，课程内容应该考虑到学科本身的体系。学科体系是客观事物的发展和内在联系的反映，经过系统的学习，学生可以了解自然界和人类社会的发展过程。而且每门学科各部分内容之间都有其内在的逻辑关系，某一部分内容总是既以另一部分内容为基础，同时又作为其他部分内容的基础。一门学科本身就是一个概念体系。另一方面，课程内容是为学生安排的，如果不符合学生认识的特点，学生就难以接受，再科学的内容也是无效的。这里需要指出的是，心理顺序是指学生的心理而不是成人的心理，这也许正是人们对心理顺序和逻辑顺序理解出现分歧的最主要的原因之一。

当然，这只是理论层面的阐述，在课程实践中还会遇到许多具体的问题。首先，不同的人对某门学科的逻辑顺序会有不同的看法。比如，在数学学科中，有些人认为应该先学算术，然后再学代数、几何、三角等，算术应该先学加法、减法，后学乘法、除法。但也有人持不同观点，布鲁纳就认为，任何学科都可以用某种形式教给任何年龄阶段的任何人。换句话说，小学一年级就可以教代数，问题是要找到这门学科的基本结构。其次，学生心理发展规律尚未完全揭示。虽说众多心理学家和教育学家对此做了不懈的努力，但我们还不能从千差万别的个体中抽象出一个通用的模型，更谈不上按这个模型来组织课程内容。所以，在课程实践工作中，还会有许多具体问题有待深入研究。

（三）处理好直线式与螺旋式的关系

直线式是把一门课程的内容组织成一条在逻辑上前后联系的直线，前后内容基本上不重复。直线式逻辑依据是，课程知识本身内在的逻辑是直线前进的。直线式课程注重逻辑思维，要求按直线一步一步地思考问题，注重构成整体的部分和细节，只接受确切的和清楚的内容。例如，赞科夫主张，教师所讲的内容，只要学生学会了就可以往下讲，不要原地踏步，因为过多地重复同一内容，会使学生感到厌倦。不断呈现新内容，学生总觉得在学习新东西，就能保持学习的兴趣。所以，他对复习和巩固是持保留态度的。他认为，学生现在巩固了，如果以后几年不用，还是要忘记的。由于直线式采取内容在前后不重复的方式，因而被认为是效率较高的一种课程内容的组织方式。

螺旋式，也称圆周式，是指在不同阶段之上，课程内容重复出现，但逐渐扩大范围和加深程度。螺旋式的逻辑依据是，人的认识逻辑或认识发展过程遵循着由简单到复杂、由低级到高级逐步深化的发展规律。因此，课程内容的组织要符合学生的认识逻辑，知识内容应反复出现，层层递进，螺旋上升，先呈现的内容是后呈现的内容的基础，后呈现的内容是先呈现的内容的不断扩展和加深。布鲁纳明确主张采用螺旋式课程。他认为，课程内容的核心是学科的基本结构，应该从小就开始教各门学科最基本的原理，并随着学年的递升而螺旋式地反复，逐渐提高。换句话说，课程内容是要向学生呈现学科的基本概念和基本原理，并不断在更高层次上重复它们，直到学生全面掌握该门学科为止。20 世纪 60 年代，凯勒（C. Keller）构建了一种所谓“逐步深入的课程”，即一门学科在中小学 12 年期间学习两三遍，但学生每次都进一步深入地学习课程的不同部分。比如，在学生第一次学习美国历史课程时，“逐步深入的内容”是殖民地时期和革命时期的历史，其他的内容和穿插的内容只是接触一下；第二次学习时，“逐步深入的内容”是南北战争时期的历史；

第三次学习时，“逐步深入的内容”是罗斯福时期以来的历史，其他内容只是粗略地学习。这样做的目的是使学生在了解整个美国历史并深入学习某些内容时，能获得历史学家所具有的某些经验。“逐步深入”的学习要求学生参考各种基本文献，形成自己的理解，然后将自己的工作与职业历史学家的研究结果进行比较。①

我国 2001 年版和 2011 年版的数学课程标准试图结合直线式和螺旋式的内容组织方式，总体上以螺旋式上升的形式组织内容。它将各个学段的主要内容分为“数与代数”“空间与图形”（2011 年版改为“图形与几何”）“统计与概率”“实践与综合应用”（2011 年版改为“综合与实践”）四个领域，在一至三年级、四至六年级、七至九年级反复出现，不断深化（如表 4-1 所示）。

表 4-1 义务教育阶段数学各学段主要内容

学段 内容	第一学段（一至三年级）	第二学段（四至六年级）	第三学段（七至九年级）
数与代数	数的认识 数的运算 常见的量 探索规律	数的认识 数的运算 式与方程 正比例、反比例 探索规律	数与式 方程与不等式 函数
图形与几何	图形的认识 测量 图形的运动 图形与位置	图形的认识 测量 图形的运动 图形与位置	图形的性质 图形的变化 图形与坐标
统计与概率	数据统计活动初步	简单数据统计过程 随机现象发生的可能性	抽样与数据分析 事件的概率
综合与实践	实践活动	综合应用	课题学习

注：本表根据《义务教育数学课程标准（2011 年版）》中内容制作而成。

“数与代数”的内容主要包括数与式、方程与不等式、函数，它们都是研究数量关系和变化规律的数学模型，可以帮助学生从数量关系的角度更准确、清晰地认识、描述和把握现实世界。

“空间与图形（图形与几何）”的内容主要涉及现实世界中的物体、几何体和平面图形的形状、大小、位置关系及其变换，它是学生更好地认识和描述生活空间并进行交流的重要工具。

“统计与概率”主要研究现实生活中的数据和客观世界中的随机现象，它通过对数据收集、整理、描述和分析以及对事件发生可能性的刻画，来帮助学生做出合理的推断和预测。

① 杨明全. 课程概论［M］. 北京：北京师范大学出版社，2010：260.

“实践与综合应用（综合与实践）”将帮助学生综合运用已有的知识和经验，经过自主探索和合作交流，解决与生活经验密切联系的、具有一定挑战性和综合性的问题，以发展他们解决问题的能力，加深对“数与代教”“空间与图形”“统计与概率”内容的理解，体会各部分内容之间的联系。

一般而言，直线式与螺旋式各有利弊，而两者的长处也正是对方的短处。直线式可以避免不必要的重复，螺旋式则更符合学生认识的特点，相对有利于加深学生对学科的理解。

在组织课程与教学内容时，除了要考虑上述几对关系之外，还有诸如重点与一般、各学科之间的关系等问题需要处理。总之，课程与教学内容的组织方式是多样的，它不仅受到学科结构的影响，同时也极大地受到教育者的偏好，学习者的兴趣、需要和学习水平，以及课程的类型与性质、课程对学生发展阶段适合性等因素的影响。

二、课程与教学内容的呈现方式

课程与教学内容的选定与组织往往是交织在一起的，一般情况下要将这两者截然分开来是很困难的。这两者的交织，很显著地表现在课程类型之中。在学校课程中，不同形态的课程基本上是通过课程内容的性质及其组织方式来体现的。例如，以学科知识体系为核心内容的课程，即所谓学科课程；以经验体系为核心内容的课程，即所谓经验课程或活动课程。这两者在内容及其呈现上是有很大区别的，学科课程内容呈现出来的更多的是科学事实、科学概念、科学的原理与方法，这显然不同于活动课程内容。

（一）学科课程的内容

学科课程的内容是从科学中选择出理论知识，需要保持科学理论知识本身的逻辑结构，主要从以下方面呈现出来。

1. 科学的基本事实

任何复杂的科学理论，都有确定的研究事实，都离不开基本的现象材料。科学的基本事实是形成理论知识的基本材料，是理论概括的基本对象。对科学理论知识的选择，首先必须从科学涉及的复杂现象或事实中选择出基本的科学事实，以便为中小学生理解和掌握理论知识提供基本的感性经验和认识基础。其实这是学科课程联系学生现实生活的一种重要途径，也是学生进行发现学习的前提，离开了基本的科学事实，学生便无法对课程内容进行有意义学习，只能通过死记硬背来学习书本知识了。

2. 科学的基本概念

基本概念是人类在认识和构建科学过程中，从感性认识上升到理性认识，把事物的共同本质特点抽象出来，加以概括而形成的知识单元或思维单位，它是科学体系中最基本的构筑单位。科学的基本概念既是科学思维活动的结果和产物，同时又是科学思维活动借以进行的单元。基本概念与基本事实之间具有内在的逻辑联系。学科课程的课程内容应体现这种逻辑联系，适当选择科学理论的基本概念，使学生在获得基本概念的基础上掌握理论知识。当然，对科学理论中的基本概念的选择要注重概念之间的逻辑关系。

3. 科学的基本原理和方法

基本原理和方法是科学理论知识的实质性成分。科学理论的基本原理是在基本概念的基础上，通过命题或判断揭示客观事物内在规律的知识。科学理论的基本方法，是运用科学理论的基本原理分析问题和解决问题的策略、技巧。基本原理和方法与基本概念之间也具有内在的逻辑联系。一般而言，中小学学科课程的内容要为学生提供已经确定的科学理论的基本原理和方法。

学科课程的内容是人类文化中最基本的成分，也是应用性以及迁移力最强的成分，具有较强的系统性与基础性。因此，课程与教学内容不能是零乱的、割裂的知识碎片，而是由古而今，由浅入深，由简到繁，纵横联系，上下贯通的知识整体。它有利于学习者概括能力与认知结构的形成，达成知识的“心理学化”和主体化。

（二）活动课程的内容

活动课程的内容以直接经验为主。同科学理论一样，活动课程中的直接经验也有结构，并形成了一定的体系。

作为课程与教学内容的直接经验不应是零散的活动技巧或生活体验，也不应是琐碎的日常事物，而应是观照学生现实生活世界的、具有较高精神价值的结构化、体系化的内容。正如杜威所指出的，儿童的经验或活动实质上是理论化知识“还原”的结果，因为任何“真正的知识”都“依附于有效率的习惯”，“依附于经验的意义”。从来源上讲，课程中的直接经验来源于科学知识，只不过它不是以概念、原理的形式呈现，而是以学生的体验、操作、探究等方式与学生结合，从而体现经验的认知意义、情感意义和价值观念意义，直接经验的终极意义不是其技术意义，而是精神意义。

因此，在选择课程内容的直接经验时，需要以学生生活的逻辑为起点，并设计出一定的结构和体系。从普遍意义上看，课程内容中的直接经验结构和体系，至少应涉及学生生活三个方面的内容。第一，是学生处理与自然事物关系的直接经验，如认识、观察自然事物及其对人的意义等，从而获得关于自然的知识和体验。第二，是学生认识和处理与自我关系的直接经验，如自我认识或自我意识、自我评价、自我调节和控制，从而形成主体意识、主体人格和主体能力，完善个体的精神生活。第三，是学生处理与他人和社会关系的直接经验，如与其他个体、群体的社会交往活动、社会研究等，从而获得关于社会的知识、参与社会活动的体验和能力。① 当然，对不同年段的学生，这些直接经验应在类型、程度上有所区别。

在课程中，直接经验和间接经验对学习者的发展来说都具有重要的价值。人的认识从

① 廖哲勋，田慧生. 课程新论［M］. 北京：教育科学出版社，2003：190.

整体上都起源于直接经验，因此直接经验是认识的源头，但对于具体的个人，他的认识更多来源于间接经验。例如，我们的知识大部分来源于课程和课本，而课程与课本上的知识又是其他人通过实践总结而来的，所以，知识的来源归到底是直接经验。如果在课程内容的呈现中追求直接经验的获得，那么在课程内容的确定上就会更倾向于以活动为主，通过活动帮助学生积累直接经验。在我国，实践活动和探究活动已经进入中小学课程，表现为综合实践活动课程和研究性学习课程等。但是，相对于活动课程，学科课程则显得更为丰富和深刻。

第四节　课程方案、课程标准和教科书

课程内容具体体现在课程方案（课程计划）、课程标准（教学大纲）和教科书中。教科书是根据课程标准编写的系统阐述学科内容的教学用书，是课程标准的具体化。凡在课程方案中规定开设的课程，一般都有相应的教科书。课程方案、课程标准、教科书是课程与教学内容的三大载体，尤其是课程标准和教科书。

一、课程方案

（一）课程方案的内涵

课程方案是关于课程的总体规划，所以也称为“课程设置方案”。关于“课程方案”这一概念，曾经使用过多种提法。新中国成立前，比较多的使用“课程标准”的提法，新中国成立后主要有“教学计划”和“课程计划”两种提法。

“教学计划”的提法主要出现在20世纪50—90年代。例如，1950年8月1日颁布的《中学暂行教学计划（草案）》，它包括教学计划表、总的说明、分科说明等内容。1953年，教育部颁布了《小学（四二制）教学计划（草案）》，它包括教学科目和时间表及每周集体活动时间表两个部分。1988年颁布的《义务教育全日制小学、初级中学教学计划（试行草案）》包括教育方针和培养目标、制定教学计划的原则、适用范围、时间安排、课程设置说明、教学计划表等内容。

1992年，国家教委颁布了《九年义务教育全日制小学、初级中学课程计划（试行）》，首次将“教学计划”更名为“课程计划”。这一文本的主体内容包括以下方面：培养目标、课程设置、考试考查、实施要求、学年时间安排表。这个计划是相当完整的。1996年，国家教委颁布了《全日制普通高中课程计划（试验）》，它的主体部分包括培养目标、课程设置、考试考查、课程管理等内容。2000年，教育部印发了《全日制普通高级中学课程计划（试验修订稿）》，它的主体部分包括培养目标、课程设置、课程实施、

课程评价、课程管理等内容。

我们在这里所说的“课程方案”与以前的“教学计划”“课程计划”等提法虽然字面上不同，在内容结构上也存在差异，但是在性质和功能上是一样的，可以看成是同一层级的课程文件。

课程方案是根据教育目的和不同类型学校的教育任务，由国家教育主管部门所制定的有关教学和教育工作的指导性文件。它体现了国家对学校的统一要求，是办学的基本纲领和重要依据。课程方案具体规定了学校应设置的课程门类，各门课程开设的先后顺序，课时分配和学年的编制，学期学周的安排等，并对课内的教学和课外活动等方面做出了全面安排。正因如此，课程方案也可以称为课程设置方案。课程方案是确定课程内容、研制课程标准和教科书的主要依据。正是课程方案中关于设置什么课程、在哪些年级设置、规定多少课时等指定性的规定，决定了课程标准和教科书的编写。比如，在小学阶段，到底是编撰科学教科书，还是自然教科书，还是常识教科书，不是由研制者、出版部门决定，甚至不是由地方教育主管部门决定，而是由课程方案决定。至于小学科学的起始年级到底是一年级开始，还是三年级，总课时多少等等，也是由课程方案决定。于是，这就必然限定了课程内容的确定，限定了教科书的编写。课程方案当然也指导课程标准的研制，因为课程标准是根据课程方案规定开设什么课程、何时开、开多少时间而决定的。课程标准同时进一步更直接具体地又制约着教科书的编撰。①

（二）课程方案的结构

综合上述各种有关教学计划、课程计划、课程方案的文本和当前我国中小学的课程实践来看，课程方案一般应包括以下几个方面的内容。

1. 指导思想

指导思想通常位于课程方案的开头，主要从教育理想、教育方针、当前课程变革的宗旨、制定本课程方案的方法论等方面来阐述。

2. 培养目标或课程目标或课程理念

即预期的课程学习结果，或课程追求等。课程方案一般是针对特定教育阶段的，如义务教育阶段，或普通高中阶段。每一个阶段有其特殊的培养目标，需要在课程方案中指明。

3. 课程设置

课程设置是课程方案的中心问题，包括课程结构、课时开设顺序、各课程的主要任务和课时分配等问题。课程结构，主要指各种课程类型的划分及其比例、内在联系。课时分配，即根据课程的性质、作用、任务、内容的分量和难易程度，恰当分配各课程的授课时数。

---

① 石鸥. 教科书概论［M］. 广州：广东教育出版社，2019：21—22.

4. 实施要求

即执行课程方案的若干实施要求，包括教学建议、教材编写建议、评价建议等。

5. 保障机制

一般的课程方案还包括对实施方案的组织管理、制度建设、师资队伍等方面的保障机制的建议。

课程方案虽然并不直接规定课程与教学内容，但其主导思想及它对课程设置的规定，事实上制约着课程与教学内容的选择与组织。例如，课时时数多的科目，可学的内容就自然多一些，也就更被重视；在不同年级开设的科目，其内容组织和呈现方式就要适合特定年龄阶段的学生的水平和特点；等等。

下面附上教育部2001年印发的《义务教育课程设置实验方案》，以供参考和学习。

义务教育课程设置实验方案

根据《国务院关于基础教育改革与发展的决定》和《基础教育课程改革纲要（试行）》构建符合素质教育要求的新的基础教育课程体系的要求，设置义务教育阶段的课程。课程设置应体现义务教育的基本性质，遵循学生身心发展规律，适应社会进步、经济发展和科学技术发展的要求，为学生的持续、全面发展奠定基础。

一、培养目标

全面贯彻党的教育方针，体现时代要求，使学生具有爱国主义、集体主义精神，热爱社会主义，继承和发扬中华民族的优秀传统和革命传统；具有社会主义民主法制意识，遵守国家法律和社会公德；逐步形成正确的世界观、人生观、价值观；具有社会责任感，努力为人民服务；具有初步的创新精神、实践能力、科学和人文素养以及环境意识；具有适应终身学习的基础知识、基本技能和方法；具有健壮的体魄和良好的心理素质，养成健康的审美情趣和生活方式，成为有理想、有道德、有文化、有纪律的一代新人。

二、课程设置的原则

1. 均衡设置课程

根据德智体美等方面全面发展的要求，均衡设置课程，各门课程比例适当，并可按照地方、学校实际和学生的不同需求进行适度调整，保证学生和谐、全面发展；依据学生身心发展的规律和学科知识的内在逻辑，义务教育阶段九年一贯整体设置课程；根据不同年龄段儿童成长的需要和认知规律，根据时代发展和社会发展对人才的要求，课程门类由低年级到高年级逐渐增加。

2. 加强课程的综合性

注重学生经验，加强学科渗透。各门课程都应重视学科知识、社会生活和学生经验的整合，改变课程过于强调学科本位的现象。

设置综合课程。一至二年级设品德与生活课，三至六年级设品德与社会课，旨在适应儿童生活范围逐步从家庭扩展到学校、社会，经验不断丰富以及社会性逐步发展；三至九年级设科学课，旨在从生活经验出发，让学生体验探究过程，学习科学方法，形成科学精神；一至九年级设艺术课，旨在丰富学生的艺术经验，发展感受美、创造美、鉴赏美德能力，提高审美情趣。

增设综合实践活动，内容主要包括：信息技术教育、研究性学习、社区服务与社会实践以及劳动与技术教育等。使学生通过亲身实践，发展收集与处理信息的能力、综合运用知识解决问题的能力以及交流与合作的能力，增强社会责任感，并逐步形成创新精神与实践能力。

3. 加强课程的选择性

国家通过设置供选择的分科或综合课程，提供各门课程课时的弹性比例和地方、学校自主开发或选用课程的空间，增强课程对地方、学校、学生的适应性，鼓励各地发挥创造性，办出有特色的学校。

在达到九年义务教育基本要求的前提下，农村普通中学试行“绿色证书”教育，形成有农村特点的学校课程结构。城市普通中学也要逐步开设职业技术课程。

三、课程设置

表1：

义务教育课程设置表

<table>
<tr><td></td><td colspan="9">年　级</td></tr>
<tr><td rowspan="11">课程门类</td><td>一</td><td>二</td><td>三</td><td>四</td><td>五</td><td>六</td><td>七</td><td>八</td><td>九</td></tr>
<tr><td colspan="2" rowspan="3">品德与生活</td><td colspan="4" rowspan="2">品德与社会</td><td>思想品德</td><td>思想品德</td><td>思想品德</td></tr>
<tr><td colspan="3">历史与社会
（或选用历史、地理）</td></tr>
<tr><td colspan="4">科学</td><td colspan="3">科学
（或选用生物、物理、化学）</td></tr>
<tr><td>语文</td><td>语文</td><td>语文</td><td>语文</td><td>语文</td><td>语文</td><td>语文</td><td>语文</td><td>语文</td></tr>
<tr><td>数学</td><td>数学</td><td>数学</td><td>数学</td><td>数学</td><td>数学</td><td>数学</td><td>数学</td><td>数学</td></tr>
<tr><td></td><td></td><td>外语</td><td>外语</td><td>外语</td><td>外语</td><td>外语</td><td>外语</td><td>外语</td></tr>
<tr><td>体育</td><td>体育</td><td>体育</td><td>体育</td><td>体育</td><td>体育</td><td>体育与健康</td><td>体育与健康</td><td>体育与健康</td></tr>
<tr><td colspan="9">艺术
（或选择：音乐、美术）</td></tr>
<tr><td colspan="2"></td><td colspan="7">综合实践活动</td></tr>
<tr><td colspan="9">地方与学校课程</td></tr>
</table>

表 2：

义务教育课程设置及比例

<table>
<tr><td rowspan="2"></td><td colspan="9">年　级</td><td rowspan="2">九年课时总计（比例）</td></tr>
<tr><td>一</td><td>二</td><td>三</td><td>四</td><td>五</td><td>六</td><td>七</td><td>八</td><td>九</td></tr>
<tr><td rowspan="10">课程门类</td><td>品德与生活</td><td>品德与生活</td><td>品德与社会</td><td>品德与社会</td><td>品德与社会</td><td>品德与社会</td><td>思想品德</td><td>思想品德</td><td>思想品德</td><td>7%～9%</td></tr>
<tr><td></td><td></td><td></td><td></td><td></td><td></td><td colspan="3">历史与社会
（或选择历史、地理</td><td>3%～4%</td></tr>
<tr><td></td><td></td><td>科学</td><td>科学</td><td>科学</td><td>科学</td><td colspan="3">科　学
（或选择生物、物理、化学）</td><td>7%～9%</td></tr>
<tr><td>语文</td><td>语文</td><td>语文</td><td>语文</td><td>语文</td><td>语文</td><td>语文</td><td>语文</td><td>语文</td><td>20%～22%</td></tr>
<tr><td>数学</td><td>数学</td><td>数学</td><td>数学</td><td>数学</td><td>数学</td><td>数学</td><td>数学</td><td>数学</td><td>13%～15%</td></tr>
<tr><td></td><td></td><td>外语</td><td>外语</td><td>外语</td><td>外语</td><td>外语</td><td>外语</td><td>外语</td><td>6%～8%</td></tr>
<tr><td>体育</td><td>体育</td><td>体育</td><td>体育</td><td>体育</td><td>体育</td><td>体育与健康</td><td>体育与健康</td><td>体育与健康</td><td>10%～11%</td></tr>
<tr><td colspan="9">艺　术
（或选择音乐、美术）</td><td>9%～11%</td></tr>
<tr><td colspan="2"></td><td colspan="7">综合实践活动</td><td rowspan="2">16%～20%</td></tr>
<tr><td colspan="9">地方与学校课程</td></tr>
<tr><td>周总课时数（节）</td><td>26</td><td>26</td><td>30</td><td>30</td><td>30</td><td>30</td><td>34</td><td>34</td><td>34</td><td>274</td></tr>
<tr><td>学年总课时（节）</td><td>910</td><td>910</td><td>1050</td><td>1050</td><td>1050</td><td>1050</td><td>1190</td><td>1190</td><td>1122</td><td>9522</td></tr>
</table>

注：

1. 表格内为各门课的周课时数，九年总课时按每学年 35 周上课时间计算。

2. 综合时间活动主要包括：信息技术教育、研究性学习、社区服务与社会实践以及劳动与技术教育。

四、义务教育课程设置的有关说明

1. 表一为义务教育阶段一至九年级的课程设置，表二为义务教育阶段各年级周课时数、学年总课时数、九年总课时数和各门课程课时比例，每门课的课时比例有一定弹性幅度。地方与学校课程的课时和综合实践活动的课时共占总课时的 16%～20%。

省级教育行政部门可根据本省（自治区、直辖市）不同地区社会、经济、文化发展的实际情况，制定不同的课程计划；学年课时总数和周课时数应控制在国家所规定的范围内；根据教育部关于地方课程、学校课程管理与开发的指导意见，提出本省（自治区、直辖市）地方课程、学校课程管理与开发的具体要求，报教育部备案。

民族学校、复式教学点、简易小学等学校的课程设置，由省级教育行政部门自主决定。

2. 每学年上课时间 35 周。学校机动时间 2 周，由学校视具体情况自行安排，如学校传统活动、文化节、运动会、远足等。复习考试时间 2 周（初中最后一年的第二学期毕业复习考试增加 2 周）。寒暑假、国家法定节假日共 13 周。

3. 晨会、班队会、科技文体活动等，由学校自主安排。

4. 综合实践活动是国家规定的必修课，其具体内容由地方和学校根据教育部的有关要求自主开发或选用。综合实践活动的课时可与地方、学校自主使用的课时结合在一起使用，可以分散安排，也可以集中安排。

为培养学生的创新精神和实践能力，各门课程普遍增加了实践活动，学校在做学年教学安排时，应根据活动的性质和内容，统筹合理安排。

5. 初中阶段的学校在选择分科与综合相结合的课程时，若选择科学、历史、地理、可相应减少自然地理的内容；若选择历史与社会、生物、物理、化学，则应参照相关课程标准安排自然地理的内容。

6. 各门课程均应结合本学科特点，有机地进行思想道德教育。环境、健康、国防、安全等教育应渗透在相应课程中进行。

7. 一至六年级设体育课，七至九年级设体育与健康课，均应贯彻“健康第一”的原则。七至九年级体育与健康课程标准中要求的健康知识，应在学生进行相关体育活动时，使学生了解，但不得组织笔试。

8. 小学开设英语课程的起始年级一般为三年级。各省级教育行政部门可结合实际，确定本地区小学开设英语课程的工作目标和步骤。

初中阶段开设外语课程的语种，可在英语、日语、俄语等语种中任选一种。外国语学校或其他有条件的学校可开设第二外语。民族地区的中小学校，外语课程的设置由省级教育行政部门决定。

二、课程标准

课程标准在新中国成立前称为学科课程标准，新中国成立以后学习苏联改为教学大纲，这一提法一直沿用到 20 世纪 90 年代。21 世纪初，我国启动新一轮基础教育课程改革，用“课程标准”替代了沿用几十年的“教学大纲”。那么，什么是课程标准？为什么要用课程标准代替教学大纲？课程标准与教学大纲有哪些本质的不同？

（一）课程标准的内涵

课程标准是国家对课程的基本规范和质量要求，它是教材编写、教学、评估和考试命题的依据，也是国家管理和评价教育质量的基础性文件。它体现了国家对不同阶段的学生在知识与技能、过程与方法、情感态度与价值观等方面的基本要求，是课程方案的具体化，它把课程方案规定的课程变为可以实现的操作计划。课程标准规定了课程的性质、目标与理念，明确该课程的内容结构和内容组成，以及学生应该达到的内容标准或水平，课程标准还会对该课程的教学与评价、教材编写、考试评价等提出具体的建议。

所谓教学大纲，是国家对于课程教学进行规范的纲领性文件，其主要任务是对教学工作的开展予以指导。教学大纲不仅对教学目标和教学内容做出了明确的规定，而且对日常教学中可能涉及的知识点提出了具体要求。大多数学科的教学大纲还规定了具体的教学顺序及各部分内容所占的课时数。教师在学习和使用教学大纲时，主要关心知识点的变化情况，内容的增删情况，课时数与教学具体要求，在规定的时间内完成教学任务和达到教学目标的情况，等等。

教学大纲与课程标准的区别见表 4-2。

表 4-2 教学大纲与课程标准的区别①

教学大纲	课程标准
针对学科，规定了教学的具体内容、顺序及其要求	针对学生，明确某一学段应达到的共同的、统一的基本要求
更多地关注学生在学科的知识、技能方面应该达到的要求	更多地关注学生通过课程内容的学习在知识与技能、过程与方法、情感态度与价值观等方面的发展
更多地关注教师的教学行为	既关注教师的教学，也关注学生的学习
内容的表述方式更多地体现了原则性、规定性、刚性	内容的表述方式更多地体现了指导性、启发性、弹性

（二）课程标准的意义

课程标准既是国家对基础教育课程的基本规范和要求，也是评价学校、教师、学生的重要依据。具体来说，课程标准的意义体现在以下几个方面。

1. 课程标准标志着公民素养有了明确的质量标准

课程标准充分体现了国家意志，围绕着基础教育阶段的培养目标，明确规定各课程门类所要达到的公民素质的基本要求。② 课程标准是由国家统一制定、统一颁布的，任何地方、组织、部门或个人都没有私自制定、颁发课程标准的权力。既然课程标准体现的是国家意志，那么课程标准就具有了统一性、普遍性和强制性。所谓统一性，是指课程标准中所规定的公民素质的基本要求，是对未来公民素质的统一要求。所谓普遍性，是课程标准适用于基础教育阶段的所有学生，适用于我国范围内基础教育阶段所有开设这门课程的学校。所谓强制性，是指学校必须达到课程标准所规定的公民素质的基本要求。

---

① 钟启泉，崔允漷，张华. 为了中华民族的复兴为了每位学生的发展：《基础教育课程改革纲要（试行）》解读［M］. 上海：华东师范大学出版社，2001：167.

② 余文森，洪明. 课程与教学论［M］. 福州：福建教育出版社，2015：98.

课程标准明确规定了必须达到的“基本要求”，画出了一条教育教学和学生发展的“底线”，基础教育的每一所学校都必须确保这一发展的“底线”，保住这条“底线”就保住了基本的国民素养和公民素质。

2. 课程标准是教科书研制的重要依据

课程标准是教科书的编写的基本依据，提出了统一性的要求和规格，还规定了学科知识的重点和难点、教学顺序与进度、教学内容的课时分配等，同时为教科书编写提供了一种弹性空间。正因为课程标准提供了具有操作意义的内容体系，教科书研制才会有基本的方向和准则，才可以确定内容的先后次序、详略多寡，才能够知道不同内容对学生的要求等等。

高水平的课程标准为教科书研制提供了弹性空间，也使编写特色的教科书成为可能。课程标准越具体，编写教科书就越容易，但编写的创造性空间就越小，不同教科书之间就越容易趋同。比如，有些课程标准连教哪首诗、哪篇散文都规定了，教科书编写当然只能严格遵循，把这首诗、这篇散文编进教科书。相反，课程标准越简明扼要，越精练，教科书就越难编写，教师也就越不容易掌控，但教科书编写的创造性空间就越大，教科书的个性化就越有可能。①

3. 课程标准有利于教师专业发展

课程标准在理念上确立了教师专业自主权，教师不再是课本知识的忠实实施者，而是与专家、学生一起构建新课程的合作者。而且在实践上，以提供建议和提供典型案例的方式，使教师准确理解标准，增强课程意识和能力，降低对教材的过分依赖，从而为教师创造性地进行教学、施展自己的专业才能提供了可能，为教师专业发展提供了可能。

2001 年，我国启动了基础教育课程改革。经过十多年的实践探索，课程改革取得显著成效，构建了有中国特色、反映时代精神、体现素质教育理念的基础教育课程体系，各学科课程标准得到中小学教师的广泛认同。同时，在课程标准执行过程中，也发现一些课程标准的内容、要求有待调整和完善。为适应新时期全面实施素质教育的要求，深化基础教育课程改革，提高教育质量，教育部组织专家对义务教育各学科课程标准进行了修订完善，并于 2011 年颁布。新修订的课程标准涵盖一年级到九年级的所有学科。

（三）课程标准的基本内容

在我国，课程标准是由国家教育主管部门组织制定并发布的。一般而言，课程方案里所设置的各门学科都有对应的课程标准。各学科课程标准的总体框架基本相同，一般来说分为五个部分。

第一部分“前言”，结合目前的课程改革，根据本课程门类的特点和要求，阐述课程的性质、课程基本理念、总体设计思路。

---

① 石鸥. 教科书概论［M］. 广州：广东教育出版社，2019：26，112.

第二部分“课程目标”，根据新一轮课程改革转变课程功能的要求，从知识与技能、过程与方法、情感态度与价值观三个维度，确定本课程门类的总目标与学段目标。

第三部分“内容标准”，在大致划定本课程门类的内容范围和框架的基础上，用明确的行为动词表述学习目标和学习结果（学生所应达到的学习程度的基本要求）。

第四部分“实施建议”，为确保达到课程目标和内容标准而提出的课程实施建议、包括教与学的建议、评价建议、课程资源开发与利用建议、教材编写建议等。

第五部分“附录”，即本课程门类的有关附件，如教学活动案例、行为动词用法一览表等。

知识窗4－2

《义务教育语文课程标准（2011年版）》的基本结构①

第一部分　前言

一、课程性质

语文课程是一门学习语言文字运用的综合性、实践性课程。义务教育阶段的语文课程，应使学生初步学会运用祖国语言文字进行交流沟通，吸收古今中外优秀文化，提高思想文化修养，促进自身精神成长。工具性与人文性的统一，是语文课程的基本特点。

二、课程基本理念

（一）全面提高学生的语文素养

（二）正确把握语文教育的特点

（三）积极倡导自主、合作、探究的学习方式

（四）努力建设开放而有活力的语文课程

三、课程设计思路

第二部分　课程目标与内容

一、总体目标与内容

二、学段目标与内容

整个义务教育阶段共分四个学段：1～2年级、3～4年级、5～6年级、7～9年级，每个阶段分别从“识字与写字”“阅读”“写作”（1～2年级为“写话”，3～6年级为“习作”）、“口语交际”“综合性学习”五个方面阐述目标。

第三部分　实施建议

一、教学建议

二、评价建议

① 本部分内容是依据《义务教育语文课程标准（2011年版）》整理而成。

三、教材编写建议
四、课程资源开发与利用建议
附录1　关于优秀诗文背诵推荐篇目的建议
附录2　关于课外读物的建议
附录3　语法修辞知识要点
附录4　识字、写字教学基本字表
附录5　义务教育语文课程常用字表

三、教科书

凡在课程方案中规定的课程，一般都有相应的教科书。课程内容主要通过教科书体现，教科书是课程教学内容的物化形态。

（一）教科书的含义

教科书简称课本，是系统地反映学科内容的教学用书。《中国大百科全书·教育》认为，"教科书是根据教学大纲（或课程标准）编订的、系统地反映学科内容的教学用书。又称课本"①。《辞海·教育心理分册》认为"教科书也叫'课本'。教材之一。指按照教学大纲编选的教学用书"②。我们认为，现代意义的教科书一般是指根据某一或某些标准（如国家的教学大纲或课程标准等）编订的、系统地反映学科内容的、有学年学期和学科限定的、旨在为学生的学和教师的教所设计的准官方、准法定的文本。简单说，所谓教科书就是学生在学校进行课程学习的标准用书，一般是通过了不同级别的权威审定而允许公开正式进入课堂、被师生使用的准法定或准官方教学材料。教科书是教学、教研、评价和考试命题的重要参考依据。教科书不等于教材，教科书只是一种重要的教材。教材包括教科书、教学参考书、学生自学指导书等。

教科书是国家意志的体现，它传播科学知识，传承优秀文化，促进学生发展，提升教师专业素养。钱布利斯（M. J. Chambliss）认为，"教材决定了全国中小学校教学内容和教学活动的75%—90%"③。舍瓦尔（Sewall）认为："不使用教科书的情况是教学质量低下的一个标志。"④ 多伦（M. Doren）曾说："这个国家若没有教科书是难以想象的……教

① 中国大百科全书出版社编辑部. 中国大百科全书·教育［M］. 北京：中国大百科全书出版社，1976：145.

② 辞海编辑委员会. 辞海·教育、心理分册［M］. 上海：上海辞书出版社，1985：5.

③ Chambliss M J. *Textbook for Learning*：*Nurturing Children's Mind*［M］. Malden：Blackwell Publishers Ltd，1998：1.

④ Mikk J. *Textbook*：*Research and Writing*［M］. Frankfurt am Main：Peter Lang Publishing，Inc.，2000：16.

科书是基础或根基的东西。”①全美教育研究会 89 届年刊以“美国教科书和学校教育”为主题，提出的重要观点是：教科书是学校教育的心脏，没有教科书就没有学校。② 最基本的事实是，“教科书使得大规模的公共教育成为可能”③。

教科书编写和选用一般实行有国定制、审定制和自由制三种制度。国定制是国家教育行政部门按照课程标准统一组织编制，适用于全国各地学校，各地方教育行政机构和民间不得自行编辑出版教科书。审定制，即由民间编写教科书，经中央或地方教育行政部门根据所颁课程标准审查合格后，供各地学校选用。自由制是由民间自行编辑出版教科书供学校自由选用，表面上无须经教育行政部门审查或认可，但仍受课程标准或国家考试制度的制约。

（二）教科书的结构

教科书的结构，主体上就是一套广义的知识体系，或智识体系，往往运用多种形式来建构，如文字、图画、音符、表格、案例、实验、练习等。这一知识体系是从广义上来说的，主要涉及知识、能力和观念等要素，涉及智慧、情感、审美等领域。

《教育大辞典》中对“教材结构”是这样解释的：“各科教材之间的合理组合和各科教材内部各要素、各成分之间的合乎规律的组织形式。”而各科教材一般都含有知识、技能、智能、思想观点等要素和教材目标、教材内容、学习活动形态三种成分。④这种观点强调，在教科书的结构中不仅应包括知识、技能、智能和思想观点等要素，而且应包括教材目标、教材内容和学习活动三种成分，结构是各要素、各成分之间的合理的组织形式。廖哲勋也持相似观点，“教科书的基本结构是教科书内容各要素、各成分之间合乎规律的组织形式，教科书的各要素主要包括知识要素、技能要素，以及必要的思想教育要素和一些审美、心理要素等，而各教科书的成分是指教科书的目标、内容和各学科学习活动的方式”⑤。王策三提出，教科书一般由下列各部分构成：一是“目录”；二是“本文”，分编、章、节、目，系统、简明、通俗地叙述教学大纲所规定的内容，包括最基本的事实材料和基本的概念、原理、公式等；三是“作业”，包括思考题、习题、练习作业、实验作业等；四是“图表与附录”，图表属于图片、画片一类的，一般附在相应的课文之中；附录为历史年表、检字表等，一般附在教科书的最后，供教师和学生查阅。⑥ 叶立群作为教科书研制的重要参与者，更实在地提出便于理解和操作的教科书结构观，“教科书

---

① 瞿葆奎. 教育学文集·课程与教材（下册）[M]. 北京：人民教育出版社，1993：113.

② Westbury I. Textbook publishers，and the quality of schooling//Eliott D L，Woodward A. *Textbooks and Schooling in the United States* [M]. NSSE. 1990：246.

③ 威尔伯·施拉姆，威廉·波特. 传播学概论 [M]. 北京：新华出版社，1984：18.

④ 教育大辞典编纂委员会. 教育大辞典（第 1 卷）[M]. 上海：上海教育出版社，1990：286.

⑤ 廖哲勋. 课程学 [M]. 武汉：华中师范大学出版社，1999：213—217.

⑥ 王策三. 教学论稿 [M]. 北京：人民教育出版社，1985：214—215.

的结构指的是教科书由哪几部分、由哪几种形式组成的”。在他看来，教科书是一种文本，但这种文本不同于其他文本，它为了使学生能够理解、巩固和运用所学的知识和技能，并且调动学生的学习积极性，需要采取和运用多种形式，通常采用的是文字的阐述（课文）、图画、图表、表解、实验、作业（练习）等。① 王道俊、王汉澜也偏向实操层面的定义：“教科书一般由目录、课文、习题、实验、图表、注释、附录等部分构成。课文是主要部分。”②

上述观点主体上是基本一致的。结合上述观点，我们认为，教科书结构是为了达到教科书的特定目的、实现教科书功能，教科书各要素组成的相互关联的形式，是各要素空间排列形式的有机整体。为了更有效地指导教科书研制和使用，教科书结构的分析不宜过于繁复琐碎，它重在可操作、好理解，重在能够指导教科书编写工作，重在有利于教科书的使用。基于这样的考虑，本书将教科书结构定义为教科书的各要素或各个组成部分相互联系的方式。教科书的基本要素包括：前言、目录、课题、课文、单元、练习和作业、插图等，它们之间的组合就是教科书的结构。无论这些要素如何组合，大体上可以概括为两部分：正文系统和支架（助读）系统。正文系统主要是课文、课题、插图等，支架系统主要包括目录、练习、作业等。

（三）教科书的编写

关于教科书的编写，人们有不同的看法。人民教育出版社积累了几十年的教科书编写经验，总结出六条基本原则：一是思想政治教育与文化科学知识教育相结合；二是传授知识与培养能力相结合；三是知识的逻辑顺序与学生的生理心理发展顺序相结合；四是理论与实践相结合；五是教材编写与科学研究相结合；六是教材专职编辑人员与教师、专家相结合。③《基础教育课程改革纲要（试行）》指出：“教材改革应有利于引导学生利用已有的知识与经验，主动探索知识的发生与发展，同时也应有利于教师创造性地进行教学。教材内容的选择应符合课程标准的要求，体现学生身心发展特点，反映社会、政治、经济、科技的发展的需求；教材内容的组织应多样、生动，有利于学生探究，并提出观察、实验、操作、调查、讨论的建议。”

教科书的独特性决定了教科书建设是一项高度专业化、精细化的过程，有不计其数的问题需要我们去研究、去解决。教科书建设除了要符合学生认知规律、反映学科特征、关注插图、慎重对待网络语言等要求外，当前尤其要注意以下几点。④

① 叶立群. 课程教材改革探索［M］. 北京：人民教育出版社，1997：62—63.

② 王道俊，王汉澜. 教育学［M］. 北京：人民教育出版社，1989：170.

③ 中国教育交流协会. 课程发展与社会进步——国际研讨论文集［C］. 北京：人民教育出版社，1992：17.

④ 石鸥，石玉. 论教科书的基本特征［J］. 教育研究，2012（4）：92—97.

1. 精选教科书内容

教科书的独特性质决定了教科书内容选择的高难度。选择哪些内容确实是个问题。我们既要站在社会道德批评家或文学家、历史学家的立场选择教科书内容，更要站在教育家的立场选择教科书内容。教科书不是优秀文学作品集，更不是道德说教集，最精美的散文、诗歌不一定是最理想的课文。这也就注定了现成的作品是很难原封不动地进入教科书而经久不变的。所以，为了教学目标的需要，某一篇课文移出了教科书，另一篇课文进入了教科书，某一篇课文被适当改编了，是很正常的现象。理论上没有任何文本具有不可替代的教育或育人价值。

2. 提升教科书的可读性和可教性

如果教科书内容涉及的是教什么和学什么的问题，那么教科书的可读性和可教性就是怎么教的问题。教科书直接指向的是学生，为的也是学生。因此，教科书需要的不是最华丽的篇章，而是最有利于实现教学目标的文字，是既可读更可教的文字。可读性是指学生顺利阅读和理解的程度，可教性则是便于教师教学的程度。要提高教科书的可读性和可教性，应该优先使用在口语或书面语中出现频率高的词汇；尽可能使用活泼和形象化的语言；在低年级，优先使用名词和动词；限制出现新概念的数量，避免过分集中地呈现新信息（这一限制应该考虑到学生的年龄）；最大限度地减少可能引起学生认识混淆的信息。

3. 注重对课程标准的研读

教科书必须以课程标准为依据。但即便教科书应包含课程标准所强制要求的最低限度的学科内容，教科书还是不应成为课程标准的“复印件”，它需要与课程标准保持一定的距离，课程标准只决定了教科书的框架，教科书应努力完成课程标准的“教学论转化”。为此，必须认真研读和理解课程标准，为编写出高质量的教科书提供认识基础。

本章小结

课程与教学内容是课程与教学的核心要素，直接影响着人才培养质量。课程内容要解决的是关于教什么、学什么的问题。课程内容的构成以课程与教学目标为出发点，课程内容是直接经验和间接经验的总和，是促进学生发展的基本材料。课程内容的确定要反映科学发展水平，符合社会发展的需要，适应学生心身发展规律。确定课程内容要注意处理好科学知识、社会需要与学生发展之间的关系、学科知识各个领域之间的关系、课程内容和社会生活之间的关系。确定课程内容重要，组织课程内容也很重要。课程与教学内容的组织要处理好纵向组织与横向组织的关系、逻辑顺序与心理顺序的关系、直线式与螺旋式的关系。

课程与教学内容的主要物质形态或物质载体是课程方案、课程标准与课本（教科书）。

课程方案是关于课程设置的国家文件，具体规定学校应设置的课程门类，各门课程开设的先后顺序，课时分配和学年的编制、学期学周的安排等。课程标准依据课程方案研制而成，它是教材编写、教学、评估和考试命题的依据，也是国家管理和评价教育质量的基础性文件。一门课的课程标准确定该课程的性质、目标与理念，明确该课程的内容结构和内容组成，以及学生应该达到的内容标准或水平。教科书是指根据课程标准编订、系统反映学科内容、旨在为学生的学和教师的教所设计的准官方、准法定的文本。

拓展学习

1.《基础教育课程改革纲要（试行）》提出："改变课程内容'难、繁、偏、旧'，和过于注重书本知识的现状，加强课程内容与学生生活以及现代社会和科技发展的联系，关注学生的学习兴趣和经验，精选终身学习必备的基础知识和技能。"查阅资料，围绕如何处理课程内容和学生生活、学科知识、社会发展之间的关系，以当代中小学教育课程内容变革的趋势为主题，写一篇小论文。

2. 正确理解课程内容组织的原则，结合实际，论述如何在实践中运用这些原则组织课程内容，才能更好地进行教学。

3. 任意选一门学科的课程标准，并对照相应的教科书，分析教科书是如何体现课程标准思想的。

选读文献

1. 廖哲勋、田慧生主编：《课程新论》，教育科学出版社 2006 年版。

本书是在全面推进素质教育、新一轮基础教育课程改革不断深化的形势下撰写的。目的是在认真分析 20 世纪 80 年代以来国内外课程研究新成果的基础上，深入探讨学校课程建设面临的新问题，力图做出新的理论概括，从而揭示课程规律，为 21 世纪学校课程的改革与发展提供一定的理论依据。本书的理论体系是根据两个基本观点确定的。其一是依据课程论在课程论学科群中的性质、地位和作用。其二是依据课程论的研究对象和研究任务。本书的思路是，通过研究一系列课程问题以揭示课程规律，阐明主要课程原理，并在此基础上确定课程的范畴和范畴逻辑，从而形成本书的理论体系。

2. 王策三著：《教学论稿》，人民教育出版社 2005 年版。

本书是我国教学论领域的奠基之作，全书共十三章，内容包括：教学论逐步科学化历程的基本线索、当前世界范围教学论科学化的新探索、为教学论的进一步科学化而努力、教学的基本概念、课程的历史发展、课程的本质与结构、课程的设计等等。

3. 石鸥著：《教科书概论》，广东教育出版社 2019 年版。

本书从教科书概念分析开始，充分肯定了教科书的重要性。教科书具有特定的内容与形式、结构与功能，以及有意义的类型与秩序。教科书研制必须解决内容的选择与确定的问题、内容设计的问题，必须处理好求真与求善的关系。本书对教科书文本的特征、教科书的研究方法、教科书评价与教科书制度都做了简要分析，是目前不多的教科书研究专著之一。

第五章　课程与教学实施（上）

教学目标

- 掌握课程实施的概念，并能够区分课程实施与课程计划、课程评价；了解课程实施的研究价值；理解并能够结合实际举例说明影响课程实施的因素。
- 掌握课程实施取向的含义与基本取向；了解课程实施的基本模式，并能结合实际，对我国采取的课程实施策略进行解释说明；理解课程实施各阶段的特点。
- 掌握教学设计的含义与特征；了解教学设计的模式；理解教学设计的各环节，尤其重点理解教学设计的四个基本要素；能够结合各学科对教学设计进行理解与说明。

20 世纪 70 年代初开始，人们逐渐认识到“课程计划”的制定只是课程研究与发展的准备阶段，一个新的课程方案出台后，只有将其付诸实施，才能将理想的课程转化为学校“正式的课程”、教师“运作的课程”以及学生“体验的课程”。即只有当教师在真实的课堂上与真实的学生一起实际地实施了，计划才能变成现实。精心的设计是良好课程的必要条件，但非充要条件，如果教师没有知觉到计划的要求以及如何在教学实践中运作，那么一切都是徒劳的。① 可见，实现课程理想的有效手段是课程实施。课程实施的课题逐渐成为人们研究的重点，并成为一个相对独立的研究领域。课程实施包含教学设计和教学实施两个方面，本章基于课程实施概念学习基础上，重点学习和研究教学设计，下一章重点学习和研究教学实施。

---

① Marsh C J，Willis G. *Curriculum：alternative approaches，ongoing lssues* [M]. New Jersey，Englewood Gliffs：Prentice Hall，INC.，1999：223.

第一节　课程实施概述

课程实施研究的是“一个预期的课程是如何在实际中应用的”①，正如富兰（M. Fullan）所说：“实施的焦点是实践中发生改革的程度和影响改革程度的那些因素。”预期课程总是在实施过程中受到各种因素的干扰，产生或多或少的偏差。因此，只有正确理解课程实施，分析影响课程实施的各种因素，才能推动课程实施走向预期的理想状态。

一、课程实施的含义和研究价值

（一）课程实施的含义

课程实施（curriculum implementation），是实践形态的教育教学活动的集中体现，对实现教育目标和提高教育质量起关键作用。② 从课程论角度看，课程实施是课程开发过程中的一个重要环节，任何课程方案设计出来之后，如果没有得到实施，那么这个课程方案就不会产生现实的教育效果；从教学论角度看，课程实施包括教学设计和教学过程，是落实课程方案的具体过程。无论从何种角度理解，课程实施都是实现课程理想的有效手段。随着课程改革进入新的阶段，课程实施的问题再次成为人们关注的焦点。目前，人们对课程实施的含义有不同理解，归纳起来主要有以下几点。

第一，课程实施是将编制好的课程计划付诸实践的过程。课程实施是实现预期课程理想，达到预期课程目的，实现预期教育结果的手段。对课程实施的研究重点就是考察课程方案中所设计内容的落实程度。这种观点将课程方案看作固定的、不可变更的执行过程。作为课程执行者的学校和教师，应当很好地理解和运用课程，忠实地执行课程方案中规定的项目。而实施的效果如何，取决于课程执行者对课程方案的理解水平和落实程度。关于这个观点，富兰就曾说过“课程实施是把某项改革付诸实践的过程”③，在他看来，课程实施是课程变革过程的一个重要的阶段或环节。

第二，课程实施是把一项课程改革付诸实践的动态过程。实施的焦点是实践中发生改革的程度和影响改革程度的那些因素。因此，课程实施研究不仅关注课程方案的落实程度，还要研究学校和教师在执行一门具体课程的过程中，是否按照实际的情况对课程进行了调适以及影响课程改革程度的因素。④

---

① 严先元. 课程实施与教学改革［M］. 成都：四川大学出版社，2002：3.

② 黄甫全. 现代课程与教学论学程（下册）［M］. 北京：人民教育出版社，2006：529.

③ T. 胡森，T. N. 波施特尔斯特. 简明国际教育百科全书·课程［M］. 江山野，主编译. 北京：教育科学出版社，1991：156.

④ 马云鹏. 课程实施及其在课程改革中的作用［J］. 课程·教材·教法，2001（9）：18—23.

第三，教学与课程是内在统一的，课程实施就是教学。① 这种观点认为教学是课程实施的主要途径，只有当教师把教学建立在已有的课程方案的基础上，把课程方案作为自己选择教学策略的依据，并寻找到能促使学生理解课程内容的有效教学方法时，课程才可能得以实施。课程实施还需要教师、学生、课程内容等诸多要素的协作才能达成。

其实，课程实施不能简单等同于教学，教学只是课程实施的一种方式。奥恩斯坦（A. C. Ornstein）等人指出："课程实施是一个'做'（doing）的过程，它致力于改变学者个体的知识、行为和态度。它是一个创造课程方案者和传递课程方案者之间的互动的过程。"② 课程实施过程离不开教师的参与互动，教师与课程保持互动的动态关系。基于这一视角，崔允漷等学者认为教师课程实施的本质是教师和课程之间互动以实现设计课程和创生课程的过程，并从教师理解课程材料、教师设计课程、教师的课堂运作和教师的课程反思这四个维度来构建教师课程实施的行为域。③

在理解课程实施的含义时，应注意课程实施与课程计划、课程评价间的区别与联系。课程计划与课程实施是预期的结果与结果实现的过程之间的关系，前者是理想、后者是现实。课程评价是课程实施的后续阶段，课程实施为课程评价提供内容，课程评价通过考察课程实施的过程及结果，提出反馈信息，以便对课程实施进行优化。

从课程实施的内部系统看，课程实施包括课程采纳、课程调适和课程应用三个环节。"采纳"不等于实施的完成，"调适"代表一种努力，"应用"的方案才是实际运作的课程方案。应用方案与最初的课程方案相比，已经发生了根本的变化，是一种发展了的或者发展中的行动计划。因此，课程实施既是课程研制中一个极为关键的环节，又是一项复杂的系统工程。④

在我国，国家所规定的课程都是经过长时间的研究、实践和论证确定的，具有较强的科学性和可操作性。但其在实施过程中难免会受到地域差异、人口差异等诸多客观因素的制约，导致一系列问题的出现。所以，在理解课程实施问题时，应当将课程计划看作可以调整和改变的，判断课程实施的成败也不应以对原有计划的执行程度为标准，而应关注执行过程中教师在特定的情境下对课程计划的调适和改造。因此，本书认为课程实施是将规划的课程付诸实际教学行动的实践历程。

（二）课程实施的研究价值

20 世纪五六十年代以来，许多国家花巨资设计制定的课程计划并没有得到很好的实

---

① 李臣之. 课程实施：意义与本质 [J]. 课程・教材・教法，2001（9）：13—17.

② Ornstein A C，Hunkins F P. *Curriculum*：*foundations*，*principles*，*and issues* [M]. New Jersey，Englewood Gliffs：Prentice Hall，1988：292.

③ 崔允漷，夏雪梅. 论互动视野下的教师课程实施：基于 40 年文献的建构 [J]. 全球教育展望. 2013（10）：3—12.

④ 黄甫全. 现代课程与教学论学程（下册）[M]. 北京：人民教育出版社，2006：529.

施，由此引发了人们对课程改革过程的深入研究和系统反思。当前我国基础教育课程改革进程中，不同程度地存在着重视行政主导，教师主体缺失，课程系统实施单一、平面等问题，这就把课程实施及其研究摆到了突出的位置上。研究课程实施的意义在于能够深刻理解课程变革过程的实质，提高课程实施的效果。

1. 探寻影响课程变革的因素

近几十年，世界各国都在如火如荼地进行课程改革以应对全球经济和格局的变化。有研究结果表明，大多数课程变革方案付诸实施后并不像方案设计者所预想的那样乐观。例如，曾有研究报告指出，某项变革方案被采用后，研究者将方案所要求的行为模式分解为12种具体行为，用测量工具对教师的行为进行观察测量，结果发现只有16%的教师行为符合方案所要求的行为模式，结果与改革方案相差悬殊。① 由此可见，不对课程实施做深入细致的研究，就不可能及时发现课程实施过程中的问题，也就不能对课程实践进行适时、恰当和有效的指导，课程变革的进程也就不能顺利推进。

研究课程实施有利于找到影响课程改革实施与发展的各种因素。成功的课程实施，有赖于分析理解课程编制者的设计意图，考察课程实施过程中出现的问题，寻找课程改革成功与阻滞的原因，从而得出影响课程改革顺利推进的各因素，包括课程改革本身的特点、课程改革的明确性与复杂性、课程计划的质量和实用性等。

2. 有效指导课程实践

完整的课程改革过程包括课程计划、课程采用、课程实施、课程评价几个环节，课程变革是这些环节之间动态的、复杂的交互作用过程。研究课程实施有利于及时发现课程实施中的问题，从而能及时调整课程方案。对课程实施有效性的考量首先包括对课程实施过程进行直接测量和界定，以便了解课程实施的真实过程，诸如实施程度、范围、水平、效益、影响因素等，发现课程实施中的实际问题。

事实上，改革失败的主要原因在于实施，如何找到实施过程中存在的问题就成为关键。比彻姆（G. A. Beauchamp）曾说："许多课程虽已规划，但几乎没有系统地实施，……一旦课程已编出，就堆积在布满灰尘的书架上或归档在教师书桌右手抽屉的底层。与此同时，教师又回到课程规划以前所用过的相同的教学模式。在这样的情况下，拟订课程规划除了对规划者有些教育的效益外，简直是人力、物力的极大浪费。"所以，课程方案的合理性与科学性并不是由其自身特点决定的，而是通过课程实施来检验的。

富兰也曾提醒人们，课程设计者依据课程编制原理和课程改革需要所研制的课程改革方案，在实施过程中可能会发生变化，也许课程设计者所预期的根本没有实施。及时发现课程方案实施中的问题并进行调整，才能使课程方案最大可能地取得成功。可见，如果没有对课程实施深入细致的研究，就不可能及时发现课程实施过程中的问题，自然也难以对课程实践进行适时、恰当和有效的指导。历史上的课程改革中，出现了许多不尽如人意之

① 张华. 论课程实施的涵义与基本取向 [J]. 外国教育资料，1999 (2)：3—5.

处，很多都是因为不够重视课程实施。因此人们要想对课程变革的认识更加理性化，就要将课程改革过程分解为不同方面，深入理解每一方面的本质与功能，进而把这些方面有机联系起来，只有这样，才能更好地理解与把握课程实施，并以此指导课程实践。

3. 切实推进课程改革

综观国际上关于教育变革的研究，尽管对阻碍变革的因素尚未取得一致见解，但是，对以下这点已经达成共识：要想成功地推行一项变革，必须自始至终深入研究变革方案的实施过程，在实施过程中及时调整、修订方案，使之不断臻于完善。① 课程改革方案在实施后究竟引起了哪些课程实践的变化？这些课程实践的变化是否符合教育规律？是否有利于学生身心和谐发展？这些问题的答案只有对课程实施过程进行直接测量和界定才能知道。

任何领域中一项研究成果的问世，其最终目的不是研制出这一成果，更重要的是推广和运用这一成果，并产生尽可能高的社会价值。通过课程实施研究，可以找到影响课程实施的真实变量，明确课程方案在不同情境中运作的可能状况，确定哪些变量可能是制约课程实施的关键，哪些变量对课程实施没有多大影响，哪些变量对课程实施产生消极影响，明确众变量对课程实施的影响程度和作用方向，可以及时、正确地干预和控制无关变量，从而估测方案在不同课程实施情境中的状况。

我国课程实践中经常出现甲地不加分析地借鉴乙地课程方案，或校区之间课程方案的“克隆”现象。课程实施的最终目的不是完成“任务”，而是体现了一种为学生、为社会发展负责的使命。对课程实施过程的研究有助于分析为什么有的课程方案会成功，有的课程方案会失败，有助于分析出为什么甲地的课程方案可能并不适合乙地。有的课程方案失败的原因，可能既不在方案本身，也不在于教学的过程，而在于组织安排和制度措施上有问题，这一问题通过课程本身的改革是无法解决的。② 研究课程实施，可以为实施课程方案的地区揭示方案实施的真实过程，帮助其理解、修订、借鉴和再造方案，从而有效地推进地区乃至全国的课程改革。

二、课程实施的影响因素

课程实施是把新的课程计划付诸实施的过程，它是达到预期课程目标的基本途径。课程实施受多方面因素的影响，这些因素既有起促进作用的，也有起阻碍作用的。③ 课程实施的影响因素是课程实施研究的重要内容，了解并研究这些影响因素，可以促进新课程计划的顺利实施，有利于提高课程质量。

① 张华. 课程与教学论［M］. 上海：上海教育出版社，2000：326.
② 施良方. 课程理论——课程的基础、原理与问题［M］. 北京：教育科学出版社，1996：131.
③ 曹霞. 影响课程实施的因素分析［J］. 安徽教育学院学报，2002（1）：107—108.

课程实施是一个复杂的过程，其中有许多不可预期性和不确定性，这与影响课程实施的复杂因素是明显相关的，如教师的素质，实施课程方案时的价值取向，学生、家长和校长的理解、支持程度，地方教育部门的保障措施，新课程方案与原方案的冲突程度，课程实施的附加利益，等等。① 影响课程实施的因素大致可以分为外部因素和内部因素，外部因素包括政府角色、文化背景、外部协助；内部因素包括方案本身的分析、校长的认识与参与、教师的能力与取向、学生的态度与行动。

（一）外部因素

1. 政府角色

政府角色主要包括政府机构、教育行政部门。政府机构是影响课程实施的重要力量，学校的课程计划与学校所在地的需要的一致性越大，就越能得到当地政府的支持。如果政府能根据课程实施的需要制定和调整有关政策，给予一定的政策倾斜，理解、鼓励和支持学校进行课程改革，保障财政和物质资源上的充分供给，提供技术援助等，就为实施课程的成功打下了有力的基础。

地方教育行政部门也要参与课程方案的具体实施工作，包括组织课程实施的师资队伍，提供课程实施材料，调查和监督学生的学业成绩等，地方教育行政部门对课程实施的管理，直接影响着课程实施的水平。如果地方教育行政部门能够实行优先发展教育的策略，将课程改革置于核心地位，督导机制体现科学化，指引课程实施朝着科学的方向前进，这些体制的建立与完善，都将促进课程实施的高效推进。

2. 文化背景

文化是课程改革和课程实施的“精神气候”。学校的课程实施都有其背后的文化背景，课程实施的文化背景是指课程实施的价值取向和当地、学校及社区的历史文化。

“文化是人的本质力量的彰显，是人的生存方式。”② 因此，它无处不在。学校的课程实施离不开课程文化的建构与引领。已经形成的课程实施的价值取向，会继续影响后续的课程变革。如果之前的课程实施采取的是忠实取向，其后续的课程实施在很大程度上会继续延续这种取向；如果之前的课程实施采取的是相互适应取向，则后续的课程实施依然会鼓励实施者在积极主动地实施预定课程方案时，根据实际情况调整实施过程；如果之前的课程实施采取的是创生取向的实施模式，则后续的课程变革会依然支持让实施者成为课程开发者，主动开发其他课程资源，积极建构新课程。

地区、学校及社区的历史文化包括当地的多元文化背景、历史背景甚至流行的网络文化等。学校及社区的历史文化，是课程实施的历史限定因素。如果学校已有改革的历史文化，则会为课程改革提供良好的文化氛围，推动改革顺利进行，相反，如果学校缺乏改革

① 李方. 课程与教学基本理论［M］. 广州：广东高等教育出版社，2002：239.

② 怀特. 文化科学——人和文明的研究［M］. 曹锦清，等译. 杭州：浙江人民出版社，1998：3.

风气，或者在历史上积淀了一些不利于改革的因素，课程实施就会遇到各种阻力。如果所在社区具有优秀的历史文化要素，社区公民就会自觉积累出对学校课程变革的热忱和信心，对课程实施就十分有利。因此，要顺利推进课程实施，必须研究学校和社区的历史文化。

3. 外部协助

社会各界如新闻媒介、社会团体、学生家长的理解和支持，也可以成为推动改革的无形动力。新闻媒介的宣传，可以扩大课程实施的影响。社会各界的各种协助，也会有利于课程的实施。①

不可否认，随着社会发展和经济水平的提高，越来越多的家长不同程度地参与到课程实施中。现在的家长比以往任何时候更加关注孩子在学校里的表现，因此，家长已经成为影响课程实施的重要因素之一。家长对课程方案的认同感，会影响孩子在课业上的成绩。在新课程方案发布以后，如果家长对课程方案支持度高，他们就自然会积极配合学校活动，协助教师完成课内外活动，力所能及地提供活动需要的工具，家长的高度配合能够促进课程的实施。同时，如果家长关心、理解并支持课程方案的实施，课程方案就能更好地得到落实。由相关研究可以看出，家长对学校教育的参与越来越多，他们可以作为一方代表参与学校有关的课程决策，可以作为志愿者为学校提供教育服务，也可以成为教师的助手来到课堂帮助教学。总之，课程实施过程中越能争取到家长的理解与支持，取得的效果就越好。

影响课程实施的外部因素还包括社区、社会团体对课程改革的关注程度。学校教育与社区文化越来越紧密，互相渗透，彼此日益一体化。课程变革应自觉寻求与社区的整合，而不是孤立于社区之外。这种整合包括对社区文化的认同与适应，以及对社区文化的批判与超越。课程实施离不开社区的支持与配合，尤其当学校处在社区中心，课程活动需要社区提供场地与其他支持时，社区发挥着不可小觑的作用。社区拥有丰富的课程资源，包括博物馆、图书馆、科技馆、教育网络资源中心、少年宫等，这些课程资源都是课程实施的有力保障，可以为学校开展综合实践活动与研究性学习提供活动场地与活动资源。

当课程变革获得了学生家长的认可和社区街道的支持，获得了当地政治、经济、文化部门的协助，课程实施的成功概率就相对较大。

（二）内部因素

1. 方案本身的分析

课程方案本身对课程实施的成败有较大影响。课程方案本身包括课程方案的内容设计、清晰度、课程材料的质量、新课程对旧课程革新的范围与程度、课程方案的价值取向等。

① 曹霞. 影响课程实施的因素分析 [J]. 安徽教育学院学报，2002 (1)：107—108.

课程方案的内容设计与编排会影响课程实施。课程内容是以学生的学情、学生心理发展顺序为原则进行设计和编排，还是以设计者主观对学科内容的认识顺序进行设计和编排，将直接影响方案的质量。另外，课程内容是以问题型知识为主，还是以抽象型知识为主；是以知识传授为主，还是以能力训练为主，这些理念都将折射到课程内容的选择和设计上，从而直接或间接地影响课程方案的实施。

如果课程方案的清晰程度不够，教师就会感到含糊不清，不知道课程方案想要传达的核心要旨是什么，也就不知道应该做些什么。为了避免出现处理不当的情况，教师就会有意地回避方案中不清晰的地方。

课程方案本身的复杂性，即课程材料的质量也影响着课程实施。材料的难度、实用性与学生接受水平之间的差距等，影响着教师对新课程的认识，也影响着学生学习的态度。

新课程对旧课程变革的力度和范围也会影响课程实施的质量。如果新课程改革的范围大、力度强，但是学校的配套跟不上、教师的理念落后，课程实施就会遇到阻力。

改革方案的实用性和价值取向也直接影响到课程实施的状况，如果改革本身符合教师的实际情况，能满足教师的要求，可操作性强，必然能得到教师和学校的认同，自然就能够得到较好的落实，相反则必然会阻碍改革的顺利进行。

2. 校长的认识与参与

学校是课程实施的机构，是把理想课程变为现实课程的主要场所，是教育活动得以落实的地方。校长是教师群体动力激发的关键，实施课程方案的第一步便是校长代表学校决定采用某一方案。再加上校长在确立学校的教育哲学上起着重要作用，校长在课程实施中的地位不容忽视。

有研究表明，校长的远见、理念、推动力和决策的一致性，均是促使教师实施课程创新的重要因素。① 校长对新的课程方案的理解与支持至关重要，作为学校领导人应该知道新的课程方案不仅是自上而下的课程实施，在某种程度上也可以锻炼教师，提高教师的素质，同时也是学校发展的一个好机会，应大力支持变革活动。

校长是学校的代表，在课程实施上，校长的参与非常重要。校长的参与主要体现在对教师的组织、争取当地教育行政部门及社会各界的帮助等方面。课程实施的成功，需要校长致力于学校合作性文化的建设，鼓励教职员参与业务进修，经常性地与教职员进行文化规范、价值和信念的沟通，增强个人责任感，与他人分享权力等措施。②

校长对课程方案的决策也直接影响课程的实施。校长在课程实施的过程中，要面对许多与课程有关的问题，要了解课程实施的背景、政府部门的指导方针甚至教学计划的确

① Hord S M，Hall G E. Three images：what principles do in curriculum implementation [J]. *Curriculum Inquiry*，1987 (1)：70.

② Fullan M G. *Successful school improvement：the implementation perspective and beyond* [M]. Buckingham：Open University Press，1992：85-86.

定、教学空间的改善以及教学环境的布置等。在实际课堂教学中，一些因素又经常会发生变化，如教学环境、学生情况等。作为一校之长，跟教师一样，也要依据不同的情况随时做出相应的专业判断。

3. 教师的能力与取向

教师是最直接的课程实施者，是课程实施的决定因素。教师自身的能力以及教师参与课程实施的态度取向对课程实施的成败起着关键性作用，没有教师积极主动的参与，哪怕是最微小的课程改革，都不可能获得期望的结果。能力与取向成为影响教师实施课程改革的两个重要方面。

能力是指教师具备的实施课程的知识和技能、技巧。课程实施是教师知识“重构”的过程，“重构”本身就对教师提出了较高的要求，教师需要在自己的原有知识基础上，在自己的能力范围内“重构”知识。教师的能力会直接影响到课程实施的结果。一方面，现代社会知识更新的速度加快，不断对教育提出新的要求，教师只有不断提高自己，丰富课程理论知识才能跟上社会发展的步伐；另一方面，新课程计划往往会对教师提出新的要求，教师也必须提高自己的课程实施能力，才能适应这种要求。因此，教师不仅要不断地更新自己的知识，更重要的是掌握更多的技能、技巧。教师在课程实施中的能力起关键性作用，特别是在课堂教学层面上。在课程实施中教师是知识的化身，文化的代表，凝聚着教育理念，体现着人文的关怀。每位教师都有自己的教学风格与能力，教师之间的素质也存在一定的差别。

取向即教师对课程实施的态度，面对一项新的课程计划，教师通常会产生三种反应：抵制、冷漠和接纳。如果教师认为新课程的实施会危及他们自身的利益，如地位、荣誉、能力等，他们就会产生忧虑与挫折感，从而产生抵制情绪；如果他们认为课程是由上级部门制定和决定的，他们只是被动的承担者与执行者，且实施成败与他们关系不大，他们产生的就是冷漠情绪；如果他们意识到了课程实施的重要性，并把自己看作实施的主体，课程实施的成败与他们的努力紧密相关，他们就会积极主动地参与到其中去。①

教师之间的相互支持与合作对课程实施的成败也有直接影响，如果教师不愿意通过合作去共同解决问题，课程实施就会停滞不前。此外，教师聘用制和校长聘任制的有效实施，可以增强教师和校长参与课程实施的紧迫感和积极性。教师队伍建设与发展体制的合理健全，也可以提高课程实施的质量。课程实施的主体是学校和教师，只有学校和教师对改革的目的、方法以及其他方面的有关问题形成了明确、清晰的认识，才能保证课程实施的顺利进行。

4. 学生的态度与行动

学生是课程实施过程中主要的参与者，课程实施应以学生为本。课程改革和实施的最终目标是实现学生的发展，离开学生的发展，课程实施将变成无本之木。同教师一样，学

① 曹霞. 影响课程实施的因素分析 [J]. 安徽教育学院学报，2002 (1)：107—108.

生对课程方案的理解和支持程度直接影响着课程实施的效果。首先，如果学生持支持态度，他们就会积极参与学校开展的各种课程活动，并能发挥自身的特长为课程实施提供有利的建议，促进课程实施；相反，如果学生持消极态度，他们就会认为学校的课程活动与自己无关，不愿意参与或拒绝参与各项活动。此外，课程实施应该关注所有学生的发展，如果把课程实施限定在部分学生身上，那么这种课程实施即使做得再好，也必定会失败。①

其次，学生的主动意识也很重要。过去的学校课程活动主要以教师为中心，学生的积极性与主动性被抑制，因此课程实施没有取得很好的成效。只有从以教师为中心向以学生为中心转变，鼓励问题的解决、创造性思维的培养，教会学生如何学习，课堂教学才会有成效。只有学生成为课程实施的积极响应者，才能与教师及学校的各种课程改革内容、形式、方法积极配合，推动课程实施的进程。

知识窗5－1

悬空课程

在课程实施过程中，会发生一个特殊现象，这就是“应该有”而实施中“没有”的反差。已经得到实施的显性课程与隐性课程，是“实有课程”；而“应有”但“实无”的课程，叫作“悬空课程”（null curriculum）。这一现象和概念是美国当代著名教育家艾斯纳首先提出来的。悬空课程，实际上是指课程价值理想与实际运行课程之间的悬空现象，包含三个层面。

第一，知识领域和社会文化应该进入课程的范围与实施课程的范围之间的差异，也就是一般意义上“应该教”与“已经教”之“差”。

第二，文件课程规定的范围与实施课程落实的范围之间的差异，也就是专门意义上的“规定课程”与“实施课程”之差。

第三，学生身心发展过程需要的完整内容与课程满足需要的不完整内容之间的落差。这是悬空课程的实质所在。

悬空课程的提出，开辟了另一条反向思考的方式，从“学校没有教什么”切入。这实际上是一场思考和解决课程问题的根本方式的变革。

［资料来源］黄甫全主编：《现代课程与教学论学程（下册）》，人民教育出版社 2006 年版，第 537 页。

① 李方. 课程与教学基本理论［M］. 广州：广东高等教育出版社，2002：242.

第二节 课程实施的基本取向、模式、阶段及策略

课程实施研究的重点之一是考察课程方案中所设计内容的落实程度。在课程方案的落实过程中，由于课程实施取向的不同，导致了课程实施的模式、策略选择以及实施过程中问题解决方式不同。

一、课程实施的基本取向

课程实施的取向是指对课程实施过程本质的不同认识以及支配这些认识的相应价值观。① 在课程实施过程中，由于持不同的教育价值观，相应地会对课程实施形成不同的认识，并会以不同的态度和方式参与课程实施。迄今为止，人们普遍认为课程实施存在三种基本取向，即忠实取向（fidelity orientation）、相互适应取向（mutual adaptation orientation）和课程创生取向（enactment orientation）。

（一）忠实取向

忠实取向即视课程实施为忠实地执行课程方案的过程。基于这一取向，衡量课程实施成功与否的基本标准是课程实施过程中实现预定课程方案的程度，即追求最大限度地依据课程计划的原本意图去实施课程。实施课程越接近预定的课程方案，则越为忠实，课程实施程度也越高；若与预定的课程方案差距越大，则越不忠实，课程实施程度越低。这种取向假设课程是既定的课程文件或产品，课程计划在设计上是完善的，课程实施是一个机械的、直线的过程。这种取向的课程实施在20世纪60年代很受欢迎，因为通过控制教师的课程行为、课程实施的效果，可以在学生的学习结果和课程计划之间建立联系，有利于评价最初的课程计划的优劣，从而提供反馈，改进课程计划。②

忠实取向的课程实施注重对预定计划的忠实执行。课程设计者扮演着专家的角色，负责为教师的课程实施提供建议和指导。教师扮演着忠实使用者的角色，他们不必对课程计划做出改变，只要忠实地落实课程计划，按照课程专家的指导如约执行即可。

忠实取向强调课程设计的优先性与重要性，强调事前规划的课程方案具有示范作用，教师应当一丝不苟地执行。如果教师不能忠实地实施课程，则认为前期投入的各种资源、时间和精力以及规划好的学校课程便前功尽弃了。课程实施的忠实取向要求教师必须忠实执行课程方案的每一细节、每一步骤，不给教师太多的弹性与自由发挥的空间。忠实取向

---

① 张华. 课程与教学论［M］. 上海：上海教育出版社，2000：335.

② 徐继存，周海银，吉标. 课程与教学论［M］. 济南：山东人民出版社，2010：205.

的基本假设是，如果教师课程实施的选择权不多，那么课程实施的方法就会越明确，课程实施就会越“忠实”。因此，忠实取向也被称为程序化取向，就是把课程实施过程看成是按程序忠实地执行课程方案的过程。忠实取向强调课程专家在课程变革中的重要地位。

忠实取向的课程实施适用于某些特定的课程情境，特别适用于课程内容较为复杂的新课程方案，或是学生的理解有赖于课程内容的特定安排，因此，课程实施的顺序有必要在事前加以规定。然而，课程的规范说明与行政命令规定可以规范课程科目知识的最小范围与最低成就标准，但无法硬性限制师生的最大选择范围与最高成就标准，更不应该限制师生对学习方法的选择。在实际操作中，课程实施往往无法完全按专家设计的意图进行，教师并不能完全忠实地“复制”课程内容，而且对教师行为的控制也消解了教师作为专业人员的课程自主权，教师很难创造性地实施课程。另外，这种取向对课程实施者的主动性认识不足，容易陷入机械主义和教条主义的泥潭。

当前我国处于“后课改”时代，应通过先进的课程实施条件，忠实地完成先进的课程实施方案，提高教师课程改革的知识与技能，进而循序渐进地转变为积极大胆地尝试其他动态的课程实施，使课程改革得到进一步的实施与完善。①

（二）相互适应取向

相互适应取向指在课程实施过程中，课程方案与学校情境之间相互适应的过程。这种取向包括两方面的内容：一是课程方案在学校或班级实施时，为适应具体的实际情况，对课程目标、课程内容以及组织形式与方法进行调整；二是学校或班级的实际情境为适应课程方案而发生改变。相互适应取向把课程实施看作课程设计者与课程实施者双方经过修正调整，采用最有效的方法以确保课程实施达到最大成效的过程。

坚持相互适应取向的课程实施者，认为课程实施是“协调中的变革”，强调课程实施是一个过程，在这个过程中课程实施者需要对课程方案做出修订以适应其自身的目的。该取向强调课程实施不是单向的传递与接受，而是双向的互动与改变。事实上，所有的课程方案在实施过程中都必须经过修正调整才能适用于特定的课堂情境，只有这样，学生的学习才能获得最大的效能。

与忠实取向不同，相互适应取向认为课程变革的实施过程不是预定模式的直接实现过程，而是一种“讨价还价”的过程。当实践者决定采用一项课程变革方案之后，他在实施过程中总是试图对既定方案加以改变，以适应自己的目的。富兰有句名言：“变革是一种过程（process），而非一个事件（event）。”② 课程实施中的相互适应现象是必要的，也是

---

① 严仲连，李容香. 超越课程实施的忠实取向——“后课改”时代课程实施的再认识［J］. 教育理论与实践，2017（10）：51—55.

② Fullan M. *The new meaning of educational change*［M］. New York：Teachers College Press，1982：41.

必然的。鉴于此，美国在20世纪70年代最先提出这一理念时，麦克劳林这样写道："课程计划本质上要求实施过程是应用者与学校情境之间的相互适应过程，即具体项目的目标和方法是由参与者本人最终加以具体化的。"①

相互适应取向的课程实施主要探讨两个问题：一是借用社会科学中新的方法和理论去发现课程实施中存在的问题；二是确定促进或阻碍课程按原计划实施的因素，特别是各种组织变量。忠实取向探讨影响课程按原计划实施的因素是为了提高课程实施对原计划的忠实程度，而相互适应取向则着眼于提高课程实施过程与预定课程计划相互适应的效果。②

相互适应取向认为，课程知识是广大的、复杂的社会系统中的一个方面，教师所创造的课程知识与专家所创造的课程知识同等重要，课程无论是从哪里创造出来，都必须在实施过程中进行调整，以求相互适应，这是课程知识的一个基本特征。与忠实取向不同，相互适应取向认为课程变革过程是一个复杂、非线性和不可预知的过程，因此教师都是积极主动的"消费者"，通过改进预定课程方案使其适合具体教育情境的需要，这是课程实施成功的基本保证。

相互适应取向关注对课程实施过程中社会情境因素的分析，借以揭示课程变革的深层机制。相互适应取向考虑了具体实践情境，如社区条件、学校情境、师生特点等对课程实施的影响，反映了师生的主动性、课程实施的复杂性、不确定性和过程性。与忠实取向相比，相互适应取向更符合课程实施的实际情况。

（三）创生取向

课程创生取向即把课程实施视为师生在具体的课堂情境中共同合作、创造新的教育经验的过程。课程不是既定的产品，而是教师和学生经验的总和。严格意义上来讲，官方设计好的课程方案仅仅是教师和学生进行创造的背景和材料，通过对课程资源的再创造，教师和学生实现发展和变化，随之带来的是课程本身的进步和发展。真正的课程并不是在实施之前就固定下来的，它是情境化、人格化的。

创生取向的课程实施与教学是内在地整合在一起的，教师实施课程的同时也是教师和学生创生课程的过程。因此，这种取向的课程实施淡化了学者专家的权威地位，教师和学生成为课程创生的主体。这一取向关注的是师生的课程建构问题，认为师生是课程的创造者，师生应当致力于课堂上自然发生的课程问题。因此，应特别注重课程实施中的意义阐释、文化背景与价值认同等。③ 课程创生取向强调"课程是实践"。课程不是被传递的教材或课表，不是理所当然的命令与教条，而是需要加以质疑、批判、验证和改写的假设，

---

① Mclaughlin M. Implementation of ESEA，title 1：a problem of compliance [J]. *Teachers college record*，1976 (1)：69-94.

② 张华. 课程与教学论 [M]. 上海：上海教育出版社，2000：332.

③ 靳玉乐，张良. 我国新课改以来课程理论的发展及其影响 [J]. 中国教育科学，2019 (5)：77—87.

是教师和学生的经验与课程的相互融合。

创生取向强调“教师即课程”，认为课程知识不是一件产品或是一个事件，而是“一个不断向前的过程”。虽然教师利用外部资源设计课程，并从专家那里获得了大量的指导建议，但是真正创生课程并赋予课程以意义的是教师及学生。教师和学生个性的成长与发展成为创生课程的附带成果，课程变革在完成“课程价值重构”的同时，也完成了对人的思维、感情、价值观的变革，因此，创生取向的课程实施不但是课程内容与资料的变革，更是人的变革。于是，教师和学生成为建构积极的教育经验的主体，课程创生的过程就是教师和学生持续成长的过程。

教师是决定新课程能否有效实施的关键角色。《基础教育课程改革纲要（试行）》和各学科课程标准的颁布，只是课程改革的第一步。随着基础教育课程改革的继续深化，中国学生发展核心素养的提出，标志着我国进入“指向核心素养的教育时代”。指向核心素养的课程发展要求教师基于核心素养、指向核心素养，结合具体的情境与需要，重建书面课程。教师要在两个层面参与课程对话：一是在更为宽泛的系统层面，对话核心素养的本质，明确指向核心素养的目标要求；二是在教学现场层面，对话学生认知逻辑和教学逻辑，探索如何通过学科知识内容的教学培育学生必备的核心素养。① 因此，教师必须转变角色，做一个学习者、反思者。当“每一个教师都成为课程设计者，每一间教室都成为课程实验室，每一所学校都成为教育社区”之日，也就是新课程得以落实之时。

由于创生取向强调教师和学生在课程开发中的创造性，重视教师和学生在课程制定过程中的作用，因此这一取向对教师和学生的要求都很高，推行的范围相对有限。事实上，课程实施的取向是进行理论研究时对具体课程实施活动的提升，在课程实践过程中不存在纯粹的忠实取向、相互适应取向或创生取向，很难绝对地把三者区别开来。

上述三种取向从不同侧面揭示了课程实施的本质，各有其存在的价值。从忠实取向到相互适应取向，再到课程创生取向，意味着课程变革从追求“技术理性”到追求“实践理性”，再到追求“解放理性”，体现了课程变革的发展方向。

二、课程实施的基本模式

由于课程实施的取向不同，课程实施的模式也有很大差别。这里选取两种比较有代表性的课程实施模式予以剖析，以深入理解课程变革与课程实施的本质。

（一）研究—开发—推广模式

在 20 世纪五六十年代的“新课程运动”中，许多国家都采用了“中心—外围”（center-periphery）的方式进行课程改革，即由某个“中心”编制课程，然后再直接提供

① 崔允漷，邵朝友. 试论核心素养的课程意义 [J]. 全球教育展望，2017（10）：24—33.

给散布于“外围”的学校使用。① 这类改革的过程大致如下：国家组织学科专家与课程专家针对具体的学科或课程问题进行研究，并根据研究结果设计出新的课程方案，然后再到学校中推广使用。

“研究—开发—推广模式”把课程改革看作由以下四个阶段按计划、线性展开的过程：(1) 研究，由专家建立某种教育理论，并将该理论作为课程变革的基本价值取向和指导原则；(2) 开发，将之前建立的教育理论运用于课程资源的开发过程中，根据理论设计新的课程方案；(3) 推广，将新开发的课程方案系统地传达给具体的学校与教师，供其在课程教学中使用；(4) 采用，学校与教师把获得的课程方案整合到学校课程中去，但是教师无权对课程方案进行修改或调整。

波斯纳（G. J. Posner）指出，这种“研究—开发—推广模式”（research，development and dissemination model）具有下列特征。

(1) 需要实施的技能假定为可以学习的（learnable）及可以特定化的（specifiable）；

(2) 课程方案由专家设计并使其臻于完美。由于假定课程方案能适合不同的学校情境，教师很少有机会进行现场修改（on-site modification）；

(3) 假定课程目标已得到课程开发者、教师和学生的认同，并且这些目标成为评价学生的主要依据；

(4) 评价课程的方法主要是心理测量式的，如成就测验或态度调查；

(5) 课程实施以“忠实”程度作为评估的基础，课程方案的使用者是变革的被动接受者（passive recipients）。②

“研究—开发—推广模式”把课程看作是一个线性的过程，但是这种模式指向的是课程变革的技术本身，而不是学校与课堂中的教学。教师在课程计划中成为被动“消费者”，教师需要按照课程开发者给定的目标进行课程实践。所以这种模式实际上是把课程变革过程看作一种工业生产线，先研制开发出新的“课程产品”，再在具体的教育情境中由教师进行“消费”。

“研究—开发—推广模式”曾获得广泛支持，但在实际的教育改革中并没有获得完全的成功，这是因为这种模式存在两个缺陷。第一，该模式假设教育改革是科学本位和技术驱动的，教师是专家所开发的课程计划的被动接受者，教学技术可以准确地从一个情境传递到另一个情境。基于这种假设所开发出的课程本质上是“排斥教师的”，因此在教育实践情境中很难被理想地付诸实施。第二，该模式线性化的四个步骤之间是分离的，导致这四者的功能日益专门化，每一个阶段都发展出自己的“专家群”，专家为教育改革中的问题提供了详尽的答案和解决问题的方略，而具体教育情境中的教

① 尹弘飚，靳玉乐. 课程实施的策略与模式 [J]. 比较教育研究，2003 (2)：11—15.

② 李子建，黄显华. 课程：范式、取向和设计 [M]. 香港：香港中文大学出版社，1994：85.

师则从未碰到过这些问题。①

（二）兰德变革模式

随着“新课程运动”的失败，学者们开始怀疑“研究—开发—推广”模式的合理性。他们认识到课程实施必须关注教师依据特定的教育情境对课程方案进行调适。除技术性因素外，研究者还应考虑学校情境、教师理解、意识形态等因素的影响。伯曼（Berman）与麦克劳克林（McLaughlin）在1973—1979年主持了对四项课程方案实施情况的研究，这项研究统称为“兰德变革动因研究”。该研究被认为是对所从事的大量教育革新的最具综合性的一次研究。② 研究结果表明，成功课程实施的特点在于它是一个相互调适的过程，若革新计划的发起者并不能恰当地处理地方政策和组织的情况，则会导致计划实施的失败。此外，直接应用教育技术并不是带来所期望的教育变革的有效途径；课程实施决定课程变革的过程和结果；成功的课程实施是以相互适应过程为特征的；课程变革的动因是课程专家、校长、教师等方面的相互适应。③

兰德变革模式的研究者认为实施变革的主要障碍在于学校的组织动力，因此他们强调在实施阶段给学校加入一些鼓励变革的组织变量。这一模式由以下三个阶段组成：（1）启动，变革领袖寻求所有可能参与变革的人（如教师、行政人员等）的理解和支持；（2）实施，新课程方案与学校组织之间相互调适，依据既定课程方案的特点、教职员工的能力、当地社区的性质以及学校组织结构，对既定课程变革计划做出适当调整，以适应具体教育实践情境的需要；（3）合作，设立一些程序，使课程专家、教育行政管理人员、教师、社区代表等密切合作。可以通过在职培训等途径，保证实施的方案得到必要的人力与财政支持。④

因此，兰德变革模式不再将注意力仅放于技术、行政权力等因素上，而是关心变革过程中教师的信念、理解、能力、学校与社区的情境等特征。波斯纳指出这一模式具有下列特征：（1）良好的教学知识是缄默知识（tacit knowledge），最好是教师间相互观摩学习，而非由外部的专家、顾问来界定和传授；（2）课程开发集中于本地的教师培训，外部生产的教材则放在次要地位；（3）课程变革并非由一套预设目标指引，而是由一套有关教师与教学、学习者与学者、学科内容与其潜在意义以及学校教育与社会政治力量的关系等信念指引；（4）评价方法不再拘泥于标准化、系统化等正规方法，其取向在于从师生的观点理

---

① Posner G J. *Analyzing the curriculum* [M]. New York：McGraw-Hill，Inc.，1992：218.

② Fullan，Michael，Pomfret，Allan. Research on curriculum and instruction implementation [J]. *Review of educational research*，1977（1）：355-397.

③ Snyder J，Bolin F，Zumwalt K. Curriculum implementation // Jackson P W. *Handbook of Researchon Curriculum* [M]. New York：Macmillan Pub. Co.，1992：413.

④ Ornstein A C，Hunkins F P. *Curriculum：foundations，principles，and issues* [M]. New Jersey：Englewood Gliffs：Prentice Hall，1988.

解课程；（5）课程实施是教师多元诠释（multiple interpretation）的过程，他们会综合多个侧面的认识来讨论课程变革。①

三、课程实施的阶段

课程变革从推行到取得成效通常分为三个阶段：第一阶段是课程采用阶段，即做出使用课程方案的决定，也可称为“起始与适应阶段”；第二阶段是课程方案的具体实践过程，在实践中不断检验课程的好坏，因此被称为“实践与检验阶段”；第三阶段是课程方案趋向稳定并走向常规化的过程，因此被称为“稳定与常规化阶段”。②

（一）起始与适应阶段

起始与适应阶段是决定采用某一课程方案，制订实施计划，并在实施学校进行发起、动员参与的阶段。起始阶段是课程实施的关键阶段，因为“好的开始是成功的一半”，在课程变革开始阶段做好奠基工程，将有利于课程变革的顺利推进。起始与适应阶段需要完成的重要工作包括，课程方案的选定和采用，引导课程参与者的高度参与，及时调整适应课程实施的现状。

课程方案的选定和采用，即通过比较众多课程方案，选出符合自己教育目标的课程方案，并最终采用的过程。在这一过程中，最好有教师、学生、家长等共同参与，民主商议哪种课程方案入选并做出最终决定。

引导课程参与者的高度参与，即在实施学校对教师、学生、家长、教育行政人员进行动员，鼓励他们积极参与到课程实施中去，只有全体参与者都参与到课程实施的过程中来，激起师生参与的热情与欲望，课程方案才能真正落实。

课程方案在实施之初，通常会出现不适应现状的各种问题，这时就需要采取必要的措施，找到解决问题的办法，使其适应当前的现实情况，这样才能更顺利地走入下一个阶段。

起始与适应阶段一定要注意课程方案的方向性与可行性。只有课程方案符合学生发展的要求，能够激励教师与学生，方案本身明确而清晰，内容具体，符合学校的客观实际，才能真正得到落实。同时，也要考虑课程方案是否具有创新性，若只是旧方案的复制与重复，就会造成人力、物力、财力的浪费。

（二）实践与检验阶段

实践阶段是课程实施的中心环节，是将课程方案付诸实际行动的过程，也是将设想变

① 李子建，黄显华. 课程：范式、取向和设计［M］. 香港：香港中文大学出版社，1994：56.

② 施良方. 课程理论——课程的基础、原理与问题［M］. 北京：教育科学出版社，1996：129.

成现实的过程。实践阶段没有落实好，再好的方案也将是一纸空文，毫无意义。课程方案的具体实施为后来的稳定与常规化提供了依据。

实践与检验阶段包括：（1）建立和健全学校的组织机构，对学校的人力、财力、物力做合理安排；（2）安排实践工作进程；（3）说明实施方案中实践环节的要求；（4）提出具体实践措施和步骤；（5）协调各方面影响因素。①

把课程方案付诸实践之后要及时检验方案的质量与实施效果，通过与教师、学生、校长、家长以及教育行政部门的沟通获得他们对于当前课程实施阶段的意见与建议。对课程实施进行总结与反思，能使人们重新认识和理解课程改革的本质，反过来课程改革成果与经验的总结也会引发人们对课程实施的进一步关注。②

（三）稳定与常规化阶段

经过上述两个阶段后，课程实施进入了稳定与常规化阶段。这一阶段，课程实施主体获得了丰富的经验资料，经过课程评价后，将有用的、行之有效的做法，用条文的形式进行规范，并把这种规范常规化，指引接下来的课程实施，同时也为将来实施新的课程方案提供范例参照。

稳定与常规化阶段一般包含对有关课程实施的各种制度的确定，如有关课程方案的制度、有关课程实施的制度以及课程评价的制度等。制度的确定意味着课程方案的实施一定要遵循科学、系统、可操作性的原则。科学，即制定的相关制度要从课程实际出来，遵循教育教学规律，符合学生的发展特点；系统，即课程相关制度要与国家的教育制度、地方的教育制度以及学校其他规章制度相衔接，不能出现相互矛盾的地方；可操作，即制定出来的制度是可行的，能够与本校的实际情况相结合，易于把握和操作。

四、课程实施的策略

国外课程理论在课程策略的研究方面已经累积了丰富的成果，我们有必要借鉴国外课程理论，以获得对我国新课程改革的启示。麦克尼尔（J. D. McNeil）提出了三种课程实施策略：自上而下策略、自下而上策略和自中而上策略，这些策略考虑到课程改革可能由不同层面的（国家的、地方的、学校的）教育机构发起，因而更贴近具体的教育情境。

（一）自上而下策略

自上而下策略（top-down strategies）的技术性很强。这种课程变革是由国家或地方

① 李方. 课程与教学的基本理论［M］. 广州：广东高等教育出版社，2002：246.

② 马云鹏，金轩竹，白颖颖. 新中国课程实施70年回顾与展望［J］. 课程·教材·教法，2019（10）：52—60.

一级的教育机构发起的，在实施中强调学校中的其他因素与变革相一致，否则这种技术上的变革难以进行或持续。这种策略又可表现为两种形式。一种是研究与发展模式，它类似于前面提到的“研究—开发—推广模式”，是国家或地区性课程改革中普遍采用的策略，强调国家或地区等上层机构要创设条件使学校管理者与教师充分认识改革的价值。另一种是多因素策略，与研究—发展模式关注课程实施中的技术因素不同的是，该策略更多地关注政治的、社会的与经济的因素，主张通过利用三种组织要素——社会准则、教师意念（perceptions）与技术来克服单因素变革的局限。因此，这种形式比“研究与发展模式”更进了一步。

（二）自下而上策略

在自下而上策略（bottom-up strategies）中，变革机构试图通过教师检视学校中的问题，由此成为革新者而引入变革，因此作为个体的教师是变革的发起人。该策略典型的例子是“整合发展策略”与“教师作为变革动力”（teacher as agents of change）。“整合发展策略”主张处理教师当下关心的问题，借此发动学校系统内的组织变革。这种方式认为课程变革必须消除教师的疑虑，首先要帮助教师识别与分析问题，然后促使其采取变革行动。“教师作为变革动力”的策略最初由塔巴提出，她认为课程编制应始于教师对教学单元的设计，这将为其以后进行全面的课程编制奠定基础。

（三）自中而上策略

与前两种策略相比，自中而上策略（middle-up strategies）选择了一条中间路线。它认为从上至下的策略过多地依赖于外部的奖赏，从下至上的策略又必须以个人或群体倾向改革为前提，然而事实上学校文化总是相对保守的，不愿主动变革。该策略主张学校是发起变革的最佳机构，学校要成为课程实施的主体，一方面联合校外人士推广革新，另一方面创造有利条件，促使教师参与变革。自中而上的策略要求课程实施着眼于学校整体的发展，尤其是着眼于发挥教师的重要作用，并对教师提出了一些新的要求。例如，把教师置于核心位置，关注来自于校外的信息和思想，通过宣传促进新思想的推广，为教师创造交流机会，促使他们的认知发生改变和发展，以推动新观念的广泛传播。

知识窗5－2

钦与本恩的课程实施策略

关于整体的实施策略，钦（R. Chin）与本恩（K. D. Benne）认为有以下三种基本类型。

1. 实证—理性策略（empirical-rational strategies）

该策略相信人是理性的，只要使实施者相信改革是合乎理性的，他们就会服从并加以实施。它强调实施者的能力与主观上要求改革的迫切程度。因此，采用此模式的关键在于澄清实施者对改革必要性的认识，同时对他们进行培训以增强其效能。该策略最具代表性的例子就是“研究—开发—推广模式”，曾普遍运用于20世纪五六十年代的“新课程运动”中。

2. 权力—强制策略（power-coercive strategies）

该策略要求个体遵从那些制度高位者的意愿。尽管学校教育中很少直接采用这种策略，但是我们可以经常看到那些高位者通过提供各种物质的或符号的奖赏，强迫人们接受新计划。采用这种策略的人，往往利用自身的制度优势，通过法律或行政命令，迫使无权势的一方顺从。

3. 规范—再教育策略（normative-reeducative strategies）

该策略同样基于人的理性和智能，但与实证—理性策略的基本假设有很大不同。实证—理性策略认为人的智能是纯个人、心理的现象，改革是一系列合乎理性的活动依照线性序列展开的过程。规范—再教育策略则视人的理智为社会、文化的产物，受其态度、信念、价值观以及所处情境、人际互动的影响，并由此引起行为的变化。这就增加了改革过程中的不确定因素。

钦与本恩的观点为我们分析众多的课程变革现象提供了一个框架，但是由于这种分类方式所依据的是人性论、政治学方面的不同假设，因此往往显得过于抽象。

［资料来源］Chin R，Benne K D. General Strategies for Effecting Change in Human Systems // Bennis W G，Benne K D，Chin R. *The Planning of Change* ［M］. 4th ed. New York：Holt，Rinehart and Winston，1985：22-25.

第三节　教学设计

加涅曾说：“教学设计是一个系统化规划教学系统的过程。”在课程实施过程中，教学设计对课程有效实施具有重要影响。

一、教学设计的含义与特点

（一）教学设计的含义

1900年，杜威明确提出把对教学活动的设计作为学习理论与教学实践之间的桥梁。①第二次世界大战期间及之后，由于对培训和有效教学持续增长的需要，人们开始使用教育

① 靖国平，邓银城. 课程与教学论教程［M］. 武汉：华中科技大学出版社，2012：68.

技术和教学系统设计这两个词。① 20 世纪 60 年代后期，教学设计便成为一个专门的研究领域。

所谓设计，就是“为了实现预定的目标，预想今后可能会出现的情况，并观念性地操作构成要素，明确整体和部分之间关系的行为”②。《现代汉语词典》中对设计的解释是，“在正式做某项工作之前，根据一定的目的要求，预先制定方法、图样等”③。由此可以知道，设计是在活动前为了达到预期目标和获得理想效果而进行的一种有目的的活动。

什么是教学设计呢？按照《教育技术国际大百科》的提法，教学设计存在着五种交替的概念：“艺术过程”的概念；“科学过程”的概念；“系统工程方法”的概念；“问题解决方法”的概念；“强调人的因素”的概念。这五个概念并不是割裂的，它们是在不同阶段、从不同侧面、不同角度描述教学设计的过程，并在教学设计发展历程中交替和统一。④ 赖格卢特（C. M. Reigeluth）在《教学设计是什么及为什么如是说》一文中对教学设计一词做了解释，他认为教学设计是一门涉及理解与改进教学过程的学科。对于任何设计活动而言，它的宗旨和目的都是提出一种能够达到预期目的最优途径。加涅在《教学设计原理》中界定教学设计为：“教学设计是一个系统（systematic）规划教学系统的过程。教学系统本身是对资源和程序做出有利于学习的安排。任何组织机构，如果其目的旨在开发人的才能，均可以被包括在教学系统中。”⑤ 梅里尔（Merrill）等人将教学设计定义为：“教学是一门科学，而教学设计是建立在这一科学基础上的技术，因而教学设计也可以被认为是科学型的技术。”⑥ 乌美娜认为：“教学设计是运用系统方法分析教学问题和确定教学目标，建立解决教学问题的策略方案、试行解决方案、评价试行结果和对方案进行修改的过程。它以优化教学效果为目的，以学习理论、教学理论和传播学为理论基础。”⑦在教学设计的研究领域中，赖格卢斯等学者也明确提出：“教学设计是理论与实践之间的联系科学，因为它的主要意图是规定最佳教学方法，因此，教学设计主要是关于提出最优教学方法的处方的一门科学，是对如何为更好地帮助人的学习与发展提供清晰指南的一种理论。”⑧

由上可见，学者们对教学设计的界定主要是基于两个视角，一是从教学的视角，一是从技术的视角。前者认为教学设计是教学活动的系统规划与安排；后者认为教学设计是建

---

① 诺伯特·M. 西尔，山尼·戴克斯特拉. 教学设计中课程、规划和进程的国际观［M］. 任友群，等译. 北京：教育科学出版社，2009：5.

② 王辉，等. 学校教育技术操作全书［M］. 北京：经济日报出版社，1999：577.

③ 中国社会科学院语言研究所词典编辑室. 现代汉语词典［M］. 北京：商务印书馆，2016：1153.

④⑦ 乌美娜. 教学设计［M］. 北京：高等教育出版社，1994：16—19，11.

⑤ R. M. 加涅等. 教学设计原理［M］. 皮连生，庞维国，等译. 上海：华东师范大学出版社，2004：2.

⑥ 盛群力，李志强. 现代教学设计论［M］. 杭州：浙江教育出版社，1998：3.

⑧ 约翰·D. 麦克尼尔. 课程：教师的创新（第三版）［M］. 徐斌艳，陈家刚，主译. 北京：教育科学出版社，2008：13.

立在教学科学基础上的一整套技术。① 事实上，作为一个相对独立的研究领域，教学设计有其自身的内在规定性。教学设计在教师教学的过程中起到了预设和准备的作用，它既是教师教学的预设方案又是学生学习和解决问题的方案，还是师生双方在教学上互动的预案。更重要的是它能够帮助教师落实教学理念和指导教学行为，是课堂教学的蓝本，能够提高课堂教学效率、促进学生全面发展。

可见，教学设计是对预设教学现象出现问题的一种系统改进的过程。教师在现代教学中综合运用教育心理学、传播学、教学媒体论等理论与方法，在分析教学中的问题时，提出教学中的目标，构想设计达到目标的策略，并对这些策略和试行的结果进行评价，在评价的基础上改进原来构想的一个过程。即为达到教学目标，对于教什么、怎么教以及达到什么结果进行策划。②

教学设计的根本任务在于创设一个有效的教学系统，通过运用系统方法，解决教什么、怎么教、教的怎么样的问题。教学设计是对教师、学生、教学内容、教学媒体、教学环境等要素进行符合教学规律的安排。为了完成一定的教学目标，对教学过程进行一种预设，包括分析教学问题、设计解决方法、实施解决方法、评价实施结果等环节。

（二）教学设计的特点

在教学实践中，为实现不同的教学目的会有不同的教学设计，但不同的教学设计也会体现出一些共同的特点，包括系统性、科学性、创造性、操作性。

1. 系统性

教学是由多种教学要素组成的一个复杂系统，教学设计则是对这些教学要素的系统组合与安排。以系统科学方法指导教学设计，这是科学的教学设计与实际经验的教学设计之间的主要区别。无论是宏观教学设计，还是微观教学设计，都强调系统方法的运用，无论教学设计指向什么样的教学目标，都必须全面、周密地考虑、分析每一个教学要素，使所有的教学要素在达成一致的教学目标的过程中实现有机的配合，成为一个完整的统一体。③ 教学设计过程的系统性决定了教学设计要从教学系统的整体功能出发，综合考虑教师、学生、教材、媒体等各个要素在教学中的地位和作用以及相互之间的联系，逐步形成最优方案，并在实施中取得最好的效果。

2. 科学性

教育首先是一门科学，教育要以科学的精神和态度去处理教学事务。它的目的是培养人，教学设计就是为更有效地把知识传授给学生，提高学生素质服务。教学设计要符合教育学及相关学科的科学理论，才能达到培养人的目的。教学设计是直接作用于学生，直接

---

① 杨小微，张天宝．教学论［M］．北京：人民教育出版社，2007：326—327.

② 李桂燕．“语文感悟学习”教学设计探索［D］．济南：山东师范大学，2004：4.

③ 田慧生，李如密．教学论［M］．石家庄：河北教育出版社，1996：290.

关系到人的素质培养的问题。因此，教学设计的整体应该是严谨周密的，每一个细节都应该是一丝不苟的，因设计不严密而产生的漏洞和错误，既会浪费教学时间，又达不到教学效果。

3. 创造性

教学设计作为设计科学的子范畴，既有一般设计活动的基本特征，同时由于教学情境的复杂性和教学对象的个体差异性，又有自身的独特性。为实现同一教学目标，教师可能设计出不同的教学方案。墨守成规、枯燥呆板的方案是很难把教学双边活动统一起来的。设计是一种创造，不是简单的“工匠活”，这就决定了设计活动是在特定的理论指导下的应用活动，是对学习理论、教学理论等的综合与创造性运用。因此，在实践中我们既要依据教学设计理论来进行教学设计，又不能把理论看作教条，而应该在实践中创造性地运用、发展教学设计理论。

4. 操作性

教学设计是对教学活动的每个环节、每个步骤的预演，这就要求教学设计中的每个环节都要经过周密考虑，仔细策划，让教师在实际授课过程中易于操作。教学设计为教学理论与教学实践的有效结合提供了现实的结合点，是把抽象的理论变成具体的操作规范，是教师组织教学的可行依据，既有一定的理论色彩，同时又指向教学实践。教学设计中各类教学目标被分解成具体的、操作性的目标，教学设计者对教学内容的选择、教学方法的运用、教学时间的分配、教学环境的调适、教学评价手段的实施都做了具体明确的规定和安排，这些都体现了教学设计的可操作性特点。①

二、教学设计的基本环节

教学设计是对教学活动进行系统规划、决策的过程，其主要理论基础有学习理论、教学理论、系统理论和传播理论等，每一种理论都从不同的角度对教学设计的形成与发展产生了重要的影响，其中学习理论是四种理论中最重要的理论基础。尽管教学设计过程模式种类繁多，但通过对其理论基础进行认真分析，本书认为教学设计不管是在什么范围内设计，设计者遵循的基本设计原理和过程都是大体一致的，通常包括以下几个环节（如表5-1 所示）。

表 5-1　教学设计的环节

教学目标分析	分析教学任务，确定教学内容及知识点顺序
学习内容分析	分析教学过程中涉及哪些相关知识、技能，以及学生需要什么样的知识、技能与态度才能进行学习

① 田慧生，李如密．教学论［M］．石家庄：河北教育出版社，1996：289．

续表

学习者特征分析	确定教学起点，包括学生的原有知识水平、技能、学习动机等，以便因材施教
教学方法、策略分析	考虑如何实现学习目标或教学目标，解决“怎么学”和“怎么教”的问题
教学媒体分析	根据相应的教学方法与策略的需要，考虑选择和应用何种教学媒体
施教评价分析	在教学过程中开展形成性评价，根据形成性评价的反馈对教学内容与教学方法、策略加以调整

（一）教学目标分析

教学是一种有目的的促进学生身心发展的活动，因此，进行教学设计首先必须确定教学的预期目标，教学目标制定的依据可以来自很多方面，比如，班级学生的整体状态、个别学生之间的差异等。教学目标分析，就是根据班级及学生的实际情况来分析确定教学目标。教学目标分析主要依据各学科的课程标准，从知识与能力、过程与方法、情感态度与价值观三个维度对教学目标进行规定。① 教学目标分析容易出现的问题是教学目标理解片面化，即片面关注某一维度的目标，例如，过于突出认知目标而忽视其他目标。在应用性知识目标的分析上，较少考虑教学内容与社会生产、生活的联系，较少考虑对学生创新精神的培养。在当前多元社会发展的背景下，教学目标分析与设计应确立综合发展的要求，既有学习者在认知领域也有在操作领域目标的达成，既有在情感发展方面也有在心理道德等方面的目标。

（二）学习内容分析

学习内容分析是为了通过不断细化学习内容，确定各内容适合用什么教学形式或策略来表现。学习内容分析包括厘清教材知识体系、确定知识点、确定重点和难点等。知识体系是指各个知识点之间的相互联系，学习内容分析首先要对某一知识体系在整本教材的位置以及这一知识体系的内在关系进行分析，找到知识体系的结构主干，明晰知识导图中各分支知识的关系，这样才能为本教学内容的设计提供准确的定位。厘清教材知识体系应依托于课程标准、教材、教师用书中的相关要求来确定。厘清教材知识体系后，就要确定知识点。知识点也是教学要点，是某一教材单元内相对独立的知识要素，知识点在教学设计中具体体现为概念、原理以及技能。原则上知识点是不交叉、不重复的。最后是确定重点和难点，重点是知识点中相对重要、需要集中精力进行解决的问题，难点是具有一定难

① 李允. 课程与教学论［M］. 北京：北京大学出版社，2015：111.

度，需要一定的策略与方法才能解决的问题。学习内容分析，本质上是确定学习的广度和深度。

（三）学习者特征分析

学习者特征是指学习者具有的生理、心理和社会特征，包括年龄、性别、认知能力、学习动机、学习风格等特征。① 教学的对象是学生，学生是教学活动的主体，学校中的一切教学活动都是围绕着学生的学习活动进行的，因此，只有全面分析学生，才能有针对性地设计教学活动。不同的学习者，存在不同的个体差异。分析学习者特征，就是分析学生在认知水平、学习能力、学习动机以及学习态度、学习风格等方面存在哪些差异。这些差异是设计教学进程、实现教学目标的基础，也是教学设计的关键环节。

2001 年新课程改革以来，对学生的角色定位发生了根本性转变。核心素养提出后，更需要对传统学生观做出反思。“核心素养”既不是简单的知识技能，更不是单纯的兴趣、动机、态度，而是运用知识技能解决现实问题所必需的思考力、判断力、表达力及人格品性。它颠覆了对学习者的被动假设，突出了学生在学习过程中的主体地位，重视学习者自身经验对课程设计与实施的重要价值，强调学生、教师、课程与社会情境的有机融合。② 教学过程中，教师应把学习者的共同特征作为教学的起点状态，并以此作为在集中教学阶段选择教学方法、设计教学过程的依据，同时把学习者的差异作为因材施教的考虑因素，以此作为制定个别化学习策略、进行个别辅导的依据。

（四）教学方法、策略分析

教学目标确定之后，就要根据已定的教学任务和学生的需要，选择合适的教学内容、教学方法，确定适合的教学策略。教学方法是为完成教学任务而采用的方法，包括教的方法和学的方法，是教师和学生在传授、掌握知识过程中共同活动的方法。在教法的选择上要充分考虑到教学方法是否能够帮助学习者更好地学习知识。在学法的选择上要充分考虑如何指导学习者更有效的建构知识体系、更新知识结构、调控学习状况。教学策略是根据已定的教学目标与教学任务，有针对性地选择与组合相关的教学内容、教学方法、教学媒体、教学组织形式等。具体包括，如何组织特定的教学内容，如何安排教学顺序，选用什么样的教学方法和教学形式，用什么方式和方法为学生呈现教材，怎样提供学习指导，等等，主要解决的是“如何教，如何学”的问题。

（五）教学媒体分析

教学媒体是传递教学信息的工具，沟通教师的教与学生的学两个方面。随着现代信息

---

① 周兴国，段兆兵. 课程与教学论［M］. 合肥：中国科学技术大学出版社，2012：200.

② 李煜晖，李倩. 基于核心素养的高中语文课程设计与实施［J］. 中国教育学刊，2019（3）：6—11.

技术的发展，教学媒体的内涵也越来越丰富，既包括粉笔、黑板等传统媒体，也包括各种现代的电子媒体。在选择教学媒体时应充分考虑到以下几个方面的因素：

（1）教学目标，即应首先考虑媒体的使用是否有利于达成特定的教学目标，是否有利于目标的实现；

（2）教学内容，即教学内容的性质与特点是选择何种媒体的依据，不同特点的教学内容应选择相适应的媒体；

（3）教学对象，学习者的年龄特点、认知程度以及学习的实际需要，都是选择教学媒体时要考虑的前提，通过符合教学对象特点与要求的教学媒体来激发学生的学习兴趣，发挥他们的学习潜能。

（六）施教评价分析

在完成以上各环节的设计后，开始进入教学实施阶段，在这一过程中，师生共同参与，共同完成教学任务。教学评价是检验教学效果和调整教学过程的重要手段，应贯穿于教学活动的全过程。教学评价策略与教学评价方式的选择应能够验证目标的达成，当然“有效地测定学习目标的达成度并非易事，需要考虑多种因素。而且还要阶段性地重新评价，以确证所获得的知识、技能是否内化到学生的认知结构中，所养成的情感态度是否持久”①。教学评价的功能还在于根据形成性评价得到的反馈对教学内容与教学方法、策略加以调整。例如，学习者通过教学评价来审视自己，对后续的学习活动做出相应的调整。教学评价的对象应是学习者的能力变化，而不是学习者的能力水平，所以教学评价应更具有人本精神，是基于学习者进步的评价。教学设计中，教学评价还要注意时机，注意考察教学的各个层面，同时教学评价形式的多样性也是应该重点把握的。

对上述基本过程的梳理体现出教学设计的四个基本要素，分别是：

（1）教学目标——教学所要达到的预期目标；

（2）教学内容——为达到预期目标，应选择怎样的知识经验；

（3）教学策略——采取何种策略与方法组织有效的教学；

（4）教学评价——如何对教学效果进行评价，获得反馈信息。

这四个基本要素是构成完整教学设计的必不可少的要件，无论做何种范围的教学设计，都必须考虑这四个要素。四个要素相辅相成，共同保证教学系统的整体性。

三、教学设计的内容与方法

教学设计的基本内容主要包括教学目标设计、教学内容设计、教学措施设计和教学评价设计。

---

① 高文. 现代教学的模式化研究［M］. 济南：山东教育出版社，2000：433.

（一）教学目标设计

教学目标设计是对教学活动预期所要达到的结果的规划，是教学活动的出发点和归宿，它是教学设计中的首要问题，是教学设计中最先要考虑的问题，对教的方式和学的方式起着决定和制约作用。设计教学目标的步骤为：

第一，钻研课程标准，分析教材内容；

第二，分析学生的已有状态；

第三，对教学目标进行分类；

第四，列出综合性目标；

第五，陈述具体的行为目标。

（二）教学内容设计

教学内容设计是教学设计的一项重要内容，成功的教学设计要求设计者以系统而生动的方式将教学内容组织起来。教学内容集中体现在教科书中，它所呈现的知识内容和知识结构必须经过教师的再选择、再组织、再加工，以符合教学的实际需要。科学的教学设计可以帮助学习者意识到所学内容的内在顺序，了解各部分内容与整体的关系。因此，教师必须重视教学内容的设计，一般需要对以下三类知识进行设计：

（1）陈述性知识——有关“是什么”的知识；

（2）程序性知识——有关“怎么办”的知识，涉及概念和规则的应用，即对事物分类和进行一系列运算、操作；

（3）策略性知识——处理的对象是个人自身的认知活动，是个体调控自己认知活动的知识。

（三）教学措施设计

教学措施设计是教学设计的中心环节，教学措施设计得科学、合理，才能实现高效的课堂教学组织。教学措施的设计范围较广，一般包括教学方法的选择与设计、教学媒体的选用、教学评价设计等方面的内容。

1. *教学方法的选择与设计*

中小学教师常用的教学方法主要有讲授法、谈话法、读书指导法、演示法、参观法、练习法、讨论法等。这些方法有各自的特点和适用范围，也都有各自的局限性。在实际教学中，要根据实际情况选择合适的教学方法。教师在选择和设计教学方法时应主要遵循以下几点要求：一是根据具体的教学目标、教学任务、教学进度和教学时间选择教学方法；二是根据学生的学习特点选择教学方法；三是根据教师的特点选择教学方法；四是根据现有的教学条件选择教学方法。教师要尽可能广泛地了解和提出可能的教学方法，以供选择。教师了解到的教学方法越多，就越有利于优化选择。此外，教师还应对各种教学方法进行比较，以便选择出最适合的教学方法。

2. 教学媒体的选用

教学媒体是教学的基本要素之一，是传递教学信息的工具，教学活动离不开一定的媒体的支持。教学媒体种类繁多，各种媒体的适用范围、特点和要求也不尽相同。教学媒体既包括语言、文字、粉笔、黑板等传统媒体，也包括幻灯、录音、录像、电影、电视和电脑等各种现代教学媒体。

在选择教学媒体时，要考虑媒体的使用是否有利于达成特定的教学目标，是否符合具体教学任务的实际需要，是否切合教学内容的性质和特点。同时，也要根据教学对象的特点选用教学媒体，针对不同年龄阶段的学生，就要选择适合他们的教学媒体，以激发学生的学习兴趣，发掘他们的学习潜能。此外，要依据媒体的技术特性选择教学媒体。一是要考虑不同媒体的技术特点和功能；二是要考虑所选媒体教师能否熟练地操作，以及运用媒体是否有助于发挥自己教学的特长。

（四）教学评价设计

评价是检验教学效果和调整教学过程的重要手段，主要目的是获取教学活动的反馈信息，检测学生的学习效果以判断教学是否达到了预定的教学目标。一般来讲，教学评价主要包括：确定评价的目的，即解决为什么评的问题；确定评价对象，即解决评谁、评什么的问题；分析评价目标与确定评价标准；选择评价方法与编制测量工具。

教学评价采用的具体方式也是多种多样的，如课堂提问、讨论、练习、作业和各种测验等。教师究竟采用什么评价方法，运用何种评价手段，还需要根据评价的目标、性质以及教学的实际情况而定。总之，全面、客观、公正、及时应当是设计教学评价时遵循的基本准则。①

四、教学设计的模式

教学设计理论形成过程中，各个流派的教学设计理论及相应的教学设计模式不断出现。依据教学设计基本取向的差异，可以划分出三类教学设计的模式，即行为主义的教学设计模式、认知主义的教学设计模式和建构主义的教学设计模式。

（一）行为主义的教学设计模式

行为主义理论是研究有机体行为的一个学习心理流派，包括从以华生为代表的经典行为主义和以斯金纳为代表的新行为主义。行为主义强调用刺激—反应来分析所有的行为，而且斯金纳认为人和动物的许多行为并非刺激与反应的简单联结，人在刺激—反应过程中能不断地改变自己的行为方式。因此，人类行为多数属于操作行为，而只有少数为应答性

① 田慧生，李如密. 教学论［M］. 石家庄：河北教育出版社，1996：330.

行为。

斯金纳把他的理论研究应用于教学上，制成了他的程序教学机器。程序教学就是把教学内容根据学习过程分解成许多小的项目，并按一定逻辑排列好。每一项目事先向学生进行解释，然后提出问题，当学生回答问题后，通过出示正确答案，使他们确认自己反应的正误。只有回答正确，才能进入下一个项目的学习。这种教学设计的特点如下。

第一，使学生始终处于活跃和积极的状态。学生利用程序教材和教学机器，进行相应的学习活动，学生面对每一个问题都要进行积极反应，因此学生学习的主动性很高。

第二，学生能得到及时的强化。学生在对每一个问题做出反应时，都使之了解回答问题的正误，有效地形成其行为，以便使学生及时调整学习。

第三，学生可以自定学习速度。此种模式的教学设计，学生可以自定步调，按符合自己能力和水平的速度学习。学生也可以根据自己的实际情况，掌握适合自己的学习速度。

行为主义教学模式的优点是能使学习者在学习中得到即时反馈，使学习者在每个项目的学习后都能得到强化，较好地适应了个体差异和多样化的个体需求。局限性是这种教学模式比较适合常识领域、规律性事物，而不适合涉及理解行为、带有判断色彩和认识过程的事物。

（二）认知主义的教学设计模式

随着心理学研究对象从简单行为转向认知过程，为教学设计研究进一步贴近现实的教学情境开辟了广阔前景。认知主义的教学设计是建立在认知心理学理论基础之上的。认知心理学有三个主要观点：将人的心理活动看作是信息加工系统；强调已有知识、认知结构对人的行为和认知活动的作用；重视各种认知之间的相互作用。

认知心理学的基本观点为教学设计提供了崭新的思路。认知主义的教学设计把教学看成是问题解决的过程，其中教学策略的选择与确定，重点在于引导学习者采用适当的策略和方法去解决具体情境中的问题；教学设计应根据不同对象、领域和目标进行不同的设计；强调学习者已有知识结构、学习情境的运用；旨在发展学习者的认知能力和水平。

认知主义教学设计模式的代表人物是布鲁纳。布鲁纳认为学习包括三个过程：习得新信息、转换与评价。“我们也许可把培养成绩优异的人作为教育的最一般目标，但是应该异常清楚上面这句话是什么意思。它在这里指的不仅要教育成绩优异的学生，而且要帮助每个学生获得最好的智力发展。”① 可见，在布鲁纳看来，人类的学习本质是一种认知生长、认知能力发展的过程。

在认知主义教学设计模式中，布鲁纳认为教学程序受多种因素影响，必须根据多种因素来制定，比如学生认知发展的状况，学习材料的性质，等等。此种教学模式的程序是：第一，选择能最有效地使学习者树立学习的心理倾向的经验；第二，以经济有效的方式安

① 布鲁纳. 教育过程［M］. 邵瑞珍，译. 北京：文化教育出版社，1982：30.

排教学顺序；第三，学习材料的呈现要与学习者的认知发展相适应；第四，规定学习和教学过程中奖励和惩罚的性质和步调。

可见，布鲁纳比较重视学习者的内在动机，提倡让学习者主动地操纵环境。基于认知发展理论的认知主义教学设计模式在学习、认知、信息加工等方面形成了新的研究和设计。

（三）建构主义的教学设计模式

随着人们对学习过程认知规律研究的不断深入，认知主义出现了新发展，或者说是一种新的变体——建构主义的教学设计模式应运而生。建构主义的教学设计模式以建构主义学习理论为基础。行为主义强调的是不涉及内在的行为变化，关注的焦点是通过重复直至自动化的一种行为的新样式。认知主义则是将研究的中心转向认知活动的信息流程，关注的是人对信息的选择、加工与存储。而建构主义是对客观主义的根本超越，强调人的心理表征与外部世界一样，知识是由个体建构的。建构主义学习理论主张，学习是学习者主动地建构内部心理表征的过程。学习过程不是从感觉经验本身，而是从对该感觉经验的选择性注意开始的。学习者总是以自身的经验来理解和建构新的知识和信息。

建构主义的教学设计模式提倡在教师指导下，以学习者为中心的学习，教师不再是知识的灌输者，学生也由外部刺激的被动接受者转变为信息加工的主体。此种教学设计模式具有六个特点：积极性、建构性、累积性、指向性、诊断性、反思性。建构主义教学设计模式是以学生为中心，在整个教学过程中教师是指导者、帮助者和促进者，帮助学生发挥主动性、积极性有效地学习。共包含五个基础程序：确定问题；协作学习；自主学习；协作学习；效果评价。

建构主义教学设计模式关注教学活动中学生的主体性作用，强调学生面对具体情境进行意义建构。它使人们重新认识了学习的性质、教师的作用和教学的本质，尽管现在还有争议，但是该模式必将是一场学习的革命。

知识窗5－3

ADDIE 教学设计模式

ADDIE 分别代表了教学设计中分析（analysis）、设计（design）、开发（development）、实施（implement）和评价（evaluation）五个不同的阶段，这五个阶段彼此之间相互联系、互为支持。

1．分析

（1）明确需求；（2）实施教学分析；（3）确定期望拥有的技能以及哪些技能会对课程学习产生影响；（4）分析学习时间的可利用性以及在规定时间里可以完成多少学习任务。

2. 设计

(1) 把课程目标转化成业绩成果以及课程的具体目标 (单元目标); (2) 确定要覆盖的教学主题和单元，以及每个单元和主题所要花费的时间; (3) 依据课程具体目标安排单元顺序; (4) 夯实教学单元，确定每个单元 (教学) 过程中需要完成的主要目标; (5) 对每个单元进行详细说明; (6) 提出如何评估学习者学会了什么的具体要求。

3. 开发

(1) 决定关于学习活动和学习材料的类型; (2) 准备学习材料和/或学习活动草案; (3) 向预期的学习者提供学习材料和活动进行试教; (4) 调整、提炼和制作学习材料和学习活动; (5) 开发教师培训或编制附属材料。

4. 实施

(1) 教师或学习者对学习材料进一步完善; (2) 必要时提供帮助和支持。

5. 评价

(1) 实施学习者评价计划; (2) 实施程序评价计划; (3) 实施课程维护和调整计划。

[资料来源] 马兰、张文杰主编:《教学设计》，高等教育出版社 2012 年版，第 22 页。

【案例 5-1】

《桂花雨》教学设计

北京大学附属小学　陈春霞

一、课文内容分析

这篇散文以“桂花雨”为题，给人以美好的遐想。伴随着阵阵芳香的桂花雨，我们与作者一起重温美好的童年时光，品味成长。

课文以“桂花”为主线贯穿始终，语言清新质朴，意味隽永，桂花雨是留在作者记忆中关于故乡最美好、最迷人的印象。全文可分三部分。第一部分为第一、二自然段，描写了作者小时候最喜欢桂花，喜欢它迷人的香气。第二部分为第三、四、五、六自然段，主要描写了作者与母亲和乡亲们一起摇桂花的情景，字里行间流露出浓浓的亲情和乡情。第三部分为第七、八自然段，描写了作者离开家乡后赏桂花，给母亲带桂花，时时想起故乡童年时代的“摇花乐”和“桂花雨”，字里行间弥漫着作者淡淡的思乡情怀和对故乡美好生活的回忆。

二、学情分析

五年级学生已有一定的识字量和独立的阅读能力。对于课文已具备一定的赏析能力，能够从文本中把握主旨，感悟作者所要传达的思想情感。本课是第一单元的第三篇课文，学生通过前两篇课文的学习，已为这篇课文的独立阅读，体会作者思念家乡的感情奠定了一定基础。本文是一篇散文，情感表达比较含蓄，如何让孩子读懂文本背后所蕴含的深深的思乡之情，有一定的难度。因此，在教学时，注重学生联系已有经验，采取角色扮演、对比感悟、多元对话、拓展阅读等方式引导学生在文字中体会作者浓郁的思念之情。

三、教学目标

1. 认识“箩、杭”两个生字，会写“懂、兰”等十个字，会写“桂花、懂得”等四个词语。

2. 有感情地朗读课文，能说出桂花给“我”带来的回忆。

3. 借助相关语句和资料，体会作者借桂花表达的感情。

四、教学重点和难点

1. 抓住主要内容和重点句子，体会作者的思想感情。（重点）

2. 理解文中第四自然段和第六自然段中两个“浸”字的不同含义。（难点）

3. 体会“这里的桂花再香，也比不上家乡院子里的桂花”的深刻含义。（难点）

4. 通过理解词句的意思，体会作者是怎样表达自己的思想感情的。（难点）

五、教学过程

第一课时

（一）谈话引入，揭示课题

1. 同学们，每个人都有自己美好的回忆，回忆往事是一种享受，你们平时也会回忆自己美好的往事吧？谁想和大家一起分享？今天，让我们一起走近作家琦君奶奶，一起重温她美好的童年往事，一起欣赏桂花雨，感受那份浓浓的乡情。（板书课题）

2. 读着课题，你产生了怎样的联想？让我们深深地吮吸一下桂花迷人的香气，美美地读一读课题。

【设计意图】通过让学生回忆自己的美好往事来丰富他们的情感体验，调动阅读的积极性，激发学生学习的兴趣。

（二）了解桂花，走近作者

1. 你们见过桂花吗？能说说你了解的桂花吗？

（1）学生汇报后，教师出示桂花图片，补充介绍。

桂花是常绿灌木，高度可达 15 米。树冠可达 2—3 米，卵圆形，树皮粗糙。叶面光滑，硬革质，对生，椭圆形或长椭圆形，幼叶边缘有锯齿。花簇生，有乳白、黄、橙红等色，香气极浓。桂花的品种很多，常见的有四种：金桂、银桂、丹桂和四季桂。果实为紫黑色核果，俗称桂子。桂花叶茂而常绿，树龄长久，秋季开花，是我国特产的观赏花木和芳香树。

2. 因为桂花的花香持久，沁人心脾，历代文人墨客经常会用美好的诗词歌颂它。你们读过哪些有关桂花的名句？

3. 同学们，作家琦君奶奶也久久难忘家乡的桂花，久久难忘和同学们一样年纪时感受过的——学生齐读课题。

4. 大家看（出示课件），这就是作者琦君，她是我国台湾当代著名作家，她的作品深受海内外读者的欢迎，被誉为“台湾文坛上闪亮的恒星”。

（三）检查预习，整体感知

1. 自读课文，要求：

（1）读准字音，认清字形；

（2）边读边想，联系上下文读懂生字，理解词语意思。

2. 检查自学效果。

（1）出示生字，指名说说是怎么记住的。

懂　兰　箩　婆　糕　饼　浸　缠　茶　捡

（2）指名读生字词，及时正音。

桂花　懂得　糕饼　茶叶　木兰　沉浸　杭州　欣赏　姿态　几大箩

3. 齐读生字及带生字的词语。

4. 全班交流对词语的理解。

5. 指名分段读课文，指导读好课文内容，指导读好长句。

6. 默读课文，边读边思考：课文主要写了一件什么事？

【设计意图】帮助学生养成良好的预习习惯。

（四）学习第一、二自然段，感知“桂花香”

1. 桂花雨是天上落下来的雨吗？那是什么雨呢？桂花落下如雨给人带来什么样的感受呢？（预设：美丽、开心）

2. 说到桂花，给我们留下最深刻的印象是什么？（预设：香）那么桂花雨就更香了。当我们沐浴在这香喷喷的桂花雨中，心里感到怎么样呢？

3. 你们见过桂花树吗？课文第二自然段中，哪些句子可以用来形容这些桂花树呢？请你勾画在书上。

出示句子：“桂花树的样子笨笨的，不像梅树那样有姿态。不开花时，只见到满树的叶子；开花时，仔细地在树丛里寻找，才能看到那些小花。”

（1）作者说“桂花树笨笨的”，是一种什么样的感受？

（预设：从“笨笨的”体会出作者心中那份掩饰不住的亲切与喜爱。）

4. 是呀，桂花树的样子笨笨的，不开花时，只见到满树的叶子。开花时，也只是很小很小，得仔细地在树丛里寻找，才能见到金黄而又细小，朴素而又淡雅的小花，可作者喜欢的就是桂花，这是什么原因呢？

（1）出示句子：“可是桂花的香气，太迷人了。”

（2）迷人是什么意思呀？是啊，桂花这醉人的香味令作者难以忘怀。一起读读，试着读出桂花迷人的清香！

【设计意图】引导学生从一个词、一句话来感受语言文字的生动灵性，学生在细细品读的同时，深入体会文本，从中体会作者的情感。

（五）指导书写生字。

1. 重点指导：懂、浸、缠三个字。

第二课时

（一）简洁入文

1. 同学们，今天让我们继续跟随作者去欣赏美丽的桂花雨吧！齐读课题。

（二）初闻桂花香

1. 通过上节课的学习，我们认识了桂花，知道了作者小时候最爱桂花，（板书：爱桂花）最喜欢桂花迷人的香气。桂花到底有多香呢？你能用文中的话说一说吗？

2. 出示句子："桂花盛开的时候，不说香飘十里，至少前后十几家邻居，没有不浸在桂花香里的。"

（1）读完这句话，你感受到了什么？从哪些词感受到的？

（2）你能读出桂花这浓郁的香气吗？

（3）"没有不"在这里指什么？

（4）哪个字能说明它真的香？理解"浸"的意思，品味"浸"字。

老师小结：一个"浸"字，形象地写出了桂花的香气浓郁，向四周弥漫，这芳香足以让十几家邻居一同分享。（板书：味道香）

（5）如果你是作者的邻居，你有什么感受？闻着花香，你想做些什么呢？

（预设：如果我是作者的邻居，我会想摘一些来泡茶。）

（6）指名读、齐读句子，感受桂花的浓浓花香。

（三）品读"摇花乐"

1. 作者喜欢桂花，不仅是因为桂花很香，还因为什么呢？

2. 是啊，摇桂花给她带来了快乐。直到她长大了，离开了家乡，还是时常会想起童年时代的"摇花乐"。（板书：摇桂花）

3. 你从哪些词句感受到作者很喜欢摇桂花呢？用直线画出来，并在旁边简单写写自己的感受。

4. 出示句子："摇花对我来说是件大事。所以，我总是缠着母亲问：妈，怎么还不摇桂花呢？"

（1）这句话中哪些字词特别吸引你？（预设：大事、老是、缠）

①生活中，什么样的事你认为是大事？可见，摇桂花对作者来说非同一般，非常喜欢，非常重视。

②你什么时候会缠着你的爸爸妈妈？你是怎么做的？

③你觉得当时作者是怎么缠着母亲的？可能会说些什么？做些什么？同桌演一演。

④现在你能体会作者当时的心情吗？（预设：急切）指名读句子。

5. 出示句子："这下，我可乐了，帮大人抱着桂花树，使劲地摇。摇呀摇，桂花纷纷落下来，人们满头满身都是桂花。我喊着：'啊！真像下雨，好香的雨啊！'"

(1) 摇啊摇，桂花纷纷落下来，桂花像什么一样落下来？

(2) 学生角色体验：纷纷扬扬的桂花落在了你的（ ），落在了你的（ ），你的（ ），你的（ ），可以说是落得我们（ ）。

(3) 此时此刻，如果是你，你会怎样喊？

课件出示：我（ ）地喊："啊！真像下雨，好香的雨啊！"

(4) 齐读句子："这下，我可乐了，帮大人抱着桂花树，使劲地摇。摇呀摇，桂花纷纷落下来，人们满头满身都是桂花。我喊着：'啊！真像下雨，好香的雨啊！'"

(5) 想象说话：天真可爱的琦君，使劲地摇呀摇，桂花像雨滴一样落下来，她和小伙伴们蹦跳着，欢笑着，展现在我们面前的是多么美丽而又温馨的画面。同学们，简简单单的三个字，摇啊摇，摇出了什么？（板书：开心乐）

课件出示：我们抱着桂花树，使劲地摇呀摇，摇出了（ ）。

【设计意图】"摇花乐"是文章的重点部分，也是学生最感兴趣的段落。采用读一读，想一想，演一演，说一说的方法使学生如临其境，读出情味，体会到摇桂花带来的欢乐和喜悦。

（四）感受故乡情

1. 就这样摇呀摇，让前后十几家邻居浸在浓郁香气中的桂花都纷纷扬扬地摇落了，可在作者的笔下，却说：全年，整个村子都浸在桂花的香气里。

课件出示：全年，整个村子都浸在桂花的香气里。

2. 同学们，为什么说全年，整个村子都浸在桂花的香气中呢？请你快速地浏览一下课文，找到依据来说一说。

3. 是啊！生活中处处有桂花：桂花的清香，桂花糕的香甜，桂花的丰收给全村人带来了享受，带来了快乐！整个村子的人们不仅仅是沉浸在桂花的香气里，更是沉浸在了浓浓的乡情里。桂花的香气已不受季节的束缚，香甜四季。让我们一起读读这个自然段，相信你会有新的体验。（齐读第四段）

【设计意图】由"浸"字带动全句，通过品读词语，引读等方式，让学生感受到桂花永远香在人们的心里。它的香，已不受季节的束缚，香甜四季，也香甜了人们的生活。

（五）走近作者，品悟乡愁

1. 作者和母亲原先住在浙江温州的瞿溪，家里有个大院子，种满了桂花。十二岁迁居杭州。杭州有个叫"满觉垅"的地方，种满了桂花树，花开时那才是香飘十里。可是母亲说——课件出示："这里的桂花再香，也比不上家乡院子里的桂花。"

2. 是外地的桂花不香吗？你知道母亲为什么这样说吗？（板书：思桂花）

3. 师：故乡的桂花雨，给大家带来了快乐，是母亲的珍爱。现在，我们来到了作者母亲的身边，我对她说——（出示）

(1) 这里的水真甜，她会说："（ ）。"

(2) 这里的人真热情，她会说："（ ）。"

4. 教师小结："月是故乡明，花是故土香"，乡情难忘，童年难忘，这一场美丽的桂花雨永远留在我们的心里。难怪作者每到这时——（出示课文最后一段，学生接读下去）（板书：故乡情）

5. 走进内心，升华情感。

（1）相机补充作者的资料：

作者琦君1949年离开家乡，写这篇文章时已经是一位60多岁的老人了，一直没有再回到生她养她的故乡。

（2）正如她在另一部作品《留予他年说梦痕》中所说：

课件出示：每回我写到我的家人与师友，我都禁不住热泪盈眶。我忘不了他们对我的关爱，我也珍惜自己对他们的一份情。像树木花草似的，谁能没有一个根呢？我常常想，我若能忘掉亲人师友，忘掉童年，忘掉故乡，我若能不再哭，我宁愿搁下笔，此生永不再写，然而，这怎么可能呢？

……

面对着姹紫嫣红的春日，或月凉似水的秋夜，我想念的是故乡矮墙外碧绿的稻田，与庭院中淡雅的木樨花香。我相信，心灵如此敏感的，该不止我一个人吧！

（3）老师小结：正是因为对根的追寻，在琦君84岁那年，她又回到了故乡。看到故乡的一草一木，她不禁潸然泪下。其实她从来没有真正离开过故乡，因为故乡就在她的心里。让我们再来读读母亲的话吧。（学生齐读母亲的话）

【设计意图】抓住母亲的话来体会桂花香的丰富内涵，感受作者的思乡之情。

六、板书设计

桂　花　雨

爱桂花——味道香

摇桂花——开心乐

思桂花——故乡情

本章小结

课程实施作为一个动态的过程，是将编制好的课程计划付诸实践的过程。课程实施是实践形态的教育教学活动的集中体现，是将规划的课程付诸实际教学行动的实践历程。课程实施存在忠实取向、相互适应取向和创生取向三种基本取向。三种取向从不同侧面揭示了课程实施的本质，各有其存在的价值。比较有代表性的课程实施模式有"研究—开发—推广模式"和"兰德变革模式"。课程变革从推行到取得成效通常分为"起始与适应阶段""实践与检验阶段""稳定与常规化阶段"三个阶段。国外比较有代表性的课程实施策略有钦与本恩的课程实施策略与麦克尼尔的课程实施策略。钦与本恩的课程实施策略有三种类型：实证—理性策略、权力—强制策略、规范—再教育策略；麦克尼尔将课程实施策略总结为三种，即自上而下策略、自下而上策略和自中而上策略。

教学设计主要是为达到教学目标，对于教什么、怎么教以及达到什么结果进行策划。是对教师、学生、教学内容、教学媒体、教学环境等教学要素进行符合教学目标的安排和预设，包括分析教学问题、设计解决方法、实施解决方法、评价实施结果等环节。

拓展学习

1. 辨析课程实施、课程计划与课程评价的区别与联系。

2. 从影响课程实施的因素出发，结合实际，谈谈我国基础教育课程改革的成功经验与存在的问题。

3. 结合实际谈谈课程实施分为哪几个阶段，各阶段是如何划分与界定的。

4. 述评课程实施的三种基本取向及其对我国课程改革的启示。

5. 查阅相关资料，思考为什么课程实施的模式受课程实施取向的影响。

6. 课程实施等同于教学吗？为什么？

7. 结合具体学科，分析教学设计的各环节。

选读文献

1. 拉尔夫·泰勒著，罗康、张阅译：《课程与教学的基本原理》，中国轻工业出版社 2008 年版。

本书是美国教育家泰勒最有影响的著作，也是全世界最经典的教育名著之一。它围绕四个关键问题“学校应该达到哪些教育目标？提供哪些教育经验才能实现这些目标？怎样才能有效地组织这些教育经验？我们怎样才能确定这些目标正在得到实现？”集中探讨了课程编制活动和教学活动的基本原理。

2. 钟启泉编著：《现代课程论》，上海教育出版社 1989 年版。

本书是国内较有影响力的课程论著作，共分两部分：第一部分是课程理论和课程研究，第二部分是课程实施的国际比较研究。第一部分主要论述了学校课程的发展；教育先驱的课程论遗产；学问中心课程；人本主义课程以及课程编制的基本理论。第二部分则主要介绍了美国、苏联、英国、法国、德国、日本等国家课程实施的概况及特点。

3. 加涅等著，王小明等译：《教学设计原理（第五版）》，华东师范大学出版社 2007 年版。

本书是教学设计领域的经典著作，介绍了教学设计的基本假设、理论基础以及操作过程，同时也介绍了学习和教学的基本过程。本书的一个突出之处是反映了数字时代的信息技术对教学设计的影响。另一个特色是从系统的角度提出了教学系统设计的若干模型，并重点介绍了 ADDIE（分析、设计、开发、实施、评价）模型，从更全面的角度刻画了教学设计的整个过程。

第六章　课程与教学实施（下）

教学目标

- 理解教学方法、教学组织形式的概念与性质。
- 了解我国教学方法的改革历程。
- 理解班级授课制的概念与基本特点。
- 理解教学媒体的概念，了解教学媒体的分类、功能以及互联网时代课程与教学的新变化。
- 理解课堂管理的概念与主要内容。

第一节　教学方法

要想办好一件事，解决一个问题，总要选择适当的、正确的方法。在教学活动中，教学方法作为实现教学目标的方式或途径，其重要性不言而喻。学习与掌握教学方法的理论有助于教师更好地理解各种教学方法的本质，恰当地选用教学方法，并不断创造新的教学方法。

一、教学方法概述

（一）教学方法的概念

教学本身是一种复杂的、综合性的动态活动。时代不同、社会与文化背景的差异等因素，使得中外不同时期的教学理论研究者对“教学方法”这一概念难以做出一致的界说。关于教学方法的理解，概括下来主要有几种：方式说、途径说、手段说、手段途径说、相互作用说、教法学法统一说、动作体系说、操作策略说等。①

理解教学方法的内涵，应关注以下几点。首先，教学方法应该包括教师的教法和学生的学法。教学是一种师生合作完成的双边活动，教师和学生在教学过程中的地位、任务和作用不同，各自完成任务的方法就不完全相同。其次，教学方法不仅是教书的方法，还应该是育人的方法。教学不仅要完成传授知识与技能的目标，还必须完成促进学生身心和谐发展和培养正确思想品德的目标。再次，教学方法是师生交流信息、相互作用的方式。教师的教法直接影响和作用于学生的学法，教法与学法相互影响、相互作用并相互统一。最后，教学方法不是学科性质的，而是各种具体教学方法的抽象、概括，是对教学方法的一般特性的研究。综上所述，本书认为教学方法是在教学过程中，教师和学生为实现教学目的、完成教学任务而采取的教与学相互作用的活动方式的总称。

（二）教学方法的性质

教学方法与教学目标、教学任务息息相关。教学方法的主要特性如下。

1. 教学方法的目的性

教学方法首先应具有目的性。目的性也称方向性，是指任何一种教学方法都要以明确的教学目的为前提，为一定的教学目的服务。教学方法产生于实现教学目的、完成教学任务或解决教学问题的活动之中，它是为目的、任务服务的，并受其制约。教学目的、任务及内容的不断革新，推动了教学方法的改革与创新。因此，提高教师对教学目的、任务的理解，对正确选择、构建与创新教学方法具有根本性的意义。

2. 教学方法的双边性

教学活动是由教师和学生两个能动主体的双边交往活动来完成的。因此，教学方法必须反映这两个能动主体的双边交往特性。任何一种行之有效的教学方法都是师生相互作用的结果。教师的教是以学生的学为前提的，学生学习准备状况、身心发展水平及其在课堂具体情境中的反应，都是教师教学必须考虑的因素；而教师的知识水平、个性特征和其所运用的教学方法都应该是学生学习的资源。

3. 教学方法的系统性

教学方法是教学系统中的一部分，与教学目的、教学内容存在相互影响的关系。教学目的决定着教学方法的实践方向，教学内容也制约着教学方法的选择标准，一定的教学内容总是有与之相适应的教学方法。当然，教学方法也会对教学内容甚至课程改革产生重大影响。

（三）教学方法的分类

教学方法分类是指建立教学方法的次序和系统，即把众多的教学方法按照一定的标准

① 李定仁，徐继存. 教学论研究二十年（1979—1999）[M]. 北京：人民教育出版社，2001：201.

划归到一起，又按照某些不同特点区分开来，以便更好地分析、认识它们，掌握它们各自的特点、作用和条件。教学方法的分类揭示了教学方法的性质和特点，在理论上有利于形成科学的教学方法体系，使教学方法具有系统化和科学化的特征。人们在长期的教学实践中积累了很多教学方法，不同学者也提出了不同的教学方法分类标准。由于教学方法本身的复杂性，分类依据也多种多样。目前，国内外至少有十余种分类方式，每种分类方式都反映了人们对教学过程的不同认识。归纳起来大致有以下几种观点。

1. 依据教师教的方法和学生学的方法分类

这是一种最简单的分类方式，按照这种分类方式，教学方法可以分为教的方法和学的方法。教的方法包括讲授、谈话、演示等；学的方法包括练习、实习、独立作业等。这种将教与学截然分开的分类方式，片面性较强，不利于教学方法的选择和运用。

2. 依据信息的主要来源和途径分类

这种分类方式将教学方法分为语言的方法、直观的方法和实践的方法。语言的方法即通过语言的传递来获得信息；直观的方法是指通过感官来获得形象具体的信息；实践的方法是通过学生亲身参与活动获得直接的体验和生动的信息。

3. 依据学生学习认知的过程分类

苏联教学论工作者依据学生掌握知识的基本阶段，将教学方法分为：学生感知并理解新教材的方法，巩固提高知识、技能、技巧的方法，对学生已学过知识技能的检查方法。这是马克思主义认识论在教学领域中的应用，但它仅关注了认知领域，而忽视了学生其他方面的发展。

4. 依据学生掌握知识或认识性质分类

达尼洛夫和斯卡特金在《中学教学论》中将教学方法划分为：图例讲解法（信息感受）、复现法、问题讲解法、局部探讨法以及研究法。这种分类法凸显了学生学习的主动性和探究性，但它仍局限于认识领域和思维过程。

5. 依据教学方法在实现预期学习结果中的作用分类

拉斯卡（J. A. Laska）指出，学习刺激作为一种手段是与预期学习结果实现相互联系的，他提出了四种基本教学方法。第一种，呈现方法。教师选择并用适当顺序呈现学习刺激，不需要学生特别努力，大脑是容器，知识来自外部。第二种，实践方法。教师确定学习题目并组织实践活动，学生通过实践完成学习任务。第三种，发现方法。教师组织学生的发现活动，学生经过努力发现预期的学习成果。第四种，强化方法。教师对出现预期学习结果的学习提供系统的强化。这种划分注重学生在学习过程中的主体地位和主动学习，但没有结合教学方法的外部特征。

在教学方法分类问题上存在着其他观点，反映了对教学方法认识的分化与综合。教学方法本身是灵活多样的，也是不断发展创新的，因而不存在一成不变的分类方式。分类的目的是使教师更好地把握教学方法的特性，更好地选用适切的教学方法，从而有效提高教学质量。

二、我国教学方法的改革历程与经验

近现代以来，我国中小学教学方法的变革在引进、借鉴与自主创新的探索中不断丰富与完善。梳理教学方法改革历程、归纳改革经验，成为教学方法理论研究的重要内容。

（一）近现代以来我国教学方法改革的历程

百年来，我国中小学教学方法的改革主要经历了四个阶段。

1. 从西方教学法的全面引入到我国教学法本土化发展的初探

20 世纪初，我国的教学方法改革开始逐渐兴起。首先是采用赫尔巴特五段教学法，注重教师的“教”，而较少顾及学生的“学”。1919—1927 年，欧美教育学者陆续来华讲学，带来了当时西方社会中盛行的各种教学方法，其中影响最大的是设计教学法、道尔顿制和文纳特卡制等，国内教育团体逐步将教学方法的改进付诸试验。这一时期，新旧教育的更替、中西教育的融合，给教学带来了一场根本性的变革，但也并未完全抛弃传统。1928—1949 年，教学方法改革步入了本土化历程，如陶行知“教学做合一”的教学理论与实践，探讨教、学、做之间的联系，认为教的方法根据学的方法，学的方法根据做的方法；陈鹤琴的“活教育”理论，主张抛弃书本主义的“死教育”，提倡“活教育”，要求教育紧密联系生活。

2. 从引进与借鉴苏联和西方教学方法走向自下而上的自主试验与创新

新中国成立初期，我国引进苏联的教学理论，教学方法以讲授和练习为主。改革开放后，教学方法改革的热潮再次兴起，大量引进了现代西方教学理论和方法，如“程序教学法”“问题教学法”“个别教学法”“单元教学法”“自学辅导法”“掌握学习法”“设计法”等。20 世纪 80 年代初期至中期，中小学学科教学法的改革试验非常活跃，最初发起于语文、数学学科，后来逐渐扩展到其他学科。这一时期涌现了诸多有影响的教法改革试验，如卢仲衡的初中数学自学辅导教学法、黎世法的六课型单元教学法、上海育才学校的“读读、议议、练练、讲讲”八字教学法、李吉林的“情境教学法”、张思中的外语十六字教学法等，教学方法改革呈现出百花齐放的局面。这时期的学科教法革新是一大亮点，教学方法研究与试验力求突破传统的单一传授知识与技能的局限。

3. 从单科单项的方法变革走向教学方法理论与科学化的探索

进入 20 世纪 90 年代，我国中小学教学方法改革趋于成熟，有些教学法在既有试验研究基础上逐步形成稳定的理论体系，素质教育理念成为中小学教学改革的热门话题。1993 年，中共中央、国务院正式颁布《中国教育改革和发展纲要》，强调改革教学内容和教学方法，重视培养学生发现问题和解决问题的能力。此后，教学方法改革的取向转向学生的素质和能力培养。另外，心理学研究成果的广泛运用为教学改革提供了理论基础。如加德纳（H. Gardner）的多元智能理论，倡导运用多种教学方法，以适应不同学生的智力特点；布鲁纳的认知结构理论、奥苏伯尔的有意义学习理论、皮亚杰的发生认识论等，引领教师关注学生如何积极获取知识，并发展学生的学习能力等。此外，现代化教学手段，如多媒体教学技术、人机互动、远程教学、人工智能等的推广与介入，也极大地拓展了固有的教学时空。

4. 从单一教学方法改革走向结合教学理念、内容等要素的模式化与整合化发展

20 世纪 90 年代末以来，人们对教学方法的理解突破了传统教学方法的外延和内涵，改革不是只注重某一种方法的发展，而是涵盖了心理学理论、教学价值观、过程结构、教学组织形式及具体的操作性方法为一体的模式化发展，如分组教学、活动教学等。

21 世纪初，新课程改革开始实施，教学方法改革也是课程改革的重要内容。首先，注重“学法”改革，提倡学习方式多样化，如“自主学习”“合作学习”“探究学习”三大学习方式及在其基础上发展而来的各种具体方法，如交往学习、反思学习等。其次，由于对人的非智力因素以及非逻辑思维的重视，逐步关注人的灵感、直觉、兴趣、情感和体验等方面素养的发展，教学方法注重引导学生参与互动与体验。再次，教学方法优化整合，具体体现为各种类型的方法相互配合，如：引导—探究教学、交往—互动—合作教学、指导—调查—实验等方法。最后，注重教学方法与信息技术的优化整合，如将数字化设备、网络等工具的使用整合于学生的学习活动中，提高学生学习能力。

（二）我国教学方法改革的经验

通过上述的简单梳理，可以得到如下几方面结论。

1. 继承传统与发展、创新相结合

方法本身并无好与坏之分，关键在于主体的价值选择与运用。在教学方法改革历程中，传统教学方法和现代教学方法总是并存的，对传统教学方法全盘革新并未收到更好的教学效果，反而陷入种种困境。在引进国外教学方法或推广新方法方面，过去更多的是被动吸收和接纳，缺少主动改造和创新。因此，方法变革并未获得预期的良好效果，如 20 世纪初期引入的各种教学方法，尽管一开始大范围投入试验与推广，但只是经历了一段时期就慢慢消退了。美国的教学方法改革给了我们很多启示，其教学方法的改革就是在引进、学习、运用欧洲教学方法的基础上，吸收其中合理因素进行创新，从而形成了具有本国特色的、对世界许多国家都产生积极影响的教学方法。因此，我们要根据时代发展、文化变迁的需要以及国外教学方法引入的影响，在继承传统精华的基础上，寻找契合的生长点，对新教学方法进行吸收、改造和创新，形成更加适合现代教学实践和学生特点的方法体系。

2. 试验探索与理论研究相结合

20 世纪 80 年代以前，教学法改革主要立足于试验研究，其中又以单科教学法试验居多，到 80 年代末形成了种类繁多的教学法，但在理论和价值层面不够深入，所以提高教学方法的理论研究水平是必然的要求。首先要加强教学方法的理论基础研究与发展，为试验改进提供理论支撑；其次要完善教学方法研究体系，在教学方法定义、属性、分类，及

选择与运用方面进一步深入；最后要对引入的理论模式进行充分的再研究，而不只是改变自身试验手段和条件来适应这些理论要求，避免按一个僵化模式生搬硬套。教学方法改革既需要理论渗入和指导，也需要反复的试验研究与不断改进。所以，要将教学方法理论探索和教学试验结合起来，相互支持以发挥效用，避免以往研究中的经验主义或空泛主义的弊端，提高教学方法研究水平。

3. 教法改革和学法改革相结合

教学方法是教法和学法的有机结合。在教学方法改革历程中，我国很长一段时间都集中在教法改革，强调教师的教法，忽略了学生的学法。因此，无论采用什么样的教法，都无法体现出学生的主体反馈。这个问题在 20 世纪 90 年代就已经引起不少学者的关注，认为“教法的本质是学法”，因此特别重视学习方法的研究和应用，通过学习心理学的研究，提出一系列卓有成效的教学方法，以帮助学生获得知识、形成技能和发展智力。学生的学法是教师教法的基础，教师教法对学生学法具有导向性，教法和学法应统一在师生双边互动的教学活动中。

4. 教学方法与教学组织形式、教材、课程的改革相结合

早期的教学法改革主要集中于方法自身的改革，由于其他因素的制约，在提高教学质量上并无很大成效。20 世纪 90 年代初期，人们意识到教法改革不仅是方法的问题，单独的教学方法改革不但割裂了方法与目标、内容的统一性，也忽略了内部的系统性，如果仅仅是教学方法和手段的改革，没有可靠的环境与资源支持，那改革过程就会显得孤立无援。因此，必须将其纳入课程体系、教材内容的整体改革中，在教学过程诸要素之间考察教学方法的作用与效果。例如，组织探究学习需要小组合作，那么就要将秧田式的教学组织改为分组教学组织形式；或提倡问题教学法，那么教材的内容、呈现形式和功能特性也要随之发生转变。

三、当代国内外教学方法的改革趋势

教学方法改革研究是教学改革研究中一个永恒课题，也是目前国内外教学改革实践和试验最多的一个课题。21 世纪带给人们许多新思考，重新审视教学方法改革的指导思想、范畴和路向，是改革成功的关键。

（一）教学方法变革的人文关怀

人们常说教师是“人类灵魂的工程师”，强调教师要精心设计和塑造学生的“灵魂”和成长。事实上教师不可能也不应该像工程师设计和塑造工程那样去设计和塑造学生的“灵魂”。过分强调教师的主导作用，必然导致把学生看作物而不是人，从而否定学生的主体作用，忽视教学方法上的启发诱导和情感陶冶，不利于学生的个性发展。教师应该悉心培育学生，更多地给予人文关怀，注重指引并促成学生发展，这是教学方法改革的立足

点。信息技术时代不仅改变了经济和文化，而且改变了教育观念和方法手段，教学方法技术化的趋势已经成为现实。然而，过于重视教学活动的科学化流程、教学手段的高科技化，有可能导致教学方法人文关怀的缺失。技术不应忽视人文关怀的一面，高科技必须与高情感相平衡。约翰·奈斯比特（J. Naisbitt）指出："高技术与高情感相平衡的时代真的出现了。技术和人类潜能是今日人类面临的两大挑战和机遇。""我们必须学会把技术的物质奇迹和人性的精神需要平衡起来。"① 教学方法的人文关怀，其价值不仅在于学的效果，更重要的是教学过程中人文精神的体现。

（二）教学方法变革的全方位艺术性

无论是 17 世纪夸美纽斯所讲的教学艺术，还是我们今天所讲的教学艺术，实际上都是主要指教学方法的艺术性。长期以来，教学方法是科学还是艺术曾引起广泛的论争，这一论争的不同观点，导致教学方法改革的不同走向。20 世纪 80 年代以来，基于教学方法既是科学又是艺术的观点，开展了轰轰烈烈地教学方法科学化和艺术化的双向改革与"两化"融合的探讨，取得了诸多研究成果。90 年代，随着社会发展与科技进步，观念更新速度之快是前所未有的。教学艺术的探讨进一步深化，大量的课堂教学试验证实了其不可取代的教学价值。21 世纪之初，学校教学全面进入高科技的网络时代，主体性教育、陶冶性教学、教学个性化和人文精神等新的教育理念日益强化，再加上系统科学理论对教学领域的全面影响，促成了教学方法全方位艺术化的新走势。人们从以往重视师生之间面对面直接互动教学方法的艺术性、教师教法的单向艺术性，走向同时重视教法艺术性、学法艺术性、教学技术和手段的艺术性、教学环境创设艺术性，以及教学过程结构的整体艺术性，即多方面、多环节、多向互动的全方位艺术性。教学方法全方位艺术化，营造了全方位的教学艺术氛围，增强了教学活动的感染力和陶冶性。

（三）教学方法变革的优化整合

当前，我国教育界寻求最优化的教育教学效果是教育大发展时期的必然要求。系统科学认为，各部分功能之和不等于整体功能，各部分优化整合可以使整体功能最大化。最优化的实现之所以可能，其根本原因在于系统的复杂性和多样化，这为教学方法的优化整合提供了条件。对教学方法进行优化整合主要包括以下几点。第一，教师的教法、学生的学法、多媒体组合三者协调一致、有机统一。传统教学大多注重教师的教法而忽视学生的学法，我国 20 世纪八九十年代注重教法与学法的结合，但常常忽略了媒体与方法的组合。当前，教育媒体与技术在教学中的地位和作用十分突出，三方面的优化整合运用是教育界同人的共识。第二，不同类型的教学方法的相互配合。从教学方法观的角度看，教学设计

① 约翰·奈斯比特. 大趋势——改变我们生活的十个新方向［M］. 梅艳，译. 北京：中国社会科学出版社，1984：39.

的方法、教学组织的方法、教学活动展开（过程）的方法要互相配合；群体教学法与个别教学法要互相配合；近距离教学法（包括传统的课堂教学法）、远距离教学法（包括现代网络教学法）要互相配合；学校教学方法、家庭教学方法、社区教学方法要互相配合。第三，在对各种各类教学方法进行整合时，要善于寻找最佳结合点。主要包括寻找传统教学方法与现代教学方法的最佳结合点、教学活动方式与教学媒体之间的结合点、多种教学方法和多种教学媒体之间的最佳结合点、教学过程各个阶段之间的最佳结合点、教学工作方法之间的最佳结合点等。第四，教学方法与学生特征的适切性整合。适切性整合就是探索某种教学方法最适合哪类学生、每类学生特征应选择运用哪些种类的教学方法最为妥当等问题。20 世纪 60 年代末到 70 年代末，美国掀起了一场能力倾向与教学方法交互作用（ATI）的研究热潮，其研究目的是“这些相互作用研究将有望用来确定哪一种教学方法对不同的学生来说是最优的”①。结果表明，由于学习者特性制约着教学方法，所以没有任何一种教学方法对任何学生来说都是最优的。每种教学方法都有其特长和优势，同时也存在着缺点与局限，单一地运用或脱离学生特征去运用教学方法，通常难以较好地完成教学任务、提高教学质量。因此，我国教学方法改革要重视探索各种教学方法之间的优化整合，以及教学方法与学生特征之间的优化整合，寻求最优的教学效果。

第二节　教学组织形式

教学组织形式所揭示的是教学活动人员的组合形式、时空安排以及教学活动程序。任何教学活动都必须借助一定的组织形式，教学活动的各个要素都要落实在一定的教学组织形式中。因此，教学组织形式在教学理论与实践中处于落脚点的地位。

一、教学组织形式概述

（一）教学组织形式概念

学校的教学活动不仅要明确教学目标、选择教学内容，而且必须借助一定的教学组织形式才能有效地开展。关于教学组织形式的概念，虽然不同学者表述侧重点有所不同，但也存在着共同点。具体来说，教学组织形式主要研究的问题有以下几个方面：教学活动的人员组合方式；教学活动的时间、空间安排；教师和学生都需要服从的教学程序。根据这几个方面的内容，本书将教学组织形式界定为：为了完成特定的教学任务，教师和学生按

① 罗伯特·M. 加涅. 教育技术学基础［M］. 张杰夫，主译. 北京：教育科学出版社，1992：245，247.

照一定制度和程序相互作用的结构形式，或者说，是教学活动在人员、程序、时空关系上的组合形式。

（二）教学组织形式的历史沿革

随着社会的发展，人才培养的要求不断提高，教学组织形式也随之不断变化、发展。在教育史上先后出现了以下几种较为典型的教学组织形式。

1. 古代学校以个别施教为主的教学组织形式——个别教学制

个别教学制是指教师分别对个别学生进行传授与指导的教学组织形式。它是历史上最早出现的教学组织形式，古代中国、古埃及和古希腊的学校都采用这种教学形式。由于受教育的人数少，年龄层次和知识水平不尽相同，教师要根据不同学生的水平分别施教。在这种教学组织形式中，同一时间内，学生所学内容不相同，进度也不一致；学生入学和结业时间都是不固定的，可以随时入学和结业。

个别教学的优点在于教师能够根据学生的特点因材施教，使教学内容、教学进度适合于每一个学生。但个别教学的教学进度不尽相同，学校很难安排统一授课时间，效率低下；并且学生之间难以相互观摩、共同成长。这种个别教学形式适应了古代生产力水平较低的状况，因此古代学校普遍采用。

2. 近代学校以集体学习为主的教学组织形式

（1）班级授课制

班级授课制简称“班级教学”，它是指将学生按大致相同的年龄和知识程度编成人数固定的班级，教师根据各门学科教学大纲规定的内容和固定的教学时间表进行教学的组织方式。近代学校的教学组织形式是以班级授课制为主，它产生于 16、17 世纪，夸美纽斯总结了兄弟会学校的教学实践，对班级授课制从理论上进行了总结和论述，使它得以确定。赫尔巴特提出了教学过程形式阶段理论，明确了班级教学过程的设计与安排。苏联教学论学者提出了课的类型和结构的概念，使班级授课制这种形式进一步完善。班级授课制具有高效、经济、规范等优点，有利于学生在集体中相互切磋与启发。但它本身也存在着许多问题，如：难以照顾学生的个体差异，教学活动不利于发挥学生的主动性，等等。因此从 19 世纪开始，欧美各国针对班级授课制的基本结构进行了多样化的改革，提出了一些新的教学组织形式。

（2）贝尔—兰卡斯特制

贝尔—兰卡斯特制由牧师贝尔和教师兰卡斯特创制，也称“导生制”，出现在 18 世纪末到 19 世纪初由工场手工业向机器大工业过渡时期的英国。这种教学组织形式仍以班级为基础，但教师不直接面向全体学生，而是在学生中选择一些年龄较大、学习成绩好的学生充任“导生”，教师对导生进行教学，然后由他们去教其他学生。这种教学组织方式在一定程度上缓解了师资缺乏的压力，因此，它一度受到人们的欢迎，在英国风行三十余年，而后又流传到法、德、美等国。但是，采用这种教学组织形式难免会造成教育质量下降，最终被人们所摒弃。

3. 向个别教学回归的多样化教学组织形式

（1）道尔顿制

1920 年，针对班级授课制的不足，尤其是容易造成学生处于被动地位、缺乏主动性、学生的个别差异得不到应有的照顾等问题，帕克赫斯特（H. Parkhurst）于道尔顿中学创建了一种个别教学制度——道尔顿制。这是一种新的教学组织形式。这种教学组织形式的特点是：第一，废除教师面向全体学生的课堂讲授，废除课程表和年级制，取而代之的是教师与学生设立“公约”，学生自学。也就是将各学科学习内容编制成分月作业大纲，学生以公约的形式明确自己应完成的各项学习任务，按兴趣自由支配学习时间。学习进度快的学生可以提前更换公约，并缩短毕业年限，能力差的学生不必强求。第二，将教室改为各科作业室或实验室，按学科性质陈列参考用书和实验仪器，供学生自学使用。各作业室配有该学科教师一人，负责辅导学生自学。第三，设置成绩记录表，由教师和学生分别记录学习进度，既可以增强学生学习的动力，也可以使学生管理简单化。

道尔顿制的两个重要原则是自由与合作。让儿童自由计划、自我约束，允许他们根据自己的需要安排学习，借助自由的手段养成学生独立工作的能力。它还强调在学校里打破班级界限，让儿童在团体中生活，加强师生之间、生生之间的合作，以培养学生的社会意识。道尔顿制注重因材施教和学生独立工作能力的培养，对改变班级授课制整齐划一的缺陷，对改变机械、被动的学与呆板、划一的教具有积极作用，这种教学形式一度在欧美流行。但由于大多数学生尚不具备独立学习与作业的能力，没有教师系统的讲解，学生往往在摸索中白白浪费了时间却没有多少收获，不能掌握系统的知识。而且道尔顿制的有效实施需要较好的教学设施与条件，如较多的作业室、实验室、图书室、仪器和设备，一般学校很难具备。虽然道尔顿制存在的时间不长，但它注重培养学生自学与独立作业的做法，对之后的教学形式和教学改革具有很大影响。

（2）文纳特卡制

1919 年，华虚朋（C. W. Washburne）在芝加哥文纳特卡镇公立中学经过试验创立出一种新的教学组织形式——文特纳卡制。它把课程分成两大部分：第一部分为儿童将来生活必需的知识和技能，如阅读、习字、写作、计算等工具性学科；第二部分是使儿童的创造性和社交意识得到发展的社会性活动，这种活动是为了让儿童表现自己，以起到教育的功能。团体活动特别受到重视，如组织自治会、办小商店、编辑墙报、演奏乐器、表演自己编写的剧本等。

文纳特卡制与道尔顿制相比，显然更成熟、更稳健。它既注重儿童的个性和自由，也强调儿童的团体意识和社会化过程；既改造传统班级教学的标准化，又重视自我教学的教材建设、课程体系的科学建构，以及诊断测试。因此，文纳特卡制在 20 世纪三四十年代的美国得到迅速而广泛的传播。但是，由于小学低年级学生的自学能力比较差，此时运用自学和个别作业的教学方式，缺少教师的直接讲授，影响了学生对学科的深入学习以及系统扎实的基础知识获得，导致了教学质量的下降。因此，20 世纪 50 年代后，文纳特卡制逐渐衰落。

（3）设计教学法

所谓设计教学法，就是设想、创造一种问题情境，让学生自己去计划、去执行从而解决问题。设计教学是一种有目的、有计划、有实际行动的学习方式。1918 年，克伯屈发表了题为《设计教学法》的论文，系统地归纳和阐述了设计教学法的理论，被称为“设计教学法之父”。他提出“有目的的活动”是设计教学法的核心，儿童自动的、自发的、有目的的学习是设计教学法的本质，并着重强调学生通过主动操作，掌握解决问题的能力，学习实际有用的知识。同时，通过学习内容与学生经验的相关性来调动学生的兴趣和学习动机。在教学内容上，克伯屈主张放弃固定的课程体系，取消分科教学，取消教科书，把学生有目的的活动作为学习单元。根据不同的目的，将设计教学法分为四种类型，即生产者的设计、消费者的设计、问题的设计和练习的设计。克伯屈根据杜威的“思维五步法”，提出设计教学法的四个步骤：决定目的、制定计划、实施计划和评判结果。但这些步骤的实行只是逻辑上的而非次序上的，主要以学生为主，由学生自己找材料、自己研究，同时他强调教师在学生学习与研究过程中的指导和决定作用。

设计教学法在美国出现后，得到了广泛的传播。20 世纪 20 年代，设计教学法传到中国，许多学校竞相效仿。设计教学法能够充分发挥儿童的主动性和积极性，使儿童成为学习的主人，而且注重培养儿童的合作精神，加强内容与儿童实际生活的联系。但由于它打破了学科的逻辑体系，忽视知识的系统性和逻辑性，虽然注意到认识的整体性、综合性，却忽视了认识的分析性和科学的逻辑体系，导致学生对概念缺乏系统的认识。

（4）分组教学

分组教学也被称为“不分级制”，它是一种将学生按智力水平或学习成绩分成不同的班或组，通过定时测验来决定学生的升级和留级。内部分组是在班级内部根据学生的成绩变化分成教学内容深浅程度不一的学习小组；外部分组是在一所学校内按学生的智力水平或学习成绩将学生分成年限长短不一、教学内容相同的教学组织。

19 世纪末，由于工业生产快速发展和资产阶级自由竞争的需要，教育不仅要培养大批人才，而且要适应学生个别差异，因此提出按照能力和成绩分组。但一些教育工作者批评这种做法不够民主，容易造成对学生的歧视，同时又会助长成绩好的学生骄傲习气。直到第二次世界大战后，欧洲各国掀起了“英才教育”的热潮，分组教学才又一次得到人们的重视。

二、教学的基本组织形式——班级授课制

中世纪末期，工商业逐步发展，科技不断繁荣与创新。一方面使得学校教学内容大量增加，另一方面对于人才与有知识的劳动者的需求量迅速增加。原有的个别教学组织形式

不再能适应社会的需求，最能反映这一社会变革要求的教学组织形式——班级授课制应运而生。

（一）班级授课制的产生与发展

1. 班级授课制的产生——“班”的确立

班级授课制是在文艺复兴之后，受教育对象逐渐增多的背景下出现的。15 世纪末，德国部分人文主义学校最早采用这种教学组织形式，而最早为班级授课制提供理论基础的则是夸美纽斯。夸美纽斯在《大教学论》中系统详尽地论述了班级授课制。他认为教师可以“同时一次去教所有的学生……如同太阳把光线照在万物的身上一样”①。夸美纽斯不仅提出了以班级的方式进行授课，并且在教学时间的安排上，还提出了统一的学年、学日制度：各年级应在同一时间开学和放假；每年招生一次，学生同时入学，全班学生的学习进度保持一致，学年结束，通过考试，同级学生统一升级；每个班要详细规定每年、每月、每日所要达到的目标；每个班有固定的教科书，学生在同一时间内学习同样的功课。这样，学校对全体学生的学习、休息和生活都能做出合理的安排。

2. 班级授课制的发展——“课”的提出

赫尔巴特从统觉论出发，认为教学过程分为明了、联想、系统和方法四个阶段，这一教学过程阶段的思想为“课”的划分与安排提供了理论基础。对班级授课制发展做出了同等重要贡献的是苏联理论工作者，他们提出了“课”的概念，使所有学科教学活动以“课”为基本单位展开。认为学生无论掌握概念还是获得技能，都要经历感知、理解、巩固等相互联系的阶段，尤其是对那些难度大、内容多的学习内容，需要一系列的“课”才能完成。每节“课”所承担的任务不尽相同，有的课注重感知教材、理解教材，有的课则关注复习和巩固。苏联教育家提出的课的类型和结构的概念，进一步完善了班级授课制，使教学活动得以在一个统一而固定的课时内，对按照年龄和知识水平所组成的学生集体进行连续而又相对完整的课堂教学。

（二）班级授课制的含义与基本特点

班级授课制也称班级教学，是根据年龄或知识程度把学生编成有固定人数的班级，由教师按照教学计划统一规定的内容和时数并按课程表进行教学的教学组织形式。班级授课制是当代教学的基本组织形式。

1. 班级授课制的基本特点

（1）在教学人员的安排上，以“班”为基本活动单位。班级是由年龄和知识水平相近的学生组成，并且人数固定，教师同时对全体学生进行同样内容的教学。

（2）在教学活动程序的安排上，以“课”为组织单位。“课”体现了教学过程的所有

① 夸美纽斯. 大教学论［M］. 傅任敢，译. 北京：人民教育出版社，1984：125.

教育因素：目的、内容、手段、方法等方面的活动，将教学内容以及实现这种内容的教学手段、教学方法展开的教学活动，按学科和学年分成许多小部分，每一部分大致均衡、相对完整，而各部分间又密切联系，这样的小部分就被称为“课”，教学活动就是一节课接着一节课进行的。

（3）在教学时间安排上，以“课时”为基本单位。每一节“课”都在统一而固定的单位时间内进行，课与课之间有一定的间歇。教学活动按照预先排定的课程表在规定的课时内展开。目前我国中小学每节课的时间为 40—45 分钟。

2. 班级授课制的优点与局限

班级授课制产生于 17 世纪，之后广泛流行并成为世界各国学校教学的主要组织形式，这与其突出的优越性密切相关。首先，它有效地扩大了教育规模，促进了学校教育的普及。在班级授课制中一名教师可以同时对整个班级进行教学，极大地提高了教学效率。其次，它有利于学生获得系统的科学知识。班级授课是以周课程表的方式安排教学活动，可以保证学习活动有条不紊、循序渐进的开展。再次，它有助于教师充分发挥主导作用。教师可以根据课程标准的要求，选择适宜的教学内容和教学方法，合理组织教学活动。最后，它有利于学生之间的相互切磋、交流，借助集体的力量学习、成长。

尽管班级授课制具有明显的优势，但其局限性也是不容忽视的。第一，它不利于教师对学生因材施教，难以照顾学生的个性差异。班级教学面向全体同学，教学内容与进度整齐划一，教学目标主要针对班级大多数学生，不能照顾学生的个别差异。第二，它一定程度上限制了学生的主动性、独立性和创新精神等方面的发展。班级授课制通常采用的是“讲授—接受”模式，学生更多的是接受教师所传授的现成知识。第三，以“课”为基本的教学活动单位，某些情况下可能割裂内容的整体性。第四，缺乏真正的生生之间的合作。班级教学中教师虽然同时向全体学生施教，但每个学生以各自独立的方式完成学习任务，没有学生之间为完成共同任务而分工合作、互相帮助的活动。

三、教学组织形式的变革

随着经济的发展和社会的进步，社会对人才需要越来越多样化。人们也不断认识到班级授课制存在的弊端，为此，改革传统教学组织形式的呼声日益高涨，并涌现出许多新的探索与尝试。

（一）教学组织形式的变革内容

1. 分组教学

为了解决班级上课不易照顾学生个别差异的弊端，19 世纪末 20 世纪初，分组教学在一些国家出现。但是由于遭到人们的普遍质疑而未被推广。直到二战后欧洲各国掀起了“英才教育”的热潮，分组教学才重新得到人们的重视。

所谓分组教学，就是按学生的能力或学习成绩把他们分为水平不同的组进行教学。分组教学主要有能力分组和作业分组两种类型。能力分组是根据学生的能力水平来分组教学的，各组课程相同，学习年限则各不相同。作业分组是根据学生的特点和意愿来分组教学的，各组学习年限相同，课程则各不相同。分组教学有两种基本形式：一是全校性的分组教学，这种形式是根据学生的能力或学习成绩，打破传统按年龄编成的班级重新分组；二是在传统的按年龄编成的班级内进行第二次分组，包括不同学习内容和不同学习目标的分组、相同学习目标和相同学习内容的分组。

分组教学最显著的优点在于切合学生个人的水平和特点，关注学生的个体性，便于因材施教。但是，它仍然存在一些较为严重的问题：一是很难科学地鉴别学生的能力和水平；二是在对待分组教学上，学生、家长和教师的意愿常常与学校的要求矛盾；三是加大了学生之间的差异。

2. 小队教学

小队教学始于第二次世界大战以后得以施行。1957 年，美国学者罗伯特·安德森在哈佛大学教育研究生院的协助下主持了小队教学试验，随后美国中小学相继推行这种教学组织形式。

小队教学的基本特点是采取由两名或两名以上的教师合作施教，根据其不同的能力和特长组成“互补性”的师资结构，在教学中分别承担不同的角色和任务，共同负责一个班或几个平行班的教学工作。小队教学具体做法如下：教学组由一名精通业务的高级教师、一名经验较少的普通教师、一名实习教师和一名教师助手组成。学生三分之一的时间用于听课，三分之二的时间用于讨论、学习或做实验。高级教师主要负责教学工作和大班上课，其他教师负责小班教学、讨论或个别辅导。学生考核采用学科升级制。

小队教学没有固定模式结构，最常见的分为常规小队组织与合作小队组织。常规小队组织采取分层负责的方式，由一名带头人、教师及教师助手组成；合作小队组织是由小队各组成员，根据课业需要和个人专长轮流负责。

小队教学的显著优势是能够合理有效地利用教师人力资源的特长，优化组合方式，使每个教师的兴趣和特长得到有效发挥，还能充分运用现代教学技术设备和手段，有利于教师之间相互学习、交流与提高。当然，小队教学也面临着一些问题，影响小队教学组织形式的普遍采用，如缺乏优秀的小队领导者，缺少合理设计的教学场地，小队成员组合的费时费力，等等。

3. 开放课堂

开放课堂，也被称为“开放教学”或“开放班级”，20 世纪 50 年代以后在英国幼儿园及小学低年级开始广泛推行。60 年代末，开放教学曾流行于美国部分小学。开放教学放弃了传统的班级授课制，教学没有固定的形式与结构，也没有固定的教学计划和教材。全校学生集中于一个大教室或大厅中，不考虑能力、年级分组，学生按自己的兴趣在教室内的各个“兴趣区”采用不同的学习速度、内容、方式进行学习活动，教师的任务在于为学生创造喜爱的环境，提供学习上的引导、建议、鼓励和帮助，而不直接介入学习活动。

开放教学某种程度上来说利于发挥学生的独立性、创造性，提高学生的求知欲，培养对教师、学校的积极态度，有助于学生逐步形成合作能力。但是，开放教学很难保证学生获得必备的基础知识和技能，这也是它引起争议的地方。

4. 合作学习

合作学习，又称小组合作学习，是目前世界上许多国家普遍采用的一种教学理念和策略。由于其效果显著，被人们誉为近年来最重要和最成功的改革。

合作是指两个或两个以上的学生或群体，为了达到共同的目的而在行动上相互配合的过程。小组合作学习就是以小组为基本形式，把全班学生按“组内异质、组间同质”的原则，根据性别比例、兴趣倾向、学习水准、交往技能、守纪等情况合理搭配，分成学习小组，系统利用教学中动态因素之间的互动，促进学生的学习。

合作学习以学生之间的协同、合作性活动促进个体学习，克服了传统教学既忽视学生自主性又丧失了学习共同性的弊端，有助于淡化班级授课制中教师单向权威关系，有助于将积极的人际互动引入课堂，充分发挥人际关系对个体发展的作用，建设性地处理学生的个别差异，以合作性同伴交往带动师生合作，从而突破了传统教学忽视人际交往的整体划一性，构建了新型的集体性教学组织形式，对教学组织的更新做出了贡献。当然，合作学习的教学组织形式在实际操作中也遇到了一些问题，如异质分组是否会令小组内交流时彼此间缺乏共同语言；如何避免异质小组内“小权威”的独断专行、包办任务；对小组内异质成员如何公平、有效地进行评价；怎样使合作学习在有限的时间内获得良好的学习效果；等等。

（二）当代教学组织形式的变革趋势

1. 教学组织形式的多元化

教学组织形式从个别教学到班级教学的演变过程中，并不是完全的由后者取代前者，事实上，在同一时期不同教学组织形式是并存的。因此，从历史的角度看，教学组织形式的变革就是多种形式的合理并存、共同发展。从现实角度看，由于不同国家的历史文化和社会发展程度存在着巨大的差异，学校教学必然要运用适合的教学组织形式。因此，多样化教学组织形式的存在也就有其合理性。所以，未来教学组织形式会呈现多元化状态，班级教学、小组教学和个别教学等形式均有其适用的范围和存在的条件。

2. 教学组织形式的综合化

每一种教学组织形式都有其优点和局限，也都有其特定的目标指向和适用范围，不存在能够适合一切教学需要的万能的组织形式。因此，优化组合不同的教学组织形式，综合运用具有互补性的教学组织形式，成为当前教学组织形式发展的重要趋势。

3. 教学组织形式的个别化

人们对教学组织个别化形式的新探索，是基于对班级授课制弊端的批判，以及着眼于集体中学生人际互动的人际关系教学流派出现。这种复兴于 20 世纪初的个别化教学不同于原始形态下手工作坊式的个别教学，而是指建立在普通教育基础上，吸收班级教学的合理因素，从学生个体需要出发设计教学过程，通过调整教学进程，适应学生个别差异，增进学生个性发展的教学思想。

总之，教学组织形式作为教学活动的重要因素，正在不断的变革与发展。随着各国经济和社会发展对教育提出不同的要求，而呈现出多样化、综合化和个别化的趋势。

第三节　教学媒体

人类为了达到准确、及时、长远、广泛传播信息的目的，发明创造了各种传播媒体。科学技术的进步与发展也使得新媒体不断出现。多种媒体融入教育教学过程已成为现实。了解和认识诸媒体的功能、作用及其使用范围，正确选择和使用教学媒体，是教师备课、组织教学无法回避的现实问题。

一、教学媒体概述

（一）教学媒体的概念与分类

媒体，也称媒介。其英文“media”意为“两者之间”，是指信息传播过程中，从信源到信宿间一切承载、传递信息的工具、载体或技术手段，如报纸、书刊、广播、电影、电视、互联网等等。

当上述媒体被用于教学场景，成为承载、传递和控制教学信息的工具时，则被称为教学媒体（instructional media）。教学媒体是教学内容的载体与表现形式，是师生之间传递信息的工具，如实物、口头语言、图表、图像以及动画等。现代教学媒体是指利用现代技术承载和传递教学信息的工具。它由两个相互联系的要素构成：一是硬件或现代教学设备，即用以储存和传递教学信息的各种教学机器，如幻灯机、投影仪、电视机、计算机等；二是软件，即录制或承载了教学信息的各种片、带、软盘等。

根据分类标准的不同，教学媒体存在多种分类体系。依据媒体发展的先后可以分为传统教学媒体与现代教学媒体；依据印刷与否可以分为印刷媒体与非印刷媒体；依据使用媒体的感觉器官，可以分为听觉媒体、视觉媒体、视听媒体、交互多媒体。有学者依据教学媒体作用性质并参考各种媒体分类方法，提出如下教学媒体新的分类体系。①

① 丁兴富. 教学媒体的本质、分类和特征——远程教育中的信息技术和媒体教学（4）[J]. 中国远程教育，2000（10）：20—23＋63.

（1）传统媒体（非动力媒体，即通常不需要动力或电力支持）：包括教师（人体及其发音、表情、运动器官和语言、表情、手势和姿势等信息）；印刷媒体（书籍报刊、图表图形图画、地图照片等）；目视媒体（除印刷媒体外其他非投影目视媒体，如黑板与粉笔、其他各种功能的显示板、模型教具等）。

（2）视听媒体（有时称为电教媒体，即通常需要以电力作为能源和动力）：包括光学媒体（幻灯、投影等）；音响媒体（电话、有线/无线广播、录音等）；文字图像媒体（电报、传真、文字处理机等）；音像媒体（电影、电视、录像等）。

（3）电子媒体（电子信息通信技术的产物）：包括计算机媒体（计算机辅助教学、计算机辅助学习、多媒体等）；网络媒体（各种介质各种类型的电子通信、各种类型的计算机网络等）；虚拟现实（虚拟校园、虚拟教室、虚拟现实教学系统等）。

第三类电子媒体有时也称为知识媒体或智能媒体，因为其中包含了人工智能技术，这类媒体基本上是建立在各种技术会合基础上的综合媒体。

（二）教学媒体的历史发展

媒体的产生和发展经历了一个漫长的阶段，从原始社会的语言文字媒体阶段、古代社会的印刷媒体阶段发展到近现代的电子传播媒体阶段。人类对教学媒体的认识和利用大致经历了以下五个阶段。

语言媒体的使用，即口耳相传、言传身教阶段。在文字出现前，人类基本上是利用自身器官来传情达意、相互交流的。教学是通过听讲、模仿、练习等方式进行的。这个时期的教学形式一般是在群体中结合生活进行学习，内容是直接经验。

文字和手抄书的介入。文字体系的诞生使人类能通过语言符号获得知识、交流情感，教学媒体从口语扩展到文字和手抄书，使人体的器官初步得到延伸。教学的一般模式是口耳相传与文字传授相结合，教学形式由在群体中学习转变为个别学习为主，学习内容主要是间接经验。

印刷书籍与普通教具的广泛使用。印刷术的发明为教学提供了有力的媒体——印刷书籍，它既扩大了传播范围，又提高了传播效率，使人体器官功能得到进一步延伸。印刷书和普通教具的广泛使用，也促进了班级授课制的产生，原来的个别教学逐渐由集体教学所替代。教学的一般模式是口耳相传和印刷教科书学习相结合，学习内容主要是间接经验。

电子技术媒体的兴起。20 世纪初，幻灯、电影、播音等电子技术媒体进入教学领域，特别是电子计算机在教学中的应用，极大延伸了人体器官的功能，使得知识信息的传播更加迅速、久远。

计算机技术和网络技术的应用。20 世纪 90 年代，随着以多媒体技术、网络技术和通信技术为代表的信息技术的发展，多媒体计算机在教学中的应用日益增多。多媒体计算机所具有的良好的人机交互、形象直观呈现教学信息等特点，使得很多教学活动开始关注基于计算机的教学程序的开发。

教学媒体变革的每一个阶段都以技术的革命为先导。在决定教育性质的诸因素中，教育技术始终是最积极的、最活跃的因素，没有技术的进步就不可能有真正意义的教学媒体革命。同时，教学媒体的发展必然带来教学模式、教学内容与方法、教育人员等方面的变革。表 6-1 呈现了人类五次教育技术革命中，教育信息、符号、媒介技术的特征嬗变。①

表 6-1 五次教育技术革命中，教育信息、符号、媒介技术的特征嬗变纵览

主要特征 \ 教育技术革命			第一次教育技术革命	第二次教育技术革命	第三次教育技术革命	第四次教育技术革命	第五次教育技术革命
产生时间			约 350 万年前	约 3500 年前	约 7 世纪初	约 20 世纪初	约 20 世纪 90 年代
新教育技术			口语技术	文字技术	印刷技术	电子视听技术	多媒体网络交互技术
符号	形态		口语符号	文字符号	文字、图画符号	语言、动作、音响、图像符号	各种自然符号与人工符号
符号	作用感官		听觉	视觉	视觉	视觉、听觉	多感官
符号	动态性		动态	静态	静态	动态	动态
信息	传输	方式	面对面	通过中间媒介	通过中间媒介	通过中间媒介	通过中间媒介
信息	传输	维数	一维	二维	二维	三维	多维
信息	传输	范围	窄，个别人	窄，个别人	宽，很多人	宽，很多人	宽，很多人
信息	传输	距离	近	近	较远	远	很远
信息	传输	反馈难易	易	难	难	较难	易
信息	传输	密度	小	小	较大	大	大
信息	信息存储		难	较难	易	易	易
信息	信息编译		易	难	难	难	较易
信息	信息增值能力		小	极小	较大	大	很大
信息	宜表现的信息类型		情感类，直观	逻辑类，抽象	逻辑类，抽象	形象类，直观	各类均可，直观

① 彭邵东. 人类教育革命的概念、划分标准与基本规律（下）——论人类教育革命的与教育技术之一 [J]. 电化教育研究，1999（1）：3—5.

续表

主要特征 \ 教育技术革命		第一次教育技术革命	第二次教育技术革命	第三次教育技术革命	第四次教育技术革命	第五次教育技术革命
媒介	载体种类	空气	甲骨、竹简、帛	纸	明胶片、磁带、光盘	硬盘、光盘、网络
	来源难易	易	难	较易	较难	较难
	技术含量	很低	低	较高	高	很高
	交互性	强	弱	弱	较强	很强
	使用方便性	很方便	不方便	方便	较方便	较方便
	适用范围	个别教学	个别教学	班级教学	全社会使用	全球使用

二、互联网时代课程与教学的新变化

互联网时代的到来，极大地丰富了人类的物质世界和精神世界。互联网也给人们生活带来了巨大的改变，足不出户便通晓天下大事，随时随地可以查询各种信息。智能手机的普及，让学习者学习途径增多、学习效率提高。互联网让人们的交流变得更加方便，整个世界变成了名副其实的地球村。置身于互联网时代，学校课程与教学将会发生怎样的改变?

（一）目的与内容的变化：重视培养学生的信息素养

互联网时代的社会生产活动不同于工业时代。获取信息、分析信息和加工信息的能力，成为生活在互联网时代的人们所必须具备的基本素质。尼葛洛庞帝（N. Negroponte）在《数字化生存》一书中指出，数字不再只和计算有关，它决定我们的生存。信息社会的发展要求学生具有较强的自我建构能力，包括意义的建构、新思想的建构等。因此，必然要求学校课程与教学从仅仅注重知识的传授转向重视信息素养的培养，包括信息收集、信息处理、信息交流、信息创新等方面的能力与态度。培养学生的信息素养，通过在学校开设一门课程是远远不够的，还须将信息素养的培养融合在日常的教学活动中，成为课程与教学的重要目标与内容。

（二）师生角色的变化：从师传生受走向教师指导下的协作学习

传统教育认为“教师要有一桶水，学生才能有一杯水”。面对日新月异的信息技术和迅速增加的信息资源，教师要从“一桶水”转变为“抽水机”，通过不断更新自身的知识结构，才能跟上时代的发展，担负起在教学中的职责。互联网时代学生的学习不能仅仅依靠教师“送”，还必须学会自主学习与探索。师生的角色可以比喻为“核裂变反应理论”，教师扮演的角色是核裂变反应中的中子源，在教学过程中激发学生自主学习的兴趣和积极性，让学生的学习像核裂变反应一样，自己爆发出巨大的能量。在这样的学习过程中，教师不再是知识的唯一直接来源，学生可以从网络上获得大量且多元的信息。因此，在互联网时代，教师也应该具备良好的信息素养，才能引导学生确定目标、搜集信息、协作研究，进行创造性的学习。

知识窗 6－1

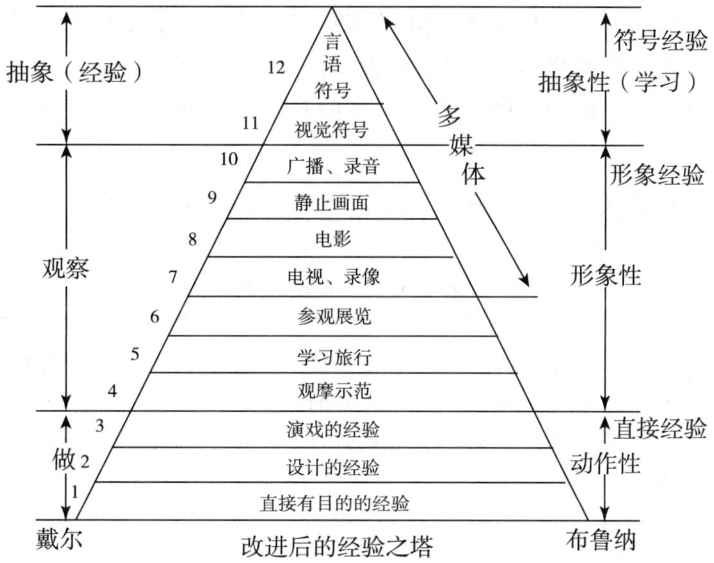

布鲁纳的认知发展阶段与戴尔的“经验之塔”对照

［资料来源］叶力汉：《“经验之塔”理论及其现实指导意义》，《电化教育研究》1997年第2期。

（三）课程教材的变化：数字化、网络化与智能化

在网络化、信息化的时代，被视为教育核心的课程教材成为教育变革的热点之一。目前，世界各国的课程教材正面临着几方面转变。一是教材信息数字化，目前，许多教学信息的存储记忆、高速运转、逻辑判断、自动传输等都以数字化方式进行，数字化教科书的时代正在来临。二是教材信息多媒体化，即把教材设计制作成包括文字、图形、动画、音响、电视等多媒体的一体化教材。三是课程教材交互化，包括师生与计算机之间的交互、师生之间通过网络的远程交互，以及在师生的控制下计算机与其他教学媒体之间的交互。四是课程教材网络化，网络时代的课程教材将基于互联网为师生提供快捷方便的教学资源，成为师生学习与研究的基本环境。五是课程教材智能化，如自动语音识别技术将使课

程教材能听懂教师、学生的简单命令，自动记录教师的讲课内容；教学专家系统可以自动诊断学生的学习水平，自动选择教学内容、自动调整教学进度、自动选择教学策略和方法等。六是课程教材虚拟化，即运用虚拟技术、自主模拟技术，课程教材可以事先让学生在虚拟情境中进行学习，如自主模拟教学技术让每个学生按自己的构想去设计自然森林或都市，在模拟和探索的过程中学习有关自然、物种、结构、生态的知识。

（四）教学评价的变化：及时、准确、全面的评价

教学评价包括教学效果的检查与评价。信息技术强大的数据存储、处理、分析功能可以实时、准确地评价学生学习效果。计算机可以对学习者的学习过程自动跟踪、检测，进行专题测试，及时反馈评估分析结果，让教师随时了解学生学习状况，及时有效地给予指导或帮助。利用“电子档案袋”，存储课堂教学活动中师生创新思维和问题解决的学习结果，有助于克服以测量记忆为主的标准化考试的弊端，有助于全面、多元地评价学生的学习成就。

展望未来，随着新兴技术的发展，“按需教育”系统的框架包括三个部分：用户、信息库和处理器，如表 6-2 所示。

表 6-2　“按需教育”系统的框架结构①

用户	提出信息请求和接受信息的实体，是“按需教学”中的能动部分，由它们来触发其他相关行为的发生。在一般情况下，用户利用一个客户端的人机交互界面和系统教学交互操作，将自己的要求提交给系统，并得到系统的响应，也就是将用户所需要的教育内容送到客户端，通过这个过程来获取知识
信息库	用于存放信息。信息库中可以存放的信息不仅包括提供给用户的信息，例如文字信息、图像信息、声音信息、视频信息等，还可以包括其他相关的辅助性信息，如个性化信息、规约信息等。信息库的主要作用是为系统提供存放信息和管理信息的功能
处理器	这是按需点播的关键部件，它从用户处获得信息，将用户的信息进行加工整理，并匹配信息库中的数据，最后把用户所需的数据送到客户端的界面上。处理器的好坏将直接影响到系统的性能。它教学的操作包括信息的检索、复制、加工等，还包括一些人工智能的判断，它是“按需教育”的“大脑”

① 顾君忠. 现代远程教育技术和 CSCL [J]. 上海师范大学学报（自然科学版），2000（6）：22—25.

第四节　课堂管理

自 20 世纪 80 年代起，我国学者日益关注课堂管理问题。尽管这一领域并非教学论的研究“热点”，但研究者认识到了课堂管理研究对于教学活动正常有序开展的重要意义，不仅对课堂管理的研究日益重视，而且研究视野不断拓宽。

一、课堂管理概述

（一）课堂管理的概念

课堂管理是指教师通过协调课堂上的各种教学因素而有效实现预定教学目标的过程。课堂管理并非课堂与管理两个概念的简单结合，事实上，课堂管理应当包括几方面的重要因素。一是课堂管理的目标，任何社会组织都是为了实现一定的目标将组织中的人、事、物，按照某种方式结合在一起，目标决定着这个组织中的人的行为，课堂管理的目标就是为了保证课堂教学的顺利进行。二是协调课堂上人与人之间的关系，课堂主要由教师、学生及其行为构成，在各种行为中必然存在诸多矛盾与冲突，这就需要构建一种师生的行为准则，以保证课堂上的所有行为能够按照一定的规则开展。三是课堂管理的理念不仅在于教师对学生行为的控制，还应当是对学生行为的一种促进，通过对学生行为的激励和鼓励，使学生能由他律转向自律，促进学生成长。

课堂管理是一项融合科学与艺术的创造性工作，它不仅需要理解课堂教学规律、学习相关管理知识，还需要掌握课堂管理的技术与策略。学会课堂管理是提高课堂教学质量的有效途径。

（二）课堂管理的功能

课堂管理作为课堂教学系统中一个子系统，对教学效果的影响十分显著。具体来说，课堂管理在教学活动中具有以下几方面功能。

1. 组织功能

这是课堂管理的基本功能。课堂教学的有效进行依赖于教师对教学设备、教材、学生以及教学活动进程的有效组织，只有管理到位，教材、教学设备才能充分发挥作用，学生才能组成有效的学习集体，这样教学活动才能系统、有序地开展。

2. 促进功能

促进功能是指良好的课堂管理可以最大限度地满足课堂上学生个体与集体的合理需要，形成积极、和谐的课堂学习环境，激发学生的参与热情，促进学生潜能的释放，从而使教学活动顺利进行，提高教学效率。

3. 协调功能

课堂管理的协调功能是由课堂管理对象的特点决定的。课堂是一个由人、物、信息、时间、空间等要素组成的复杂系统。要发挥课堂系统的整体功能、取得良好的教学效果，就必须协调课堂教学活动的诸要素，使教学有序开展。

4. 维持功能

课堂管理的维持功能是指教师通过一定的管理手段，较持久地维持课堂教学的基本秩序，排除干扰课堂教学活动的不利因素，形成比较积极健康的教学环境，通过师生共同努力完成教学任务，实现教学目标。

二、课堂管理内容

在课堂教学中，教师除了“教”的任务外，还有一个“管”的任务，也就是协调、控制课堂上各种教学要素，以保证教学活动的顺利展开。一般认为，课堂管理包括课堂环境的调控与优化、课堂行为管理、课堂时间管理等方面。

（一）课堂环境的调控与优化

课堂环境是课堂教学活动赖以进行的各种要素的综合，是课堂教学活动的重要组成部分，也是影响课堂教学效率的一个重要因素。需要调控与优化的课堂环境包括物理环境与心理环境。

构成课堂教学物理环境的因素多种多样。研究者通常将直接作用于课堂教学活动的空气、温度、光线、声音、颜色、气味作为主要的物理因素，认为这些因素会直接影响教师和学生的身心活动，不仅能引起教师和学生生理上的不同感觉，而且能使教师和学生在心理上产生不同的情绪，形成不同的情感。课堂教学的物理环境会对学生的学习动机、课堂行为、智力发展，甚至整个课堂气氛产生重大影响。因此，在课堂物理环境的调控方面，要注意保持良好的通风，保持适宜的温度、适当的光线强度和适宜的色调、声音强度。

课堂心理环境是课堂教学的主要环境，也是课堂管理更为重要的方面。构成课堂心理环境的主要因素包括课堂人际环境和课堂心理气氛。

在课堂教学活动中，人际环境主要由师生、生生间的关系构成。从生态学意义上看，任何富有成效的、高质量的教学过程，都必然存在着教与学双方积极而有序的“物质”“能量”和信息的交换。因此，建立良好的师生关系，注重学生之间的交往，建立和谐的生生关系，组建有效的学习共同体等是优化课堂人际环境的重要前提。

课堂心理气氛是在课堂教学与学习过程中，在师生相互作用中产生和发展起来的，是课堂活动中教师、学生的心理过程与个性特征之间的中介环节。一般认为，课堂心理气氛是由教师的教风、学生的学风以及教室中的环境作用所形成的一种心理状态。教风与学风之间是相辅相成的，教风影响着学风的形成和发展，而学风的形成和发展又制约着教风的提高和完善。在通常情况下，课堂心理气氛可以分成积极的、消极的和对抗的三种类型。积极的课堂心理气氛是恬静与活跃、热烈与深沉、宽松与严谨的有机统一。也就是说，课堂情境符合学生的求知欲和心理发展特点，学生注意力高度集中，思维活跃，发言踊跃，纪律良好，学生时刻注意听取教师的讲授或同学的发言，并积极而深刻地思考。消极的课堂心理气氛通常以学生的紧张拘谨、心不在焉、反应迟钝为基本特征。也就是说，课堂情境不能满足学生的学习需要，背离了学生心理发展的特点，学生注意力分散、情绪压抑、无精打采、小动作多，有的甚至打瞌睡。对抗的课堂心理气氛则是一种失控的课堂气氛。在课堂活动中，学生过度兴奋、各行其是、随便插嘴、故意捣乱。教师则失去了对课堂的驾驭和控制能力，因此有时不得不中止讲课而维持秩序。为了营造良好的课堂心理气氛，教师应该做到：正确鉴定课堂心理气氛的现状；对学生公正评价，合理期望；以自己积极的情感感染学生；树立教育威信；重视课堂教学中的多向交往，建立良好的班级人际关系；维持学生在课堂学习中的良好心理状态等。

（二）课堂行为管理

课堂行为管理就是在学生个体因素与制度因素之间取得平衡与协调的过程，其目标是既促使学生的行为符合课堂教学秩序的要求，又能保证学生个性的健康发展，为有效课堂教学营造和谐而融洽的人际心理环境。因此，课堂行为管理不仅要重视对学生的问题行为管理与矫正，更应该着眼于学生良好行为习惯的培养与强化。

1. 良好行为习惯的养成与塑造

学生良好行为习惯的养成具有其积极的价值。首先，学校作为公共教育机构，课堂作为学生成长的重要场所，旨在促进学生个体社会化。学生只有在有秩序良好的环境中才能正常地学习与生活。每个学生遵守课堂秩序本身就是一种社会学习。其次，未成年学生的自觉理性尚在形成中，还不足以支配他们的行为。最后，若不经过反复练习，学生很难将偶然的良好表现转化为良好的行为习惯，并在这个过程中陶冶情操，从而形成稳定的行为品质。因此，教师必须运用积极、肯定的管理方式，致力于学生良好行为习惯的养成与塑造。

为此，教师可运用如下管理方式：（1）明确界定学生的良好行为，对于课堂上的良好行为，教师要使用易于观察的话语向学生描述，并保持观察评价的一致性，给予学生明确的行为准则并指出学生课堂行为的努力方向；（2）适时强化学生的良好行为，当学生表现出良好行为时，教师适时运用多种奖励方式，肯定并强化学生的良好行为；（3）积极引导问题行为，对于一些常常表现出问题行为的学生，教师应善于发现学生的进步，及时给予认可、赞扬，以此增强他们表现和保持良好行为的动机与愿望。

2. 课堂问题行为的类型与管理

课堂问题行为是指在课堂中发生的，违反课堂规则，妨碍及干扰课堂活动正常进行或影响教学效率的行为。课堂问题行为具有普遍性，是教师经常遇到而又非常敏感的问题，处理不好，就会损害师生关系、破坏课堂气氛、影响教学效率。

国内心理学研究表明，从行为表现的主要倾向可将学生的问题行为分为两大类：一是外向型的攻击性问题行为，如活动过度、行为粗暴、上课不专心、逃学等；二是内向型的退缩性问题行为，如沉默寡言、孤僻离群、烦躁不安、过度焦虑等。外向型的攻击性问题行为，会直接扰乱课堂秩序，应根据严重的程度运用不同的方法管理；内向型退缩性问题行为常常需要心理辅导，通过改变学生的认知、信念、价值观和道德观来改变学生的外部行为。确认与诊断某一行为是否构成了问题行为，需要考虑以下几方面的因素：频率——此种行为是否经常发生；维度——此种行为是否影响了其他学生的正常学习，影响有多大；强度——该种行为对个体及他人的干扰到了何种程度；时间——该种行为持续多长时间；态势——该种行为有无自然消失的可能；刺激源——是否来自课堂当中；离差——该种行为是否偏离学生的年龄特征；等等。

课堂问题行为的管理应遵循两个原则。一是最少干预原则，即用最简短的干预纠正学生的行为。教师要尽量做到既有效又不打断上课，因为过多的干预会强化学生的不良行为。研究表明，教师花在维持学生纪律上的时间与学生的成绩呈现负相关。二是行为矫正原则，即系统地应用先前刺激和后果改变行为。在课堂上，总有几个学生有顽固的行为问题，对他们采用个别行为纠正将更有效。还有些学生的行为问题是受到同伴支持的行为问题，则可能需要全班行为矫正策略或适当的集体连坐。

（三）课堂时间管理

任何管理都是对人、财、物、时、空等资源的管理，课堂管理也不例外。其中，对时间的管理，则是课堂教学管理的重要内容。课堂时间管理，从其本质而言，主要是指对课堂教学中单位时间的管理，包括教学时间的分配、时间的利用等。具体来说，它是为实现某一课程教学目标，教师在一定教育观的指导下，通过实施有效策略，对课堂教学活动的时间进行科学预测、系统计划、合理分配和适时调控的过程。课堂时间管理的目的在于充分利用课堂有限的时间资源，做最有意义的事情，以满足个体和社会发展的需求。

早在 20 世纪初，西方学者就提出了课堂上教学时间的问题，并把时间作为影响课堂教学成效的重要变量。对教学时间进行科学研究始于卡罗尔（J. B. Carrol），他在 1963 年发表的《学校学习的一种模式》成为研究教学时间的里程碑式著作，他提出的教学时间模型框架，奠定了其后教学时间研究的基调。课堂时间管理的提出，是要解决教学的有效性问题，即如何在一定的教学时间内促使学生高质量地完成学习任务。卡罗尔认为，就某一特定学习任务而言，学生的学习程度是其实际用于学习任务的“实用时间”与掌握该任务规定内容的“所需时间”之比的函数。“实用时间”取决于分配给学习任务的时间与学生乐意学习的时间，“所需时间”取决于能力倾向、理解教学能力以及教学质量。因此，在既定的课堂教学时间内，学生的学习成效不仅受到教师教学水平和质量的影响，也受到学生自身学习兴趣和能力的影响。从已有的研究来看，研究者都十分重视学生专注于学习并努力完成具有一定难度的学习任务时间，认为这是学生集中注意力进行认知建构的重要时间段，卡罗尔称之为“学科学习时间”。课堂教学时间管理的关键就在于教师对学生“用功时间”的把握和利用，也就是说，教师怎样依据学生的个人能力倾向，结合教学内容，将学习任务的重点和难点置于学生的“用功时间”，以提高学生学习的功效。而仅仅通过增加学生的学习时长是无法真正提高其学习效率的，恰恰相反，这可能导致学生的学习疲倦，注意力分散，兴趣下降等，从而降低其学习成效。当然，课堂教学时间不可能都是学生的“用功时间”，还包括组织教学时间、常规教学事务安排时间以及课堂秩序维持时间等。所以，课堂时间管理应该针对教学过程中的所有时间，而不仅是学生的“用功时间”。

由上所述，课堂时间管理的要旨有三：一是教师要具备教学时间管理理念，合理分配既定教学时间，充分有效地利用学生的“用功时间”；二是教师要熟知学生的个人能力倾向，做到因材施教，减少在同步教学中因学生的个体差异而造成的无谓时间消耗，如同样的教学内容和同样的教学时间，能力强的学生会感到时间多余，而能力弱的学生则感到时间不足；三是教师要努力提高自身的教学水平，延长学生乐于学习的时间。

三、课堂管理策略

随着课程与教学改革的深入发展和有效教学运动的广泛掀起，课堂管理研究在西方格外受到重视，产生了有效课堂管理的许多策略与方法。总结这些研究成果，对我国课程与教学的有效实施具有重要借鉴意义。

（一）创建积极课堂环境，满足学生心理需要

积极的课堂环境与学生纪律之间有着密切联系，许多课堂管理问题与教师能否创建积极的课堂环境从而满足学生的心理需要有关。因此，只有创建一个能够满足学生需要的课堂环境，才能确保学生做出积极的、符合教学目标导向的行为，形成良好纪律。因此，应特别注意以下两点。

1. 分析学生需要满足情况，弄清问题行为产生的环境原因

学生的行为，包括违纪行为，都受其内在需要的驱动，是学生尝试满足某种需要的结果。学生的问题行为主要是由于课堂环境不能满足其归属、认同和爱的需要造成的。因此，教师必须通过观察、调查等方法深入分析课堂环境对学生需要的满足情况，识别学生问题行为的类型和原因，切实理解学生个体的心理和学习需要，从而有针对性地创建积极的课堂环境。

2. 营造人性化的积极课堂环境和氛围，满足学生的心理需要

在了解学生需要满足的情况后，教师要有针对性地创建人性化的积极课堂环境和氛围，满足学生的心理需要。例如，建立自然、和谐的教学生态；接纳学生，努力满足学生

的归属需要；帮助学生树立学习自信心，满足学生的自信需要；培养学生选择和履行职责的能力，满足学生有关权利和自由的需要；等等。

（二）运用有效沟通技能，改善师生交流方式

当代课堂管理理论认为，健康的交流方式和有效的沟通技能不但有助于增进师生关系、实现教学目标，也是有效课堂管理的重要策略。在课堂管理中运用有效沟通技能，应注意以下几点。

1. 善于倾听学生感受

教师的倾听体现出对学生的接纳和重视。倾听是表达尊重的标志，是满足学生被接纳、受重视等需求的重要途径。教师在倾听中要注意：以全神贯注和兴趣盎然的神色倾听学生的想法和感受，并注意观察；尽可能从学生的立场理解其所表达的思想和感受；不轻易打断学生的讲话；将自己的非语言信息和口头释义统一起来；尽可能精确地对所听到的内容进行释义，并谈谈其中所包含的情感和态度。

2. 合理运用肢体语言

课堂管理的肢体语言理论认为，合理运用肢体语言有助于课堂秩序的建立。首先，注重眼神接触。眼神接触是课堂上师生最常用和最有效的交流形式，通过训练，教师不仅要能自然地注视每一个学生，而且要能读懂每一个学生的要求和反应，传达自己对学生的评价及对整个教室情境的把握，预防学生不良行为的发生。其次，寻求身体接近。对课堂上违纪的学生，教师的言语批评既会中断教学活动，又可能引起学生的反感。在大多数情况下，教师只需走近学生，或轻轻地拍一下，什么也不必说，就能使其端正行为。再次，运用身体姿势和面部表情。身体姿势和面部表情是肢体语言的重要组成部分，在交流中传达着许多重要的信息。因此，教师在调控学生课堂行为的过程中，应尽可能利用身体姿势和面部表情配合讲课。

3. 正面诱导学生行为

教师对待学生的行为方式可分为正面诱导和负面诱导。所谓正面诱导，是对一类信息的总称——无论是语言的还是非语言的，正式的还是非正式的——即向学生传递他们是负责任的、有能力的、有价值的信息。相反，负面诱导则是指向学生传递他们是不负责任的、没有能力的、没有价值的信息。教师应通过各种途径对学生进行正面诱导，正面诱导不仅能形成学生的积极态度和良好的师生关系，还有助于矫正学生的不良行为。

（三）坚持健康课堂管理思想，实施健康课堂纪律

所谓健康课堂管理，即通过为每个学生营造一种以相互信任和尊重为基础的愉快、健康、高效的课堂氛围，激发学生自强、自尊、自立的心理，促进学生心理、社会多层面的健康发展，使学生在课内外追求一种健康、幸福和有意义的生活。因此，教师应掌握健康有效的纪律实施技巧。

1. 实施健康纪律模式，激发学生学习动机

课堂纪律的实施模式主要可分为专制型、放纵型和健康型三种模式。专制型模式要求强制而无视尊重，放纵型模式注重尊重而放弃强制，而健康型纪律实施模式则力图在强制与尊重之间找到恰当的平衡。在健康型模式下，教师不是指挥家，而是在解决问题的过程中指导学生的行为，告诉学生行为的限度和可以被接受的选择，让学生学会对自己的行为负责。在课堂管理中，动机与兴趣激发所起的作用约占 95%，而纪律约束只起 5%的作用。因此，激发学生学习动机是解决纪律问题的最好办法。

2. 有的放矢地矫正各种错误的目标行为

作为拥有强烈归属欲望的社会生物，学生的所有行为都表现出要求被接纳和被重视的愿望。当课堂环境不能满足这些需要时，学生就会将自己的行为转向寻求关注、寻求权利、规避失败或表现无能等错误的目标，错误地选择各类违纪行为来满足归属等普遍的心理需要。针对学生的错误目标及相关行为，课堂管理目标导向理论认为，教师不能简单地采用惩罚的方法，而需要运用行为本身所产生的自然后果使学生从经验中体验到行为和后果之间的关系，进而养成自律的良好行为，发展正确的自我概念。

3. 积极鼓励引导，恰当使用惩罚

教师应坚持积极鼓励引导、恰当使用惩罚的教育原则。心理学研究表明，在课堂管理中，奖励的矫正作用远远大于惩罚，教师通过鼓励理想行为去纠正不良行为的效果要比对不良行为实施过度的惩罚要好。奖励有助于强化理想行为，增强行为发生的可能性，并逐渐巩固而成为良好习惯，而惩罚只能减弱不良行为，缺乏积极的正面引导，容易造成学生的恐惧心理，影响师生间的融洽交往。

（四）改进课堂教学，提高教学有效性

有效的教学是防止课堂问题行为发生的重要基础，好的纪律来自好的教学。因此，改善课堂纪律，必须改善课堂教学，增强教学的魅力。国内外的相关研究表明，成功的教师能以良好的教学方法和课堂组织防止问题行为的发生，他们在教学准备、教学组织及活动之间的顺利转移上，都更胜一筹。这些教师还善于通过激发学生兴趣、吸引学生的注意力、安排具有个性化的作业等方法，使学生的活动一直围绕着教学有序展开。其具体做法主要有：加强教学节奏、课堂段落和学生注意的管理调控；合理创设课堂教学结构和情境结构，恰当调节学生焦虑水平；改进课堂交往结构、提高学生参与比率；满足学生学习需要，让学生设置学习目标、体验成功，教会学生如何学习，提高学生的自我效能感；精心设计每堂课的内容和活动程序；充分利用问题控制课堂行为，但问题必须丰富多彩，意味深长；随机应变，正确运用注意转移、幽默、宽容、设疑等方式灵活处理课堂教学中的偶发事件；等等。

总之，课堂管理理论研究经过几十年的发展，取得了较为丰硕的成果，它对于解决课堂实际问题，促进教师专业发展有着积极意义。我国课堂管理的研究应从课堂管理理论体

系的构建入手，深入研究课堂管理策略，使课堂管理理论在教育教学实际工作中发挥作用。

本章小结

本章阐述了影响课程实施与教学过程展开的四个重要因素：教学方法、教学组织形式、教学媒体与课堂管理。

教学方法是在教学过程中，教师和学生为实现教学目的、完成教学任务而采取的教与学相互作用的活动方式的总称。它具有目的性、双边性、系统性等特性。当代国内外教学方法的变革呈现出优化整合的趋势。

在教学理论和实践中，教学组织形式处于具体落脚点的地位。教学组织形式不断变化发展，先后出现了个别教学制、班级授课制、道尔顿制、文特纳卡制等形式。班级授课制是当代教学的基本组织形式。针对班级授课制存在的弊端，涌现出一些新的教学组织形式，如分组教学、小队教学、开放课堂、合作学习等。

教学媒体是教学内容的载体与表现形式，是师生之间传递信息的工具。互联网时代，学校课程与教学更加重视培养学生的信息素养，学生从接受学习走向教师指导下的协作学习，课程教材走向数字化、网络化，教学评价更加及时、准确、全面。

课堂管理是指教师通过协调课堂内的各种教学因素而有效实现预定教学目标的过程，包括课堂环境的调控与优化、课堂行为管理、课堂时间管理等。有效的课堂管理策略，对课程与教学的有效实施具有重要作用。

拓展学习

1. 如何理解教学方法的概念？
2. 近现代以来，我国中小学教学方法的改革经历了哪些阶段？
3. 如何理解教学组织形式的概念？
4. 阐述班级授课制的概念、基本特点与利弊。
5. 阐述教学媒体的发展以及互联网时代课程与教学的新变化。
6. 如何理解课堂管理的概念与功能？
7. 阐述课堂管理的主要内容。

选读文献

1. 布鲁纳著，邵瑞珍译：《教育过程》，文化教育出版社 1982 年版。

本书是在美国全国科学院召开的一次讨论改进中小学自然科学教育的重要会议（也称伍兹霍尔会议）后，会议主席哈佛大学心理学家布鲁纳所做的大会总结报告。这份总结报告以《教育过程》命名，于 1960 年由哈佛大学出版社出版，它是阐明美国 20 世纪 60 年代课程改革指导思想的著作，影响广泛而深远。

2. 罗伯特·M. 加涅著，张杰夫等译：《教育技术学基础》，教育科学出版社 1992 年版。

本书介绍了美国教育技术学的发展史及其理论，探讨了其中的系统分析、设计、实施，评价教与学的整个过程所涉及的各个领域的理论、主要模式、方法等。

3. 卡罗尔·西蒙·温斯坦著，田庆轩译：《中学课堂管理（第二版）》，华东师范大学出版社 2006 年版。

本书以四位教师的管理智慧和亲身经历为基础，结合教育学的研究成果，探索课堂管理的艺术，“对各地教师有助益，是有效课堂管理的起点”。

第七章 课程与教学评价

教学目标

- 了解课程与教学评价的含义、功能和基本类型。
- 分析传统课程与教学评价理念的误区及弊端，把握现代课程与教学评价的最新取向。
- 区分量化评价和质性评价，初步学会并尝试将表现性评价、成长记录袋和综合素质评价等方法应用于评价实践。

评价是课程与教学改革中不可忽视、无法回避的关键领域与重要环节。评价是一个指挥棒，好的评价导向优质的课程与高效的教学。如何评价课程与教学，直接影响和制约着学生学什么，怎么学以及教师教什么，怎么教。评价的重要性是不言而喻的。那么，究竟什么是课程与教学评价，传统的课程与教学评价理念存在哪些误区，新的时代背景下应该树立怎样的评价理念，评价的方法主要有哪些，如何适切地应用于实践，这些问题是本章关注的重点。

第一节 课程与教学评价概述

在教育领域，关于课程与教学评价的理论相当丰富，见解各异。但都要探讨什么是课程与教学评价？它在课程与教学活动过程中有什么作用？本节将主要介绍课程与教学评价的内涵、功能及类型。

一、课程与教学评价的内涵

基于一定的社会发展条件和人们对课程与教学这两个概念关系的不同理解，理论界对课程与教学评价的研究主要有两种不同的路径：一种是将课程评价与教学评价分而述之，另一种是将课程与教学评价作为一个整体来研究。严格来说，早期的研究倾向于将课程评价与教学评价分开研究，但随着韦迪（R. Weade）“课程教学”概念的提出，以及人们对课程与教学关系理解的不断深入，人们越来越认识到课程与教学是不可分割的。课程在本质上是一种教学事件，而教学在本质上是一种课程开发与实施的过程，课程与教学最终是要融合在一起的。① 基于此，本书认为，课程与教学评价并不是课程评价与教学评价的简单相加，也不是“大课程观”或“大教学观”中的包容关系，而是把课程与教学作为一个整体来评价，课程评价中有教学评价，教学评价中有课程评价，它们是你中有我、我中有你的相容关系。

什么是课程与教学评价呢？一般而言，课程与教学评价是评价主体基于一定的目的，在某种教育观念或理念的影响下，根据课程与教学目标，采用合适的方法与手段、系统全面地收集、整理、分析课程与教学信息，并根据一定的评价标准对课程与教学设计、课程与教学活动的实施过程及其结果等进行价值判断的活动。要进一步理解课程与教学评价的内涵，需要把握以下三点。

第一，课程与教学评价是基于客观事实的判断过程。课程与教学评价是在对收集到的与评价对象相关的客观事实材料进行整理、分析的基础上，对课程与教学活动的过程及其结果等进行价值判断的过程。也就是说，课程与教学评价总是以收集到的客观事实材料等为基础才能进行比较、分析并最终做出判断。失去对客观事实的科学考量，课程与教学评价也就失去了其真实性、客观性和科学性，进而也失去了有效性和权威性。

第二，课程与教学评价是主体进行价值判断的过程。课程与教学评价总是以一定的目标或标准为参照物来进行价值判断的过程，而究竟什么是好的课程，什么是高效的教学，什么是课程教学要达成的目标，依赖于评价主体的价值审视，因而不可避免地带有主观色彩。课程与教学评价，就是评价主体基于客观事实，根据一定的标准对实际的课程与教学是否达到了课程与教学目标中的价值追求所进行的判断。虽然课程与教学评价力求客观性与科学性，但只要有主体的加入，就必然会有价值的介入，绝对客观、完全价值中立的评价是不存在的。

第三，课程与教学评价是主客体的协调统一。如上所述，课程与教学评价总是基于客观事实，同时又不可避免地有主观的介入，因而，课程与教学评价始终是主体与客体、主观与客观、事实与价值、实然与应然的相互协调与有机统一。

① 靖国平，邓银城. 课程与教学论教程［M］. 武汉：华中科技大学出版社，2012：258.

知识窗 7-1

有学者提出，课程与教学评价经历了以下四个发展阶段。

第一阶段是课程与教学评价的测量阶段（1900—1930 年）。它的特点是测量理论的形成和测验技术在课程与教学中的广泛应用。这一时期的课程与教学评价，基本等同于教育测量。

第二阶段是课程与教学评价发展的目标模式阶段（1930—1940 年）。这一阶段的特征是对测验结果做描述，评价的目标不再是学生本身，而是研究什么样的学习目标模式对学生学习最有效。

第三阶段是课程与教学评价发展的目标参照测验阶段（20 世纪 50—70 年代）。目标参照测验以课程与教学目标为评价标准，关注的是对课程与教学结果是否达到了目标进行判断。

第四阶段是课程与教学评价发展的人本化阶段（20 世纪 80 年代以来）。与之前的课程与教学评价相比，这一阶段比较关注课程与教学评价的人文精神和教育作用。

［资料来源］靖国平、邓银城著：《课程与教学论教程》，华中科技大学出版社 2012 年版，第 5 页。

二、课程与教学评价的功能

对于课程与教学评价的功能，学者见仁见智。有学者认为课程与教学评价的功能包括导向功能、诊断功能、决策功能和促进发展功能；① 也有学者把课程与教学评价的功能分为导向功能、诊断功能、激励功能、调节功能和鉴定功能；② 还有学者认为课程与教学评价有检查、反馈、激励、研究、定向和管理等功能。③ 综合学界众多研究和多家观点，本书将课程与教学研究的功能大体分为诊断与反馈、评估与鉴定和导向与激励功能。

（一）诊断与反馈功能

所谓诊断与反馈功能，是指通过课程与教学评价，评价主体能够诊断出课程与教学的设计、课程与教学的实施过程等是否达到了课程与教学的目标、取得了哪些进展、还存在哪些方面的问题等。取得的进展能为课程与教学提供借鉴经验和改进方向，而诊断出的现实问题和潜在问题则是改进和完善课程与教学的出发点。例如，教师可以通过课程与教学评价诊断出自己在哪些方面具有优势，在哪些方面还有欠缺，也可以通过课程与教学评价

① 马云鹏. 课程与教学论［M］. 北京：中央广播电视大学出版社，2002：342.

② 靖国平，邓银城. 课程与教学论教程［M］. 武汉：华中科技大学出版社，2012：263—264.

③ 李方. 课程与教学论［M］. 南京：南京大学出版社，2005：275—276.

诊断出自己的教学在哪个环节出了问题或有待改进，从而根据诊断给出的反馈信息加以后续改进。

（二）评估与鉴定功能

所谓评估与鉴定功能，是指通过课程与教学评价可以对课程与教学计划以及教师和学生等对象的某些方面或各个方面水平的优劣程度做出评估和鉴定，从而衡量其价值的有无与大小，衡量其是否达到了应有的标准。① 如果说前面的诊断与反馈功能旨在改进课程和教学，并更好地达成课程与教学的目标，那么评估与鉴定功能则重在对评价对象是否达到规定的合格要求进行鉴定，并颁发一定的鉴定证书或选拔出合格的学生、教师、学校、课程、教材等。例如，普通高中进行的合格性学业水平考试，就发挥了评价的鉴定功能；颁发给教师或学校的各种荣誉证书等，也是对学校办学效果或教师教学成果的评估和肯定；还有中考成绩的等级划分以及各种评价指标的规定也旨在对学生的学习成绩及各种素质做出评估与鉴定，以作为高一级学校是否录取的重要参考标准。

（三）导向与激励功能

课程与教学评价的导向功能由课程与教学的目标及评价标准的指向性所决定，而教育教学工作的方向和侧重点也常与评价标准的指向和侧重点相关，因而，课程与教学评价常受评价标准这一“指挥棒”的支配和引导。② 教师围绕着课程与教学评价目标和指标而开展教学活动，学生的学习围绕评价标准而有序展开，这是常见的现象。实践证明，适时而客观的评价可以及时纠正课程与教学的方向，使之朝着课程与教学目标所规定的方向迈进。因此，我们在制定课程与教学评价指标时，应尽可能地确保评价指标能够准确、全面、有效地反映出课程与教学的标准与要求，避免评价指标和课程与教学目标不符而出现导向错误的情况。

一般而言，在评价中获得肯定的教师和学生都能在某种程度上获得精神上的满足和成就感，评价的激励功能由此而彰显。即便对那些获得否定性评价结果或对评价结果不满意的教师和学生，适度的紧张和焦虑也能一定程度地激励他们改变现状、做得更好。当然，频繁的失败与过度的焦虑不仅不能发挥激励的功能，反而会适得其反。因此，评价并非必然附带激励的功能，而需要通过适切的评价方式和因人而异的评价标准，才能真正地、更好地发挥评价的激励功能，即在评价中找准发展的方向，在评价中寻找发展的动力。

知识窗7－2

从评价的功能来看，学生评价主要有三种：侧重于选拔淘汰的选拔性评价、侧重于鉴

① 张华. 课程与教学论［M］. 上海：上海教育出版社，2000：395.

② 张传燧. 课程与教学论［M］. 北京：人民教育出版社，2008：387.

定的水平性评价和侧重于促进发展的发展性评价。而我国传统学生评价历来比较重视的是选拔性评价。传统学生评价有这样一个基本的假设，即在一个群体中只有极个别的个体是优秀者，大多数人都只能达到中等水平。而评价的主要目的就是要把少数优异者选拔出来，为此，传统的学生评价比较强调评价的甄别、选拔功能，热衷于排名次，比高低。在这样的评价过程中，只有少数“优秀者”能够体验成功的快乐，获得鼓励，而大多数学生则成了“失败者”，成了上述假设的“殉葬品”。发展性学生评价的理念与此不同，它强调发挥评价的“促进发展”的功能，认为评价的根本目的不是检查和评比，而是促进学生达到发展的目标。评价不只是教育教学过程结束时鉴别、筛选学生的手段，它更应该是促进学生发展的有效手段。发展性学生评价也承认学生之间的发展存在差异，但它认为评价的基本目的不是为了检查学生的发展状况或具体表现，给学生下一个精确的结论，鉴定出他们在群体中所处的位置，从而使评价对象之间的差异明确化、凝固化，而是要从这些差异中分析判断存在的问题与不足，发掘适合评价对象发展的教育方法，促进他们的发展和表现，让他们在现有基础上获得实实在在的发展，逐步达到培养目标的要求。

[资料来源] 曾继耘:《由甄别选拔到促进发展：学生评价改革的方向》,《教育理论与实践》2013 年第 19 期。

三、课程与教学评价的类型

根据不同的标准可以将课程与教学评价划分为不同的类型。根据课程与教学评价所依据的评价标准不同，可以分为绝对性评价、相对性评价和个体内差异评价；根据评价的目的、作用和时间不同，课程与教学评价可以分为诊断性评价、形成性评价和总结性评价；而依据评价与目标的关系不同，课程与教学评价又可以分为目标本位评价与目标游离评价。

（一）绝对性评价、相对性评价和个体内差异评价

1. 绝对性评价

绝对性评价是一种在评价对象群体之外，预定一个客观或理想的标准，并用这个固定的标准去评价群体中每个对象的评价类型。这种评价的目的在于把评价结果与评价标准进行比较，判断评价对象达到客观标准的程度。由于这种评价的标准不受评价群体状况的影响，且评价结果只与评价对象自身的水平相关，因此，这种评价也叫作标准参照评价。

绝对性评价在课程与教学中的应用颇为广泛。由于其具有标准相对客观等优势，因此特别适用于以鉴定资格和水平为目的的一些课程与教学评价活动。西方的目标参考测验就是典型的绝对性评价。我国现行的评定学业成绩的百分制，60 分为及格，60 分以下为不及格，在这里“及格”就是学业成绩合格的客观标准。绝对性评价的优点在于评价标准不受评价对象所处群体状况的影响，而缺点在于所谓的外在客观标准很难做到真正客观。因

此，在实际的课程与教学评价中，要确保绝对性评价的科学性，关键在于确保评价标准的稳定性、客观性和准确性。

2. 相对性评价

相对性评价是一种依据评价对象所处群体的状况来确定评价标准，并利用这个标准来判定每个评价对象在群体中所处的相对位置的评价类型。这种评价的标准取决于构成评价对象群体的整体水平，标准源于该群体，也只适用于该群体，标准因群体的变化而变化。通常这种评价的标准以群体的平均水平为基点，因此，相对性评价又叫作常模参照性评价。

在课程与教学评价中，相对性评价通常是以某一地区或者学校、班级群体的整体水平为评价的基准（标准），来判断每个个体在所处群体中的相对位置。这种评价有助于学生在相互比较中判断自己在群体中的位置，激发竞争意识，但也容易导致恶性竞争，对课程与教学的实施产生负面影响。此外，相对性评价的参照标准来源于对象群体的整体状况，评价结果仅仅代表评价对象在某一个群体中的相对位置，因而评价结果在不同群体间的通用性不强，群体间成员之间的比较相对困难，且容易出现“矮子里拔将军”和“强中更有强中手”的情形。因此，它更适合于以选拔为宗旨的课程与教学评价。

3. 个体内差异评价

个体内差异评价是一种把每个评价对象的过去与现在进行比较或把个体的相关侧面进行相互比较，从而得出评价结论的评价类型。它以评价对象自身的状况作为参照标准，旨在判断评价对象在该方面是否取得了进步，取得了多大的进步。例如，可以把学生上一次英语考试的成绩与这一次英语考试的成绩进行比较（两次考试的难度最好相近），分析该生在英语学习上的变化。它还可以把评价对象的相关侧面进行比较，以找出评价对象的长处及弱点所在。例如，比较某个学生各门课程在某次考试中的成绩，诊断出学生的优势学习领域和弱势学习领域。

个体内差异评价的突出特点在于以自身状况作为参照点。这种方法容易照顾到评价对象的个体差异，在不给评价对象造成压力的基础上，综合动态地考察评价对象的发展变化。但由于没有外在客观的评价标准，容易导致评价的信度低及一些评价对象的自我满足。因此，在实际使用中，通常会与绝对性评价、相对性评价结合使用，以获得更加真实、准确、全面的评价结论。

综上所述，每一种评价方法都有自身的评价标准和优缺点，表 7-1 比较了上述几种评价类型以及可能产生的影响，以便于评价主体在进行课程与教学评价时，根据评价目的，合理选择和使用评价类型。

表 7-1 相对性评价、绝对性评价、个体内差异评价的比较及其对人的影响①

评价类型	评价标准	评价观点	可能产生的积极作用	可能产生的消极作用
相对性评价	集体内他人的成绩	优与劣	在与他人的关系上能主观地看待自己	可能养成缺乏合作精神的“唯我独秀的性格”
绝对性评价	外在的客观的到达目标群	目的是否达到	确立自我教育的机制	可能养成将目标体系绝对化，缺乏灵活性的性格
个体内差异评价	本人当前状况	与本人原先状况相比是否有进步	可以养成按着自己的标准进行自我提高的习惯	容易养成自我满足的习惯

（二）诊断性评价、形成性评价和总结性评价

1. 诊断性评价

诊断性评价是指为使活动计划更有效地实施而进行的摸底评价。诊断性评价重在对评价对象进行摸底，并根据诊断的情况，灵活调整活动方案。在课程与教学活动中，诊断性评价一般在课程与教学活动开始前或者在活动需要时进行，对评价对象胜任课程与教学活动的准备情况做出判断，并寻求存在问题的原因，以便采取相应措施使课程与教学活动顺利、有效地实施。

在课程与教学活动中，诊断性评价除了能对评价对象进行摸底外，还可以进一步判断评价对象可能的发展空间，进而设计活动方案，确定阶段性目标，使评价对象在原有的基础上能够“跳起来摘到桃子”。例如，在教学活动中，一些学校或教师在学生进入新学期、学习新课程之前，常常进行摸底测验，以了解学生对新课程内容的准备程度，进而根据诊断结果调整教学方案；还有一些学校要求新任班主任进行家访，以了解每个学生的性格特征、家庭情况等，以便教师更好地胜任班主任及其教学工作。诊断性评价的突出特点重在摸底诊断和针对性改进。但是，在课程与教学活动中运用诊断性评价时，人们通常重诊断轻改进，表现为多提问题所在及不足之处，少提可行性强的建设性意见。有位评课教师在听完一节公开课后指出，“评课形成了一种定式：先简单肯定一下优点，然后就是一一罗列教学中的失误和不足”②。

① 燕良轼. 教育心理学 [M]. 武汉：武汉大学出版社，2010：321.

② 万伟，秦德林，吴永军. 新课程教学评价方法与设计 [M]. 北京：教育科学出版社，2004：28—29.

2. 形成性评价

形成性评价也称过程性评价，是指在课程与教学活动的进程中，对活动各方面或某个方面的动态状况进行系统性评价，以便及时了解活动状况，反馈信息，修正活动的评价类型。形成性评价的主要目的在于为课程与教学活动提供及时的反馈，从而帮助课程工作者改进课程、教学工作者改进教学、学生改进学习。

形成性评价的突出特点表现为重视评价课程与教学的过程，以及评价的反馈功能。例如，中小学经常进行的单元测试，就是为了了解本单元的教学效果，根据学生的考试成绩，看看是否要对一些学生设计补救方案、进行补救教学并对教师的教学效果进行分析、诊断，从而进一步修订完善下一个单元的教学计划。各种课堂测验、家庭作业也属于形成性评价。

3. 总结性评价

总结性评价又称终结性评价，是指在某一相对完整的课程与教学活动结束后，对这一阶段的课程与教学目标的实现程度做出判断的一种评价。在课程与教学活动中，总结性评价通常在一个学期或一个大的活动阶段结束后进行。尽管一项活动结束的时间长短不一，但需把握一点，总结性评价是对课程与教学活动最终效果的评价。

在我国，总结性评价历来都比较受重视。例如学期、课程编制、课程实施结束时，都会对其效果进行评定。尽管总结性评价的重心在于对活动的最终效果做出评价，但这并不意味着，评价主体不需要在分析评价结果的基础上，寻找问题并提出相应的改进措施。而在实际的课程与教学中，评价主体往往会忽视后者，造成评价效果与改进工作脱节。①

诊断性评价、形成性评价与总结性评价的比较见表 7-2。

表 7-2 诊断性评价、形成性评价与总结性评价的比较②

项目 \ 评价类型	诊断性评价	形成性评价	总结性评价
作用	查明学习准备和不利因素	确定学习效果	评定学业成绩
主要目的	合理安置学生，考虑区别对待，采取补救措施	改进学习过程，调整教学方案	证明学习已达到的水平，预言在后继教程中成功的可能性
评价重点	素质、过程	过程	结果
手段	特殊编制的测验、学籍档案和观察记录分析	经常性检查、作业，日常观察	考试

① 李朝辉. 教学论［M］. 北京：清华大学出版社，2010：268.

② 施良方，崔允漷. 教学理论：课程教学原理、策略与研究［M］. 上海：华东师范大学出版社，1999：337.

续表

项目＼评价类型	诊断性评价	形成性评价	总结性评价
测试内容	必要的预备性知识、技能的特定样本，与学生生理、心理、环境的样本	课题和单元目标样本	课程和教程目标的广泛样本
试题难度	较低	依教学任务而定	中等
分数解释	常模参照、目标参照	目标参照	常模参照
实施时间	课程或学期、学年开始时，教学进程中需要时	课题或单元教学结束后，经常进行	课程或一段教程结束后，一般每学期1—2次

需要注意的是，尽管可以根据评价的时间、目的和作用把课程与教学评价分为诊断性评价、形成性评价和总结性评价，但是这三类评价却没有严格的区分界限。有时，同一个评价，当把它放在不同的情境下或起不同的作用时，它既可以是诊断性评价、形成性评价，也可以是总结性评价。例如，学校的期末考试，对于该学期而言是总结性评价，但如果用于新学期开始，判断学生的已有水平，它就成了诊断性评价；而把期末考试放在小学、初中、高中的整体学习阶段来看，它又成了形成性评价。

（三）目标本位评价与目标游离评价

1. 目标本位评价

目标本位评价（goal-based evaluation）是以课程与教学目标为基础进行的，旨在诊断预定课程与教学目标的实现程度的一类评价。由于目标本位评价关注的是预定的课程与教学目标究竟实现了多少，因而目标本位评价更适用于考察一些容易测量的行为性目标，而不太适用于考察情感、态度、价值观等比较难于行为化的目标。

目标本位评价的典型代表是泰勒的评价模式和布卢姆的评价体系。目标本位评价具有标准清晰，重点集中，易于把握的特点，有利于判明学生学业的进展，因此在实践中运用广泛，在课程评价中至今仍占有重要的地位。但目标本位评价过分强调目标，只关注预定目标的实现程度，不重视对目标实现过程的考察，往往容易窄化评价内容，忽略课程与教学活动中出现的非预期性信息。

2. 目标游离评价

目标游离评价（goal-free evaluation）是斯克里文（M. Scriven）针对目标本位评价的弊端而提出来的一种评价类型。目标游离评价要求课程与教学评价突破预定目标的桎梏，关注课程与教学活动产生的所有结果，包括非预期结果，也叫“非预期效应”，或叫

“副效应”。目标游离评价的倡导者认为，事先不应把课程与教学的目的、目标告诉评价者，而应当让评价者全面地收集关于课程实际结果的各种信息，不管这些结果是预期的还是非预期的，积极的还是消极的，这样才能真正对课程与教学的效果做出正确的判断。他们认为目标本位评价容易使评价活动受到预定目标的限制，使评价者严格地按预定目标进行评价，这样，就会极大地限制评价的范围及忽视非预期性的重要信息。

目标游离评价把评价重点由目标本位评价所关注的“课程与教学的预期结果”转变为关注“课程与教学的实际结果”。尽管强调评价应关注课程与教学实际结果是合理的，也有学者在其他方面对其进行了肯定性的评价，认为“目标游离评价使评价活动摆脱了预定目标的束缚，成为一种没有偏见的、自由的而且是民主的评价”①。但是，如果真的把课程与教学的预定目标搁置一边，去寻找课程与教学的实际结果，会背离评价的目的。此外，在实际的课程与教学评价中，目标完全“游离”的评价是不存在的。

第二节　课程与教学评价的基本理念

如前所述，课程与教学评价就是对课程与教学的设计、活动的实施过程及其结果进行价值判断的活动。不同的课程与教学评价理念会有不同的价值判断，从而会做出不同的评价。所谓课程与教学评价的理念，它是在总结课程与教学评价功能及其特征的基础上提出的，体现了人们对课程与教学评价的期望目标。② 改革开放以来，特别是 21 世纪以来，随着基础教育课程改革的全面实施与深入推进，各地在改进课程与教学评价方面进行了积极探索，也取得了一些进展。但总体上看，由于教育内外部多方面的原因，单纯以学生学业考试成绩和学校升学率进行评价的倾向还没有得到根本扭转，一些错误的评价理念仍主宰着中小学的课程与教学。这些传统理念误区严重影响了学生的全面发展和健康成长。

一、传统课程与教学评价理念的误区

我国的教育改革不断推进，人们的教育理念包括课程与教学评价理念也在不断更新，但由于受到传统文化和传统教育评价理念的影响，导致我国长期以来的课程与教学评价都是以为高一级的教育机构输送合格生源为期望目标，而这种课程与教学评价期望目标的片面性，又反过来使课程与教学评价理念也打上片面性的烙印。

概括起来，传统课程与教学评价理念存在以下几个方面的误区。

① 陶西平. 教育评价辞典［M］. 北京：北京师范大学出版社，1998：88—89.

② 王卫华. 论现代教育评价的基本理念［J］. 教学与管理，2008（6）：3—5.

（一）评价目标：评价就是甄别与选拔

课程与教学评价的目的是要对课程与教学活动是否达到其预定目标以及达成预定目标的程度做出价值判断。然后根据判断的结果对评价对象做出诊断、评定和甄别，并为后续的课程与教学实施提供改进的参考依据，从而促进评价对象的发展。这就要求课程与教学评价以更加全面、发展的评价理念为支撑，建立促进评价对象全面发展的评价体系。

我国传统课程与教学评价目标的实质是进行筛选与选拔，而不是改进与激励，不是让其在各个方面得到充分的发展。比如，每年临近高考时候，各种高考誓师大会，高考雷人标语等，都凸显出课程与教学评价目标被窄化为以考试选拔为代表的甄别和选拔学生。这种不合理的评价使得教师为评价而教，学生为评价而学。① 课程与教学评价目标已从“为了课程与教学的评价”转向了“为了评价的课程与教学”②，并最终导致个体发展的丰富性与差异性被抹杀，从而严重阻碍学生的全面发展。

（二）评价内容：评价就是看结果

“考、考、考，老师的法宝！分、分、分，学生的命根！”这是在我国中小学广泛流行的一首打油诗，同时也反映出了我国传统的课程与教学评价只重结果、不重过程，只看分数、不重素质的问题。课程与教学评价，不仅要考察评价对象在课程与教学活动结束后取得的成绩、进步和发展现状，同时也要关注其在课程与教学活动过程中的表现。而在传统的课程与教学评价中，评价者往往只关注评价对象给出的答案，而不关注评价对象是如何获得这种答案以及给出该答案的理由。

这种只重视评价结果的课程与教学评价由于过分关注评价结果而忽视对获得结果过程的考核，容易导致评价对象形成不问过程只求结果的思维方式。尤为值得注意的是，这种只重视评价结果，只看标准答案的评价方式，束缚了学生思维的发散性，压制了学生探究欲望和创造性的发展，不利于学生的个性培养。例如，上海某中学一个中等水平的学生，在国内未能考取大学，到美国一年后，考入了弗吉尼亚州立大学，并因成绩优良年年获奖学金，参加美国东部 24 所大学数学竞赛获得第五名。同一个学生，为何有这么大的变化呢？其中一个重要的原因是，中美两国教育评价的侧重点有所不同。该同学知识面广，思维灵活，在国内考试时结果不对，即使过程对也得不了多少分，而美国则更多地关注计算过程，一道数学题只要列出方程式，运算逻辑程序正确，如果具体数字有错，只扣少量分，同时他又常常能用自己的方法解题，教师为鼓励学生的创造性还可以加分，在这样的环境中，这个学生的才能得到了不断的激发。而且，过于集中在对评价结果的取得和使用上，忽视考察评价对象在各个时期的进步状况和努力程度，无法发挥课程与教学评价真正

① 田杰. 评定·选拔·调控·个性化表现——试析教育评价理念变化的历史轨迹 [J]. 中国教育学刊，2003 (3)：58—61.

② 杨启亮. 为教学的评价与为评价的教学 [J]. 教育研究，2012 (7)：98—103.

意义上的调控和激励功能。①

（三）评价方法：评价就是要量化看分数

评价的方法可分为量化评价和质性评价两大类。由于受传统评价理念中重视甄别与选拔思想和重视结果观念的影响，我国课程与教学评价更为看重以数字这一直观方式呈现出来的量化评价法。通俗地说，所谓评价就是看分数。

这种以数量化为特征的量化评价方式力图把复杂的课程与教学现象，把人的发展都简化为分数。对于那些能够量化的课程与教学目标，量化评价方式确实能够起到一定程度的评价作用，但对于那些深度特殊技能、情感、态度、价值观等难以量化的课程与教学目标，量化评价法就很难对这些目标做出全面、客观和准确的评价。例如，一名学生的学习成绩排名是倒数第一，但是他在剪纸上却有特殊的天分，并在学校举办了剪纸作品展。②面对这样的学生，我们很难用现有的评价指标和标准对他进行评价。

的确，量化评价能够直观、简明地帮助评价者掌握评价对象的实时情况，但是，在某些并不适合量化的环节也使用量化评价法就有可能造成错误的评价结果。比如，某些学校的《学生综合素质评价方案》涵盖了学生思想品德、日常行为、学业成绩等方面的要求，并在这些方面制定了严格的加分、扣分标准，其中就有拾金不昧的加分要求。有个别学生为了给班级加分，不惜把自己家的钱物上交给学校。③ 更为极端的情况是，某同学捡到了 50 元钱，为了获得更多的加分，把 50 元换成 10 张 5 元的，分 10 次交给学校。从上面两个例子可以看出，过分使用量化评价方法或把量化评价法作为唯一的评价方法，很难做出全面的评价，甚至会将学生导向错误的发展轨道。

（四）评价标准：评价就是一把尺子量到底

多元智能理论告诉我们，人的智能是多元的，不同的人所拥有的智能结构并不一致，而且每个人的优势智能领域都是不尽相同的。由于受到先天条件和后天环境的影响，在同样的学习过程中，不同的个体也会有着不同的发展速度和个性特点。因而在课程与教学评价中，需要从多元的角度、采用多种方式进行评价，才能全面地把握评价对象，并发现评价对象的独特之处和潜在优势。

而我国传统评价理念则过于强调评价主体的单一性、评价标准的唯一性，最终使学生丰富多彩的个性和不同性向的发展都湮没在冷冰冰的分数和僵化的标准答案中。如果只是按僵化的标准来评价，当年修身得了 35 分、国文 55 分、图画 35 分的郭沫若先生，不可

---

① 高凌飚. 新课程的评价问题［J］. 全球教育展望，2002（6）：52—56.

② 朱斌，王益敏. 成绩倒数的剪纸少年：我的下一张课桌在哪里［N］. 钱江晚报，2015-06-19（A10）.

③ 王营. 道德是可以随便量化的吗？［J］.山东教育，2017（33）：23.

能成长为大诗人、大书法家、大考古学家。①

二、课程与教学评价理念的现代转型

为消除传统课程与教学评价理念所带来的弊端，2001 年印发的《基础教育课程改革纲要（试行）》明确提出要“改变课程评价过分强调甄别与选拔的功能，发挥评价促进学生发展、教师提高和改进教学实践的功能”。2013 年，《教育部关于推进中小学教育质量综合评价改革的意见》也提出：“基本建立体现素质教育要求、以学生发展为核心、科学多元的中小学教育质量评价制度，切实扭转单纯以学生学业考试成绩和学校升学率评价中小学教育质量的倾向，促进学生全面发展、健康成长。”2014 年，《国务院关于深化考试招生制度改革的实施意见》指出：“坚持育人为本，遵循教育规律。把促进学生健康成长成才作为改革的出发点和落脚点，扭转片面应试教育倾向，坚持正确育人导向，践行社会主义核心价值观，深入推进素质教育，培养德智体美全面发展的社会主义建设者和接班人。”这一系列教育政策的出台，都为我国当前的课程与教学评价理念指明了方向。

从教育本身的规律和当前我国教育政策的指向来看，我国课程与教学评价开始突出以下几个方面的理念。

（一）以人为本

以人为本是我国各项工作的指南之一。落实到教育领域，其首要和根本的任务就是要树立以人为本的教育价值观②。以人为本的教育观包含了以下三个方面：一是关爱和尊重每个学生的生命本性是教育以人为本的起点和基石；二是培养学生丰富的社会属性与鲜活的个性是教育以人为本的核心内涵；三是观照学生的全面持续发展是教育以人为本的终极目的。③

我国传统的课程与教学评价只注重学生基本知识和基本技能的获得，忽视了能够凸显学生个性的、非理性的一面。新的课程与教学评价理念，提倡课程与教学评价不只是关注学生的分数，而是要在评价中关注学生本身，关注学生的个性，关注学生的全面健康发展。要促进学生全面健康的发展，我们就要关注学生的本性，发挥学生的优势潜能，并在尊重学生的基础上，建立促进学生优势潜能发展的评价体系，而不是让学生背着沉重的心理负担和学习负担去“补短”。在课程与教学评价中，强调以人为本，就是要照顾学生的个体差异，不以唯一的标准衡量学生。在这种课程与教学评价导向下的课程与教学，就是不以同样的进度和标准要求学生，而是要考虑学生的个性、特长、学习兴趣等因素，给予

① 常观妙. 别再用一把尺子衡量人才了 [N]. 南京日报，2006-7-17（B03）.
② 高文兵. 试论以人为本的教育价值观 [J]. 中国人民大学学报，2007（4）：142—147.
③ 姚姿如，杨兆山. “以人为本”教育理念的意蕴 [J]. 教育研究，2011（3）：17—20.

有差别、有针对性的指导。

（二）注重发展

传统的课程与教学评价采取以考试为主要评价手段来实现其甄别和选拔功能，忽视了课程与教学评价的激励与导向功能。此外，传统的课程与教学评价过分关注评价对象在基本知识和基本技能等容易量化的发展目标上的发展，而忽视评价对象在其他方面的发展，这样的课程与教学评价不利于评价对象的均衡发展。

《基础教育课程改革纲要（试行）》明确提出要“建立促进学生全面发展、教师不断提高、促进课程不断发展的评价体系”。这就明确了我国新时期的课程与教学评价要关注评价对象的发展，课程与教学评价要充分地发挥其激励功能，激励评价对象不断发展和提高。而且，发展不是指某一个方面（基本知识或基本技能）的不断发展，而是指促进评价对象各方面素质的均衡和谐发展。以激励的方式促进评价对象的发展也不是一味地表扬或藏拙，而是评价主体和评价对象双方要形成相互坦诚、关怀和尊重的关系，并用发展的和全面的眼光来看待评价对象，逐步培养评价对象对自我的客观认识，并提高评价对象的自我反省能力，不因自我的一些不足而对自身的价值产生怀疑。也就是说，评价主体要在尊重评价对象的基础上，以全面的、发展的眼光来客观地评价对象。例如，某学校采取“等级＋评语＋反馈”的形式，由学生和教师合作设计学生学习过程的评价表。“等级”是指把学生的学习过程的情况分为“A”“B”“C”三个等级，对第一次考评成绩不是很好的学生先不做评定，由任课教师同这位学生谈话，以鼓励为主，请他自己先找出自己的问题，再请合作小组的同学帮忙，使其能鼓足劲头学习，到进步后再做评价。“评语”则是用文字描述学生的综合素质，激励学生形成兴趣、爱好，发展个性，并针对其某一方面的不足，由班主任或任课教师写出鼓励性评语。“反馈”可以是学生对自己的再认识，也可以是家长的意见、要求或需共同探讨的问题。①

（三）兼顾过程

众所周知，人的发展是一个漫长的过程，并且具有阶段性和过程性的特点。也就是说，一个人的成长状况更多地取决于在发展过程中经历的事件和所处的环境。因此，我们在进行课程与教学评价时，要尽可能地考察评价对象在课程与教学活动中的动态变化，并分析评价对象发展变化的原因，而不是只看结果，并用结果对评价对象进行选拔或评定。

传统课程与教学评价理念所崇尚的量化考试主要是考核评价对象的发展结果，是一种面向“过去”的评价。这种面向过去的评价旨在对某个课程与教学活动阶段结束后学生所取得发展进行结论性评判，而不是为了追溯出现问题的原因或对评价对象在过去的课程与教学活动中的变化做动态考核。

---

① 胡小伟，俞斌. 教育评价改革［M］. 杭州：浙江人民出版社，2004：25.

《教育部关于推进中小学教育质量综合评价改革的意见》强调，将形成性评价与终结性评价相结合，注重考察学生进步的程度和学校的努力程度，改变单纯强调结果、不关注发展变化的做法。新的课程与教学评价理念除了提倡关注评价对象的发展结果外，还提倡关注评价对象在课程与教学活动过程中的动态变化，以及根据收集到的信息，为进一步的发展提出改进措施。它既关注过去、现在，也关注未来，并指向未来，是一种面向“未来”的评价。它倡导在课程与教学评价中，要将形成性评价和终结性评价方法结合使用，倡导发挥课程与教学评价的诊断与反馈功能。一些学校也就此进行了探索与尝试。例如，某校在科学课程教学中重视学习过程的评价，力求建构一套完善的形成性阶段评价系统，对每个学生进行形成性评价。将学期末与终结性评价相结合，并将学生的科学评价材料有选择地归入其个人档案中。整个评价体系围绕“五个内容”“三大结合”来展开。“五个内容”即学生平日作业的评价、单元末阶段性评价、家长评价、自评互评、教师评价。“三大结合”即课程评价的整体性和综合性相结合、终结性评价和形成性评价相结合、定性评价和定量评价相结合。①

（四）多元适切

多元智能理论认为，每个人的智力结构都是不一样的，因而，我们的课程与教学评价也要关注评价对象多方面的智能以及个体之间的差异性。要全面把握评价对象各种智能的发展情况，就要求我们以多样的评价方式和多元的评价主体对评价对象进行评价，以便从多个角度考察评价对象的各种智能。

在评价方法的选择上必须要考虑到其科学性和适应性，并尽可能多地选用几种不同类型的评价方法，来全面把握评价对象的智能发展情况。传统的课程与教学评价追求的是用统一的标准和评价方式来评价所有的评价对象，因而，经常是注重评价对象的某一智能而忽视对其他智能的考察。此外，传统的课程与教学评价理念也强调单一的评价主体。而单一的评价主体不仅不能对评价对象进行全面评价，还会使课程与教学评价成为权威人士的单方面活动。②

当前所提倡的发展性评价要求打破过去“一考定终生”的现象，运用多种评价方式对学生综合素质进行全面的评价。比如，评价要将考试的量化指标和开放性的质性评价方法有机地结合起来，全面评价、判断学生发展的状况。此外，还倡导使用多种质性评价方法，如行为观察、学习日记、情境测验、成长记录袋、评语等对学生或教师进行动态且全面的考核，把握每个评价对象的独特性和差异性。比如，某校在评价形式上注意采用“形成性评价与终结性评价相结合，以形成性评价为主”“定性评价与定量评价相结合，以定性评价为主”“观察与检测相结合，以观察为主”“定期评价与随机评价相结合，以随机评

① 胡小伟，俞斌. 教育评价改革［M］. 杭州：浙江人民出版社，2004：43—46.
② 钟启泉. 课程与教学概论［M］. 上海：华东师范大学出版社，2004：221.

价为主”，通过各种评价方式的有效结合来促进学生全面和谐的发展。① 还有学校注重从多个角度对学生进行多次评价，在学习档案袋中设计多个模块，定期搜集学生每个模块中的代表性作品，来全面评价学生，发现学生的特长。

多元适切，除了要求评价方式、评价角度的多样性外，还要求评价主体的多元性。由于每个个体知识的局限性和本身所具有的主观性，使得每个评价主体在进行课程与教学评价活动时，都不可避免地带有一定的片面性和主观性。因此，要全面地把握课程与教学的评价对象，力求评价主体的多元性是一个不错的选择。评价主体的多元性要求，除了权威的评价主体外，其他的课程与教学活动的参与者、相关人士，甚至是评价对象也要作为评价主体参与到课程与教学评价活动中来。例如，对学生进行评价时，家长、同学及本人都作为评价主体参与到评价活动中，可以使学生更加全面地把握自己，并不断进行反思，从而提升自己。这是因为，来自教师、家长和同学的评价使学生得到了更多有关自己学习和发展状况的信息，这有助于学生更全面地认识自我；而学生的自我评价又能够促使学生对自己的学习进行反思，有利于培养学生的独立性、自主性，提高其自我发展、自我成长能力。

综上所述，新的课程与教学评价理念要求课程与教学评价将质性评价方法与量化评价方法相结合，同时关注过程与结果，并采用多元适切的评价方法，由多个评价主体从多个角度进行评价，凸显以人为本的理论，促进学生得到全面且适性的发展。

第三节　课程与教学评价的方法

好的理念需要好的方法来付诸实践。课程与教学评价需要采用合适的方法与手段对课程与教学活动的相关资料进行收集、整理和分析，并力求评价方法和评价主体的多样性，以确保课程与教学评价结果的科学、客观和准确。一般而言，课程与教学评价方法的选择与使用取决于课程与教学评价的目的、课程与教学评价对象的特点、评价主体自身的水平以及课程与教学评价的客观条件。但同时，课程与教学评价方法的选择和使用也会影响课程与教学评价的结果。可见，要确保课程与教学评价结果的科学、客观和准确，确保课程与教学评价方法选择和使用的科学、合理是必不可少的条件。本节主要对课程与教学评价的常规方法和新型方法做重点阐述。

---

① 胡小伟，俞斌. 教育评价改革［M］. 杭州：浙江人民出版社，2004：50—56.

一、课程与教学评价的常规方法

随着时代的发展，尤其是科学技术的进步，评价的方法也越来越丰富多样。但无论方法如何现代，评价的技术如何先进，整体来看，评价的方法无外乎两种，即量化评价和质性评价。

（一）量化评价

在课程与教学中，量化评价是指力图用数量来表示课程与教学活动的复杂现象，并通过分析与比较，判断课程与教学活动所取得成效的一类评价方法。这种评价方法的方法论基础是科学实证主义，它认为，只有定量化研究、量化的数据才是科学的，才能得出客观可信的结论。① 它还认为，主客体是相互分离的实体；世界是有规则的，存在着一般的规律和模式；事物之间必然存在着逻辑的因果关系。因此，以科学实证主义为方法论基础的量化评价，极力追求评价的客观性、评价结果的数量化、评价程序和评价结果的标准化。此外，量化评价方法特别强调评价的信度和效度。

由于量化评价追求课程与教学现象及评价结果的数量化，因而，量表评级与测验，或者说数字、计算、统计分析等是量化评价法常用来收集、处理信息的手段。此外，通过量化评价得出的标准化数据也更加便于进行比较、做出程度区分、甄别和鉴定。再加上量化评价方法对客观化、标准化、信度和效度的追求以及易于操作等特点，以量化为主的标准化考试成了课程与教学评价的“香饽饽”。例如，中小学校比较常见的现象是：老师阅完卷后，会将学生的考试成绩从高到低排出名次，通常是只关注学生的排名，不将学生的本次成绩与上次相比较，看学生是否有进步。这种关注考试得分和排名的做法，在重大的考试，比如期末、升学考试中显得尤为突出。

（二）质性评价

质性评价是20世纪六七十年代以来，随着评价领域对传统以量化为特征的评价方法的反思批判而发展起来的。这是一种力图通过自然的调查，全面充分地揭示和描述评价对象的各种特质，以彰显其中的意义，促进理解的评价方法。② 这种方法旨在收集非数量化的信息，并运用描述、解释的方法来分析信息，从而得出评价结论。质性评价的方法论基础是人文主义、自然主义。人文主义认为，人的行为、社会现象要比自然界复杂得多，自然科学所追求的量化研究范式并不适用于对人类社会复杂现象的研究，而应采用“解释范式”。这种范式主张知识的形成是由主体的意识作用在日常生活世界中不断与其他人和事物的接触中，建立的可供沟通的知识，即知识的形成是经由“协商”的过程而来。因此，

① 李雁冰. 课程评价论［M］. 上海：上海教育出版社，2002：16.
② 张华. 课程与教学论［M］. 上海：上海教育出版社，2000：377.

受其影响的质性评价方法主张在真实的情境下进行评价，强调课程与教学活动的过程，企图用描述、阐释的方法来实现对课程与教学现象的理解。

由于质性评价试图描述课程与教学现象，因而评价资料的收集多以文字或图片说明为主，不追求把课程与教学信息转化为数字，即使使用数据统计，也是为了描述现象、信息，而不对数据本身进行相关分析。通过质性评价方法得出的结果特别适用于解释、反思和改进课程与教学活动。再加上质性评价方法力图用描述的方法来解释课程与教学现象，很容易产生不同的评价主体对同一现象的不同解释，即使是同一评价主体从不同的角度解释，也会产生不同的解释结果。因此，质性评价方法不可避免地带有较强的主观性。而为了确保课程与教学评价的科学与客观，质性评价方法追求评价主体和评价标准的多元。因此，以主观、多元为特征的质性评价方法更加容易照顾个体差异，评价课程与教学中的非认知因素，进而较全面地把握课程与教学。

（三）两种评价方法的比较

由于量化评价追求课程与教学现象的简单化以及评价结果的数量化，在课程与教学领域，很难从本质上保证评价的全面性，往往忽视课程与教学中最具有意义、最根本的内容，这样的评价很难真实、全面地反映评价对象，也会扼杀评价对象的创造性和个性品质。另外，它很容易将课程与教学评价目标窄化、唯量化和简单化。课程改革实施以来，我国的课程与教学研究者和实践者已经意识到了量化评价的局限性，并提出了多种质性评价方法，如成长记录袋、表现性评价等。

但是质性评价方法也不是一种完美的评价方法，它很难保证评价结果的客观性，也会增加评价主体的负担，但它却在一定程度上弥补了量化评价方法的不足。在同一评价活动中，应将两种方法结合起来使用。在今后的课程与教学评价的发展中，应更好地结合运用问卷调查、观察、访谈、对话、实地笔记等质性评价的方法与测量、考试统计分析等量化评价方法①（见表 7-3）。

表 7-3　质性评价与量化评价的比较②

种类	量化评价	质性评价
方法论基础	科学实证主义	人文主义、自然主义
价值取向	工具理性	实践理性、解放理性
评价功能	甄别、区分、鉴定	沟通、反思、改进

① 田迅，李林. 课程与教学评价的发展趋势 [J]. 现代教育科学，2011 (2)：112—114.

② 南纪稳. 量化教学评价与质性教学评价的比较分析 [J]. 当代教师教育，2013 (1)：89—92.

续表

种类	量化评价	质性评价
评价标准	一元标准	多元标准
评价内容	认知因素	非认知因素
评价主体	一元主体	多元主体
操作特征	简便易行	操作复杂
评价判断	客观	主观
评价结果	抽象分数	系统描述
信息反馈	小信息量	大信息量

二、课程与教学评价的新型方法

在人们的实践和探索中，产生了一些新型的课程与教学评价方法，如成长记录袋、学生综合素质评价和表现性评价等。

（一）成长记录袋

1. 成长记录袋的含义

将成长记录袋引入课程与教学的评价领域，是课程与教学理论和实践上的一项重大举措，且一度成为国内学生学业评价领域最为热门的话题。① 成长记录袋的英文是portfolio，来源于“port”（携带）和“folio”（纸张或资料）的组合，有文件夹、公事包或代表作选辑等多重含义，国内也有人将其译为成长记录、档案袋、卷宗夹或学习档案录。成长记录袋是基于一定的目的，以文件夹的形式周期性收集评价对象的代表性作品、反思报告等具有代表性的信息，以此记录评价对象成长过程中的进步与挫折，并为课程与教学活动提供重要反馈信息的评价方法。

根据成长记录袋的定义，可以发现成长记录袋具有以下几个特点。一是评价时间的平时性与资料的更新性。顾名思义，成长记录袋就是要体现评价对象的成长过程，那么课程与教学活动中的成长记录袋重点关注的是课程与教学活动的过程及其进展、变化。要实现这一点，成长记录袋只能“镶嵌”在平时的课程与教学活动中，定期地收集、更新与评价

① 迟艳杰. 教学论［M］. 北京：高等教育出版社，2009：249.

对象相关的具有代表性的资料信息，以把握评价对象在课程与教学活动中所产生的变化及取得进步。二是收集的信息必须具有代表性。成长记录袋并不是随机收集与评价对象相关的材料，收集的材料（作品）应该具有一定的代表性，能够反映出评价对象在一定时间内的成就和进步、能够描述评价对象的成长过程和方法、能够反映评价对象的情感和态度，收集到的作品不必太过拘泥于形式，可以采用多样化的方式，如草稿、修改稿、成品等。三是突出自我评价。在成长记录袋评价中，收集评价对象的作品和材料、制定评分规则、总结及反馈等过程都需要评价对象的参与。在这个过程中，评价对象可以不断地进行反思和自我提高。换言之，评价对象在评价的过程中始终作为参与者，及时了解评价过程，其充当的角色既是被评价者也是评价者，在整个成长记录袋评价过程中，评价对象自我评价的作用特别突出。

2. 成长记录袋的类型

成长记录袋的类型多种多样，有的学者根据成长记录袋的不同用途将其分为展示型、过程型、评估型三种，格莱德勒（M. E. Gredler）根据成长记录袋的不同功能将其分为理想型、展示型、文件型、评价型和课程型。下面对格莱德勒教授的分类做一简要介绍（详见表 7-4）。①

表 7-4　成长记录袋的几种主要类型

类　型	构　成	目　的
理想型	作品产生和入选说明，系列作品，以及代表学生分析和评定自己作品能力的反思	提高学习质量。通过一段时间的成长，帮助学习者成为自己学习历史的思索者和非正式的评价者
展示型	主要由学生选择出来的学生最好和最喜欢的作品集。自我反思与自我选择比标准化更重要	给由家长和其他人参加的展览会提供学生作品的范本
文件型	根据一些学生的反映以及教师的评价、观察、考查、轶事、成绩测验等而得出的学生进步的系统性、持续性记录	以学生的作品、量化和质性评价的方法，提供一种系统的记录
评价型	主要由教师、管理者、学区所建立的学生作品集。评价的标准是预定的	向家长和管理者提供学生在作品方面所取得成绩的标准化报告

① 李雁冰. 质性课程评定的典范：档案袋评定［J］. 外国教育资料，2000（6）：10—12.

续表

类　型	构　成	目　的
课程型	由三个部分组成：①依据课程目标描述所有学生取得的成绩的总结；②教师的详细说明和对每一个学生的观察；③教师的年度课程和教学计划及修订说明	在一定情境中与家长、管理者及他人，交流教师对学生成绩的判断

实际上，成长记录袋并没有固定的模式，在课程与教学评价实践中，也产生了一些变式。如“成长树”“个性化作业”“手掌记录法”等。①

3. 成长记录袋的意义

成长记录袋弥补了传统评价方法的不足。传统的考试和测验基本上是通过对量化成绩进行分析与比较，得出评价对象在课程与教学活动中的表现及进步。这种量化为主的评价方法很难全面地反映评价对象的真实情况。这种方法可以反映基础知识、基本技能以及一些可量化的课程与教学目标的实现情况，但是情感、态度、价值观等难以量化的课程与教学目标则被排除在评价领域之外。这使得课程与教学的实施聚焦于可量化目标上，导致评价对象狭隘、片面的发展。而成长记录袋则是通过收集评价对象某一方面各个时期以及不同场景中完成的作品等质性材料，来动态地反映评价对象的进步。此外，在成长记录袋评价中，评价对象作为评价的参与者，也能够在一定程度上照顾个体的差异性。这种评价方法弥补了传统量化评价方法的不足，促使课程实施走向知识与技能、方法与过程、情感态度与价值观的全面兼顾。

成长记录袋给予评价对象个性的足够尊重并促进其自主能力的发展。成长记录袋的使用，最大的受益者就是评价对象。一般而言，成长记录袋包括评价对象认为最满意、该阶段或该方面最具代表性的作品以及自己对作品的看法和反思，透过这些丰富的材料，评价者能够看到评价对象是一个富有感情和鲜明个性以及具有独特需要的“个人”，一个独立的、具有主体性的个体。评价对象在与评价者一起制定评价标准、根据标准搜集评价所需的材料以及修改作品的过程中，能够提升选择、判断能力，从而促进评价对象自主能力的发展。

4. 成长记录袋的应用

一些研究者力图对课程与教学活动的程序进行研究，并提出一些具体的操作步骤。例如，赫尔巴特就把教学过程分为“明了—联想—系统—方法”四个阶段或教学实施程序。廖哲勋和田慧生提出了课程评价的五个程序阶段，分别是集中于所要评价的课程现象、收

① 万伟，秦德林，吴永军. 新课程教学评价方法与设计［M］. 北京：教育科学出版社，2004：118—121.

集信息、组织信息、分析信息、报告信息和再循环信息。①

在课程与教学评价中，也有研究者对成长记录袋的实施程序进行了研究。例如波帕姆（W. J. Popham）提出的成长记录袋实施步骤：（1）确保学生“拥有”他的成长记录袋；（2）根据学科的不同，教师和学生共同讨论并决定收集什么类型的作品样本；（3）选择合适的地点存放记录袋；（4）制定评估成长记录袋的标准；（5）让学生不断地对其成长记录袋作品进行评估，提高学生的自我评价能力；（6）定期安排和举行成长记录袋会议；（7）调动家长参与成长记录袋评估过程。②

（二）表现性评价

1. 表现性评价的含义

表现性评价是20世纪40年代与标准化多项选择测验相对而发展起来的一种评价术语，如今表现性评价已成为一种被广泛应用的独立评价类型。目前，人们对表现性评价的界定五花八门，但绝大多数研究者认为，真正的表现性评价至少具备以下三个特征：（1）多元的评估标准，评价对象的评判必须依据多个评价标准；（2）预定的质量标准，用以评判评价对象表现的每一条评估标准，必须在评判前就已经十分具体和明确；（3）主观的评估。真正的表现性评价与选择题的评分不同，它不能借助于机器，它需要依靠人的智慧和经验来决定评价对象表现的可接受程度。③

一般而言，表现性评价就是评价主体出于一定的评价目的，要求评价对象在模拟的或真实的情境中，完成某种任务或一系列的任务，并根据一定的评价标准，对评价对象完成任务的过程和结果进行价值判断的一种评价方法。也就是说，表现性评价要从评价对象在完成任务过程中的表现来分析、评判评价对象对课程与教学目标要求的掌握情况。因此，表现性评价具有情境逼真，同时关注表现过程和结果，评价具有一定的主观性等特点。

2. 表现性评价的类型

按照不同的标准，可以将表现性评价分为不同的类别。目前比较常见的是将表现性评价分为限制性表现性评价和扩展性表现性评价两种。在限制性表现性评价中，安排的任务通常结构性较强，对完成任务所要求的表现容易做出明确描述，相对比较简单，一般集中在专门技能上面。扩展性表现性评价中，安排的任务则相对复杂，对任务完成的限制也较少，完成任务过程中更多地涉及多种技能或能力以及较复杂的认知过程，一般包含了对理解分析、问题解决等深层能力的评价（详见表7-5）。

---

① 廖哲勋，田慧生. 课程新论［M］. 北京：教育科学出版社，2003：437—438.

② Popham W，促进教学的课程评价［M］. 国家基础教育课程改革“促进教师发展与学生成长的评价研究”项目组，译. 北京：中国轻工业出版社，2003：158—162.

③ 裴娣娜. 教学论［M］. 北京：教育科学出版社，2007：315.

表 7-5　表现性任务类型及其示例①

表现性任务类型	可被测量的复杂学习结果（能力）示例
限制性的表现性任务	1. 大声朗读　2. 用外语问路 3. 设计一个表格　4. 使用一种科学仪器 5. 打字
扩展性的表现性任务	1. 建造一个模型　2. 收集、分析和评估数据 3. 组织观点、创作一个视听作品或一个内容完整的演讲 4. 修理一台机器　5. 编写一个有创意的故事

在实际使用表现性评价的时候，评价主体应结合实际需要择优选用限制性或扩展性任务，也可以将两种任务有机结合起来，充分发挥不同类型的表现性评价法的优势。

（三）综合素质评价

实施综合素质评价，关注学生个性和综合素质的发展，是近年来教育改革尤其是评价制度改革的亮点之一。2002 年，《教育部关于积极推进中小学评价与考试制度改革的通知》首次提出在基础教育各学段实行综合素质评价。综合素质评价旨在全面的评价学生，促进学生的全面发展，体现了以素质教育为核心的新课程改革理念。它对改变我国中小学评价与考试长期以来忽视改进与激励功能、忽视学生全面发展和个体差异、忽视过程评价等突出问题，发展和完善学生评价体系，引导学校落实科学的学生发展观，具有重要的意义。② 2014 年，《国务院关于深化考试招生制度改革的实施意见》和《教育部关于加强和改进普通高中学生综合素质评价的意见》使综合素质评价成为高校录取学生的重要参考。

1. 综合素质评价的内涵

综合素质评价是评价主体根据一定的评价目的，通过全面收集学生的一些具有代表性的信息和一些重要的相关信息，对学生的发展进行全面考察的一种评价方法。对此，《教育部关于加强和改进普通高中学生综合素质评价的意见》提出：综合素质评价是对学生全面发展状况的观察、记录、分析，是发现和培育学生良好个性的重要手段，是深入推进素质教育的一项重要制度。综合素质评价除了是一种评价方法外，它还是我国推进素质教育的一项重要改革措施。在部分省份，它已经被纳入了中、高考制度。

尽管每个省份出台的综合素质评价方案以及评价的指标、内容有异，但是这些综合素质评价方案的核心都是力求从多个方面来全面地把握学生，促进学生全面发展。例如，国家规定综合素质评价的内容包括思想品德、学业水平、身心健康、艺术素养和社会实践五

① 裴娣娜. 教学论［M］. 北京：教育科学出版社，2007：318.

② 全国十二所重点师范大学. 教育学基础（第 2 版）［M］. 北京：教育科学出版社，2008：337.

个方面，而上海市的综合素质评价内容则包括品德发展与公民素养、修习课程与学业成绩、身心健康与艺术修养、创新精神与实践能力四个方面。

此外，综合素质评价也会使用到成长记录袋，但它和我们前面所提到的成长记录袋在使用上又有较大区别。首先，成长记录袋在两种评价方法中的地位不同。在综合素质评价中，成长记录袋的使用仅是作为一种收集和存放信息的手段，它最终的目的是服务于综合素质评价，以便评价主体从动态的角度全面把握学生的发展情况，尽管它是收集资料的主要方式，但其本质上处于服务地位；而在成长记录袋评价方法中，它处于主体地位。其次，关注的焦点不同。尽管它们都隶属于质性评价这一评价方法大类，但综合素质评价追求的是对学生进行全方位的评价，焦点是评价的全面性；而成长记录袋追求的是促进学生在某一方面的进一步发展，焦点是某方面的动态变化。最后，评价的目的也不同。成长记录袋最主要的目的是动态把握评价对象某一方面的变化，以便提出改进措施，促其发展；而综合素质评价旨在对评价对象进行全面评价，便于选拔和合理安排。

2. 综合素质评价的意义

有利于建立促进学生全面发展的评价体系。《基础教育课程改革纲要（试行）》明确提出了要“建立促进学生全面发的评价体系”。我国传统的课程与教学评价多以标准性考试等量化的评价方法为主，这种方法只适合考察容易量化的课程与教学目标，难以全面把握学生的发展情况。综合素质评价方法强调持续性地收集学生各方面有代表性的信息，以求全面、准确地描述学生的成长历程和各方面的发展情况。因此，综合素质评价的实施有利于促进学生全面发展评价体系的建立。

有利于完善人才选拔方式。把综合素质评价作为高校录取学生的参考依据纳入到高校招生体制中，改变了以往把高考成绩作为评价、选拔学生的唯一标准的模式。结合综合素质评价结果来选拔学生，帮助高校从学科学习和综合素质两大维度，以量化评价和质性评价相结合的方式来考察学生，能够更真实、全面地反映学生的成长历程及各方面素质的发展状况，从而为高一级学校和社会选拔人才提供全面、丰富的评价依据。例如，复旦大学和上海交通大学在2015年率先探索了综合评价录取改革。两校在统一高考成绩公布后，按1∶1.5的比例从高分到低分排序，确定参加学校测试的名单，之后综合考生的高考成绩、以面试或技能测试为主的学校测试成绩，以及高中学生综合素质评价信息，决定最终录取名单。根据两校事先公布的方案，2015年考生最终的录取成绩中，统一高考成绩占比为60％，校测（面试）成绩占比为30％，考生高中学业水平考试成绩占比为10％。①

3. 综合素质评价的程序

综合素质评价究竟如何操作，其具体流程如何？2014年发布的《教育部关于加强和改进普通高中学生综合素质评价的意见》就综合素质评价如何具体实施的程序做了以下明

① 复旦和上海交大试点综合评价录取新生　60％高考成绩＋30％学校面试成绩＋10％学业水平成绩［N］. 人民日报，2015-06-30（12）.

确规定：(1) 写实记录。教师要指导学生客观记录在成长过程中集中反映综合素质主要内容的具体活动，收集相关事实材料，及时填写活动记录单。一般性的活动不必记录。活动记录、事实材料要真实、有据可查。(2) 整理遴选。每学期末，教师指导学生整理、遴选具有代表性的重要活动记录和典型事实材料以及其他有关材料。用于招生使用的材料，学生要签字确认。(3) 公示审核。遴选出来、用于招生使用的活动记录和事实材料必须于每学期末在教室、公示栏、校园网等显著位置公示。班主任及有关教师要对公示后的材料进行审核并签字。(4) 形成档案。各省（区、市）要对学生综合素质档案格式提出基本要求。学校要对相关材料进行汇总，为每位学生建立综合素质档案。档案主要内容应包括：主要的成长记录，包括思想品德、学业水平、身心健康、艺术素养、社会实践五个方面的突出表现；学生毕业时的简要自我陈述报告和教师在学生毕业时撰写的简要评语；典型事实材料以及相关证明。(5) 材料使用。高中教师要充分利用写实记录材料，对学生成长过程进行科学分析，引导学生发现自我，建立自信，指导学生发扬优点，克服不足，明确努力方向。

尽管各地规定的综合素质评价程序会有所差异，但是由于综合素质评价的大部分信息都是由学生提供，并且包括的信息量大，因而写实记录、公示审核、整理遴选、形成档案这四个步骤尤为重要，保证了评价的真实性、代表性和可操作性，是综合素质评价实施程序中不可或缺的步骤或环节。

本章小结

课程与教学评价是评价主体基于一定的目的，在某种教育观念或理念的影响下，根据课程与教学的目标，采用合适的方法与手段、系统全面地收集、整理、分析课程与教学信息，并根据一定的评价标准对课程与教学的设计、课程与教学活动的实施过程及其结果等进行价值判断的活动。课程与教学评价具有诊断与反馈、评估与鉴定和导向与激励功能。根据评价标准不同可分为绝对性评价、相对性评价与个体内差异评价；根据评价目的、作用与时间分为诊断性评价、形成性评价和总结性评价；根据评价与目标的关系分为目标本位评价与目标游离评价。

课程与教学评价活动一般是在课程与教学评理念的指引下进行的。我国传统的课程与教学评价理念存在着一些误区，主要有：把甄别与选拔作为评价的唯一目的，只看重评价结果忽视评价过程，评价方法以量化评价为主以及评价主体、标准和评价手段的单一化等。随着课程与教学改革的不断深入尤其是近年来招生考试评价制度改革的逐步推进，课程与教学评价理念正在走向以人为本、注重发展和兼顾过程，评价方法及评价主体日趋多元。

课程与教学评价的方法丰富多样，主要有质性评价和量化评价两类，这两类方法有着优势互补、相互结合的趋势。同时也涌现了一些新型的评价方法，如表现性评价、成长记录袋、综合素质评价等。

拓展学习

1. 课程与教学评价过程中，如何实现客观事实与主观价值之间的平衡统一？

2. 请查阅相关资料，梳理我国恢复高考以来，中小学评价制度改革的基本脉络并分析改革的动因。

3.《教育部关于加强和改进普通高中学生综合素质评价的意见》指出，综合素质评价的内容包括思想品德、学业水平、身心健康、艺术素养和社会实践等方面，你认为思想品德能否评价，又该如何评价？

4. 假设你是上海市某高中的班主任。现在要你对高二年级的学生进行综合素质评价，请你查阅相关资料并结合实际，设计一个综合素质评价实施方案。

背景：《国务院关于深化考试招生制度改革的实施意见》强调，到 2020 年基本建立中国特色现代教育考试招生制度，形成分类考试、综合评价、多元录取的考试招生模式。

要求：(1) 方案设计的内容必须包括品德发展与公民素养、修习课程与学业成绩、身心健康与艺术修养、创新能力和实践能力这四个维度并体现学生在这一年里在这四个维度上所发生的变化；(2) 体现评价主体和评价方法的多样性（比如学生、家长、同伴等评价主体的看法；成长记录袋、综合素质测评表、表现性评估和测试等的综合使用；形成性评价和总结性评价的结合使用等）。

选读文献

1. 威金斯著，国家基础教育课程改革“促进教师发展与学生成长的评价研究”项目组译：《教育性评价》，中国轻工业出版社 2003 年版。

该书从实践出发，提出美国大多数尚未发挥潜力的差生，并不是教师不尽心执教、学生不努力学习，而在于学校未建立能不断激励学生、改进学生表现的评价机制。本书共四编，第一编从实际出发提出了一些教育性评价的理念和原则；第二编主要讲述了教育性评价的设计、标准及规则；第三编是教育性评价如何在学校被应用以及一些评价方法的使用；第四编论证了教育性评价的可行性和今后该采取的措施。

2. 刘志军著：《走向理解的课程评价：发展性课程评价理论探索》，中国社会科学出版社 2004 年版。

本书对发展性课程评价理论基础进行了分析，确立了课程评价的基本理念，并提出了以课程设计评价、课程实施评价、课程结果评价相互交融开放的三螺旋结构为表现形式的发展性课程评价的基本结构。最后还提出了以理解、多元和现实为基本原则，以行动研究为基本策略的发展性课程评价的方法体系。

3. 罗伯特·J. 马扎诺著，邓妍妍等译：《有效的课堂评价手册》，教育科学出版社，2009 年版。

本书用大量的案例和精细的图表详尽阐释了设计有效的课堂评价系统的模式和方法，涉及课堂评价案例、国家课程标准的作用、课堂评价的设计、促进学习的评价方法等内容。

第八章　课程管理与领导

教学目标

- “课程管理”与“课程领导”的概念辨析。
- 理解三级课程管理的职责范围。
- 掌握学校课程领导的类型，阐述学校课程领导的一般运行流程。

课程管理与课程领导是课程发展过程中先后出现的两个重要概念。课程管理是一种线性的管理模式，它是按照目标、内容、实施、评价等顺序自上而下进行的。课程领导是随着后现代思想的兴起而出现的，其更强调课程概念重建、课程理解的多元。

第一节　课程管理概述

课程管理，就是对课程的管理。它既属于课程研究，也属于管理研究，是二者交叉形成的一个领域。1918 年《课程》一书的出版，标志着课程作为专门领域正式诞生，而课程管理作为一个概念被明确提出的时间则较晚。有研究发现，20 世纪 90 年代初，美国课程视导与开发学会的主要领导者亚历山德里亚（Alexandria）首次正式提出了“课程管理”这一概念。与此同时，我国学者对“课程管理”也予以关注。① 廖哲勋在《课程学》一书中指出：课程管理理论与课程设计理论、课程评价理论一样，是课程理论的一个重要组成部分。② 赖先朴于 1989 年发表的《英格兰和威尔士的中学课程管理》一文也使用了“课程管理”一词。课程改革实践证明，新的课程设计是否真正实施并取得预期效果，除

① 王金云. 我国课程管理问题研究述评 [J]. 河南大学学报（社会科学版），2011（3）：141—146.
② 廖哲勋. 课程学 [M]. 武汉：华中师范大学出版社，1991：203—206.

了课程设计、教师专业素养外，还有一个重要的影响因素：课程管理的组织、支持和监督。

一、课程管理的内涵、职责与功能

（一）课程管理的内涵界定

课程管理（curriculum administration，curriculum management），从字面义可以拆分为“课程”和“管理”两个概念，其中“课程”是对“管理”的限定。正是由于“课程”的限定，课程管理表现出与其他管理理论不同的学术品格。何谓课程管理？目前，学界尚未形成一致的观点。

从课程实施的角度，有的学者将课程管理界定为：“广义讲是指学校对教学工作实施管理，是学校管理者遵循教学规律，行使管理职能，对教学活动各因素进行合理组合，使教学活动有序高效地进行，从而完成教学计划和教学大纲规定的教育、教学任务。”① 这里的“课程管理”主要关注教学计划或教学内容的执行情况，等同于“课程实施管理”或者“教学管理”。

从课程设计的角度，有学者认为，课程管理是“系统地处理编制技法和人、物条件的相互关系，以教育目标为准绳，加以组织的一连串活动的总称”，其核心部分是课程编制。②还有学者认为，课程管理是“对课程编订、实施、评价的组织、领导、监督和检查”③。也有学者认为，课程管理是“在一定社会条件下，有领导、有组织地协调人、物与课程的关系，指挥课程建设与课程实施，使之达到预定目标的过程”④。这里的课程管理是对从课程编制、实施到评价的整个课程的过程进行系统的管理。

从系统论的角度看，有学者将“课程工程”等同于“课程管理”。课程工程是20世纪60年代比彻姆提出的一个概念。比彻姆认为，课程工程包含各类学校使课程系统发挥作用的一切必要的过程。课程系统的主要工程师是教育厅（局）长、校长和课程指导员，还可以由学校系统之外的顾问人员加以协助。这些工程师们负责组织、指导制定各项任务和规划课程，通过教学方案在课堂上实施课程、评价课程，按照从评价中所积累的资料来修订课程等。因此，课程工程包括了使学校的课程保持动态所必要的一系列活动。⑤ 受此观点的影响，有学者将课程工程（curriculum engineering）译为“课程管理”。

此外，有学者从社会学角度界定课程管理，认为课程管理是一种责任和权力。斯塔克（J. S. Stark）将课程管理界定为：为确保成功地进行课程的编制、协调、实施、支持、评

① 张圻福. 大学课程论［M］. 南京：江苏教育出版社，1992：231.
② 钟启泉. 现代课程论［M］. 上海：上海教育出版社，1989：367.
③ 教育大辞典编纂委员会. 教育大辞典（第1卷）［M］. 上海：上海教育出版社，1990：201.
④ 廖哲勋. 课程学［M］. 武汉：华中师范大学出版社，1991：328.
⑤ 乔治·A. 比彻姆. 课程理论［M］. 黄明皖，译. 北京：人民教育出版社，1989：129.

价和改进而履行的责任和行使的权力。①

对“课程管理”的不同界定和阐释，有助于我们正确认识和理解课程管理这一概念。综上，本书认为：“课程管理”应该有广义和狭义之分。广义的课程管理，是指国家或地方教育行政部门对课程编制、课程实施、课程评价等活动及其相关因素和条件进行整体管理；狭义的课程管理，是指学校管理者遵循教学规律，对教学活动各因素进行合理组合，使教学活动有序进行，从而完成教学计划规定的教育教学任务。

（二）课程管理的职责

课程管理的职责是课程管理主体在课程改革中所承担的职责。《基础教育课程改革纲要（试行）》提出：“为保障和促进课程对不同地区、学生的要求，实行国家、地方和学校三级课程管理。”这里的三级课程管理，强调课程管理主体是国家教育行政部门，地方教育行政部门和学校教育领导组织。一般而言，国家课程管理主要是宏观指导，表现为在资源、政策等方面予以支持和帮扶，并适时地开展课程监控，为课程改革的顺利开展提供有效的监督和评估；地方课程管理是国家课程管理和学校课程管理之间过渡阶段，发挥着执行国家课程政策、开发地方课程、批准学校课程开发的职责；学校课程管理主要发挥着执行国家课程，实施地方课程，开发并实施校本课程的职责。

（三）课程管理的功能

课程管理在课程开发全过程中具有重要作用，直接影响着课程开发、课程编制、课程实施和课程评估。

1. 课程管理影响课程开发

一般来说，课程的行政体制是与这个国家的行政管理方式相一致的，具有一定的社会历史特点。总的来说，国家行政管理方式有中央集权型、地方分权型、中央领导和地方分权结合型。课程的行政体制，本质上就是国家行政管理方式在课程决策方面的权力分配问题。唐纳德·舍恩（D. Schon）提出了课程开发的三种模式：中心—外围模式（the center-periphery model）、中心扩散模式（the proliferation of centers model）和中心迁移模式（the shifting centers model）。②

我国传统的课程开发强调统一，缺少对课程与地方、学校的实际情况相适应的考虑，因此更多地采用中心—外围模式，这种模式是一种生产者与消费者的关系。新的观念、教学体系的研究和开发是由中心机构或专家承担，学校提供中心机构和专家开发出来的教学材料包，教师仅仅是一个理性的消费者。

① Stark J S. *Shaping the College Curriculum: Academic Plans in Action* [M]. Boston: Allyn & Bacon, 1997: 312.

② 罗厚辉. 课程开发的理论基础 [M]. 济南：山东教育出版社，2002：150.

新课程改革以后，我国实行了国家、地方和学校三级课程管理。这种课程管理开始实行自下而上和自上而下相结合管理方式，类似于中心扩散式模式，它强调课程有主要中心和次要中心，主要中心支持和管理次要中心，每个新中心都有其外围和基础设施。中心迁移模式则强调没有明确的中心，中心在短时间内达到高峰，然后消失，被新的中心取代。中心迁移管理方式一般在学校课程这一微观层面上出现。

可见，无论是中心—外围课程管理模式，还是当前的三级课程管理模式，都与我国行政管理体系的领导方式相适应。三级课程管理模式直接影响着课程开发的权力分配，关乎是否照顾到地方、学校和学生的个体差异。国家课程开发、地方课程开发和校本课程开发是我国对传统的中心—外围课程管理体系的一次突破和发展。

2. 课程管理影响着课程编制

课程编制包括课程内容的选择、课程目标的确立、教学的建议和课程评价等环节。学科知识在课程体系中占据重要地位，课程编制中课程体系的结构、知识的分布比重、教学的建议和课程评估都与课程管理体制有着密切的联系。

一般来说，中央集权型课程管理体系更多地关注学科课程，强调知识和学科。在课程编制上，中央集权型课程管理模式更加重视教学建议和课程评价的内容，较少关注课程理念和课程目标等方面的内容。地方分权型和学校自主型的课程管理体系中，课程编制则更重视课程理念和课程目标的设置，给师生更多的自主权，而教学建议和课程评估方面则缺乏足够重视。

课程编制中的课程形态也受到课程管理体系的影响。例如，开设单一的必修课，还是在必修课之外再开设一些选修课，开设多少选修课及开设哪些选修课，乃至地方课程、校本课程是否作为选修课的课程内容，都受到课程管理的影响。

3. 课程管理影响课程实施

在学校层面，教师能否真正实施课程取决于课程管理提供的支持和指导。根据一些学者的研究成果，课程实施的层次包括未使用、定向、准备、机械地使用、例行化、精制化、统整和更新八个水平，这八个水平是一个由低到高、步步提高的关系。① 一般来说，教师的投入程度决定了其课程实施的层次，从而决定了课程实施的范围，直接影响课程实施的效果。层次越低，课程适用范围越小、效果越差；层次越高，课程的适用范围越大，效果越好。

课程管理对课程实施的影响是通过教师来发挥作用的。具体来说，课程管理有助于教师建立团队文化，使教师彼此之间成为合作的伙伴。课程管理可以促进教师的专业发展。这是因为只有教师改变自身教学理念、掌握专业知识、探索教学策略，才能真正实施理解的课程。课程管理还可以促进校内课程资源和校外课程资源的整合，为教师实施课程提供资源支持，拓宽教师课程实施的空间。

---

① 肖川，等. 办好学校的策略［M］. 南京：南京师范大学出版社，2005：217.

4. 课程管理影响课程评估

课程评估不仅包括对学生的评估，还应包括对教师的评估和对课程自身的评估，并处理好三种评估之间的关系。学生评估是对学生的整体评估，应包括对学生智力、品德和体能的评估。传统的课程评估更关注对学生智力的评估，而忽视了对体能和品德的评估。课程管理者可以根据课程理念，改变对学生评估的传统理解，转变教育行政部门、学校和教师的评估理念，倡导整体性的学生评估。

课程管理者不仅要对教师教学进行评估，而且要鼓励教师进行自我评估，培养教师的自我评估能力，找到自己与他人的差距及其原因，促进教师的自我发展。课程管理者评估教师的目的不仅在于作为教师个人升职、评奖的依据，更在于完善教师教学理念，提高个人的教学效能。

课程评估除了对学生、教师的评估外，还需要对课程设计、课程目标、课程实施等课程自身进行评估。

无论是学生评估、教师评估还是课程自身评估都需要课程管理者对其进行指导和规划，加强对学生评估、教师评估和课程自身评估的管理和领导。

二、课程管理模式

"模式"的词义源于"模型"，本意是指一种用实物做模的方法，引申为模范、模仿之意。"模式"在《汉语大词典》中的解释为"事物的标准样式"。从模式论的角度，模式是一种重要的科学操作与科学思维方法。

课程管理模式，就是关于课程管理的一套标准样式。根据课程组织层次在课程管理中起的作用的不同，可以将课程管理模式分为国家唯一主体课程管理模式、地方主体课程管理模式、国家和地方双主体课程管理模式、主导主体三级课程管理模式四种模式。①

（一）国家唯一主体课程管理模式

国家唯一主体课程管理模式，强调在课程管理体制中，国家是课程管理的唯一主体，而地方和学校等在课程组织体系中只是服从并依附于国家权威，采用这种模式的代表性国家是法国、苏联和新课程改革前的中国。在这种模式中，中央政府以指令性文件对基础教育课程设置进行统一规定，地方和学校在办学过程中只是中央政府制定的教育方针、教育政策的执行者。在课程组织体系中，课程政策的设计、决策、实施和评价，均由代表中央政府的教育行政管理部门作为唯一主体全权负责。这样一来，中央和地方的课程管理是线性的服从与被服从、管理与被管理的关系。

① 李志超. 三级课程管理的权力运作研究［D］. 重庆：西南大学，2013：13—15.

（二）地方主体课程管理模式

地方主体课程管理模式，强调地方在课程管理方面的重要性，采用这种模式的代表性国家是澳大利亚。在这种模式中，地方课程管理者制定课程的基本标准，承担着课程开发的重任。在地方课程管理中，地方课程管理部门鼓励学校开发地方课程，进行校长培训，推动教师的专业发展，但前提是学校的课程设置必须符合省级课程设计的框架。这是因为当地缺少国家课程管理的要求，而且校本课程管理尚处于萌芽状态。因此，地方主体课程管理模式强调，地方课程管理者承担着课程设计、决策、实施和评价的重要责任。

（三）国家和地方双主体课程管理模式

国家和地方双主体课程管理模式，是指在课程管理过程中国家和地方处于同等重要的地位。不同之处在于二者因管理范围、界限和层次的差异，具有不同的职责和权力，采用这种模式的代表性国家是美国。在美国，除了数学、科学、社会和英语等四门必修课由联邦政府统一规定之外，其他课程设置都是在美国各州政府的指导下，结合不同地区的实际，由地方自主开发，甚至有的由学校自主开发。在课程管理体系中，美国各组织层面权重的具体份额，可以用相关统计数据予以揭示："来自州和学区的教育委员会确定学校90%以上的课程，如果进一步细分的话，则是州政府占49%，学区占44%，而联邦政府仅占6%，当然，学校的校长和教师科研人员也拥有一定的课程管理权力。"① 在这种模式中，美国教育部只是规定全国性的课程标准的最低标准，发挥国家对课程的制约，并不具体对地方、学校微观层面的课程进行管理。地方和学区教育委员会对学校的课程设置和管理等具体工作进行指导。从目前来看，美国课程管理呈现国家调控、地方掌控的双主体课程管理模式。

（四）主导主体三级课程管理模式

主导主体三级课程管理模式，可以说，就是三级课程管理模式。它实行国家、地方和学校三级管理，采用这种模式的代表性国家是英国和新课程改革后的中国。1944年，英国政府确定了"国家体系，地方管理"的课程管理体系。后来，英国政府陆续推行了"国家统一课程"和"学校统一测验"等多项课程改革政策，来强化政府对教育的干预。自此以后，英国形成了以国家统一课程管理为主体，地方和学校并存的课程管理的基本格局，并日趋完善。② 除了国家和地方教育行政管理部门作为课程开发主体外，学校的课程开发主体地位也得以彰显。2001年以来，我国基础教育阶段实行国家、地方和学校三级课程管理模式。

---

① 赵中建，李敏. 美国三级课程管理模式研究 [J]. 全球教育展望，2005 (10)：61—66.

② 崔允漷，张雨强. 督教分离　教考合一——英国三级课程管理的经验及启示 [J]. 全球教育展望，2005 (10)：56—60+66.

总之，课程管理模式在不同国家、不同地区存在差异，究竟选用哪种课程管理模式应根据国家的具体国情、当时的社会需要而定。无论选择哪一种课程管理模式，只有符合本国当时教育和社会发展的需要才是最好的课程管理模式。

三、我国课程管理体制的历史演变

课程管理体制指的是课程管理机构的设置、隶属关系及管理权限划分等方面的领导管理制度。① 21 世纪初，随着新课程改革的开展，我国课程管理体系的改革备受关注。我国当下实行国家、地方和学校三级管理体制，这一管理体制的形成经历了一个复杂的演变过程。下面主要从历史的角度，以课程决策权的分配为线索，揭示课程管理体系的历史演变过程。

（一）古代课程管理体制：学校自主决定课程

我国古代，国家虽然管理教育，但课程的决定权属于学校，不同的学校的课程设置也不同。比如孔子兴办的私学，其课程设置、教材均是由孔子自己设置和编制的。即使后来的官学，国家也没有明确规定学校的具体课程设置。因此，在漫长的古代社会中，国家和政府对教育的控制并不是很严，课程管理的权力一直属于学校。

（二）近代课程管理体制：政府加强对课程的统一管理

19 世纪后期的西方国家，由于面对日益复杂的公共教育困境和管理需要，各国不同程度地加强对学校课程的控制，加强对教育的干预和控制。课程由政府统一管理，学校逐步失去了管理课程的绝对权力。清政府在借鉴他国的课程管理经验基础上，于 1904 年颁布并实行了《奏定学堂章程》。该章程明确规定了各级各类学校分段、学科分类、课程设置等内容。此时的课程管理行政主体由学校开始转向了国家。

（三）现代课程管理体制：国家课程决策的权力强化

新中国成立以来，我国在课程管理方面上主要借鉴苏联的课程管理经验，采用了课程管理的集权制。这种课程管理体制与当时我国的政治、经济、文化和社会发展有着密切的关系。20 世纪 50 年代末，世界大多数国家的教育系统推行了由国家发起的“新课程运动”，反映出当时许多国家的课程管理都开始转向集权制，国家对课程管理的权力日益强化。

---

① 雷顺利. 从钟摆现象看课程管理体制改革的走向——兼论我国三级课程管理体制的产生［J］. 山东教育科研，2002（11）：13—15.

（四）当代课程管理体制：三级课程管理体制的确立

20 世纪 60 年代以后，由于西方国家的“新课程运动”结果令人失望，因此，教育研究领域强烈要求课程决策权下放，地方课程、校本课程重新得到重视。此时，大量欧美国家关于课程改革的书籍被译成中文，它们课程改革的经验影响了我国课程改革实践。为适应世界教育改革的大趋势，我国于 20 世纪末 21 世纪初开始进行新一轮课程改革，将国家课程的比例降低，并逐渐重视地方课程开发和校本课程开发。事实上，早在国家教委 1992 年颁布的《九年义务教育全日制小学、初级中学课程计划（试行）》中，就第一次规定了设置地方课程，打破了国家课程一统天下的局面。1996 年，国家教委基础教育司制定的《全日制普通高级中学课程计划（试验）》中的课程管理部分明确指出，普通高中课程由中央、地方、学校三级管理，规定由学校安排 15％—20％的课程。“学校课程的概念第一次纳入国家正式制定的课程文件当中，它标志着我国三级课程管理体制被教育行政部门所采用。”① 1999 年，全国教育工作会议发布的《中共中央国务院关于深化教育改革全面推进素质教育的决定》正式提出了“建立新的基础教育课程体系，试行国家课程、地方课程、学校课程”，即三级课程，三级管理。由此，三级课程管理体制正式开始在我国推行。

第二节　三级课程管理体制

2001 年，《教育部关于印发〈基础教育课程改革纲要（试行）〉的通知》系统地提出了国家、地方和学校三级课程管理运行的应然性、必要性和可能性。这打破了我国传统的国家唯一主体的课程管理格局，为地方教育部门、学校乃至教师的工作提供了重要的契机和挑战。三级课程管理，有助于发挥国家、地方和学校三级不同课程管理层次的功能的最大化，从而推动课程改革的深化。

一、三级课程管理内涵及其职责

我国实行国家、地方和学校三级课程管理，意味着课程管理从传统的“权威控制”走向当下的“公众参与”，表明了我国课程管理走向“外部控制”和“内部评价”相结合。因此，三级课程管理成为课程研究的重要内容。

① 白月桥. 素质教育课程构建研究［M］. 北京：教育科学出版社，2001：240.

（一）三级课程管理的内涵

目前，我国课程管理实行国家、地方和学校三级课程管理体制。这种三级课程管理体制打破了我国传统的集权课程管理模式，也消除了地方分权下课程管理散乱的弊端，将国家、地方和学校三者有机地整合起来，最大限度地发挥三者的合力作用。当然，国家、地方和学校需要首先明确各自的权力和责任，坚持对课程研究中的问题预设、策略提出、文本编制、具体实施以及评估改进等各环节进行整体管理。这样既可以遵循国家宏观指导，又可以符合地方要求，还能够体现以学校为本，发挥课程管理的最大效能。三级课程管理体制中，国家课程管理体现了国家意志的落实，是基础教育发展不偏离“航道”的最根本保证；地方课程管理是接受国家课程管理的指导，实现国家课程在地方实施过程中的有效调整和转化；学校课程管理则是对学生和教师经验课程的具体落实进行管理。需要说明的是：国家课程管理在整个三级课程管理体系中占据主体地位，地方课程管理和学校课程管理更多的是起到补充和丰富的作用。

（二）三级课程管理的职责范围

作为三级课程管理主体的国家、地方和学校，各自都有自己的管理职责和管理范围。只有这样，才能保证课程实施效能的最大化。

1. 国家课程管理职责范围

国家课程管理作为第一层次，其主要负责以下方面：指导课程改革的整体设计，制定相应的教育培养目标、课程规划和各学科课程标准；对课程改革在全国范围内顺利开展提供指导性、建设性的意见和建议；对课程改革与地方课程、学校课程相结合，提供一定的专业支持和帮助；构建相关的课程评估和监控体系，对课程执行情况进行监督和调控；制定并颁布一系列地方课程、学校课程的管理指南，对地方课程管理和学校课程管理予以方向指导；对教科书的编写、审定、使用与评价做出相应的说明，保证教科书的编写和使用的质量；对教学管理进行跟踪研究，定期以署名报告的形式对学校教学管理进行公布，接受社会监督。

2. 地方课程管理职责范围

地方课程管理主要包括：从本地政治、经济、文化、历史等现实发展出发，认真贯彻执行国家制定的课程规划和课程标准；针对不同层次、不同阶段的地方课程计划，开发具有地方特色的地方课程，并予以实施；对学校制定的学校课程计划进行指导、审批和监督；及时监督本地基础教育的教学、课程资源的开发和利用等基本情况，并及时发现问题予以解决。

3. 学校课程管理职责范围

学校课程管理除了贯彻国家课程、地方课程的相关内容外，还要制定具体的学校课程实施方案，报上一级教育部门备案。同时，根据课程管理指南，学校可以自主开发校本课程，选用适合本校实际情况的国家、地方编审的教科书，并对课程实施中遇到的教学问题进行检测和评估，及时汇报给上级教育主管部门。

二、三级课程管理出现的历史必然

（一）全球化趋势的推动

进入21世纪后，不同地域、文化、种族的人们之间交往联系日益紧密，人们好似生活在一个“地球村”中。史密斯（D. G. Smith）认为，“全球化在世界上的演变必然经历三种方式，即：全球化方式一、全球化方式二、全球化方式三。”① 全球化方式一强调新自由主义思潮；全球化方式二强调新保守主义思想；全球化方式三强调人类可持续发展的全球性对话。

伴随着全球化进程，我国教育领域，尤其是课程领域正在发生变化，出现了适应全球化的三种形式：“激进性全球化、保守性全球化和对话性全球化。”② 其中，激进性全球化主张打破国家调控公共教育的理念，主张“小政府、大市场”的价值理念，由市场对教育进行调节，因此，这种适应全球化的形式强调追求高效率、高品质的管理体制和办学理念。保守性全球化则与之相反，强调“大政府”的办学思路，重视“传统”和“秩序”，强调课程标准、教学大纲都由国家统一制定，加强国家对教育的集权调控，减少地方和学校教育的话语权，学生接受的是国家规定好的知识，这些知识更多地体现的是管理者的意志。对话性全球化则强调人们在对话过程中实现信息共享、平等对话，这也是我国当前课程改革追求的一种课程改革理念。摒弃“激进性全球化”“保守性全球化”，实施“对话性全球化”是教育适应社会全球化的必然要求，也是全球化推动教育发展的必然结果。

（二）教育改革的时代选择

改革开放后，我国经济体制、权力资源配置格局等都发生了深刻变化，这些变化必然影响到教育领域，尤其是课程改革。从经济上看，我国已经从社会主义计划经济体制转向社会主义市场经济体制，传统的“国家”和“社会”一元同质化结构不复存在。政府职能发生改变，逐渐从集权的政府向服务型政府转变，强化行政管理职能，将蕴含其中的教科文卫等领域的部分管理职能转向民间相关组织。③ 教育权力主体开始拥有一定的参与权和管理权。

教育改革归根到底是为了满足教育改革参与者的最大利益。无论是斯宾塞的“什么知

① Smith D G. Curriculum and Teaching Face Globalization// Pinar W F. *International Handbook of Curriculum Research* [M]. New Jersey：Lawrence Erlbaum Associates，Inc.，Publishers，2003：35-51.

② 张树德. 当代课程改革成功机制研究——澳大利亚经验和启示 [D]. 上海：华东师范大学，2007：10.

③ 俞可平. 中国公民社会的兴起与治理的变迁 [J]. 中国社会科学季刊，1999 秋季号（27）：111—112.

识最有价值”，还是阿普尔的“谁的知识最有价值”的命题，都关涉到一个前提，即知识是有价值的，且知识是有价值关涉的，而不是价值中立的。因此，在当前我国优质教育资源不均衡、不平等的情况下，如何确保基础教育改革实现相对均衡发展是一个值得我们深思的问题。为了达到现实优质教育资源的相对均衡化，摆脱教育改革在理论层面的“乌托邦”，必须用批判的眼光来审视知识的价值，让知识回归生活，教育回归现实世界，开发并管理地方课程、校本课程，从而有助于避免课程利益相关者在“信息传递”过程中由于信息不对等造成冲突，从而实现教育改革的“软着陆”。

（三）我国课程政策发展的现实要求

课程政策是政府相关部门出台的围绕课程研制、设计工作的一系列政策性文件。课程政策是课程管理研究不可回避的一个话题，它是实现课程理论与实施相结合的“中层理论”。① 课程政策在课程理论和课程教学实践之中发挥着桥梁的作用。“在所有影响课程与教学改革发展的因素中，课程与教学政策处于核心地位，它是课程与教学改革的直接指南、动力和保障，它直接影响着课程与教学改革的方向、速度和效率。”② 然而，课程政策在现实课程实施中不断地被消解，课程实施形式化现象严重，往往难以产生实际效果。

为此，1999 年 6 月，全国教育工作会议做出“试行国家课程、地方课程、学校课程”三级课程管理体制的决议。通过这一决议，我国逐步打破了传统的集权式课程管理模式，提高了课程管理体制的灵活性、多样性。2001 年，《基础教育课程改革纲要（试行）》明确提出，基础教育课程改革的目标之一就是“改变课程管理过于集中的状况，实行国家、地方、学校三级课程管理，增强课程对地方、学校及学生的适应性”③。此后，我国逐步实施三级课程管理体系，中央对课程管理进行宏观指导，适时开展课程监督和评估工作，对课程的三级管理体系的有效运行进行监控；地方政府发挥着承上启下的作用；学校在三级课程管理体系中的地位得以提升，发挥着前所未有的作用。

三、三级课程管理体制运行的基本原则

三级课程管理体制的运行需要遵循一定的原则，要坚持“顶层设计”和“底线保障”有机结合。

所谓“顶层设计”，是指国家主导着课程改革，统筹全局的课程设计理念，协调好国家与地方、政府与社会的关系。首先，国家课程管理者应该具有一定决策力、组织力、推

---

① 罗伯特·金·默顿. 论理论社会学［M］. 何凡兴，等译. 北京：华夏出版社：1990：54—97.

② 钟启泉，汪霞，王文静. 课程与教学论［M］. 上海：华东师范大学出版社，2008：37.

③ 钟启泉，崔允漷，张华. 为了中华民族的复兴　为了每位学生的发展：《基础教育课程改革纲要（试行）》解读［M］. 上海：华东师范大学出版社，2011：11.

动力，促进课程改革不断向前发展。其次，国家课程管理者应能够充分调动地方和学校的改革参与积极性，发挥他们潜在的改革动力。只有地方和学校真正承担起各自承担的责任，确定各自的角色定位，才能真正做好课程管理的“顶层设计”。

所谓“底线保障”，是指课程改革满足不同课程参与主体的需要，达到“最低要求”的一致。三级课程管理体制的参与主体非常复杂，由于不同课程参与主体的利益不同，价值取向、学科立场、文化背景、知识储备也不同，因而在课程改革过程会出现各种碰撞、冲突乃至对立。这就要求各层次课程管理主体相互沟通，相互对话，使课程改革能满足不同层次的课程主体的基本要求。

本书认为，三级课程管理体制应遵循以下三个基本原则。

（一）充分调动不同课程管理主体的积极性

传统的课程管理体系造成国家课程管理权力过于集中，这种管理体系导致的结果是颁布的课程政策、制定的课程计划、开发的课程资源与各地区的教育实际情况相差甚远，从而导致课程资源浪费、教学效果不佳。久而久之，地方和学校对课程改革的积极性被消磨殆尽。若采用地方分权，则容易造成地方和学校各自为政的现象。只有将国家、地方和学校课程管理有机地结合起来，才能调动三者的积极性，达到发挥中央宏观指导，专家学术帮扶，地方上传下达，学校科学管理的效果。从政治体制上看，我国早在新中国成立之初就注意调动中央和地方两方面积极性，“应当在巩固中央统一领导的前提下，扩大一点地方的权力，给地方更多的独立性，让地方办更多的事情……中央要注意发挥省市的积极性，省市也要注意发挥地、县、区、乡的积极性，都不能够框得太死”①。这同样适用于教育领域，在三级课程管理体制中，国家集权式课程管理结构被打破，地方和学校获得一定的自主权，地方可以根据本地的现实需要开发具有地方特色的课程，学校课程可以拥有一定的校本课程开发自主权，从而更有助于调动地方和学校课程管理的积极性。

（二）明确不同课程管理主体的职责范围

改革创新是教育发展的强大动力，而教育体制的改革创新的中心是“课程管理体系”。长期以来，我国的国家、地方和学校三者之间的课程管理权限不明、职责混乱，从而导致课程管理主体的缺位、课程管理效果差的现象。《国家中长期教育改革和发展规划纲要（2010—2020 年）》要求：“以转变政府职能和简政放权为重点，深化教育管理体制改革，提高公共教育服务水平。明确各级政府责任，规范学校行为，促进管办评分离，形成政事分开、权责分明、统筹规划、规范有序的教育管理体制。”② 这就要求国家、地方和学校

---

① 中共中央文献研究室．毛泽东文集（第 7 卷）［M］．北京：人民出版社，1999：31.

② 顾明远，石中英．《国家中长期教育改革和发展规划纲要（2010—2020 年）》解读［M］．北京：北京师范大学出版社，2010：335—336.

各自发挥其职责和功能，即国家管理层面发挥宏观指导的功能，地方管理层面发挥上传下达的作用，学校管理层面则保证课程发挥“落地生根”效应。

（三）三级课程管理体制的关键是学校管理层面

课程改革实施三级管理体制，加强了课程利益相关者之间的共识和合作。课程改革的各个利益相关者有各自的课程理解方式和构建课程的方法，并通过自己的实际行动来参与到课程改革中。这些课程理解方式、构建课程的方法虽然存在差异，甚至冲突，但是都需要通过学校的实际行动来实现，这就需要国家、地方打破传统思维方式的禁锢，通过多元对话的方式，向学校阐明自己对课程的理解，从而在与学校管理层面的沟通、对话中，达成主体间形式和意义的认同，从而实现课程改革扎根于学校的“土壤”。只有回归学校，课程改革才能摆脱口头的空洞论争，真正在实践中生长，并产生强大的生命活力。

第三节　学校课程领导

学校课程领导在三级课程管理中起到“地基”的作用。国家课程管理、地方课程管理最终都是通过学校课程领导来落实。因此，有必要认识和理解学校课程领导及其相关内容。

一、学校课程领导的内涵、特点与类型

（一）学校课程领导及概念辨析

1. 学校课程领导

“领导”是复杂的现代概念，不同学者用权力、行政、控制、督导、管理等来形容领导的现象。一般认为，领导是一个过程，领导包含影响，领导出现在一个群体的环境中，领导包含目标的实现。① 因此，领导是个体影响群体实现共同目标的一个过程。

“课程领导”是由“课程”和“领导”两个词构成的。目前对课程领导的界定很多但并不统一。学者从学生学习、教师专业发展、课程与教学、课程资源开发、学校文化等不同方面对课程领导都做出了不同界定。② 本书认为：“课程领导就是组织中的领导者对课

---

① 彼得·诺思豪斯. 领导学：理论与实践（第二版）[M]. 吴荣先，等译，南京：江苏教育出版社，2002：2.

② 沈小碚，罗入会. 课程领导问题探析 [J]. 教育研究，2004 (10)：54—59.

程所发挥的引领和导向的功能或者过程。”① 基于此，学校课程领导是在学校场景中，课程领导者引领教师和学生参与课程发展的过程。在这一过程中，可以提升教师参与课程变革的能力，提高学生的学习成效，促进学校课程的发展。

2. 课程管理与课程领导

“课程管理”与“课程领导”是两个有着密切关系的概念。为了搞清楚“课程管理”和“课程领导”的关系，我们有必要对“管理”和“领导”这两个概念进行比较。

（1）“管理”与“领导”的比较

科特（J. P. Kotter）指出，“管理”和“领导”存在一定的差异，如表 8-1 所示。

表 8-1　管理和领导的比较②

管理	领导
提供秩序和一致性	产生变化和运动
制定计划，进行预算	建立愿景，制定策略
组织，人事管理	联合员工，进行交流
控制，解决问题	激励，鼓舞士气

可见，“管理”受行为主义和泰勒管理主义的影响，追求控制和效率，更强调标准化，重视技术理性。“领导”则更重视组织内部的变革和创新，组织的战略性问题考量。

（2）课程管理与课程领导的比较

钟启泉认为，课程管理与课程领导不同，课程管理的管理方式是自上而下的监控和管制，学校的动力来自于外部和上级主管部门；课程领导的管理方式则是自下而上，强调教学组织自身的创意和创造力，自律、自主地驱动组织本身运行，把日常的课程实践活动作为自身的东西加以自主、创造性地实施。③

靳玉乐等人也对课程管理与课程领导进行了比较。他们从权力主体、权力实施、决策及推行、教师观、沟通模式和动力来源进行比较，如表 8-2 所示。

① 靳玉乐. 课程论［M］. 北京：人民教育出版社，2012：387.

② 约翰·科特. 变革的力量——领导与管理的差异［M］. 方云军，等译. 北京：华夏出版社，1997：6.

③ 钟启泉. 从“课程管理”到“课程领导”［J］. 全球教育展望，2002（12）：24—28.

表 8-2　课程管理与课程领导的比较①

项目＼概念	课程管理	课程领导
权力主体	管理权力集中于管理者特权阶层，学校和教师不分享权力	实行权力分享，课程相关人员均民主分享权力，尤其是对课程实施及其结果承担责任的学校与教师
权力实施	依靠课程管理者的法定权力和自身的个人权威，以前者为主	依靠课程领导者的法定权力和自身的个人权威，以后者为主
决策及推行	课程管理者进行决策，以行政命令方式自上而下推行，学校和教师被动执行课程决策	课程相关人员民主决策，由作为决策主体之一的学校和教师实施
教师观	认为教师只是既定决策、命令的执行者，缺少决策能力	相信教师具有创意和创造力，具有一定的决策能力
沟通模式	纵向行政命令为主，有较少的自发形式的校际横向沟通	纵向沟通之外，有较大程度的校内外横向沟通和交流
动力来源	来源于外部、上司的监管、监控	决策主体自身的创意和创造力，自我驱动

由此可见，课程领导更多是从微观层面开展的，而课程管理则更多的是从中观和宏观层面实施的。为了论述的需要，本书将三级课程管理体制中的国家课程管理、地方课程管理继续沿用“课程管理”一词，而对于微观层面的学校课程管理则改用“学校课程领导”一词来代替。

3. 学校课程领导与学校行政领导

学校课程领导属于学校行政领导的一个部分。长期以来，它模糊地存在于学校行政领导之中，并没有作为一个独立的领域而存在。学校课程领导与学校一般行政领导的区别主要体现在：学校课程领导的首要任务是对课程和教学事务的领导，强调权力的分享，倡导一种合作的关系；而学校行政领导并不需要聚焦课程事务，不需要具备更多的课程知识和更高的专业水平等，学校行政领导更多强调特定行政职能，强调权力的权威性和控制力。

4. 学校课程领导与学校教学领导

与课程与教学的关系类似，学校课程领导和学校教学领导也是一对概念。学校课程领导和学校教学领导的关系，源于课程与教学之间的关系。有学者认为，学界对课程与教学的关系达成了一定共识：②

① 靳玉乐，赵永勤. 校本课程发展背景下的课程领导：理念与策略［J］. 课程·教材·教法，2004（2）：8—12.

② 于泽元. 课程改革与学校课程领导［M］. 重庆：重庆大学出版社，2006：120—121.

课程与教学彼此相关但是不同；

课程与教学相互依赖；

课程与教学虽然可以分开研究，但是实践中不可能独立运行。

由此可见，课程和教学在理论上可以进行分开讨论，但在实践层面是不可能完全分割的。以往的学校领导认为，课程是计划好的文本，教学是课程知识传递的过程。在这种情况下，学校只关注教学问题，重视对教学的领导，忽视对课程的领导。新课程改革启动后，领导者开始重视课程领导，注重对学校课程的整体把握，而不是零碎的教学活动管理。

黄旭钧认为，教学领导主要关注教师的教和学生的学，而课程领导除关注上述两项之外，还需要关注课程目标、课程内容等，范围要比教学领导广。① 可见，教学领导往往局限于课堂教学，而课程领导需要从更系统的视角关注课程问题，如把学校看作一个整体，把学生在学校的发展看作一个整体，从整体的角度来考虑课程和教学问题。和教学领导相比，课程领导关注更加复杂的人际互动。除了和教学领导一样需要掌握有关教学的知识和能力之外，课程领导还需要掌握课程开发方面的知识和能力。

（二）学校课程领导的特点

结合学校课程领导的相关认识，本书认为，学校课程领导具有一致性、整体性和校本性等特点。

1. 一致性

课程改革是一个持续的过程，需要一定的时间。因此，学校课程改革具有一致性，这种一致性表现在两个方面。

一方面，作为学校课程领导者要有一个明晰的课程改革目标，坚定的课程改革立场。明晰的课程改革目标体现在课程领导者知道学校课程改革的目标和价值所在。坚定的课程改革立场就是课程领导面对复杂的、价值多元的社会现实，必须坚持自己的教育信念和价值取向，不被改革过程中遇到的挫折和困难所吓倒，也不为社会现实中的种种诱惑所迷惑，坚定自己的课程改革立场。

另一方面，学校课程改革应与国家课程改革、地方课程改革保持一致。学校课程改革的方向、价值取向、内容选择、评估标准等都要与国家课程改革、地方课程改革保持一致，是对国家课程、地方课程的一种有益的补充和支持，而不能简单重复国家课程、地方课程，更不能与国家课程、地方课程相背离，干扰国家课程、地方课程的有效实施。

2. 整体性

学校课程领导是将学校看成一个整体，将学生受教育过程看成一个整体，从而对课程和教学进行全面认识。因此，学校课程领导的整体性表现在以下三个方面。

---

① 于泽元. 课程改革与学校课程领导［M］. 重庆：重庆大学出版社，2006：123.

首先，将学校看成一个整体，要求学校课程领导者对学校的规划和发展有一个完整的改革图景。只有如此，学校课程领导才能真正调动一切教育因素来促进学校课程和教学事务的发展。也就是说，学校课程领导要将学校的课程教学和学校的其他事务结合起来，利用各种方法和手段促进学校课程与教学的发展。

其次，将学生受教育过程看作一个整体，学校课程领导应该对学生从入学到毕业的完整发展过程有一个清楚的规划。学校课程领导不仅要对不同年级、不同课程实施可能对学生产生的影响有清楚的认识，更要对通过某一阶段的学习，学生自身会发生哪些方面的变化、获得哪些成就有清楚的认识。

最后，学校课程领导还包括将学校课程和教学作为一个整体进行关注。既要关注课程的决策、设计、实施和评价，又要关注教学的资源、手段、条件设备，从而整体地计划学校课程与教学，使课程与教学计划有序地推进。

3. 校本性

学校课程领导是存在于学校内部的微观领导。其领导的对象、目的和依据都由学校本身的具体情况而定。每所学校都是独特的，学校特色、学生特点、家长和社会对学校的预期均不同，因而有不同的教育理念和价值取向，并按照自己的观点和想法来规划学校的整体课程。

学校课程领导虽然关注国家和地方课程与教学，但其根本目的还是更好地促进学校本身的课程开发和课程实施。

（三）学校课程领导类型

学校课程领导的类型多种多样，可以从领导范围、领导主体等方面进行划分。

从领导范围的角度看，学校课程领导可以分为全校层面的课程领导和班级层面的课程领导。全校层面的课程领导的权力主体是以校长为主的学校教育行政部门，其主要功能是在实施国家课程和地方课程的同时，根据当地社会发展的需要，结合学校本身的优势，开发和实施校本课程，为学校课程实施提供条件，对学校内的课程发展进行评估。班级层次的课程领导的权力主体是教师，其功能是具体实施课程，实现学生发展和课程品质的提升。

从学校课程领导主体角度看，学校课程领导可以分为校长的课程领导、教导主任的课程领导、教研室主任的课程领导、教师的课程领导等。就学校课程领导的主体来看，主要存在两种比较有代表性的观点：第一种观点认为，课程领导中校长是关键。大多数学者认为，校长是课程领导的本务而且是最为重要的本务，因而主张校长应该成为学校主要的课程领导者。① 有学者指出，校长是最为关键的课程领导者，这是因为校长是学校行政领导的核心，校长应扮演关键枢纽的角色，校长之外的课程领导者则是改革的第二促进者，二

① 黄旭钧. 课程领导：理论与实务［M］. 台北：心理出版社，2003：6.

者的角色是互补的。第二种观点认为，课程领导是教师的课程领导，主张教师是真正的课程领导者，学校发展“同侪领导”可以为教师提供专业发展的机会，培养教师领导的潜能，同时建立教师之间的合作关系。

二、学校课程领导的角色

课程领导的角色是指课程领导者在学校课程改革和实践中所扮演的角色。目前，研究课程领导角色的代表性学者有萨乔万尼、科林·马什、哈弗洛克、布莱德雷、富格、黄旭钧、黄显华、游家政等人。下面选择几种主要观点予以介绍。

科林·马什（C. Marsh）认为，校长在具体的学校情境中扮演响应者、管理者和倡导者三种不同的角色。作为响应者的校长，很少考虑学校的长远性目标，校长的领导似乎只有当教师提出需求而加以响应时才存在，校长善于倾听，很少向教师提要求，与教师保持良好的关系。作为管理者的校长，则重视将具体的任务和工作程序搞得清清楚楚，经常直接介入教师的各项工作中，注重具体工作的落实。作为倡导者的校长，重视学校长期性目标和学校发展计划的建构，校长关注教师的期望但不会事无巨细地介入教师的工作，重视学生的发展却不会一味地迁就学生的无理要求。

在这三种课程管理角色中，作为倡导者的校长是最为理想的类型。课程领导倡导者不仅关注以教学为中心的事务，还特别关注课程事务，关注教什么的问题，从而给予教师更多参与课程决策的机会，发挥教师的专业自主性，同时可以为学生提供适当的课程，组织有效的教学。

布莱德雷认为，课程领导者可以分为五种角色：教导者（instructor）、问题解决者（trouble shooter）、倡导者（advocator）、服务者（servitor）和激励者（facilitator）。[①] 他还认为，课程领导者在课程发展的不同阶段需要承担不同的职责，担任不同的领导角色。好的课程领导的关键在于能在每一种情形下选择最恰当的领导角色，课程领导者角色的选择需要依据问题性质、可利用完成目的的时间长短、被领导成员的特质来定。

这里需要做两点说明。其一，目前关于学校课程领导角色的研究，主要是从校长身份来研究课程领导角色。这是由于校长在学校独特的地位和作用决定的。从校长身份研究学校课程领导具有独特的优势和条件，但并不意识着学校课程领导的主体只有校长。事实上，学校其他成员同样可以扮演学校课程领导的角色。其二，课程领导者的角色在不同学校、不同情境中是不同的。随着课程改革的发展，课程领导角色会不断地改变、重组。同时，课程领导者不可能同时扮演所有的角色，而应根据不同的需要承担不同的责任，扮演不同的角色。

① 黄旭钧．课程领导的理论与实务［M］．台北：心理出版社，2003：74．

三、学校课程领导的任务和原则

（一）学校课程领导的主要任务

学校课程领导的任务有助于课程设计目标的达成，实现课程的健康发展。因此，课程领导的任务要围绕着课程设计、课程发展的目标展开。从校长身份的角度看，学校课程领导主要有以下四个任务。

1. 创建学校课程愿景

课程愿景是对课程发展的共同愿望和设想。学校课程愿景对学校的发展有着重要意义。学校课程愿景不仅包含着校长的课程领导愿望，而且体现了学校师生的共同愿景，是学校未来发展的方向。只有学校每个成员都认同学校发展的前景，才能凝聚师生共同努力的力量，激发学校全体成员为学校发展目标而奋斗。创建学校课程愿景一般要依赖于校长的教育理念和办学思想，这是长期的、共同的承诺，不可以朝令夕改，必须得到教师、学生、家长的合作和帮助，并为大家所认可。当然，学校课程愿景不仅要符合国家课程规划、地方教育部门要求，更要与学校特色相结合，体现一所学校特色发展的蓝图和方向。

2. 促进学校课程发展

可以说，学校课程领导的最终目的就是促进学校课程的发展，提高师生的核心素养。学校课程领导除了对课程发展提供专业支持外，还应该解决课程发展过程中遇到的各种问题。为了促进学校课程发展，学校课程领导应该重视校内支持系统，争取社会力量的支持，获得更多的校外课程资源。因此，学校课程领导应在经费和时间方面为教师实施新课程，促进课程发展提供物质上、心理上和社会上的支持。学校课程领导应组织各种校本课程的教师培训和教研活动，并邀请专家来校讲学，为学校的课程开发提供技术指导，推进课程向前发展。

3. 重新整合学校组织

学校组织是推进学校课程发展的基础单位。对于学校而言，学校课程领导需要两类组织：一类是创建学校课程发展的相关组织，如成立课程发展委员会、课程协调和运作小组、教科书评选小组等等，负责统筹各年级各学科的学习活动，规划和执行课程设计、评估和监督学校的课程实施情况，并及时为课程发展和实施过程遇到的问题答疑解惑；另一类是学习型组织，调动学校全体成员学习的积极性。对于学校而言，重组一些学习型的组织，可以为学校创设一种学习氛围，学校中的每一个成员便能确实发挥自己的聪明才智和创造能力，形成共同的规范、处事方式和课程发展范式，更新学校的办学理念、管理规范、文化传统，推动学校课程愿景的实现。

4. 规划教师专业发展

规划教师的专业发展是学校课程领导的重要任务。教师在课程改革中起着重要作用，是决定课程改革的关键因素。离开了教师参与的课程改革不能称之为真正的课程改革。学校课程领导必须关注教师的课程领导参与情况，为教师参与课程领导决策和相关的科研活动、参与教材编写和推进课堂教学改革等创造条件，使教师有机会发挥自己的才华，积极反思自己的课程实践和教学实践，促进教师的专业发展。① 教师在参与课程领导过程中会不断地改变自己的领导角色，贡献自己的知识和力量，提高课程实施的适切性，从而将课程规划中不适应课堂教学的内容及时删除，提高课程实施的针对性，学校课程发展才能进入可持续发展的轨道。教师在参与课程领导的过程中，也会逐渐形成合作的工作关系，养成合作的工作习惯，形成一种积极的学校氛围，带动整个学校的变革和发展。②

（二）学校课程领导的基本原则

课程领导原则是学校课程领导的基本要求，是学校课程领导顺利实施的重要保障，学校课程领导主要有四个基本原则。

1. 明确三级课程管理的权力分配

我国的课程管理体系实行的是三级四层管理体系。三级是指国家层级、地方层级和学校层级三级课程管理，四层是指除了国家层、地方层外，学校层级又可分为全校层次和班级层次两类。每一类层级的课程管理主体不同，国家课程管理主体是国家教育行政部门，地方课程管理主体是地方教育行政部门，全校课程领导的主体是校长和具有一定权威和影响力的专家教师，班级课程领导的主体是教师。在不同层级中，课程管理的权力分配是不同的。作为学校课程领导者，必须明确自己的课程领导权力分配，熟悉自己的课程领导职责和范围。只有如此，学校课程领导才能与国家课程管理和地方课程管理相协调、相配合，共同推进课程改革的发展。

2. 强化校长的课程领导职能

在学校课程领导系统中，校长是课程领导的主体之一。校长的课程领导对于一所学校而言，无论是对课程发展、课程实施质量、教师专业发展，还是对学生核心素养落实都起着关键性的作用。在一定意义上说，校长是促使学校走向卓越的“枢纽”。长期以来，校长更多地重视自身行政领导者的职能，忽视课程领导的职能，并未充分体现校长课程领导的魅力和动力，未能发挥其应有的效能。随着课程改革的深化发展，校长的课程领导者地位得到重视，充分发挥校长课程领导的职责，淡化行政职能，有助于在学校层面落实课程改革，促进课程改革深化发展。

3. 重视学校在校本课程开发中的作用

校本课程是学校自主开发的课程，充分体现了学校本位。学校是校本课程开发的场域，教师是校本课程开发的主体，这就使学校和教师具有一定的课程领导的权力。学校可以自主地选择课程内容、制定课程评价方式，教师有权决定教什么，为什么教等问题。学

---

① 杨明全. 革新的课程实践者——教师参与课程变革研究［M］. 上海：上海科技教育出版社，2003：179.

② 徐君. 教师参与：课程领导的应有之举［J］. 课程·教材·教法，2004（12）：12—16.

校和教师有了充分发挥才华、展示教育理想的舞台。因此，校本课程开发和管理是学校的重要职责，学校应基于本身的特色开发校本课程，培养富有个性的学生。同时，学校应充分调动教师的主观能动性和积极性，发挥教师个体的教育智慧，利用各种社会课程资源，开发出学校需要的、适应学校特点的校本课程。

4. 赋予教师课程领导权

赋权可以提高决策的质量，最大限度地挖掘教师的领导技能，提高教师自信，改善学生学习，提升对学校资源的利用率。① 简单地说，给教师赋权就是让教师或教师团队分享管理的权力。通过权力分享，可以提高决策的创造性、科学性，有助于工作和学习的开展。一般情况下，权力的大小与能力发挥水平高低密切相关。权力越大，他们的能力发挥水平越高，更有利于问题的解决。在学校课程改革中，学校应营造一种支持团队合作、决策的良好氛围。校长作为领导者，不能仅仅以管理者的角色来管理团队中的每位成员，而应为每位教师提供完成任务必要的资源、条件和其他各种支持，鼓励团队成员自我领导，提升团队成员的自信心和自我领导力，使学校课程领导发挥最大效能。②这就需要赋予教师课程领导权，促进教师从心理和行动上参与到学校事务管理中，③ 推动学校课程的发展。

四、学校课程领导运作的案例分析

学校课程领导是一个动态的运作过程。其领导的对象是课程，领导的主体是校长和教师。其中，校长在课程领导中起着至关重要的作用。校长的课程领导包含了学校的管理和课程的管理两个方面。课程管理是为了使学校管理更加有效，学校管理则是为了协助课程管理的顺利运转。两者相互配合可以更好地促成学校效能的提升。为了阐述学校课程领导运行的基本流程，下面结合案例进行分析，以说明学校课程领导的运行流程。

如图 8-1 所示，我国台湾地区校长课程领导主要依据为校长个体的教育信念、课程理念，师生需求、家长期待、社区状况、上级政策，校长的角色（课程发展方面的角色和领导行为的角色）。校长课程领导是通过建构蓝图、组织团队、规划设计、实施活动、评鉴机制和配套措施来运行。其中建构蓝图是发展学校教育经营蓝图，具体包括建构校长经营理念，塑造学校愿景；拟定学校教育目标和沟通学校教育方案等。组织团队是调整组织管理运行的机制，包括组织课程发展委员会，成立学习领域小组，成立课程研究会和组织教学群等。规划设计是规划课程教学管理系统，包括规划学校总体课程、拟定学年教学方案、拟定班级教学方案、确定课程教学任务和协调安排课程教学时间等。实施活动是落实

①② L. David Weller Jr.，Sylvia Weller. 学校人力资源领导——中小学校长手册［M］. 杨英，等译. 北京：中国轻工业出版社，2005：118.

③ 黄显华，朱嘉颖. 课程领导与校本课程发展［M］. 北京：教育科学出版社，2005：68.

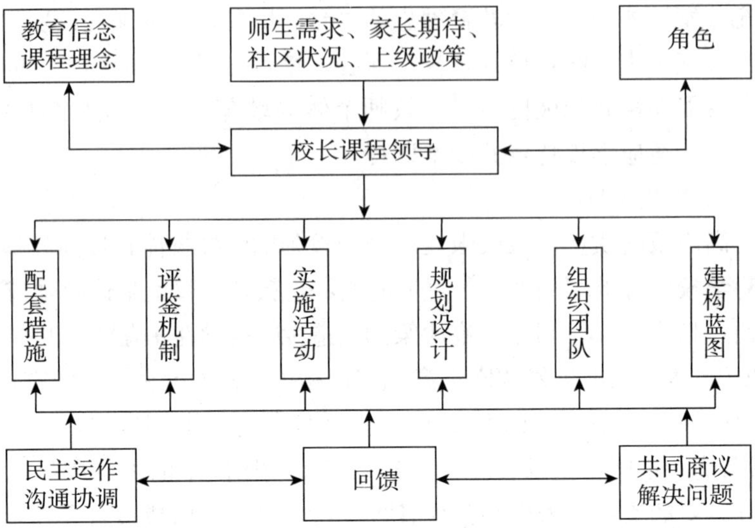

图 8-1　校长课程领导运行结构图①

课程连接教学系统，包括进行文本课程与教学课程之间的连接、重视教学课程与习得课程之间的连接、进行多元评价等。评鉴机制是建立学校教育评鉴价值，包括定期教学视导、进行课程评鉴和校长课程领导评鉴等。配套措施是营造团队学习支持系统，包括提升教学专业发展、协助教师进行协同教学、提供师生学习诱因和建立课程教学支持系统等，最后校长与教师通过民主运作、沟通协调、回馈、共同商议，达到解决问题的目的。

上海市长宁区职业技术学校的课程领导是一所校本化程度很高的学校。这所学校的学校课程领导强调以校长为首席专家的课程领导共同体，不断推进课程发展变革。该学校将校长的角色定位为学校发展的规划者，组织文化的领导者，学习研究的带头者和师生成长的促进者。体现了学校课程的政治领导、结构领导、文化领导、教育领导四个方面。作为课程的政治领导，主要体现在学校发展规划上，如 2002 年制定了《2003—2005 年的学校发展规划》。作为课程的结构领导主要体现在调整了教导处、总务处等传统学校机构，并设置了课程研究开发室、课程实施管理室、课程质量评估室三个中层管理机构。作为课程的文化领导者则提出了一系列很有特色的文化观，如先进的学生观、阳光教师观等，提出了学生、教师、家长和学校是命运共同体、利益共同体、学习共同体等理念。作为教育领导者，校长在科研、教研上取得了丰硕的研究成果，还包括每年完成听 100 节课的任务。

① 台湾海洋大学师资培育中心. 课程领导与有效教学［M］. 兰州：甘肃文化出版社，2005：113—118.

本章小结

课程管理有广义和狭义之分。广义的课程管理是指国家或地方对课程编制、课程实施、课程评价等活动及其相关因素和条件进行整体管理；狭义的课程管理是指学校管理者遵循教学规律，对教学活动各因素进行合理组合，使教学活动有序进行，从而完成教学计划规定的教育教学任务。课程领导更多是从微观层面开展的；课程管理则更多的是从中观和宏观层面实施的。课程管理在课程设计、实施、评估中具有重要作用。课程管理模式可分为国家唯一主体课程管理模式、地方主体课程管理模式、国家和地方双主体课程管理模式、主导主体三级课程管理模式四种。

目前，我国课程管理实现国家、地方和学校三级课程组织体系。作为三级课程管理主体的国家、地方和学校，各自都有自己的管理职责、管理范围。三级课程管理体制的运行要坚持“顶层设计”和“底线保障”有机结合。

学校课程领导是在学校场景中，课程领导者引领教师和学生参与课程发展的过程，具有一致性、整体性、校本性等特点。从校长的角度看，学校课程领导主要任务是创建学校课程愿景、促进学校课程发展、重新整合学校组织、规划教师专业发展。学校课程领导的基本原则是明确三级课程管理的权力分配、强化校长的课程领导职能、重视学校在校本课程开发中的作用、赋予教师课程领导权。

拓展学习

1. 谈谈对“课程管理”与“课程领导”异同的看法。
2. 论述对我国三级课程管理体系职责分工的认识。
3. 结合案例，说明学校课程领导运行的一般程序是什么。

选读文献

1. 于泽元著：《课程变革与学校课程领导》，重庆大学出版社 2006 年版。

课程变革的过程充满了思想观念、参与人员以及动作流程的复杂性。课程变革的种种复杂性呼唤有效的课程领导。该书对课程变革的基本理论问题进行了广泛的讨论；对学校课程领导的基本概念和理论、课程领导在课程变革中的地位和作用等问题进行了深入的研究。

2. 靳玉乐主编：《学校课程领导论：理论研究与实践探索》，人民教育出版社 2011 年版。

该书以学校课程领导的理论与实践问题为研究对象，对学校课程领导的本质与特征、理论基础、理论取向、工作原理以及学校课程领导与学校课程规划、教师专业发展、知识管理、学校文化建设之间的关系等问题进行了深入探讨，并对学校课程领导问题进行了反思和展望。

3. 戴维·米德伍德、尼尔·波顿主编，吕良环译：《课程管理》，浙江教育出版社 2008 年版。

该书的理论基点是“教育组织的主要目的是促进有效学习的产生”，从不同角度和层面，深刻揭示了课程管理的有效途径。该书分为四部分：第一部分探讨课程建设的理论基础及其管理结构问题；第二部分研究课程实施方面的管理问题；第三部分分析课程管理机构的角色及其责任；第四部分讨论课程资源的有效管理。

第九章　教师的课程与教学研究

教学目标

- 理解教师研究与教师专业成长的关系。
- 了解教师研究与专业人员研究的异同点。
- 理解自我反思、同伴互助和专业引领的本质内涵及实践路径。
- 学会做“教学型”“科研型”“学习型”三种类型的教师研究。
- 了解教学主张的意义，养成提炼和研究教学主张的意识。

课程与教学研究的主体有理论工作者（专业研究人员）和实践工作者（中小学教师），本章所论述的课程与教学研究，其主体是中小学教师，是中小学教师以课程与教学为主要对象所开展的实践研究，我们也称其为教师研究，其目的主要是为了改进和改善课程与教学实践，促进教师专业成长。

第一节　教师进行课程与教学研究的意义和特点

教师作为研究者，是教师专业发展的重要命题，也是课程教学改革的内在需要。教师即研究者，这意味着教师在教学过程中要以研究者的心态置身于教学情境之中，以研究者的眼光审视和分析教学理论与教学实践中的各种问题，对自身的行为进行反思，对出现的问题进行探究，对积累的经验进行总结，以得到规律性的认识。

一、教师研究的意义

教师研究作为一种实践研究，具有以下两个方面的重要意义。

（一）教师研究是教学改革持续发展的内在动力

就教学与研究的一般关系而言，两者是“共生互补”的关系。“教而不研则浅，研而不教则空。”一方面，从本质看，教学是一种创造性的劳动，教学内在具有研究性；另一方面，如果没有以研究为依托的深化和提高，教学就极易陷入固守旧经验和照搬老方法的窠臼而不能自拔。从实践层面看，没有研究作为基础的教学，很容易沦为按部就班、缺乏生机的教书程式，从而磨灭了教学原本应有的鲜活光彩，失去了应有的意境和情趣，这样的教学自然不可能取得良好的效果。只有研究的“参与”“介入”，才有可能不断提升教学的品质、水平和境界，从而使教学成为一种富有生机、充满活力的生命活动。这也是促使教学改革持续深化的内在机制。

在新课程改革的背景下，强调教学研究还具有特别重要的现实意义。新课程所蕴含的新理念、新方法以及新课程实施过程中所出现的各种新问题，都是过去的经验和理论难以解释和应对的。没有基于学校和课堂的研究，新课程的推进就会遭遇各种障碍。新课程把学校和教师推向了研究的前沿，可以说，将教学研究的重心下移到学校，建立与新课程相适应的以校为本的教学研究制度，是推进新课程改革的现实要求和紧迫任务。

（二）教师研究是教师专业化成长的根本途径

在中小学教师的职业生涯中，传统的教学活动和研究活动是截然分开的。教师的主要任务是教，是按照教材、教学参考资料、考试试卷和标准答案去教。至于为什么要教这些、为什么要这样教以及怎样教更好，教师很少有深入的思考。因此出现了这样的现象：教学内容是由国家的课程标准规定的，教学参考资料是由教研部门提供的，教学方法是由教研部门介绍的，考试试卷是由教育部门编制的。教师成了游离于研究过程之外的旁观者，成了教育行政部门各项要求的机械执行者，成了各种教学参考资料的简单照搬者，成了教研部门所提供的教学模式的盲目模仿者。① 这种教学与研究相脱离的机制和模式，造就了成批的教书匠，导致了基础教育师资的平庸化，严重阻碍了教师的专业发展。

事实上，教师职业专业化的特征之一便体现在研究性质上。教师不应被动地等待他人把研究成果送上门来，再不假思索地把这些研究成果应用到教学中去。教师本身就应该是研究者。所谓“教师研究”并不是“关于教师的研究”，也不是“在教师的配合下进行研究”，或是“与教师一起进行研究”，而是指由教师（主要是中小学教师）在学校工作中展开的探究活动，是教师关于教学生活意义的持续不断的体验感悟与发现过程。教师成为研究者，并不是要教师在教学之外去做另外一件事，而是在教学中研究，在研究中教学，使教学与研究“共生互补”，成为同一过程的两个方面。教师研究是促进教师专业成长的根本途径。

---

① 王枬. 论教师职业的内在价值 [J]. 教育研究，2000 (9)：60—65.

二、教师研究的特点

作为一种以学校的一线教师为主体的教学研究活动，教师研究是“基于学校”“在学校中”和“为了学校”的一种教学研究，它不同于专业研究者所从事的研究，具体表现在以下几个方面。

第一，就研究人员而言，教师研究是以教师为主体的一种研究活动，是教师“在自己的工作中，针对自己的问题”所做的研究。虽然教师研究不排斥专业研究人员的介入，但教师研究更加强调学校教师在研究过程中的主体地位，专业研究者在教师研究中主要担当参与和支持的外部角色，为教师的教学研究提供指导和帮助。

第二，就研究目的而言，教师研究不在于验证某种教育教学理论或创立某种学说，而在于改进、解决教育教学过程中的实际问题，提高教育教学质量，实现教育教学的价值，满足学生发展需求，同时促进教师自我的专业发展和学校的整体改进。

第三，就研究范围而言，教师研究发生和进行的场所就是教育教学发生的具体场景——学校与课堂，而不是别的地方。教师研究是在学校的日常工作和教师的教育教学过程中进行的，它把教学与研究有机地结合在一起，让教师在研究的状态下工作，而不是离开日常的教学工作去从事所谓的专门研究。

第四，就研究对象来说，教师研究的对象是发生在学校、课堂中的具体的教育教学问题以及与学校、教师、学生整体发展直接相关的问题。这些问题常常来自教师在日常工作中产生的困惑和疑问，它们普遍地存在于具体的、复杂的学校情境中，存在于师生的交往行为和教与学的活动中，存在于学校领导的教育教学管理工作中。

第五，就研究成果的表述来看，教师研究更多的是采用一种“叙事式”的表述，即由研究者本人“叙述”自己在研究过程中所经历的一系列教育事件，包括：所研究的问题是怎样提出的；这个问题提出来后“我”是如何想方设法去解决的；设计好解决问题的方案后，“我”在具体地解决问题的过程中又遇到了什么障碍，“我”是如何反思的；在反思的基础上，“我”后来又采取了什么新的策略，或者“我”又遇到了什么新的问题，采用了什么新的改进策略以及取得了什么样的效果。这种叙述方式往往是以案例或行动研究报告的方式呈现，一般并不以学术论文或专著呈现。

第二节　教师进行课程与教学研究的要素

教师个人、教师集体、专业研究人员是教师研究的三个核心要素，它们构成了教师研究的三位一体关系，教师个人的自我反思、教师集体的同伴互助、专业研究人员的专业引领是开展教师研究和促进教师专业化成长的三种基本力量，缺一不可，其关系如图 9-1

所示。

图 9-1　教师个人、教师集体、专业研究人员关系图

一、自我反思

反思是教师以自己的职业活动为思考对象，对自己在职业中所做出的行为以及由此产生的结果进行审视和分析的过程。“反思的本质是一种理解与实践之间的对话，是这两者之间相互沟通的桥梁，又是理想自我与现实自我的心灵上的沟通。”① 显然，反思不是一般意义上的“回顾”，而是反省、思考、探索和解决教育教学过程中各个方面存在的问题，它具有研究性质，是教师研究最基本和最普遍的形式。自我反思被认为是“教师专业发展和自我成长的核心因素”，它隐含着三个基本信念。

第一，教师是专业人员。这里的“专业”不是把所教的“学科内容”作为其专业表现，而是把教师的“教育行为与教育活动”视为其专业表现的领域。“对于专业人员来说，最难的问题不是应用新的理论知识，而是从经验中学习。学术知识对于专业工作是必需的，但又是远远不够的。因此，专业人员必须培养从经验中学习和对自己的实践加以思考的能力。”②

第二，教师是发展中的个体，需要持续成长。教师作为专业人员，由“新手”成长为“专家型”教师，是需要过程的，而且这个过程是无止境的。终身学习是教师专业化成长的基础。

第三，教师是学习者与研究者。教师专业发展是“自我引导”的结果，因此，教师始终是一个持续的学习者。教师有能力对自己的教育行动加以思索、研究和改进，由教师来研究改进自己的专业实际问题是最直接、最适合的方式。这里，强调的是教师自发的学习和研究，而不是在一种社会要求下的被动发展。

自我反思是开展教师研究的基础和前提，教师研究只有转化为教师个人的自我意识和

① 赵霞. 谈谈音乐教学的反思［J］. 音乐天地，2015（2）：23—26.

② 李·S. 舒尔曼. 理论、实践与教师的专业化［J］. 王幼真，刘捷，译. 比较教育研究，1999（3）：3—5.

自觉自愿的行为，才能得到真正的实施。目前，我国基础教育课程改革非常强调教师的自我反思，按教学的进程，教学反思可分为教学前、教学中、教学后三个阶段。第一个阶段是在教学前进行反思，这种反思具有前瞻性，能使教学成为一种自觉的实践，并有效地提高教师的教学预测和分析能力。第二个阶段是在教学中进行反思，即及时地在行动过程中反思，这种反思具有监控性，能使教学高质高效地进行，并有助于提高教师的教学调控和应变能力。第三个阶段是在教学后进行反思，这种反思具有批判性，能使教学经验理论化，并有助于提高教师的教学总结能力和评价能力。

反思总是指向自我的，反思者本人既是反思的对象，又是反思的承担者。教师的反思过程实际上是使教师在整个教育教学活动中充分地体现双重角色：既是行动者又是评论者，既是教育者又是受教育者。因此，教师反思实际上是将“学会教学”与“学会学习”统一起来，努力提升教学实践的合理性，使自己成为学者型教师的过程。通过反思和研究，教师不断更新教学观念，改善教学行为，提升教学水平。同时形成自己对教学现象、教学问题的独立思考和创造性见解，使自己真正成为教学和教学研究的主人，提高教学工作的自主性和目的性，克服被动性、盲目性。实践证明，教学与研究相结合，教学与反思相结合，还可以帮助教师在劳动中获得理性的升华和情感上的愉悦，提升自己的精神境界和思维品质，从而改变教师的生活方式。

教师自身的经验和反思是教师教学专业知识和能力的重要来源之一。只有经过反思，使原始的经验不断地处于被审视、被修正、被强化、被否定等思维加工过程中，去粗存精，去伪存真，这样经验才能得到提炼和升华，从而成为一种开放性的系统和理性的力量。唯有如此，经验才能成为促进教师专业成长的有力杠杆。新课程对教师的传统教学经验提出了全新的挑战，经验反思的重要性也因此被提到了前所未有的高度。但是，只有教师自己才能改变自己，只有教师意识到自己的教学经验及其局限性并经过反思使之得到调整和重组，才能形成符合新课程理念要求的先进教学观念和个人化教育哲学。

二、同伴互助

教师研究强调教师在自我反思的同时，加强教师之间的专业切磋、协调和合作，共同分享经验，互相学习，彼此支持，共同成长。同伴互助的实质是教师作为专业人员之间的交往、互动与合作，其基本形式有如下三个方面。

（一）对话

对话主要指教师之间的经验和信息的交流。对话的类型主要有以下几种。第一，信息交流。教师通过彼此间信息的交流可以最大范围地促进教育信息的流动，从而扩大和丰富教师的信息量和各种认识。第二，经验共享。教师通过经验分享，反思和提升自己的经验，借鉴和吸收他人的经验。经验只有被分享，才会不断升值。第三，深度会谈（课改沙龙）。深度会谈可以是有主题的，也可以是无主题的。关键在于教师间要有真诚的人际关系，大家彼此信任，互相视为心灵伙伴，只有这样才能无拘无束地发表意见，产生思维互动。深度会谈是一个自由、开放、发散的过程，它能诱导教师把深藏于心的甚至连自己都意识不到的看法、思想和智慧展示出来、表达出来，因此这个过程最具生成性和建设性，能形成很多有价值的新见解。第四，专题讨论（辩论）。专题讨论是大家在一起围绕某个问题畅所欲言，提出各自的意见和看法。在这个过程中，每个人都为自己的意见辩护，同时也不断地思考和质疑他人的意见。大家互相丰富彼此的思想，不断地提高自己和同事对问题的认识。在有效地讨论中，每个教师都能获得单独学习所得不到的东西。

（二）协作

协作是指教师齐心协力、相互配合、协同合作，共同完成教学和研究任务。协作强调团队精神，群策群力，发挥教师的兴趣爱好和个性特长，使教师在互补共生中成长，同时要发挥每个教师的作用，每个教师都要贡献力量，彼此在互动、合作中成长。

（三）帮助

帮助是指教学经验丰富、教学成绩突出的优秀教师指导新任教师，发挥传、帮、带的作用，使其尽快适应角色和环境的要求。骨干教师、学科带头人是教师中德才兼备的优秀人才，是教师队伍的核心和中坚力量，要在同伴互助中发挥积极作用。通过同伴互助，防止和克服教师各自为战的现象。

教师研究是在学校层面上展开的，是学校行为。一方面，教师研究要致力于解决学校所面临的问题，即教师所碰到的共性问题。另一方面，教师研究需要借助团体的力量。所以，教师研究常常体现为一种集体协作，体现教师作为研究者相互之间的合作。

教师集体的同伴互助和合作文化，是教师研究的标志和灵魂。为此，要切实改造学校教育的环境，使学校真正成为一个民主的、开放的讨论领域，其中尤其要强调的是教师集体内部的专业争论。“在一个教师群体当中，能够有不同的思想、观念、教学模式、教学方法的交流与冲突，是非常宝贵的，是非常重要的。如果一所学校的教师没有不同的思想，一个人说了大家都认为好，这不是学校的幸运，而是一种灾难。”① 特别是一些有威信的学校领导和教师，尤其要鼓励和支持不同的思想、不同的观念和不同的行为。研究强调科学精神和求实态度，学校要培植学术对话和学术批评的文化，营造一种教师内部自由争论的气氛。

---

① 袁振国. 校长的文化使命［J］. 中小学管理，2002（12）：8—10.

三、专业引领

教师研究是在“本校”展开的，是围绕“本校”的实际和问题进行的，但它不仅要依靠校内的力量，还要依靠外来专业研究人员的参与。专业研究人员的参与是教师研究向纵深发展的关键。

专业研究人员主要包括教研人员、科研人员和大学教师。相对于一线教师而言，他们的长处在于系统的教育理论素养。教师研究是一种理论指导下的实践性研究，理论指导、专业引领是教师研究得以深化发展的重要支撑。

专业引领就其实质而言，是理论对实践的指导，是理论与实践之间的对话，是理论与实践关系的重建。从教师角度讲，加强理论学习，并自觉接受理论的指导，努力提高教学理论素养，增强理论思维能力，是成长为专业化教师的必经之路。当前，要坚决纠正教学实践存在的排斥教学理论指导的倾向。这种倾向突出表现在：第一，经验主义教学实践，片面强调教学经验对教学实践的作用和意义，以教学经验取代教学理论；第二，操作主义教学实践，对教学理论应用做片面狭隘的操作主义理解，把理论完全操作化、技术化、形式化；第三，实用功利主义教学实践，以实用主义、功利主义的态度对待教学理论应用，急功近利地追求教学的短期效应。①

教师一定要养成学习理论的习惯，教师自学理论实际上是一种隐性的专业引领。专业引领就其形式而言，主要有学术专题报告、理论学习辅导讲座、教学现场指导以及教学专业咨询（座谈）等，每一种形式都有其特定的功用，但就其促进教师专业化成长而言，教学现场指导是最有效的形式，也是最受教师欢迎的形式。实践证明，专业研究人员与教师共同备课（设计）、听课（观察）、评课（总结）等，对教师帮助最大。专业研究人员在开展教学现场指导活动中，要努力做到“到位但不越位”。所谓“到位”，就是给教师提供所需要的帮助；所谓“不越位”，就是不越俎代庖，不包办代替，不提供过细的教学指导意见。越位的指导也许会解决教师一时之所需，但会导致教师产生惰性和依赖心理，阻碍教师的专业成长。教师才是教学的真正主体，专业研究人员无论怎么指导，都不能也不应该代替教师的独立思考。

自我反思、同伴互助、专业引领三者具有相对独立性，同时又是相辅相成、相互补充、相互渗透、相互促进的关系。只有充分地发挥自我反思、同伴互助、专业引领各自的作用并注重相互间的整合，才能有效地提升教师研究的水平和质量。

---

① 徐继存.“非理论教学实践”及其批判［J］. 教育科学，1995（3）：37—39.

第三节　教师进行课程与教学研究的类型

教学者、科研者、学习者是教师职业的三种角色，据此我们把教师研究分为“教学型”研究、“科研型”研究和“学习型”研究三种类型。

一、“教学型”研究

“教学型”研究一般以“课例”为载体，即课例研究，围绕如何上好一节课而展开，研究渗透或融入教学过程，贯穿在备课、设计、上课、评课等教学环节之中，研究方式以同伴成员之间的沟通、交流、讨论为主，研究成果的主要呈现方式是文本的教案和案例式的课堂教学。显然，这种研究只是改进和完善教学的一种手段，缺乏研究的独立性和独立价值，但因其目标直接、易于操作，被广大教师认可和接受。

（一）相关概念

1. 课堂研究、课例研究、案例研究

课堂是教学活动的场所和环境，是教学现象发生与教学规律呈现的领域，是课程与教学活动的综合体，也是教育学学科研究的重要对象。课堂研究是一种学科（领域）研究，主体主要是专业研究工作者。专业研究工作者研究课堂，目的在于从理论层面阐释课堂上的种种现象，从学理上说明课堂上出现的种种问题，并从中揭示课堂教学活动的内在规律和本质特征，形成和发展教学理论。为了提高和增强教学理论的生命力、亲和力、解释力、指导力，专业研究工作者必须确立“实践第一”的理念，把课堂作为教学研究的“田野”，到实际的课堂中从事研究，从课堂教学实践中归纳和建构理论。

中小学教师也研究课堂，但其目的却不指向新理论的生成和新规律的发现，而是立足于解决课堂教学存在的问题，改变课堂教学的不良状况，提升课堂教学的质量和水平。与专业研究工作者不同，中小学教师面对的是具体的课，他们研究的也是具体的课，这种以具体的课为对象的研究，我们称之为课例研究。课例显然是课堂的具体化和特殊化，如果说课堂研究是理论研究，重在回答“是什么”“为什么”；那么，课例研究就是实践研究，重在回答“做什么”“怎么做”。

教学案例是教学课例的特殊形式。课例展示的是完整的一堂课或围绕一堂课的系列教学活动，是一种教学全景实录，具有真实、具体、完整的特点。课例是案例的来源，案例的收集和开发必须源于课例，源于课堂教学的真实生活，但是案例又是对课例的加工和提炼，它源于课堂教学生活又高于课堂教学生活。相对而言，课例研究重在对课本身的改进和提高，而案例研究则重在对案例的收集和开发。从课堂到课例再到案例，这是教师研究实践的基本环节。

2. 教学设计、教学实录、教学课例

教学设计是教师对课堂教学活动的规划和设想。教学设计犹如建筑蓝图，是教学活动的直接依据。教学设计包含创新和研究因素，照搬传统或他人经验，也就无所谓设计了。

教学实录反映了课堂教学活动的实际展开，具体形式包括文字或录像再现。教学实录不同于教学设计，教学活动不是教学设计的翻版。教学设计是静态的，教学活动是动态的；教学设计是预设性的，教学活动是生成性的。

教学课例除教学设计和教学实录之外，还有一个更重要的因素，即教学反思。教学设计是“方案”，教学实录是“做法”，教学反思则是“评价”。它包括任课教师的反思、专家的点评、同伴的建议。常见的教学课例研究报告的体例一般包括：教学设计及其说明（意图与依据）；教学实际进程的展开及其描述，重点是学生是怎样学习的和师生是如何互动的；对教学活动及其效果的总结、讨论以及改进的建议，它既可以采纳、吸收专家或同行的意见，也可以对同行或专家的意见提出反驳，为自己的某些做法进行辩护。

3. 说课、听课、评课

说课是教师在备课的基础上，面对同行或专家、领导，口头阐述自己课堂教学方案，并与听众共同研讨改进和优化教学方案的教学研究过程。如果说备课是教师个体独立进行的一种静态的教学研究行为，说课则是教师集体共同开展的一种动态的教学研究活动，从这个角度上说，说课是集体备课的一种特殊形式。对于备课而言，说课是一种教学改进和优化活动；对于上课而言，说课是一种更为缜密的科学准备活动。

听课是教师同行或专家、领导对课堂教学活动的观摩、观察、调研。听课对任课教师而言，是展现自己教学观念、教学个性、教学思路和教学经验、教学智慧的平台；对听课教师而言，是学习、借鉴同行教师经验的机会。作为教学研究的一种形式，听课不仅要注重“听”，而且还要注重“看”，所以不少专家建议把听课改为“观课”。

评课是继说课、听课之后教师之间的进一步交流和研讨，是课堂教学的反馈和改进系统。作为教师研究的活动形式，评课要致力于提出问题、分析问题以及提出问题解决的措施，使评课成为教师专业成长和教学水平提升的专业活动。

（二）实践模式

1. 一人同课多轮

一人同课多轮就是同一个教师连续多次上同一课，内容重复，但教学行为却不断改进。具体流程一般为：由教师，特别是新任教师独立备课、上课，备课组或教研组听课之后，针对课堂教学存在的问题进行分析、讨论。经过集思广益，授课教师形成新的方案，第二次上课。授课教师和同伴对第一轮课和第二轮课进行对比，明确进步的方面，分析还存在的问题，进一步修订方案，第三次上课。如此循环，授课教师反思整个过程并写成教学课例报告。实践证明，这种方式对培养新任教师，提高他们的教学技能和水平，帮助他们解决教学中的问题，效果显著。

2. 多人同课循环

多人同课循环是指备课组或教研组的教师同上一节课。这种模式的关键在于教师的互动和问题的跟进。第一个教师上完课，第二个教师针对第一个教师课堂存在的问题上第二次课，第三个教师针对前两个教师课堂存在的问题上第三次课，每次上课方案都是集体共同参与研制的。多人同课循环活动能让教师切实感受到课例研究、同伴互助的魅力和意义，激发教师对课堂教学境界的不断追求。

3. 同课异构

对于同一堂课，不同教师有不同构想、不同上法，大家可以在比较中互相学习、扬长避短、共同提高。其流程一般为：教研组或备课组商定出相同的教学（教研）主题（内容），由两名以上的教师分别备课、上课，教师集体听课、评课。这一模式能否取得成效的关键在于：第一，教师教学经验背景不同，教学个性、教学风格差异明显，对所教内容确有不同的思路和观点；第二，所选教学主题（内容）具有一定的开放性，易于发挥教师的主观能动性和教学创造性。多元性是新课程、新课堂的基本特征，教师要善于在开放、多元的教学环境中，学习和借鉴他人的经验和做法，形成和发展自己的教学特色。

4. 互助式观课

互助式观课是一种横向的同事互助指导活动。这种观课不含有自上而下的考核成分和权威指导成分，而是教师之间的互助指导式的观课，并就某些事先预设并且都关心的问题展开研讨、分析和相互切磋，其目的主要是改进教学行为，提高教学水平。这种观课由于不涉及褒贬、奖罚和评价，授课者在课堂中无须刻意展示自己的长处或隐藏自己的短处，完全可以真实地表现自我，使课堂保持自然性，而观课者也能观察到真实的问题，可以有针对性地帮助授课者进行反思，寻找问题的解决方案。

5. 邀请式观课

邀请式观课是上课教师主动邀请同行或专家听课。如果说互助式观课侧重于问题诊断，那么邀请式观课则侧重于成果鉴定。教师就课改的某一专题，在经过一段时间的改革探索后，取得了某些成果，课堂发生了实质性的变化，为了对自己的改革探索成果进行评价和总结，教师主动邀请有关专家、教研员和同事前来观课。其流程一般是：教师公布自己的上课内容和研究主题，向其他教师发出邀请，观课教师认真阅读相关资料，观课教师进入课堂现场观察，并针对研究主题做出相对规范性的评价。

6. 反思式观课

教师成为观察自己课堂的主人。这种课例研究模式是借助录像完成的，其流程一般是：在“纯自然”的状态下，为教师摄制“家常课”，然后由授课教师反复观看，实事求是地剖析和反思自己的成功之举和不足之处，对自己的教学行为开展批评和自我批评。反思式观课能够使教师看到一个真实的自我，促使教师重新审视和评估自己，直面自我，反思自我，修正和完善自我。

课例研究要突出以下几个方面。第一，教学性。课堂的本质是教学，而不是展示。教学重过程，展示重结果。教学过程不仅是教师引导学生掌握知识、发展智力的认识过程，也是师生情感共融、价值共享、共同创造、共同成长、共同探索新知、共享生命体验的完整的生活过程。如果说教学要展示的话，展示的也应是这个过程本身。第二，研究性。课堂不仅是课程实施的场所，更是进行课程发展与教学研究的实验室，每一间教室都是独特的，都是教师把教学方案加以落实、试验、验证和修正的地方。因此，每一间教室都是教师教学理论和方案的试验田。研究性意味着课堂不仅要成为教师自我反思的对象，同时也要成为教师同行或专家共同讨论的领域。第三，实践性。课例研究的出发点和归宿是解决教学实际问题，课例研究是教学观念不断更新、教学行为不断改进、教学水平不断提升的过程。

二、“科研型”研究

“科研型”研究一般以“课题”为载体，即课题研究，围绕一个科学问题而展开，遵循科学研究的一般程序和基本规范，研究课题及其所形成的研究报告是研究活动的主线，发现、创新是研究的重要途径和产生研究成果的依据，活动方式以课题研究小组为主，研究成果的主要呈现方式为课题研究报告。与“教学型”研究相比，“科研型”研究具有更深入、更规范、更科学、更具针对性等特点。

（一）相关概念

1. 问题与课题

问题是构成研究活动的核心因素，是推进科学前进的内在动因。问题来自研究者的询问、发问与追问。在日常教学中，教师只有养成询问、发问与追问的意识和习惯，才能不断提出有意义的、值得研究的教育教学问题。

从不同角度可以把问题分为不同的类型。从问题指向和层次来分，有理论问题和实践问题。理论问题是关于“是什么”“为什么”的问题，即事实问题和价值问题；实践问题是关于“做什么”“怎么做”的问题，即操作问题和实证问题。从问题性质和意义来分，有真问题和假问题，其区分维度是事实—虚构、有意义—无意义。在教学研究中，真问题应具有两个方面的属性。第一是客观性，即所说的问题是客观存在的，是教室里发生的“真实的问题”而非“假想的问题”，是教师（研究者）“自己的问题”而非他人的问题。第二是价值性，即所说的问题对教学理论与实践的发展来说是有意义的。问题探究有助于揭示教学规律，深化教学认识，或有助于解决教学问题，改善教学实践。

课题的形成是一个由感觉到、意识到的问题经过概括、提炼、转化到确定问题的过程，确定问题意味着该问题已经成为研究者关注的焦点和思考的对象，对问题的探究已经成为研究者的行为和工作。从教师角度而言，研究课题要与自己的任教学科相关联，从而使课题研究活动与日常的学科教学活动合二为一，体现“教学即研究”“研究教学化”的理念。同时，课题应围绕教学活动的重点、难点等具有普遍性的问题来确立，从而使课题的研究在化解教学难点、重建教学模式、改进教学方式等方面有所突破、有所创新。

2. 规划课题与个人课题

规划课题一般是指由教育行政部门批准立项的课题，分为国家、省、市、区（县）级课题等，由教育行政部门委托各级教育科研部门进行规划、组织申报、评审和管理。规划课题的组织程度较高，并具有较强的宏观性、前瞻性和理论性，偏重学术性、政策性和普遍性。

个人课题一般是指由教师个人或教师小组合作承担的课题。它是一种切合教师教育教学实际的、对改进教师自身教育教学有用的、能够促进教师自身专业发展的课题。

规划课题通常是自上而下的，个人课题通常是自下而上的。当然，规划课题和个人课题的划分并不是绝对的，规划课题进入学校层面，就会转变或分解为许多教师的个人课题；个人课题经过发展、提炼、总结，也可以升华为规划课题。对中小学教师而言，重要的不是课题的级别和类型，而是课题的针对性和实效性，这也是教师研究的灵魂。

（二）主要步骤

1. 界定研究内容

准确界定研究内容是课题研究的前提和关键。一个有待研究的问题不管大小，一般都是可以进一步具体化的。研究内容的界定就是将课题分解为一个个可以直接着手研究的具体的问题，这实际上也是给课题规定了一定的范围，任何一项研究不可能也没有必要将课题所能涉及的所有问题进行全面研究。中小学教师开展课题研究首先必须明了研究的内容，否则，研究工作将无从着手。

2. 设计研究方案

研究问题明确后，就要进一步分析问题的成因，规划问题解决的方法和步骤。首先，要了解已有研究成果，学习相关理论。教师要围绕课题研究的问题，收集相关的文献，认真阅读后对文献进行分类梳理，从而全面了解同类或相关课题的研究现状，明确已有的研究结论和经验，发现已有研究的不足，站在问题的前沿，寻找研究问题的理论支撑，以保证研究工作在理论指导下有针对性地开展。其次，提出自己的研究假设。这是研究方案中最富有个性和创造性的部分。假设是先于行动的思想和先于事实的猜想，是研究者从思想观念上对未来的洞察和把握，它能使研究活动更富有预见性。

3. 开展行动研究

研究方案只是一个解决问题的思路和设想，课题研究的核心是行动，行动是研究方案付诸实践的过程。但是这种行动不是一般意义的行为和动作，而是一种变革、改进、创新，是一个寻找问题和创造教育实践新形态的过程。它具有以下几方面的特征。第一，验证性，即检验研究方案的可行性，证实或证伪研究假设。这是课题研究的基本特征。第二，探索性，即发现和寻找各种新的可能性。行动研究绝不是按图索骥、按部就班的机械活动，而是一种积极寻找解决问题的最佳途径和最佳策略的过程。探索性是课题研究的本质特征。第三，教育性，即教育行动应服从、服务于学生的成长和发展。任何行动都应该无一例外地遵循人道主义原则，体现教育活动的价值导向和人文关怀。关注所有学生的成长和发展，这是行动的首要原则。

4. 总结研究成果

总结在课题研究中既是一个研究循环的终结，又是过渡到下一个研究循环的中介。在总结这个环节中，教师作为研究者需要做以下几件事。第一，整理和描述。对已经观察和感受到的与研究问题有关的各种现象进行回顾、归纳和整理，其中要特别注重描述和勾画有意义的“细节”及其“情节”，使其成为教师自己的教育故事或教学案例。第二，评价和解释。在整理和描述的基础上，对研究的过程和结果做出判断，对有关现象和原因做出分析和解释，探讨教学事件背后的理念，揭示规律，提高认识，提炼经验。第三，重新设计。针对原有方案及其实施中存在的各种偏差或“失误”，并结合新的感悟、新的发现、新的认识和新的思考，修改原有方案或重新设计方案，并付诸实施，进行进一步的检验、论证和探索。

在上述工作之后，教师应该撰写一份相对完整的课题研究报告，其构成主要包括：课题提出的背景，课题研究的目的和意义，已有研究成果，课题研究的内容，课题研究的实施过程，课题研究的主要结论。这是一般的体例，不可将其形式化和绝对化。写作过程要避免“科学化”“客观化”的纯理性论述，要积极采用生活故事和经验叙事来撰写课题研究报告，凸显课题研究的人文性、个体经验性，反映教师的个体体验和个体实践知识，使研究报告充满生活气息和人文气息。

三、“学习型”研究

“学习型”研究以学为着眼点，旨在通过学习来提高教师的教学水平和专业素质，为提高教学质量提供保证，为教师专业发展奠定基础。这种研究表现为一种学习——“研究性”学习。这种学习不是去掌握某些理论术语和时髦名词，而是理解和领会理论的实质，学习理论所蕴含的反思和研究精神。不仅要运用理论来解决自己的实践问题，而且还要用理论对自己的实践加以思考。读书和思考是研究的主线，观摩和交流是研究的途径，读书笔记、读后感、观后感是研究结果的主要呈现方式。

（一）教师学习的意义

1. 对学生成长的意义

教师是引导和帮助学生学习的专业人士，要是教师自己不学习，这种“引导”和“帮助”就会变成为一种说教和强制，其效果可想而知。教师劳动的重要特点是“以身示范”，唯有学而不厌的教师才能培养热爱学习的学生。教师教好书的根本支撑是自己要成为“一本书”，没有持续的学习，广泛的阅读，教师就不可能具有深厚的学识和素养，那样，教学就会沦为“以书教书”。教师要通过阅读和学习把自己打造成一部让学生百读不厌的“书”，与课本相比，教师这本“书”对学生的影响要深刻和持久得多。

2. 对教育教学的意义

当前，面对新课程新的设计思路、新的目标要求、新的内容体系、新的实施策略，面对不断发展变化的教育对象，教师必须不断更新自己的教育教学观念，丰富自己的学识，拓宽自己的专业知识，提高自己的教育教学能力，努力成为“学习型教师”，从而适应不断发展的教育教学的需要。相反，教师要是“吃老本”，固守原有的经验，缺乏学习和进取的意识，就会落后于时代的发展，甚至被时代所抛弃，成为学生眼里的“老古董”，成为新课程推进的阻力。

3. 对教师个人的意义

对教师而言，学习不仅仅是对外在变化的一种适应，更应是内在生命的一种自觉，是来自教师内心深处的个人所需，是一种自我的要求。它与教师微观的教育教学工作可能并无直接关联，并不是为了“教”而去“学”，而是作为完善现代“社会人”的角色而进行的修炼与自我提高。它以完善人格和丰富人性、充实文化底蕴和生活情趣、体验人生为目的。① 这种学习虽不直接指向教育教学工作，但却有助于塑造教师新形象，有助于教师用更广阔的视野来思考和实践新课程，用更为厚实的文化底蕴来支撑教育教学，用更完善的人格魅力去熏陶和感染下一代。教师只有成为真正意义上的“知识人”，才能领略到“教育者的尊严”。

（二）教师学习的对象与途径

1. 读书

读书是教师学习的最基本途径，在新课改背景下，教师要着重读好以下三类书。

第一，教育类图书。教育知识是教师职业的条件知识。课程改革呼唤教师更新教育知识。当前，为了更新和提升教育知识，教师必须认真系统地阅读与新课程改革相关的图书和报刊文章以及教育经典名著，清楚、深入地把握其中最主要的思想观点及其理论要旨，体会教育理论的精髓，并从中悟出精神，形成思想。

第二，专业类图书。学科知识是教师职业的本体知识，新课程对教师的学科专业知识提出了新的要求。只有拥有深刻和广博的学科专业知识，教师才能从容地应对新课程的挑战。教师要跳出课本和教学参考书的小圈子，进入更广阔的专业书籍空间去阅读，并且要读得深、读得透。唯有如此，才有可能成为本专业的行家里手。

第三，文化类图书。教育是一个宽泛的文化领域，各门类的知识无不蕴含着教育智慧

① 毛放. 浅论中小学教师素养自我提高的“第三条通路”[J]. 全球教育展望，2003 (1)：64—69.

的宝藏。真正的教育必须以文化为根基，教师要在更为广阔的人文生活视角下，进行广泛的阅读，汲取人类文明的精华，丰富自己的学识，提高自己的素养，使自己成为真正意义上的文化人。

2. 读图

这是一个被称为读图的时代。我们学习的对象不再仅仅被局限在文字材料，具体可感的画面和图像也成为我们学习的凭借。在这方面，多媒体技术已经为我们提供了便利条件。听专家讲座和报告成为教师学习的一个重要渠道，听教师现场授课或观看教师课堂录像是最受教师欢迎的学习形式，不少教师特别是青年教师从名师身上获得榜样的力量。此外，现在有些学校还通过组织教师观看“教育电影”和“教育电视（节目）”来进行学习，这是最生动有趣的学习形式。

3. 读人

读人首先是读与自己直接交往的人，向同事学习，向身边的优秀教师和骨干教师学习，把他们当作自己的学习榜样。教师之间通过相互观摩、相互交流和讨论，相互提出建议和批评，实现彼此互动和共同成长，这是教师学习的最普遍、最富有成效的途径。

（三）教师学习的机制与原则

1. 建立学习型学校

学习型学校的本质特征就是学习。通过学习，可以淡化学校组织的行政色彩，提升学校组织的文化品质。第一，它强调终身学习，学校中的成员均应养成终身学习的习惯，这样才能形成良好的学习气氛，促使其成员在工作中不断学习。它强调全员学习，学校组织的决策层、管理层、操作层都要全身心投入学习，尤其是学校决策管理层，他们处在决定学校的发展方向和命运的重要位置，更需要学习。第二，它强调过程学习，学习必须贯穿于学校组织运行的整个过程之中，也即学校教育教学活动的全过程，形成一种工作即学习、学习即工作、教学与研究互动提高的良性机制。第三，它强调团体学习，不但重视个人学习和个人智力的开发，更强调学校成员的合作学习和群体智力（组织智力）的开发，强化组织成员彼此理解支持、协调合作、团体学习、激发集体智慧、共同提高的重要性，使学校成为一个真正的学习共同体。

2. 倡导全身心参与的学习

全身心参与的学习强调“三到”：“手到”“心到”“身到”。“手到”，即坚持记笔记，这是读书最基本的要求，记笔记一般可分为摘录式笔记、心得式笔记等。“心到”，即养成“研究性”阅读习惯，用心思考，不仅可以理解文本的要点，发现文本的思想，感悟文本的精神，而且还可以激发教师批判意识的觉醒和促进反思能力的提高，从而不仅读出文本，也读出自我。“身到”，即身体力行，把学到的东西及时用到课堂，这样做不仅可以把书本知识特别是教育知识读懂、读活，而且还可以把理论与实践、观念更新与行为改变统一起来，这个过程也是把知识转化为能力的过程，这是读书的最终目的。

从研究的角度说，我们鼓励教师结合阅读学习的体会和收获，撰写教育日记和教育散文。实际上，很多教师已经这样做了，有的教师已经形成了习惯。一位小学教师说得好："我喜欢阅读，喜欢阅读中的一次次'碰撞'，喜欢阅读专业理论的充实并滋生的教育教学绩效。我喜欢写作，喜欢写出的一行行'铅字'，喜欢写作中专业素养的提升和它总结的我的教育教学故事。读和写，成就我平凡而富足的人生。"

"教学型"研究、"研究型"研究、"学习型"研究是教师研究的三种基本类型，它们的有机结合较为完整地体现了教师研究的内涵和外延。提倡"教学型"研究，防止把教师研究"神化"；提倡"科研型"研究，防止把教师研究"泛化"；提倡"学习型"研究，防止把教师研究"窄化"。这三种研究具有相对独立性，在实践中，它们又是相辅相成、相互促进、相互渗透的关系。我们应该深刻地领会每一种教师研究的精神实质，既充分发挥各自的功能作用又注重相互间的整合，使教师研究发挥最大效益。

第四节　教师的课程与教学主张

教学主张是教师对自己教学的定位、定义、信念、信仰，是教师教学经验的结晶、教学思考的升华。提炼教学主张并围绕教学主张开展研究是促进教师走向优秀走向卓越的专业生长点，是引领教师从教书匠走向教育家的关键环节，是教师研究的核心课题。

一、课程与教学主张形成的路径

课程与教学主张的形成路径主要有以下两条。

（一）归纳的路径

归纳的路径，其特点是实践导向、兴趣驱动、做事逻辑。实践导向有两层含义：其一是基于实践，指的是教师的课程与教学主张是从其经验中萌生出来的，慢慢形成的，并被其实践证明是正确的、有效的理论或观点；其二是为了实践，指的是教学主张的形成或提出是为了更好地诠释实践、促进和改善实践，使教学水平和境界不断得到提升。

兴趣驱动，指的是教师教学是凭其兴趣、爱好、感觉进行的，这样教他们感到自在、开心、快乐。当然，教师的兴趣一定也是建立在学生兴趣的基础上，即学生认可、肯定、欣赏他们的教学。不少教学主张实际上也是教师的兴趣点或教学的长处。

做事逻辑是相对于学理逻辑而言的。教学是一门实践性很强的学科（专业），它遵循的基本上是做事的逻辑，正如有一位很有造诣的高中教师在访谈时坦言："做事就是事先就有一种朦朦胧胧的感觉，大概往这方面去做，总不会太差，然后去做。做了以后，发现挺好，就继续往下做。有时候做做，发现做不下去了，就反思反思调整一下，然后再做。”① 这就是做事的逻辑，其本质是做中学。

（二）演绎的路径

演绎的路径，其特点是理论导向、“课题”驱动、学理逻辑。理论导向包含两层含义：其一是基于理论，即教师的课程与教学主张是从现成的理论中演绎过来的、借鉴过来的，或者说教师的课程与教学实践验证了某个理论，当然也有的教师特别欣赏、信服某个理论，以至于将其作为自己的教学理念和教学主张；其二是为了理论，即教师通过基于课程与教学主张的实践去拓展、丰富、完善相应的课程与教学理论。

“课题”驱动，指的是教师为了解决某个问题或参加某个课题而进行某项教学改革实践活动，从中提炼和形成自己的教学主张。很多教师为了做课题，阅读和学习了相关理论，并参加了相关培训，从而有了一定的理论储备。如果围绕课题的改革实践进展顺利、成绩明显，他们就会把课题持续下去，甚至作为自己的主攻方向。一些教师的教学主张就是来自课题的假设和相关的理论。

学理逻辑的内涵有两点：一是理论是先人经过实践概括出来的结论，不是自己慢慢琢磨出来的；二是教师事先就有清晰的理论导向，而不是朦朦胧胧的感觉。教师的教学是理论引领下的实践探索。实际上，人的所有活动都存在“先定假设”（信念、经验、理论、学说），关键在于这种先定假设的内容和性质是经验还是理论的；是清晰还是模糊的；是自觉（有意识）还是不自觉（无意识）的。这便是学理逻辑和做事逻辑的根本区别。

就课程与教学主张的形成而言，归纳路径是一条缓慢积累、滴水穿石、内力积聚的发展道路；演绎路径是一条自觉、激进、“短平快”的发展道路。就教师的专业发展而言，既需要在平实的教学生涯中被孕育、被滋养，又需要在头脑风暴的思维碰撞中被激发、被提升。从研究的范式说，归纳是内生式的，演绎是外缘式的。

江苏的中学语文教师黄厚江和小学数学教师张齐华是两种路径的典型代表。黄厚江本色语文教学主张的形成是典型的归纳路径，他因此断言：没有 20 年的经验沉淀，不要跟我谈教学主张。张齐华的文化数学则是典型的演绎路径，他工作不到 5 年就提出了自己的课程与教学主张，之后坚定不移地围绕文化数学开展系列的研究和实践，10 年便形成了相对成熟的体系。他因此断言：教学主张离青年教师并不遥远。

实际上，两条路径并不是截然分开的独立路径，它们之间是相互交叉、你中有我、我中有你的关系。多数教师的课程与教学主张的形成走的是综合路径，既有演绎又有归纳，关键在于适合各自的发展特点。

---

① 陈向明. 优秀教师在教学中的思维和行动特征探究［J］. 教育研究，2014（5）：128—138.

二、课程与教学主张提炼的视角

课程与教学主张一般可以从以下三个视角进行提炼。

（一）学科的视角

中小学教学是按学科进行的，每门学科都有其特殊性，它表现为学科的本质、性质、特点、功能和任务。叶澜认为："每个学科对学生的发展价值，除了一个领域的知识以外，从更深的层次看，至少还可以为学生认识、阐述、感受、体悟、改变这个自己活在其中，并与其不断互动着的、丰富多彩的世界和形成、实现自己的愿望，提供不同的路径和独特的视角、发现的方法和思维的策略、特有的运算符号和逻辑；提供一种唯有在这个学科的学习中才可能获得的经历和体验；提供独特的学科美的发现、欣赏和表达能力。"①

从教学来说，教师一定要"考虑所教学科的精神特质是什么，这样的精神特质对于学生的发展来说究竟意味什么。只有抓住所教学科的精神特质，才能真正彰显这门学科对于学生发展的价值"②。学科性是教师提炼自己教学主张的基本视角和重要途径。很多教师的教学主张就是基于对学科特点、功能和精神的深刻洞察、把握和领悟而提炼出来的。如"语用语文""文化语文""感性语文""有思想的数学""智慧数学"等教学主张，它们分别从不同视角反映和彰显学科的精神内涵和价值追求。

（二）教育的视角

真正的教学都是教人而不是教书。各门学科的性质、任务有所不同，但在培养人上的使命和任务是一样的，所以，人才是教育的共同对象。正如叶圣陶所言："我如果当中学教师，绝不将我的行业叫作'教书'。我与从前书房里的老先生，其实是大有分别的。他们只需教学生把书读通，能够去应试、取功名，此外没有他们的事儿了；而我呢，却要使学生能做人、能做事，成为健全的公民。我无论担任哪一门功课，自然要认清那门功课的目标，如国文科在训练思想，养成语言文字的好习惯；理化科在懂得自然，进而操纵自然之匙。同时，我不忘记各种功课有个总目标，那就是'教育'——造成健全的公民。每种功课犹如车轮上的一根'辐'，许多根辐必须集中在'教育'的'轴'上，才成为推进国家民族的整个轮子。"③

"人是一切事物有意义和价值的源头。没有人就没有一切，无论何时，教育必须首先要去培养一个人，然后才是培养一个律师或医生，而不能相反。教育的最终目的是人性的

① 叶澜．重建课堂教学价值观［J］．教育研究，2002（5）：3—7＋16．

② 徐祖胜．论学科教学的个性化［J］．教育科学研究，2011（4）：45—47．

③ 叶至善，叶至美，叶至诚．叶圣陶集（第11卷）［M］．南京：江苏教育出版社，1991：96—97．

实现，是让人成为人而不是把人变成工具。”① 它意味着教学主张的提出要符合教育教学规律和培养目标要求，体现教育教学的永恒价值和终极使命，不要为教育教学的一些表面现象和短期效应所迷惑。教育性是教师提炼自己教学主张的核心视角和主要途径，“真善美意韵的语文教学”“人格语文”“人文素养导向的历史教学”“和谐教学：我的数学教学追求”“科学素养旨趣的物理教学”等教学主张都强调和体现了以人为本的教育价值。

（三）儿童的视角

“教师既要有自己的学科专业，又应有超越学科的专业——‘第一专业’。‘第一专业’具有先在性、前提性、统领性和牵引性，这‘第一专业’就是儿童研究。教师在‘第一专业’发展中，逐步成为儿童研究者，成为儿童研究专家，以至成为儿童教育家，这既是教学改革的走向，又是教师专业发展的伟大目标。”②艾莉诺·达克沃斯（E. R. Duckworth）明确指出：教学即儿童研究，儿童研究不仅是教学的基础和前提，而且教学本身就是一种儿童研究，教学过程就是儿童研究过程，儿童研究的目的是“诞生精彩的观念”。

这里涉及两个问题：一是教师要研究儿童是怎样学习、思考和发展的，教学过程既是教师引导、组织儿童学习的过程，又是教师观察、研究儿童学习的过程。二是儿童的学习过程也是儿童自己的研究过程，这个过程绝不仅仅是学生接受书本和教师的知识和观点的过程，而且是学生发现知识和诞生精彩观念的过程。

马克斯·范梅南指出：教育学是迷恋儿童成长的一门学问。迷恋意味着教师不仅对此非常感兴趣，而且达到了乐此不疲的地步。教师如果喜欢琢磨儿童，把儿童琢磨透了，教学自然就会得心应手了。儿童性是教师提炼自己教学主张的又一重要视角和途径。教学主张要反映儿童身心发展的特点以及体现儿童的文化精神。“童韵语文”“生动语文课堂”“学语文”“童趣数学”“快乐品德”“儿童视角的品德”等教学主张就是从儿童视角和立场立意的。

教学主张的提炼还有其他的视角和途径。就上述视角和途径而言，彼此也不是截然分开的，而是相互融合的，只是侧重点不同而已。教学主张的提炼要有一定的高度，但也要防止大而空；要有一定的厚度（内涵），但也要防止泛而全。教学主张的文字表达要力求简洁、有力、富有个性。

三、课程与教学主张的研究

教师不仅要敢于、善于提出课程与教学主张，而且还要围绕教学主张开展系统研究，课程与教学主张的研究包括理论研究和实践研究。

---

① 王建华. 论人类的教育［J］. 清华大学教育研究，2014（2）：27—34.

② 成尚荣. 教学的再定义及其变革走向［J］. 人民教育，2012（18）：43—46.

（一）课程与教学主张的理论研究——理论自觉

理论研究的过程是理论思维的过程，是一种形而上的研究。恩格斯曾经精辟地指出："一个民族想要站在科学的最高峰，就一刻也不能没有理论思维。"① 理论思维就其内容而言，它是辩证思维，是与形而上学相对立的辩证法；就其形式而言，它是理论化的思维，区别于形象化的思维，它凭借"理论"进行思维，是一种抽象思维。把内容和形式综合起来，可以说，理论思维是理论化的辩证思维。从功能的角度，也可以说，理论思维是一种形成理论、发展理论的思维。所以说，理论的发展离不开理论思维，没有理论思维也就没有理论的发展。马克思指出："理论只要说服人，就能掌握群众；而理论只要彻底，就能说服人。"② 所谓彻底，就是抓住事物的根本。事物的根本就是事物的本质、规律、源头和起点。理论研究就是要寻找、发现事物的内在本性和客观必然性。就教学理论研究而言，就是要去揭示、提炼教学现象和教学问题背后的本质和规律。理论的生成来自实践的需求，这是就其发展源头和性质而言的，它并不意味着理论发展的每一步都要接受实践的检验，都要从实践中寻找依据，理论发展有其自身的逻辑和路径，这也正是理论工作者和理论研究的价值和意义所在。

中小学教师的教学理论研究就是对自己教学主张的理论论证，它要求教师暂时搁置自己的实践和经验，在理论高度上进行系统和抽象的论证和阐明，从而把自己的教学主张阐明得深刻、清楚、丰富，有逻辑性、有思想性。这个过程对一线教师是个巨大的挑战，但是只有接受这个挑战，并在这个挑战中实现自我突破、自我超越、自我提升，这样才能从普通教师走向教育家。

课程与教学主张的理论研究的基本内容包括以下几个方面。

1. 课程与教学主张的概念和内涵界定

提出一个主张意味着提出一个或若干个概念，很多研究都必须从概念界定开始，概念界定也就是界定概念的内涵和外延，它是课题研究的对象和内容。比如，某位教师提出了"理性语文"的教学主张，首先得解释清楚"理性"指什么。概念内涵清晰、外延明确，论证和交流才能围绕同一对象有深度有逻辑地展开，否则就成了自说自话。

关于概念的界定，有必要强调两点。第一，要基于概念的本意，任何概念都有自己的本质内涵，它是在历史的过程中形成的人类共识，教师的概念解读要以此为出发点。第二，要有自己的新意，如果教师对教学主张及其概念没有自己的见解、看法和感悟，那么这个主张及其研究就没有多大的价值和意义。教师一定要善于从不同角度和方面去挖掘、揭示和阐述概念的内涵，这是把教学主张写得丰满和厚实的逻辑前提。正如提出"理性语文"的福建省泉州市惠安县实验小学的张达红老师，她分别从客观、准确、深刻、逻辑、辩证、批判六个维度界定和阐述理性的内涵和特性，其中既包含了人们对理性内涵的一般

① 马克思恩格斯全集（第 20 卷）[M]. 北京：人民出版社，1982：384.
② 马克思恩格斯全集（第 1 卷）[M]. 北京：人民出版社，1982：9.

界定，又不乏她的独特见解和观点。

2. 课程与教学主张的理论基础和依据

理论基础是某种主张、某种观点立论的理论依据。任何新主张、新观点都不可能是凭空产生的。教师的课程与教学主张、观点，它的提出和发展同样有其理论基础。教师在提出教学主张的同时，一定要从哲学、认识论、心理学、教育学等学科去寻找其立论的依据。理论基础就像房屋的地基，它虽然看不见，却支撑着房子。关于理论基础与教学主张的关系，本书要特别强调有机性。有机性指两者之间的关系是内在的，不是外加的，就像地基与房屋的联系是一体的而不是拼凑的一样。有人写论文喜欢罗列一大堆理论基础，不管两者有没有内在联系、联系有多远，只要想到就全凑上，这是材料堆积，不是做研究。教师一定要把教学主张的最直接的最核心的理论基础找出来，务求准确、简洁、到位，并把两者的内在的逻辑联系揭示清楚，使其成为一个有机的理论体系。比如提出“意义语文”的福建省福州市台江区宁化小学的洪丽玲老师，分别从认知主义的有意义学习理论、人本主义的意义学习理论和存在主义哲学、后现代主义知识观四个方面阐述“意义语文”的立论基础，并从中演绎出语文的文本意义、逻辑意义、心理意义、精神意义，这样就使得理论基础和本体理论两者有机融为一体。

3. 课程与教学主张的具体观点和内容

这是教学主张研究的中心任务。概念界定和理论基础的寻找只是研究的起点和前奏，教学主张的观点和内容的展开才是研究的重头戏。教师需要说明课程与教学主张究竟包含哪些具体观点和内容，显然这才是研究的主体和中心。教师一定要根据课程与教学主张研究的主题、概念内涵和理论基础，从学科教育教学的不同方面和角度去挖掘、构建、提炼教学主张的核心要点，并加以系统阐述，使其成为一个结构和体系。所谓“横看成岭侧成峰，远近高低各不同”，对一个问题要从尽可能多的角度去思考，才能认识更全面、更透彻、更有新意。需要强调的是，对教学主张中每个具体观点的写法，一定要讲道理，解释原因，进行理论阐述；对不同观点之间的关系，一定要讲逻辑，要言之有序，体现结构性和整体性。

以福州教育学院附属第一小学林珊老师的“真语文”为例，她分别从认识论、解释论、主体论、课程论、教学论五个维度构建了“求真”的语文教学体系。认识论之真要求文本要真实反映社会生活和客观事物（反对歪曲篡改），表达作者个人真情实感（反对虚情假意），反映和表达可以有艺术性、文学性，但源头和根据一定是客观和真实的。解释论之真要求对文本的理解必须基于文本、尊重文本，不断地接近文本的本意。主体论之真要求师生在教学中要敢于、善于表达自己真实的思想感情、个人意见，展示真实的自我、本我，并相互包容和尊重。课程论之真就是要求教师要把语文上成语文，不能把语文课上成其他课。语文作为一门课程有其独特的内容、性质、任务和目标，语文教学不能背离语文课程的定位。教学论之真说的是语文课堂上的教和学的活动是真的，是一种真教学、务实的教学、有效的教学。

（二）课程与教学主张的实践研究——实践意识

实践研究就是行动研究，是一种形而下的研究，其特点主要有以下三个：第一，它是为行动而进行的研究，即为了解决教育教学的实际问题而进行的研究；第二，它是在行动中的研究，即这种研究不是在书斋里进行而是在教育教学实践活动中进行的研究；第三，它是对行动的研究，即这种研究的对象和内容就是行动本身。行动研究把教学和研究二者合二为一，在教学中研究，在研究中教学，教学与研究“共生互补”，通过行动研究不断提升教学的品质、水平、境界。对教师而言，理论研究是“上天”的研究，行动研究是“入地”的研究。“上天”让教师拥有开阔的视野和理论的高度，把自己的教学主张看透彻、想清楚；“入地”让教师拥有务实的态度和实践的精神，让自己的教学主张生根、开花、结果。教师的教学实践是一种研究性的实践，即基于自己主张的实践，所以对教师而言，课堂就是实验室，是自己课程与教学主张、教学理想的实验室，通过实践，不断实现自己的主张和理想，同时也不断地改进、丰富和完善自己的主张和理想。这样，教学就不是一种机械、重复、烦琐的活动，而是一种充满生气、乐趣的教师值得过的本真生活，这种教学和生活会不断地创造出意义和价值。

课程与教学主张的实践研究的主要内容包括以下三个方面。

1. 课程与教学主张的教材化研究——使教学主张有根有源

教材是知识的载体，是课堂上学生学习的主要客体和对象，课堂教学就是要解决教材与学生的认识矛盾（差距），没有教材或不依赖教材，教学就会失去方向，失去内涵，质量也就没有了依托，没有了根基。所以教师对教材钻研的深度、角度，以及从教材中解读出来的意义和内容，就成为决定课堂教学水平和质量的前提和关键。课程与教学主张的教材化研究就是要求教师以教学主张为纲领，对教材进行深度和个性化的解读，力求形成真知灼见，能够于平凡中见新奇，发人之所未发，见人之所未见，从而能够化枯燥为生动，化共性为个性，化腐朽为神奇，化平庸为智慧。这个过程就是教师课程与教学主张的教材化过程，教学主张作为教师思想和智慧的结晶，是教师钻研和解读教材的独特视角，是教师发现、挖掘教材新意的探测器，正如尼采所说：有各式各样的“眼睛”，因而有各式各样的“真理”。教师要用主张来统领、解读教材，这是给教材注入主张、思想、智慧的过程，使教材个性化、生命化。与此同时，不断从教材中挖掘和提炼出体现和反映课程与教学主张的内容和意义，使主张变得厚重、丰富，有根有源。从研究的角度说，从教材中挖掘和提炼出体现和反映教学主张的内容和意义，要达到以下三点要求。第一是显性化，即把课程与教学主张的内容和意义从教材的隐形存在变成显性存在。教师课程与教学主张的内容和意义一定是教材（学科）所内有的或内含的，但一般不是教材自身的主线和明线，通常是暗含的，教师钻研和分析教材就是要将其显性化，变成教学内容的明线。第二是结构化，即把教学主张的内容和意义从教材中的零散存在变成系统存在。它要求教师要把不同学段、不同单元、不同章节、不同课文里所蕴含的教学主张的内容和意义，按照某个思路和线索串联起来，使其成为一个结构和系统。第三是彰显化，即把教学主张的内容和意义从教材的微弱存在变成强大存在。教师具有特殊的眼力，能够发现教材中关于自己教学主张的细微的东西，并将其放大，使其成为亮点。例如，提出“富有思想的数学课堂”教学主张的福建省福州市金山小学的林碧珍老师，带领她的团队对小学数学全套教材进行了全面细致的解读，挖掘、寻找隐藏于数学知识背后的所有数学思想，并进行归类，同时整理出每一种数学思想在各册教材中渗透和体现的细目表，从而真正把数学思想显性化、结构化、彰显化。

2. 课程与教学主张的教学化研究——使教学主张看得见、摸得着

课程与教学主张不仅要进入教材，还要进入教学。教学主张的教学化研究，简单地说就是要把教学主张作为教学的导向，并将其融入教学实践的每一个“毛孔”，使教师的教学活动“烙上”自己的思想和个性，进而形成自己的风格。于漪说得好：“教出自己个性的时候，才是学生收获最大的时候。”① 而教出风格的时候，才是教师成熟的时候。真正的教师一定是一个教学艺术家，而风格正是作为艺术家的教师所特有的在教学活动中一贯表现出来的一种“韵味”。风格是一种境界（不是一个特征），它是教师教学特长中的特长，是教师对某种教学技艺的精益求精、千锤百炼以至达到炉火纯青的地步，是一种令人叹为观止，甚至望而生畏的境界。这也是教师的神奇和魅力所在。值得强调的是，教师的个性、风格一定要和自己的主张和思想相融合，一脉相承。否则，个性和风格可能会变成没有内核和精神的空壳，或中看不中用的花拳绣腿。

从课程与教学主张的内容来看，有的主张直接指向教学活动本身。例如提出“自主语文”教学主张的陈丽婷老师，就形成了“自主阅读、自主思考、自主感悟、自主表达”四环节的语文课堂教学模式。相对而言，这样的教师和主张可学性很强，其他教师比较容易学，推广价值大。

有的主张却不是直接指向教学活动的，而是指向学生和学科的，这些主张是从学生和学科角度立意的，如“童趣数学”“文化数学”“儿童品德”“生活品德”；还有一些主张则指向人类终极价值追求和目标，从哲学、伦理学、美学等视角立意的，如“理性语文”“真语文”“美语文”。这些立意相对高远的主张就不那么容易转化为可操作性的教学方式和模式，因为它们与教学实践的距离较远，也可以说这些主张的价值更多是精神性的，所以我们很难从这样的主张中抽象出一种大家都能效仿的普遍的教学模式。但是，没有落地的主张不就成了空中楼阁了吗？所以，教学化研究的重点难点就在于要把这些立意相对高远的主张转化为教学实践的要素、表现、特征，让别人从你的课堂依然可以看出你的主张。例如，提出“富有人文素养的历史课堂”教学主张的福州八中骆志煌老师，提炼和总结了以人文素养为导向的历史课堂教学活动的四大实践要点。一是“读”，即对历史文本的解读。以敬畏史实的态度引导学生认真阅读，学会阅读，并形成阅读习惯。二是“究”，即探究性学习。以培养求真和质疑精神为目的，引导学生提出、发现历史问题，并进行有

① 于漪. 滋润心灵的文化［M］. 太原：山西人民出版社，2011：181.

深度的思考和热烈地讨论。三是“鉴”，即以史为鉴。教师要引导学生从历史的背景与原因、历史发展的必然与偶然、事件的影响与作用等角度，去分析和理解历史发展的规律，学会自主地评价过去、感知现在、展望未来。四是“悟”，即生成感悟。教师要通过情境创设等有效手段，激活历史人物和历史事件，让其走进学生，与学生进行心灵对话，切实让学生对历史有所感有所悟，构建自己的历史世界，丰富自己的精神世界。

3. 课程与教学主张的人格化研究——使教学主张教师化、精神化

课程与教学主张不但要进入教材、进入教学，还要进入教师本人，成为教师人格的一部分和特征，教师的主张不仅通过教材、教学表现出来，还要通过教师的生活和为人表现出来，这样才更令人信服。设想一下，一位主张民主教学的教师，为人却非常霸道；一位倡导合作教学的教师，自己却从不跟同事合作，结果会怎样？这种没有身体力行的主张还有意义吗？教学主张的人格化研究使教师的研究不同于一般的课题研究，一般的课题研究做了、写了，也就结题了，任务也就算完成了。教师的人格化研究也就是个人的人格修炼则是一个永无止境的过程。提出“简约数学”教学主张的江苏小学数学教师许卫兵总结：自己研究简约数学，不仅数学变简约了，课堂变简约了，自己生活也变简约了，做人也变简约了，当了校长，也要把学校变得简约。福州教育学院第四附属小学语文教师林莘提出了“魅力语文”的教学主张，她要求自己不仅课要上得有魅力，人也要变得越来越有魅力，作为校长，还要让学校充满魅力。显然，做一个简约的人，或做一个有魅力的人，都需要一生的修炼。

教学主张从本质上讲就是教师独特的经历、探究、体验、感悟、阅读、思考而形成的对教学的一种见解、一种思想，简单地说也就是教师的教学观。人格化研究就是要把这种教学观进一步升华为教师的人生观、价值观，并转化为教师的思维方式、行为方式和生活方式。真正的主张应包含教师个体的价值、信念、热情，与人融为一体，是教师的一种性格、一种气质、一种作风。强调教学主张的人格化研究也意味着，教师的教学要达到以人教人的境界，教师不仅要凭知识、技能、技巧、才艺、智慧教育学生，更要用自己的人格引领学生。唯有人格才能塑造人格，教师不仅要成为一名教学艺术家，更要努力成为学生的人格楷模。

实践证明，对教师个人而言，教学主张的研究过程是充满挑战的艰难过程，是从优秀走向卓越的质变过程。这个过程是一种厚积薄发的蓄势，为未来再次“出彩”做准备；是转型时期的自我提升和暂时“沉默”，等待一个新的自我的诞生。

本章小结

教师研究是教师专业发展的重要路径，也是课程教学改革的内在动力。教师个人、教师集体、专业研究人员是教师研究的三个核心要素，他们构成了教师研究的三位一体关

系，教师个人的自我反思、教师集体的同伴互助、专业研究人员的专业引领是开展教师研究和促进教师专业化成长的三种基本力量，缺一不可。

“教学型”研究、“科研型”研究、“学习型”研究是教师研究的三种基本类型，它们的有机结合较为完整地体现了教师研究的内涵和外延。提倡“教学型”研究，防止把教师研究“神化”；提倡“科研型”研究，防止把教师研究“泛化”；提倡“学习型”研究，防止把教师研究“窄化”。这三种研究具有相对独立性，在实践中，它们又是相辅相成、相互促进、相互渗透的关系。

教学主张是教师对自己教学的定位、定义、信念、信仰，是教师教学经验的结晶、教学思考的升华。提炼教学主张并围绕教学主张开展研究是促进教师走向优秀走向卓越的专业生长点，是引领成长为专业化教师的关键环节，是教师研究的“核心”课题。

拓展学习

1. 结合实际和自身体会阐述教师研究的意义。
2. 阐述教师研究与专业人员研究的异同点。
3. 论述自我反思、同伴互助和专业引领对教师专业成长的意义。
4. 阐述课例研究与课题研究的本质内涵和实施要点。
5. 阐述如何形成自己的教学主张，并论述围绕教学主张的研究有哪些特点和要求。

选读文献

1. 余文森、洪明著：《校本研究九大要点》，福建教育出版社 2007 年版。

本书分三大专题讨论了校本研究的九个要点：校本研究三个基本要素——自我反思、同伴互助和专业引领；校本研究三种基本类型——教学型教研、研究型教研、学习型教研；校本研究三种基本方法——叙事研究、行动研究和个案研究。对每一要点，都从内涵、性质、类型、过程、意义、途径等层面进行探讨，每一要点之后都附有具体的案例或拓展性学习资料，以便于理解和进一步学习。

2. 申继亮主编：《教学反思与行动研究——教师发展之路》，北京师范大学出版社 2006 年版。

本书概述了行动研究的历史与模式，并对行动研究与中小学教师教科研的关系进行了阐述；深入探讨了教学反思的有关内容及其对行动研究的保障意义；详细论述了行动研究的过程，包括发现和界定问题、制订计划、实施、评价及撰写研究报告等。为了丰富和加深读者的感性认识，最后还着重介绍了教师行动研究的实践，并提供了三篇由一线教师撰写的研究报告实录。

3. 余文森、成尚荣主编：《教学主张与名师成长》，福建教育出版社2017年版。

本书主要展现了闽苏名师的教学主张，既有编者对教学主张的论述，也有刘仁增、林碧珍、周益民、李庚南等名师的具体教学主张，每篇教学主张之后均有相关专家点评。

第十章　国内外课程与教学改革

教学目标

- 了解主要发达国家当代基础教育课程与教学改革的历程和特点。
- 认识新中国成立以来我国基础教育课程与教学改革的历程和特点。
- 明确我国21世纪基础教育课程改革的基本理念与实践特征。
- 掌握国内外基础教育课程与教学改革的发展趋势。

不同时期社会政治、经济、文化的发展必然要求不断进行教育改革，以培养符合社会发展需要的合格人才。课程与教学作为教育改革的重要内容，必然处于不断的发展变化之中。对于基础教育课程与教学改革的论述，不仅需要将眼光投向国外，尤其是发达国家的课程与教学改革，而且需要观照本土的课程与教学改革。那么，当代发达国家的基础教育课程与教学改革经历了哪些发展历程，有何特点，对我国的基础教育课程与教学改革有何启示？自新中国成立以来，我国基础教育课程与教学改革又经历了怎样的发展历程，有何特点？课程与教学改革的发展趋势如何？这些都是本章所要探讨的主要问题。

第一节　发达国家的课程与教学改革

20世纪50年代以后，随着第二次世界大战后各国经济发展对人才培养的新需求，世界基础教育的发展进入了一个新的历史时期。尤其是进入80年代以后，由于国际竞争的加剧，以美国为首的发达国家加大了教育改革力度，以便培养适应21世纪社会发展的新型人才，其中，基础教育课程与教学改革无疑是重中之重。本节主要对美国、英国和日本等发达国家当代基础教育课程与教学改革发展的历程进行梳理与概括，分析这些国家基础教育课程与教学改革的特点。

一、当代美国的基础教育课程与教学改革

第二次世界大战结束以来，美国的基础教育课程与教学改革从未停歇。20 世纪 50 年代注重学术课程，六七十年代人本主义课程和恢复基础运动强调基础性课程和实用性课程，80 年代强调高质量教育运动与重建学术课程，90 年代是基于标准的教育改革运动，21 世纪以来开始重视统一课程标准及其分段统一考评的实施。

（一）课程与教学改革的历程

当代美国的基础教育课程与教学改革，在美国基础教育课程与教学改革历史中的影响非常大。第二次世界大战以后，尽管从时间上看，至今只经历了半个多世纪，但美国教育改革周期转换的速度之快、改革内容的变化之大在美国历史上的任何一个时期都没有出现过。① 下面将以时间为线索对美国的基础教育课程与教学改革历程进行梳理与概括。

1. 20 世纪 50 年代的改革运动

1957 年，苏联第一颗人造地球卫星的成功发射震动了美国社会，刺激了第二次世界大战后美国的第一次基础教育课程与教学改革。当时人们认为美国宇航技术落后的主要原因在于教育的平庸，而教育平庸的原因在于进步主义教育对自然科学、数学和现代外语等基础学科的忽视。于是，1958 年，美国国会通过了《国防教育法》，拨专款用于资助各级学校自然科学、数学和现代外语的教学改革。并在“学科结构主义课程”指导下，加强“科学课程”的开发与学习，增加必修科目和学术性科目，减少选修科目和实用性科目，并强调教学过程中学生思维能力的发展与训练，旨在培养高科技人才。

2. 20 世纪 60 年代的改革运动

20 世纪 60 年代的美国种族关系紧张，学生运动频繁等社会问题致使学术性课程不同程度地受到质疑。为了解决这一问题，确保弱势群体享受公平的受教育机会，学科结构主义课程改革被批判，人本主义课程改革随之兴起。1968 年，美国国会通过了《双语教育法案》，为英语能力较弱的低收入儿童提供联邦资助，满足非英语背景学生的需要，以实现教育公平。本次改革关注与生活密切相关的实用性课程，重视基础教育阶段课程及教学评价的多样化，而不仅仅是“新三艺”，即自然科学、数学和现代外语等学术性科目。

3. 20 世纪 70 年代的改革运动

20 世纪 70 年代中期以后，公立学校学生学力低下、纪律松弛等问题突显。② 1975 年，《关于教育进步的全国调查》发现，学生学业水准下降，人们将此归因于人本主义课程与教学改革过分尊重人的价值。对此，人们开始反思学科结构主义课程的价值，并着手

---

① 陈晓端，闫福甜. 当代美国教育改革六次浪潮及其启示 [J]. 陕西师范大学学报（哲学社会科学版），2007（6）：95—99.

② 陆兴发. 80 年代以来的美国课程改革 [J]. 外国教育资料，1993（3）：35—41.

解决这一问题。其中，那些对众多学生低水平的学术表现不满的家长、市民团体、政客联合发起了恢复基础运动和教师责任运动。此次恢复基础运动的举措主要有三个方面：一是重视基础知识和基本技能教学，运用测验和评价加强教学管理；二是增加必修课，压缩选修课；三是恢复教师的主导作用。

4. 20 世纪 80 年代的改革运动

经过学科结构主义课程与教学改革运动、人本主义课程与教学改革运动、恢复基础课程与教学改革运动后，人们发现教育教学质量仍未达到预期目标。为了有效提高美国基础教育质量，时任联邦教育部部长贝尔于 1981 年组织成立了国家高质量教育委员会。该委员会经过一年半的调查研究，于 1983 年 4 月发表了《国家处于危险之中：教育改革势在必行》，并提出：要提高州和地方中学毕业要求，增强课程的学术性，增加英语、数学、科学等必修课的教学时数。紧接着，贝尔于 1988 年 4 月，针对 1983—1988 年美国教育改革取得的成就、存在的问题和指导美国教育改革的基本原则，做了详尽论述并发表了《关于美国教育改革的报告》。① 美国促进科学协会于 1989 年 2 月 23 日出版了《2061 计划：为了全体美国人的科学》（以下简称《2061 计划》），提出把普及科学知识作为课程改革的中心目标，将教学重点集中在最基本的科学基础知识上，并把科学基础知识教好。② 同年 9 月，时任总统乔治·布什组织各州州长举行了全美第一次教育高峰会议，发表了《全国教育目标》，后来成为《2000 年美国：教育战略》的主要内容。

5. 20 世纪 90 年代的改革运动

进入 20 世纪 90 年代以后，为了推动课程改革，美国国会于 1991 年设立了“全国教育标准与测验委员会”，首次提出全面制订全国性课程标准的决议。同年 4 月 18 日，布什总统签发了《2000 年美国：教育战略》，制定了全国中小学课程标准，并为英语、数学、科学、历史、地理等核心学科制定了课程标准和测评标准，实行 4、8、12 年级学生自愿参加全国统一考试制度。克林顿总统于 1994 年 3 月 21 日正式签署《2000 年目标：美国教育法》，支持制定全国性课程标准，批准成立“国家教育标准和改进委员会”，主要负责制定、实施美国中小学全国课程标准和审核州一级课程标准。③ 为了进一步推动课程与评价改革，美国研究委员会于 1996 年出版了由 18 000 多人参与编写的《全国科学教育标准》。其实，核心课程、课程标准以及考试标准的统一，最终需要一线教师的参与才能得以落实。只有不断提高教师素质，才能更好地推进基于标准的课程与教学改革运动。对此，北卡罗来纳州制定了优秀教师标准，其他州也通过提级、加薪、评定职称等措施鼓励

---

① 张梦. 战后美国基础教育课程改革的历史研究与启示［J］. 新乡师范高等专科学校学报，2007（2）：93—95.

② 万娟，蒋平. 20 世纪 80 年代以来美国基础教育课程改革的历史回顾与启示［J］. 沈阳工程学院学报（社会科学版），2008（1）：98—100.

③ 孔锴. 浅谈 20 世纪 80 年代以来的美国基础教育课程改革［J］. 外国教育研究，2006（2）：46—51.

和奖励优秀教师。

6. 21 世纪的改革运动

布什总统于 2002 年 1 月 8 日正式签署《不让一个儿童掉队法》。该法提议提高学生学业标准，实行全州统一的学业水平考试。各州对 3—8 年级学生阅读和数学进行年度考试，允许各州用 3 年时间开发与试用考试制度。美国于 2002 年制定的《2002—2007 年战略规划》提出了六大教育发展战略目标，其中包括提高学生学业成绩。为了适应科技变化，满足学生发展需求，布什总统于 2005 年 1 月 14 日强调，为高中学生的未来做准备。

知识窗 10-1

2001 年 1 月 23 日布什政府颁布《不让一个儿童掉队法》（*No Child Left Behind*）的教育改革蓝图并提交国会讨论。教育改革蓝图的主要内容如下。

1. 通过高标准和责任达到平等——缩小处境不利学生与其他学生之间的学业鸿沟。(1) 设立高标准：要求各州为阅读、数学、历史和科学科目设立具有挑战性的标准内容。(2) 建立 3—8 年级儿童的阅读和数学年度评估，并进行逐年的比较，而且把结果通知家长。(3) 报告所有类别学生的进步情况。(4) 对处境不利学生要有足够的年度期望值，让教育者、父母和其他热心人士可以知道学业鸿沟是否正在缩小。(5) 利用技术援助资金帮助各州转变差校。(6) 提高学校的弹性，让更多学校可以利用联邦的资金改善学校的质量。(7) 为差校和学区提供矫正办法，期限为三年。(8) 奖励成功缩小学业鸿沟的学校和州政府。(9) 失败的代价：那些无法为处境不利学生的学业改善提供满意的年度进步的州政府将会失去部分联邦资助。(10) 保护家庭式学校和私立学校，它们不在这次联邦要求之内，仍然受到现存法律的保护。

2. 通过阅读先行改善读写——阅读先行计划。(1) 创设一套综合性的、州政府范围内的阅读计划，以确保每一个儿童到 3 年级时都能够阅读。(2) 公平起点的家庭读写计划。(3) 通过儿童早期阅读行动来辅助阅读先行计划，在学前计划和开端计划中资助阅读学习。

3. 提高教师的素质。(1) 授予各州和学区更多的灵活性以促进更有效的职业发展。(2) 为教师职业的发展制定更高的标准。(3) 促进革命性的教师改革。(4) 对教师素质的提高要有一定的期望值，各州要负责保证所有儿童都由高素质的教师教育，并开展计划以确保这个目标可以实现。(5) 奖励在教坛表现突出的教师。(6) 保护教师的人身安全。(7) 为教师提供减税 400 美元的优惠以购买书籍或参加相关培训等。(8) 父母有权知道更多关于教师素质的信息。

4. 改善数学和科学的教学。(1) 建立数学和科学的科际整合计划。(2) 联合主要的研究院所共同进取，鼓励研究型大学参与到科际整合活动中去以强化基础教育（K—12）中的数学和科学教育。

5. 帮助不是以英语为母语的学生达到英语的流利程度。(1) 使 ESEA 中双语教育计划更加有效。(2) 处罚那些表现差劲的州。(3) 让各学区自由选择教学方法。

6. 促进父母的选择和革新的计划。(1) 促进特许学校表现得更为优秀。(2) 扩大教育储蓄账目，数额可达 5 000 美元。(3) 扩张择校运动。(4) 优化各类资助计划从而把更多的资金投入到课堂和教室中去。(5) 在学校建设中扩展公立和私立学校的合作。

7. 为 21 世纪创建更安全的学校。(1) 统一和简化“安全学校和远离毒品学校计划”及“21 世纪学习中心计划”的资助。(2) 为学校的安全和成就建立负责任的系统。(3) 授权给教师控制教室的情况。(4) 关注有效发生作用的因素。(5) 允许社团性组织接受“学校后计划”的资助。(6) 为防止犯罪和防患于未然提供便利条件。(7) 强化枪支管制。(8) 提供更多的资金进行品格教育。

8. 通过科技扩展教育。(1) 给学校更多的资金以投资教室中的科技设备，特别是乡村学校和那些以低收入家庭孩子为主体的学校。(2) 减少文书工作，增加灵活性。(3) 允许利用资金购买网络过滤器，以保护儿童免受网络上不良内容的影响。(4) 为社区网络中心提供相应的资助。

9. 影响性援助——针对军人的后代和美国印第安人的后代。(1) 增加资金给“影响性援助建设计划”。(2) 建立一个改善部落资源的基金。

10. 自由与负责任。(1) 给学校、学区和州政府更多的弹性。(2) 增加改善学生成就的责任。(3) 奖励表现突出的州政府和学校。

[资料来源] 李敏谊：《“不让一个儿童掉队法”——布什新政府教育改革蓝图》，《比较教育研究》，2001 年第 4 期。

（二）当代美国基础教育课程与教学改革的特点

经过半个多世纪的发展，当代美国基础教育课程与教学改革开始关注统一性和多样性的结合，整体性和均衡性的协调，基础性和创造性的统一。

1. 注重基础文化知识的学习

梳理美国战后历次基础教育课程与教学改革，发现每一次基础教育课程与教学改革都是围绕基础知识和基本技能等基础文化展开讨论。比如 1991 年发布的《2000 年美国：教育战略》提出，到 2000 年必须在英语、数学、科学、历史、地理 5 门核心课程的学习上达到世界领先水平。克林顿总统在 1997 年 2 月 4 日发表的《做好准备，迎接 21 世纪》中提出，每个 8 岁儿童必须入学读书，12 岁儿童必须懂计算机等。同样，《2000 年目标：美国教育法》《2061 计划》《不让一个儿童掉队法》等都对基础文化知识的学习给予了高度重视。

2. 强调统一性与多样性的结合

美国教育历来是地方分权管理，各州有自己的课程标准和要求。自 20 世纪 80 年代高质量改革运动实施以来，美国开始注重课程设置的统一性。尽管 1991 年成立的“全国教育标准与测验委员会”首次提出了全面制定全国性课程标准的决议，核心课程的设置实现了部分课程的统一化，但美国全国性课程标准只确定了各学科最基本的标准，各州有权在遵循国家课程标准的前提下，依据自身实际情况制定更具体的课程标准。所以说，美国基础教育课程在改革过程中形成了“国家建议、州级标准、学区决策、学校实施的一体化的管理体制”①。这一管理体制既做到了国家核心课程与州级、学区及学校课程的有机结合，又做到了课程决策统一性与多样性的协调。

3. 加强道德教育与价值观教育

针对第二次世界大战后美国青少年出现的种种道德问题，1987 年美国国家学校联合会向教育部提出在公立学校塑造品格的计划，并得到了教育部的资助。这一有关品格塑造计划重视诚实、公正、责任、自尊等价值观的引导与培养，在一定程度上促进了道德教育的发展。美国课程发展与管理协会于 1989 年提出：道德教育应作为学校课程结构的组成部分；创造一个道德教育的“社会—文化环境”；使道德教育超越认知领域；道德教育注重学生批判性思维和决策能力的培养；为教师和管理者确立明确的道德教育目标；把道德教育纳入师范教育计划；等等。

4. 重视师资的培养与培训

美国历来比较重视师资力量的培养与培训工作，通过改革师范教育，建设教师培养基地，修改教师执照发放办法，提高从业标准，提高教师待遇，吸引人才，稳定教师队伍等措施增强师资力量。② 《2000 年美国：教育战略》也在基础教育师资培训方面，提出成立州长负责的“学校领导学院”和“教师学院”。前者主要培训各州的中小学校长及其他领导人员，后者主要培训五门核心课程的任课教师，以提高教师素质。③ 尤其是 20 世纪 80 年代以来，各州提出了一千余项与教师有关的法律，并通过提高教师起点工资标准、按教师的具体表现给予奖励、实行 11 个月合同制等措施吸引优秀人才加入教师队伍。

二、当代英国的基础教育课程与教学改革

由于英国在 1988 年以前并没有全国性的课程标准，所以在课程实施方面，教师拥有高度的自主权。直到《1988 年教育改革法》规定全国所有公立中小学统一实施国家课程以后，英国基础教育课程与教学改革便由传统的自由课程发展到国家主义课程。

（一）课程与教学改革历程

二战后英国的基础教育课程与教学改革与美国的基础教育课程与教学改革历程相似，

---

①② 蒋平. 美国基础教育课程改革的历史回顾与启示［J］. 天津师范大学学报（基础教育版），2007（3）：63—68.

③ 穆岚. 面向 21 世纪的美国基础教育课程改革政策论析［J］. 现代中小学教育，2004（6）：59—62.

由地方、学校和教师自治向国家统一管理的集权化方向发展。

1. 20 世纪四五十年代的改革

1944 年，英国通过了《巴特勒教育法》，确立了统一的公共教育制度，明确了中央和地方教育管理职责，并将课程的决定权下放给学校、校长和教师。这一时期出现三轨课程体制，分别是以学术性为主的文法中学课程，以完成义务教育为主的现代中学课程，以就业为主的技术中学课程。但英国于 1951 年采用的普通教育证书（GCE）考试在一定程度上“统一”了全国课程设置和课程标准。普通教育证书考试分普通水平和高级水平两种，采用五级评分法（A—E），其中 A、B、C 相当于及格水平，一般会将普通教育证书考试作为学生升学和就业的主要依据。

2. 20 世纪六七十年代的改革

随着《巴特勒教育法》的颁布，中学三轨课程体制的出现，11 岁考试逐渐废除，阶级差别、受教育机会不公平等问题日益凸显并受到社会的关注，尤其是学生的发展得到越来越多人们的重视。1966 年，《普洛登报告》的发表进一步促进了进步主义教育在小学的推广与应用，强调尊重学生个性，突破现有学科界限，提供适应学生个性发展的综合课程教学。该报告以学生经验与活动为组织课程的基本依据，以小组合作为教学组织的基本形式，以学生的探究与发现为学习的基本方式。然而，进步主义教育的这些主张在 20 世纪 70 年代资本主义世界经济危机的打击下受到批评与否定。于是，1976 年开始的教育大辩论开始限制教师的自主权，这为英国后来的统一课程奠定了坚实基础。

3. 20 世纪 80 年代的改革

1981 年，英国政府出台的《学校课程》首次提出了课程目标和中学应该开设的课程建议。英国政府于 1982 年 11 月规定中学生实行单一的考试制度，并制定了全国统一的考试标准。1985 年，英国政府发布了《把学校办得更好》白皮书。该白皮书对课程设置、考试制度与成绩评定、教师和师资管理的专业效能等做了具体规定和改革。英国议会于 1988 年 7 月 29 日通过了《1988 年教育改革法》，转变了英国传统的课程方向，第一次在法律的保障下在全国实施统一的国家课程，并对英语、数学和科学等核心课程和现代外语、技术、历史、地理、美术、音乐和体育等基础课程的开设做了规定。“自国家课程标准和学科教学目标确定以来，教师自治的现象发生了变化……现在的课堂教学目标和课堂活动都是紧紧围绕国家课程要求的学科知识目标设计。”① 《1988 年教育改革法》规定，从 1989 年 9 月 23 日开始，全国所有公立学校学生都学习宗教和国家统一课程。接着，《1993 年教育法》设立了“学校课程和评估局”，取代了国家课程委员会和学校考试和评定委员会，第一次在中小学推行国家统一考试。

4. 20 世纪 90 年代的改革

针对国家课程存在部分学科要求过高，学习内容偏难，学生学业负担较重等问题，英

① 陈晓端. 当代英国中小学课程与教学改革探析 [J]. 教育研究，2003 (4)：80—85.

国政府于1993年委托迪林爵士对国家课程在实施过程中存在的问题进行调查分析。在听取大家对国家课程所提出的意见后，迪林爵士团队分别于1993年8月和12月向英国政府提交了两份报告，英国政府根据上述两份报告对国家课程进行了修订，并于1994年9月实施新课程改革方案。①本次修订的内容主要包括：强调基础知识教育；裁减国家课程内容，增加多样性和灵活性的选择；简化评价的范围和方法；建立统一的课程管理和协调机构；设立增值指标，科学评判学校的表现；改进关键阶段的评价，减轻学生负担。② 1997年10月1日，依据《1997年教育法》合并成立了课程与资格局，旨在加强学术教育与职业教育的联系，进一步推进国家课程改革的顺利实施。课程与资格局于1998年受教育大臣的委托，对中小学国家课程改革进行研究。经过努力，新的国家课程改革方案于1999年7月正式出台。

5. 21世纪的教育改革

时任英国教育大臣布伦基特于1999年9月9日公布，英国中小学将从2000年9月开始实施新的国家课程，并开设英语、数学、自然科学、设计与技术、信息和交流技术、历史、地理、现代外语、艺术和设计、音乐、体育和公民等核心课程，构建国家课程、宗教教育及其全国性教育框架，促进道德和身心健康发展。意在通过此次改革建立标准，推动公众理解。2005年10月，教育与技能部颁布了《为了全体学生：更高的标准，更好的学校》，要求建立人性化教育体制，为每位学生提供适合的教育。接着，英国在2008年的课程改革中采用了“学生发展评估模式”。

时任英国教育大臣戈夫于2011年1月宣布启动英国国家课程修订工作。2013年9月，《英国国家课程框架文件》正式出台。此次新课程框架的学科分类依旧采用核心课程和基础课程。核心科目依然是英语、数学、科学；基础科目为艺术与设计、公民、计算、设计与技术、语言、地理、历史、音乐、体育。戈夫明确要求，颁布国家课程每门科目的学习计划，为所有的课程制定新的教学计划。新的教学计划将列出每个关键阶段结束时应该教会学生什么；将赋予学校发展那些对学生非常重要的课程的自由；学校可以自由设计课程及评估系统。2014年起，英国新一轮基础教育课程与教学改革进一步强调了要基于学生的兴趣和爱好设置更多满足学生需求的自主性课程，并鼓励学生积极参加各类实践活动与竞技项目。2015年9月开始，按照新的要求开展课程与教学工作，原来阶段性的单元考试和持续考核完全取消，以最终的一次考试定结果。③

知识窗10－2

2010年，保守党政府仍然继续推行国家课程和国家考试政策，但是它要根据自己的

① 赵国金，高艳梅. 英国小学课程的改革及启示［J］. 世界教育信息，2010（08）：72—76.

② 祝刚. 英国新一轮国家课程修订的解读及启示［J］. 外国中小学教育，2012（10）：10—15.

③ 赵耸婷，许明. 英国中小学国家课程改革的新动向［J］. 外国中小学教育，2014（6）：11—17.

政治、经济、文化和教育纲领，对国家课程和考试做出进一步的修订。根据修订工作日程表，这次修订工作总体上分为两个阶段。

第一阶段（2011 年 1 月至 2012 年 9 月）主要聚焦国家课程整体结构，类型的设计和核心学科学习计划的修订。该阶段主要工作有：（1）关于国家课程修订的论证工作（2011 年 1 月至 2012 年初）。主要是向公众征求关于国家课程相关问题的建议。《对国家课程修订的征求意见稿（National Curriculum Review Call for Evidence）》于 2011 年 1 月 20 日发布，意见收集的截止日期为 2011 年 4 月 14 日。《征求意见稿》主要包括关于修订工作的介绍、咨询委员会主席的公开信、调查问卷内容、反馈方式和结果公开等六部分内容。其中调查问卷内容又分为个人简介，国家课程概况，英语、数学、科学和体育，国际比较，学生如何学习和课程实施等 11 个部分。（2）就英语、数学、科学和体育的新学习纲要向公众征求意见（2012 年初）。（3）教育部部长颁布英语、数学、科学和体育的新学习纲要和下一阶段要进行修订的学科（2012 年春季）。（4）英语、数学、科学和体育的新学习纲要在公立学校实施（2012 年 9 月）。

第二阶段（2013 年初至 2014 年 9 月）。在第一阶段工作基础上，主要聚焦于国家课程其他学科学习纲要的修订。该阶段主要工作有：（1）就其他学科学习纲要向大众征求意见（2013 年初）。（2）教育部部长颁布这些学科的学习纲要（2013 年春季）。（3）英语、数学、科学和体育的新学习纲要成为法定教学文件（2013 年 9 月）。（4）其他学科学习纲要付诸公立学校实施（2013 年 9 月）。（5）其他学科学习纲要成为法定教学文件（2014 年 9 月）。

［资料来源］祝刚：《英国新一轮国家课程修订的解读及启示》，《外国中小学教育》2012 年第 10 期。

（二）当代英国基础教育课程与教学改革的特点

从当代英国基础教育课程与教学改革历程来看，基础教育经历了以学校课程为主的传统课程到统一课程后的教育集权化，再到重新赋予学校和教师更多的教学自主权。

1. 注重国家课程与学校课程的协调

尽管《1988 年教育改革法》统一了全国课程，增强了中央政府对教育的控制权，20 世纪 90 年代国家课程的设立也反映了英国课程统一化的趋向，但其国家课程的实施依然重视学校和教师开发适合本校实际情况、凸显学校特色的学校课程。所以说，英国比较注重国家课程与学校课程的协调，既重视国家课程的统一性，又重视地方和学校课程的灵活性。

2. 加强道德教育和公民教育

针对道德水平低下这一现状，英国在中小学要求学生通过接受道德教育理解和掌握尊重、公正与合理、诚实与守信等基本道德观念。其推行的国家课程也对道德教育提出了明确要求，如 2000 年实施的国家课程强调促进学生精神和道德的发展。从 2000 年 8 月开始，“公民”成为法定的国家课程，要求学生掌握作为公民应具备的知识，理解公民的权利与义务等。

3. 重视基础学力的提高

针对减负造成基础教育质量下降这一问题，英国强调要提高学生的基础学力。从1999年9月开始，在小学实施“国家基础学力战略”（包括“国家读写战略”和“国家计算战略”），通过增加投入的方式资助语文和数学教师参加培训，资助小学出版有关语文和数学学科的教辅材料。其中，2000—2001年，政府拿出1亿英镑用于提高基础学习，包括加大师资培训力度，设立“国家基础学力战略”网站及其扩大社会影响等。① 2000年实施的国家课程也调整了课程结构，并提出关于提高基础学力的基本方针。

4. 提高学生信息和交流技术能力

英国政府将“信息技术”修改为“信息和交流技术”，目的在于全面提高学生的信息和交流技术能力，帮助学生参与快速变化的生活，学会发现信息和分析信息，进行创造性学习。为了促使信息和交流技术的落实，英国政府制定了“信息高速公路计划”，并提出“人人上网，校校上网”的口号，旨在提高基础教育质量。

三、当代日本的基础教育课程与教学改革

日本的基础教育课程与教学改革大约每隔10年进行一次。从当代日本的基础教育课程与教学改革历程来看，从以学科主义为中心到以宽松教育为中心，再到以学力教育为中心，均离不开对基础学力问题的讨论和研究。

（一）课程与教学改革的历程

自20世纪四五十年代以来，日本的基础教育课程与教学改革，由重视学生的基本知识和技能转向注重学生的个性和生存能力发展。

1. 20世纪四五十年代的改革

第二次世界大战结束之后，日本的基础教育课程与教学受美国影响以经验主义为中心。文部省于1947年3月20日颁布了《学习指导要领一般篇（草案）》，阐述了学习指导方法以帮助教师实施符合儿童和社会要求的课程与教学。重新确定了小学课程，包括国语、社会、算术、理科、音乐、图画手工、家政、体育、自由研究等，增设了社会科、家政科以及自由研究科，取消了修身、公民、地理、历史科目。其中，社会科以学生生活经验为中心，家政科可以男女生同时参与以体现男女平等，自由研究科以学生兴趣为主导。中学课程分为国语、习字（一、二年级）、社会、国史、数学、理科、音乐、图画手工、

---

① 白彦茹. 论英国中小学课程改革与发展［J］. 外国教育研究，2004（3）：18—21.

体育、职业等 10 个必修科目，以及外国语、习字（三年级）、职业、自由研究等选修科目。① 1957 年，苏联人造地球卫星的成功发射同样刺激了日本，促使日本基础教育课程由以经验主义为中心转向以学科主义为中心。1958 年，文部省公布《学习指导要领》，这是日本第一次独立修改的指导要领。该指导要领不仅注重基础学力的教育，而且加强了道德教育，规定中小学各学年的“道德教育”课程不少于 34 课时。同年 10 月，文部省全面修订了教学大纲，特别设置了道德教育的课时。

2. 20 世纪 60 年代的改革

日本经济审议会于 1960 年 11 月提出“国民收入倍增计划”后，文部省分别于 1968 年和 1969 年公布了新的小学和初中学习指导要领，增加教育内容和课时，提高教学内容难度。其中，初中总课时数比以前增加了 175 课时，国语第 2 学年增加了 35 课时，数学第 3 学年增加了 35 课时，美术第 2 学年增加了 35 课时，保健体育三学年共增加 60 课时，特别活动三学年增加 45 课时。值得注意的是，这一时期日本对道德教育依然很重视。“20 世纪 60 年代早期，每周的道德操行课在所有义务教育学校中是必需的，由文部省颁布的一本包含强调道德品质的文章和故事的手册来指导该课程的实施。”②

3. 20 世纪 70 年代的改革

1971 年 6 月，《今后学校教育综合扩充整顿的措施》宣称本次改革不同于第二次世界大战后的改革，是“认真致力于维系着国家、社会未来的第三次教育改革”。除了维持公共教育水准之外，强调要创造适应个人特性的教学方法，按个人能力和能力倾向的分化把多种课程转移到选修阶段。1977 年，日本政府针对推行学科主义教育课程导致的班级崩溃与逃学现象，颁布了新修订的《学习指导要领》。此次修订对教育中存在的问题进行反思后提出了较为详尽的构想，并提出了“宽松教育”理念，遗憾的是此次改革并未在全国中小学全面推行。同年 7 月，文部省还颁布了《日本小学道德课教学大纲》和《日本中学道德课教学大纲》。它根据《教育基本法》和《学校教育法》所制定的根本精神，确立了道德教育的目标和中小学道德课教学内容。③

4. 20 世纪八九十年代的改革

中央教育审议会于 1983 年 11 月颁布的《审议经过报告》从长期发展的视角，把学校教育改革方向确定为面向 21 世纪，强调“自我教育能力”的培养，重视基础教育，尊重个人特点，尊重本国及各国文化和传统，强调国际理解。1984 年 8 月，日本成立了作为总理大臣咨询机构的临时教育审议会，正式开始了新一轮的教育改革。此次教育改革重视学生发展的个体差异性、创造性和长期性。1985 年 6 月至 1987 年 8 月，临时教育审议会

---

① 李伟. 战后日本基础教育课程的改革历程及特征［J］. 教育评论，2013（4）：159—161.

② 威廉 F. 派纳，等. 理解课程（下）［M］. 张华，等译. 北京：教育科学出版社，2003：832.

③ 石鷗平，张倩苇. 战后日本中小学德育课程的改革及其特色［J］. 比较教育研究，1995（5）：15—18.

为响应内阁总理大臣题为“为使教育适应我国社会变化和文化发展而进行的各项改革的基本方针”的指示，本着个性化原则先后出台了《关于教育改革》的四次咨询报告。为满足学生个性化发展需要，要求改革教科书制度，设置“综合学习时间”课程。依据中央教育审议会和临时教育审议会关于“面向 21 世纪的教育模式”和“向终身学习体系过渡”的报告精神，文部省于 1989 年颁布了中小学新教学大纲，强调基础知识与基本技能，扩大选修课范围，将从高中二年级起开设的选修课提前到初中，允许学校根据需要灵活安排选修课内容，并调整选修时数。①

5. 面向 21 世纪的教育改革

2002 年 4 月，日本中小学开始实施新的《学习指导要领》，对一些高、深、难的课程内容做了适当删减，削减了全部内容的 30%，合并了不同年级重复出现的课程。小学从三年级起设置综合学习时间，注重培养学生的英语会话能力。初中增加选修课课时，将信息技术和外语作为必修课。高中减少必修课课时，增加选修课的课时，增设“信息”必修课与“综合学习课”，并将原来毕业要求不低于 80 学分降为 74 学分。② 2004 年开始实施“学校运营协议会制度”，使课程形成中央、地方、学校、家长共同参与管理的局面。2008 年 2 月 15 日，文部科学省依据 2006 年修订的《教育基本法》颁布了《学习指导要领》，在继续培养“生存能力”基础上重新重视基础学科和基本知识。从 2011 年开始，作为“宽松教育”代表的综合课课时被缩减，“综合学习时间”比先前的 430 课时减少了 34.9%，日语、数学、外语、科学和社会课的课时增加了 10%，科学和数学课时分别增长了 33%和 22%。2012 年，初中生 3 年总课时比先前的 2940 课时增长了 3.6%，“综合学习时间”比先前的 220 课时减少了 13.6%，却增加了日本传统文化等加强“爱国心”教育的课程内容。

知识窗10－3

日本中小学的综合学习时间

日本 1998 年的课程改革设置综合学习时间实施始于 2002 年。经历了十年的探索后，在 2008 年的课程改革中，文部科学省对综合学习时间做了调整，确立了指导体系，制定了课程标准，进一步肯定了综合学习时间在整体课程中的地位以及在培养学生能力方面的作用。

1. 课程目标。日本的综合学习时间的目标，是根据布卢姆的教育目标分类法“认知

① 苏丹兰. 英、法、日中小学教育改革的现状与趋势 [J]. 比较教育研究，1995 (6)：10—13.

② 杨静. 新世纪以来日本基础教育课程改革及其启示 [J]. 河北师范大学学报（教育科学版），2014 (3)：61—67.

领域、情感领域和技能领域”来设定的，具体内容是“培养学生自主发现问题、自主学习、自主思考、自主判断、解决问题的能力，掌握问题的思考方法和学习方法，在解决问题和探索问题时，培养学生的主动性、创造性、合作性的态度，以及能够思考自身生存方法的能力”。日本的教育注重培养学生的自主性，综合学习时间目标也体现了这一特点。各学校在设定目标时，要求在前述课程目标的基础上，将要培养的素质、能力以及情感和态度做具体的分析和呈示，以便教学计划能够落实。

2. 课程内容。综合学习时间以国际理解、情报、环境、福祉、健康等为学习内容；以学生关心和感兴趣的课题，以及区域人文知识、学校特色等为题材。在决定学习内容时，要求指导教师事先对学习题材进行分析，选择学生可以探究性地加深了解的人、事、物，也可以选择通过沟通达到学习效果的学习事项。主要以学生的日常生活和身边社会的事例为内容，可以是自然体验、义务劳动，也可以是手工制作、生产活动、观察实验、参观、调查等体验活动。

3. 学习形态。学习形态有个人学习、小组学习、同年级学习、不同年龄的集团学习。

4. 指导计划。2008 年的课程改革中，综合学习时间由每周三课时减为每周两课时，并对指导计划的编写做了详尽的规定。此次改革强调了探究性、合作性学习以及表达能力的培养，各学校的指导计划也积极体现了这一特点。指导计划包括整体计划、年间指导计划、单元指导计划。

［资料来源］滕雪丽、殷世东：《日本中小学综合学习时间改革的动向与启示》，《外国中小学教育》2010 年第 10 期。

（二）当代日本基础教育课程与教学改革的特征

二战后，日本的基础教育课程与教学改革经历了经验主义、学科主义、宽松教育、学力教育等阶段，主要呈现出以下特点。

1. 重视课程结构的调整

二战后日本基础教育课程与教学改革，其课程由最初的三大板块（学科教育、道德教育、特别活动）发展为四大板块（学科教育、道德教育、特别活动、综合学习时间），不仅加强了学生的动手实践能力，而且均衡了课程结构，在一定程度上体现了日本中小学课程结构的合理性、综合性与选择性。无论自由研究科目、综合学习时间，还是基本的必修科目，均强调精选教学内容，尊重学生的认知特点和发展规律。同时，日本的中小学课程设置强调课程的适切性和灵活性，各学校可依据本校特色制定课程表，灵活调整上课周数及每节课时间。

2. 加强道德教育实践

因二战后日本一度忽视了道德教育，导致违法、厌学与暴力等不良行为频现，新的教学大纲重视德育内容的修订。为了培养“具有主体性的日本人”，设置的“道德课”强调培养学生的道德意识、道德判断力、道德实践的欲望和态度。不仅如此，各学科、特别活动、综合学习等都与道德教育密切地结合起来，根据教学计划深化道德教育，加深道德价值的意识，包括国际感觉、国际体验、异文化理解、国际贡献、爱好和平思想、尊重人权态度等。文部科学省于2002年发布的《幼儿园、小学、初中学习指导要领案》中，道德课和特别活动在中小学的课时数为34—35，占课时总数的7.1%—8.7%。要求小学和初中可采取实际观察、调查、接触实物、志愿者活动、演剧等方式，积极利用学校生活的具体事例进行道德教育。

3. 注重实践能力培养

无论是日本基础教育阶段的道德教育、职业教育、特别活动还是各学科教育，都比较重视学生参与活动的实际情境与亲身体验。如外语教学要设置诸如“电话问答”“旅游”“就餐”等具体语言使用场合，以便加强情境语言教学，增强语言的实用性。① 1996年7月，日本教育审议会向文部大臣发表了第一份咨询报告《面向21世纪我国教育的应有形态——让孩子拥有“生存能力”和“轻松宽裕”》，明确要求培养学生的社会实践能力和生存能力。

4. 强调改进教学方法

日本新的教学大纲在教学方法上首次提倡采用按程度编班，即根据学生的学习成绩和学习能力进行编班，选用不同的教学方法，授以不同的教学内容。为适应教学方法改革，日本临时教育审议会提出学校须立足于教育环境人性化的观点，消除过大规模的班级，争取于1992年前将中小学班级规模限制在40人以内，实施40人班级制，② 以提高教学效益。

第二节　进入21世纪以来我国基础教育课程与教学改革

新中国成立以来，我国经历了八次基础教育课程改革。从新中国初期的学习苏联到21世纪的自主创新，从统一的国家课程到三级课程管理体制的设置，从标准化的评价到多元化评价体系的构建，无不体现了我国基础教育课程改革的进步，对学生主体地位的尊重及以人为本的理念与实践取向。

一、新中国历次基础教育课程与教学改革概要

新中国成立以来，我国基础教育课程与教学改革经历了不平凡的发展历程。每一次

① 刘彦文，李家成. 日本中小学课程改革的现状及特征分析［J］. 外国教育研究，2000（3）：24—29+9.

② 苏丹兰. 英、法、日中小学教育改革的现状与趋势［J］. 比较教育研究，1995（6）：10—13.

“新课程”的实施都是基于对“旧课程”存在问题的辩证否定、继承与发展进行的。

（一）1949—1952 年：第一次基础教育课程与教学改革

1949 年 12 月，教育部召开第一次全国教育工作会议，初步确立了我国中小学新课程体系，形成了全国统一的教学计划、教学大纲与教科书。在此次会议精神的指导下，教育部于 1950 年 8 月颁发了新中国成立后的第一份教学计划《中学暂行教学计划（草案）》，该计划的课程设置较为齐全，有政治、语文、数学、自然、生物、化学、物理、历史、地理、外语、体育、音乐、美术等课程。同年 9 月，全国出版会议进一步提出，全国应该统一出版中小学教材，随后成立了人民教育出版社。紧接着，1951 年出版了第一套全国通用的中小学教材。同年 10 月，政务院颁发了《关于改革学制的决定》，要求小学取消初高两级分段，实行五年一贯制。中学实行初高两级，各修业三年。依该学制要求，教育部于 1952 年 3 月颁布了《中学教学计划（草案）》，于同年 10 月颁布了五年一贯制《小学教学计划》。

（二）1953—1957 年：第二次基础教育课程与教学改革

新中国成立后的第二次基础教育课程改革主要围绕如何构建较为全面的课程体系展开。政务院于 1954 年 4 月颁布的《关于改进和发展中学教育的指示》明确指出：“为提高教育质量，中央教育部应根据国家过渡时期的总任务和中学教育的目的，有计划地修订中学教学计划，修订教学大纲和教科书，并为教师编辑一套教学指导用书，这是目前提高学校教育质量的一项最基本的工作。”① 1956 年，人民教育出版社编写出版了第二套全国通用的中小学教材。教育部颁发了新中国成立后全国第一套较为齐全的《中小学各科教学大纲（修订草案）》，用于指导我国中小学的教育教学实践。毛泽东于 1957 年 2 月在《关于正确处理人民内部矛盾的问题》中进一步提出：“我们的教育方针，应该使受教育者在德育、智育、体育几方面都得到发展，成为有社会主义觉悟的有文化的劳动者。”遗憾的是，受“大跃进”运动影响，这一方针指导下的课程改革计划并未实施。

（三）1958—1965 年：第三次基础教育课程与教学改革

“大跃进”运动引发了教育领域的“大革命”，开始大幅度缩短学制，精简课程，增加劳动，修改教学计划。1958 年 3 月，教育部颁发的 1958—1959 学年度中学教学计划中，加强了知识教学与劳动教学的结合。同年 9 月 19 日，中共中央、国务院颁布的《关于教育工作的指示》（以下简称《指示》）指出，党的教育方针是教育为无产阶级政治服务，教育与生产劳动相结合。各省、自治区、直辖市可组织力量编写中小学教科书。为了贯彻《指示》精神，落实教育与生产劳动相结合的基本方针，中小学设立了生产劳动课。1960

① 乔建中. 基础教育“八次课改”的历史轨迹与研究脉络 [J]. 江苏教育研究，2012（9）：18—22.

年以后，随着社会发展步入正轨，基础教育课程与教学改革也开始进入发展阶段。

人民教育出版社于 1960 年按中小学缩短学制的要求，出版了第三套全国通用的中小学教材，把原本需要 12 年学完的课程内容压缩为 10 年。同时，各地也开始修改、自编符合当地需求的部分教材。在中共八届九中全会正式通过的“调整、巩固、充实、提高”八字方针的指导下，1963 年 3 月 23 日《全日制中学暂行工作条例（草案）》和《全日制小学暂行工作条例（草案）》发布，强调中小学必须根据统一的教学计划、教学大纲和教科书进行教学，对课程实施统一管理。

其中，《全日制小学暂行工作条例（草案）》指出，小学要使学生掌握基本的文化工具和科学知识技能。《全日制中学暂行工作条例（草案）》规定，全日制中学必须以教学为主，加强基础知识的教学和基本技能的训练。高中除了语文、数学、外国语、政治、历史、地理、生物、物理、化学、体育、劳动等必修课程外，还可依据实际情况与需求设置农业科学技术知识、制图、历史文选、逻辑等选修课。在本次调整过程中也出版了第四套全国通用的中小学教材，可惜修改后的中小学教材并未在学校正式使用。随后，1964 年 7 月 14 日，教育部在毛泽东关于“学制可以缩短”的指示下发出了《关于调整和精简中小学课程的通知》，对课程设置和教材进行调整和精简。

（四）1966—1976 年：第四次基础教育课程与教学改革

“文化大革命”期间学校的课程与教学也经历了一场灾难。1966 年“文化大革命”爆发后，学校原有的课程体系遭到严重破坏，系统的知识与技能学习受到否定。全国没有统一的教学计划、教学大纲和教科书，只有各地自编的教材。因错误地理解教育与生产劳动相结合，导致社会、生活与革命构成课程的全部。师生走出课堂与校园参加劳动，结合学生实际生活与社会生产实践进行教学活动。

（五）1977—1985 年：第五次基础教育课程与教学改革

随着党的十一届三中全会的召开，国家开始拨乱反正，教育领域也开始拨乱反正。重组人民教育出版社，召开科学教育工作会议，颁布全国统一的教学大纲，组织中小学教材编写工作会议，编写第五套全国通用的十年制中小学教材。新的教材体系中，教学内容注意基础知识的选择，注重智力和能力的培养。1978 年 1 月，教育部颁发《全日制十年制中小学教学计划试行草案》，统一规定全日制中小学学制十年，小学五年，中学五年。同年颁布了新修订的《全日制中学暂行工作条例（试行草案）》和《全日制小学暂行工作条例（试行草案）》，对课程设置进行了原则性说明。1981 年，教育部根据邓小平“要办重点小学、重点中学、重点大学”的指示，颁发了《全日制六年制重点中学教学计划试行草案》，修订并颁发了五年制小学和中学教学计划。根据新教学计划要求，人民教育出版社修订出版了第六套全国中小学十二年制教材。此次修订重视“双基”，强调统一要求和必修课程。为了增强教材的适切性，1984 年，教育部颁发了六年制城市小学和农村小学教学计划，对数学、外语、自然常识、劳动等课程分别提出不同要求，对教学大纲进行了重新修订。

（六）1986—1991 年：第六次基础教育课程与教学改革

1986 年 4 月 12 日，第六届全国人民代表大会第四次会议通过《中华人民共和国义务教育法》，强调了基础学科的教学时数，强调了课外活动的时间与空间。同年，在国家教委的领导下成立了全国中小学教材审定委员会，审查按照国家统一教学大纲编写的中小学各科教材。同年 9 月，国家教委委托人民教育出版社等单位对全日制中小学各科教学大纲进行全面修订；同年 11 月，全国中小学教材审定委员会审查通过了修订后的教学大纲。1987 年秋季，人民教育出版社根据新颁布的全日制中小学各科教学大纲，对中小学教材进行全面修订、改编后陆续出版了第七套全国通用的中小学教材。

根据《中华人民共和国义务教育法》，国家教委于 1988 年制定了《义务教育全日制小学、初级中学试行教学计划（试行草案）》，要求合理安排各门学科，加强思想品德、思想政治课；打好语文、数学的基础；在具备师资条件的学校，也要打好外语基础；搞好课内外结合，以课堂教学为主，重视并开展各种有益的课外活动；注意发展智力，培养能力。

（七）1992—2000 年：第七次基础教育课程与教学改革

1990 年 3 月，国家教委印发了《现行普通高中教学计划的调整意见》以及 8 个修订后的中学教学大纲（包括语文、数学、英语、物理、化学、生物、历史、地理）。调整后的课程包括学科课程和活动，采取必修课和选修课两种形式。1992 年，国家教委第一次将“教学计划”改为“课程计划”，将课程表分为“六三制”和“五四制”，将全部课程分为学科类和活动类。为了贯彻落实《中华人民共和国义务教育法》，同年 8 月 6 日国家教委印发了《九年义务教育全日制小学、初级中学课程计划（试行）》和 24 个学科教学大纲（试用），课程也包括学科与活动两部分，主要由国家统一安排，也有一部分由地方安排。

其中，学科以文化基础教育为主，在适当年级，因地制宜地渗透职业技术教育；以分科课为主，适当设置综合课；以必修课为主，初中阶段适当设置选修课；以按学年、学期安排的课为主，适当设置课时比较少的短期课。活动则在实施全面发展教育中同学科相辅相成。1999 年 6 月，中共中央、国务院召开第三次全国教育工作会议，发布了《中共中央国务院关于深化教育改革全面推进素质教育的决定》，提出要“调整和改革课程体系、结构、内容，建立新的基础教育课程体系”，掀起了国家课程、地方课程、校本课程以及活动课程、研究性学习的研究热潮。

（八）2001 年至今：第八次基础教育课程与教学改革

2001 年 2 月，国务院批准《基础教育课程改革纲要（试行）》，对课程改革的目标、课程结构、课程标准、教学过程、教材开发与管理、课程评价、课程管理、教师的培养与培训、课程改革的组织与实施等九个方面做了明确规定和具体要求。之后，2001 年 6 月颁发的《国务院关于基础教育改革与发展的决定》进一步明确了加快构建符合素质教育要求的基础教育课程体系任务。同年 9 月，新课程在教育部的大力宣传和倡导下，在各地方政府的积极配合下，首先在全国 29 个省（自治区、直辖市）设立了 38 个基础教育课程改革实验区，拉开了我国第八次基础教育课程改革的序幕。2002 年秋季，实验区进一步扩大到 330 个市、县，同年 12 月 26 日，教育部下发了《教育部关于积极推进中小学评价与考试制度改革的通知》，从政策上解除了人们“用新课程教，用旧大纲考，怕课改吃亏”的顾虑。2004 年秋季，在对实验区工作进行全面评估和广泛交流的基础上，课程改革进入全面推广阶段。2005 年，中小学阶段各起始年级参与了新一轮基础教育课程改革。此次课程改革不仅增加了选修课、活动课，实行国家、地方和学校三级课程管理体制，而且实现了教材的多样化，一纲多本。

针对新一轮基础教育课程与教学改革在实践中取得的成绩和存在的问题，教育部于 2011 年 12 月正式颁布新修订的九年义务教育阶段各科课程标准，2012 年启动了普通高中各科课程标准的修订工作。2014 年 4 月，《教育部关于全面深化课程改革落实立德树人根本任务的意见》颁布，预示着课程改革将在更广泛的范围、更深入的层次全面推进①。同年 12 月，教育部正式启动我国普通高中课程标准修订工作，以贯彻落实立德树人根本任务，研制我国核心素养体系，并将基于核心素养的学业质量标准融入课程标准，② 如课程目标强调从“三维目标”到“核心素养”的培育；课程管理强调国家对于语文、德育与历史的管理；课程评价强调学业质量管理和国家统一考试力度，以进一步深化我国基础教育课程改革。

因此，有学者将 2001 年以来的新一轮基础教育课程改革大致划分为两个阶段，2001—2014 年为第一阶段，旨在构建我国素质教育课程体系；2015 年以后为第二阶段，旨在构建我国信息时代的课程体系。在第二阶段，教育部结合国际课程改革的先进经验与国内基础教育面临的现实问题，确立了以发展学生核心素养为目标的课程改革方向。③ 就核心素养来讲，主要是指学生适应未来社会发展以及个人终身发展所需要的关键能力与必备品格。它不仅引领着我国基础教育课程改革方向，而且指导着我国基础教育阶段教学目标的确定、教学内容的选择、学习方式的转变，乃至育人模式的转型。

---

① 田慧生. 我国基础教育课程改革：回顾与前瞻 [J]. 中国教育科学，2015（2）：83—103＋82＋258—259.

② 杨向东. 核心素养与我国基础教育课程改革的关系 [J]. 人民教育，2016（19）：19—22.

③ 张华. 核心素养与我国基础教育课程改革“再出发” [J]. 华东师范大学学报（教育科学版），2016（1）：7—9.

知识窗10－4

基于核心素养的现代课程体系

基于核心素养的现代课程体系应至少含有以下四个部分。

（1）具体化的教学目标，描述了课程教学所要达到的目标，这一教育目标一定是具体的，落实到要培养学生何种核心能力和素养层面。（2）内容标准，即规定了核心学科领域（如数学、阅读、科学等）学生应知应会的知识与技能。（3）教学建议，即教育者应提供的教育经验和资源，以保证受教育者的学习质量。广义上的教学建议外延相当广泛，也被称为“教育机会标准”或“教学过程标准”等，包括课堂所讲授内容的结构、组织安排、重点处理及传授方式，以及学校公平性、教师专业发展、教育资源的分配等。（4）质量标准，即描述经历一段时间的教育之后学生在知识技能、继续受教育的基本准备以及适应未来社会等方面的能力上需要达到的基本水平。这里要避免出现两个标准的情况，即学科核心素养等级标准和学业质量标准同时并行。这样会给未来的教育教学造成不必要的震荡。

［资料来源］辛涛：《学生发展核心素养研究应注意几个问题》，《华东师范大学学报（教育科学版）》2016 年第 1 期。

二、进入 21 世纪以来我国基础教育课程与教学改革理念

理念是指人们经过长期的理性思考和实践检验所形成的系统的思想观念体系，是人们进行实践活动的理论指导。就 21 世纪的第八次基础教育课程改革理念而言，《基础教育课程改革纲要（试行）》将其确定为“为了中华民族的复兴，为了每位学生的发展”。这种以人为本，以学生为本的理念，将学生的发展作为课程改革的价值取向，旨在为每一个学生全面、全方位、可持续发展与个性化发展创造条件，力争实现一切为了学生的发展，为了一切学生的发展，为了发展学生的一切。

就课程而言，基于学生的发展进行课程设计、实施与评价，注重学生的发展，强调改变课程功能，从注重传授知识转变为引导学生学会学习、学会生存、学会做人；强调改革课程结构，注重课程的均衡性和选择性，以体现培养全面发展的人，并为每个学生具有个性的健康发展创造条件；强调改革课程内容，改变课程内容“繁、难、偏、旧”和过于注重书本知识的现状，加强课程内容与学生生活以及现代社会和科技发展的联系，关注学生的学习兴趣和经验，精选终身学习必备的基础知识和基本技能；强调改变课程评价过分强调甄别与选拔，重视评价的促进作用，① 为促进所有学生在原有基础上得到不同程度的发

① 田慧生. 我国基础教育课程改革：回顾与前瞻［J］. 中国教育科学，2015（2）：83—103＋82＋258—259.

展提供适合的课程资源，为所有学生的全面发展提供良好的基础教育。

就教学而言，充分融合传统教学理念和现代教学观念，基于学生的发展进行教学，基于学生经验进行意义建构，基于具体问题进行自主探究，基于互动交流进行有效学习。只有教师在教学过程中与学生积极互动、共同发展，才能正确处理传授知识与培养能力的关系，才能够培养学生的独立性和自主性，引导学生质疑、调查和探究，并促进学生在教师指导下主动地、富有个性地学习。教师应该尊重学生人格，关注个体差异，满足不同学生的学习需要，创设能引导学生主动参与的教育环境，激发学生学习的主体性和积极性，培养学生掌握和运用知识的态度和能力，使每个学生都能够得到充分发展。

三、进入21世纪以来我国基础教育课程与教学改革实践

21世纪我国基础教育课程与教学改革是我国课程改革历史上理念最先进、最具科学性、最具时代紧迫感的改革。它不是对原有课程方案或教学计划的修补，而是着眼于21世纪经济全球化和学习社会化的一次根本性的课程与教学革命。

（一）义务教育新课程改革概况

2001年，根据各地自愿申报、各省级教育行政部门的推荐，在全国27个省（自治区、直辖市）的38个国家实验区开始基础教育课程改革实验。通过实验区试点与总结经验，进一步推动基础教育新课程的实施。2002年秋季除上海、西藏外，全国范围内有530个实验区（以县、区为单位）开始新课程的实验，参加实验的学生数达870余万人。同年秋季，义务教育新课程体系（包括三级课程管理的运行机制、评价制度等）进入全面实验阶段。根据各地的具体条件，原则上，各省（自治区、直辖市）在所属的每个地级市可确定一个省级基础教育课程改革实验区（以县为单位），全国实验规模达到同年级学生的10%—15%。2003年秋季，修订了义务教育阶段课程设置方案、各学科课程标准、《地方课程管理指南》《学校课程管理指南》和中小学评价与考试改革方案。此时在全国范围内，共有1 642个县（区）、3 500万名中小学生使用新课程，起始年级启用新课程的学生数达到同年级学生的35%左右。2004年秋季，进入基础教育新课程的推广阶段。在认真总结国家和省两级基础教育课程改革实验区经验，全面的评估和广泛交流的基础上，正式颁布了义务教育阶段课程设置方案、各学科课程标准以及其他相关文件。在全国范围内，起始年级启用新课程的学生数达到同年级学生数的65%—70%。2005年秋季，中小学阶段各起始年级启用新课程。

（二）普通高中新课程改革概况

2001年秋季，在基础教育新课程开始实验时，教育部正式启动了普通高中新课程

方案和课程标准的研制工作。在广泛深入调查、研究的基础上，形成了高中课程方案（实验）和各学科课程标准（实验）。2002 年，新的普通高中课程结构与有关管理制度的方案形成，并完成了普通高中各学科课程标准（实验稿）的起草工作。经过专家的审议和教育部党组的研究审定，2003 年 3 月，教育部印发了《普通高中课程方案（实验）》和 15 个学科的课程标准（实验）。高中新课程方案颁布后，在各省市自愿报名的基础上，2003 年 11 月，教育部批准山东、广东、海南和宁夏于 2004 年秋季成为首批高中课程改革实验区，并明确了实验区新课程实验的目标和任务，主要有以下几个方面：全面验证《普通高中课程方案（实验）》和各学科课程标准；加强地方和学校课程建设的能力；建立新课程管理制度；建立开发和共享课程资源的机制；探索与新课程相配套的评价制度和高校招生考试制度。2005 年 3 月，教育部印发了《教育部关于进一步加强普通高中新课程实验工作的指导意见》，对课程改革工作的有关问题做了进一步的部署和安排。2008 年底，除了上海独立进行课程改革外，以下 19 个省、自治区、直辖市相继进入高中课程改革：2004 年山东、广东、海南、宁夏，2005 年江苏，2006 年辽宁、天津、安徽、浙江、福建，2007 年黑龙江、吉林、北京、陕西、湖南，2008 年山西、江西、河南、新疆。

（三）进入 21 世纪以来我国基础教育课程改革的特点

总体上看，本次课程改革以“寻求平衡与和谐”为主线，试图在以往被人们认为是各种相对矛盾的课程理论与改革实践之间尽可能地寻找适宜位置，以构筑符合中国特色的基础教育课程理论与实践体系。

1. 寻求课程改革推广过程中科学统筹与经验探索之间的平衡

我国以往的课程改革多属经验型，① 缺乏理性的指导，课程改革的意图难以完全实现，导致“选修课”“活动课”等课程形式只出现在政府的课程文件和学校的课程计划之中。新一轮的基础教育课程改革走出了经验型课程改革的传统，把科学严格的实施步骤与经验探索结合起来，以理性的引导为前提，积极探索，积累经验。首先，表现为在改革实施之前进行充分的准备，充分调查和反思以往历次课程改革的成败得失，并对世界上一些有代表性国家的课程改革展开比较研究，为有效实施新一轮基础教育课程改革制定科学的指导计划。其次，重视师资培训工作。加强教师对新课程的理解，实现教师教学观念和教学方式的根本转变，为新课程实施扫除关键障碍。最后，实验研究的开展加强了本次课程改革的科学性。大规模的试点实验不仅提供了课程改革计划的反馈信息，而且能够探索并积累富有成效的经验，促使经验与理论相互渗透，使课程改革彻底摆脱经验型模式。

---

① 钟启泉. 国外课程改革透视 [M]. 西安：陕西人民教育出版社，1993：15.

2. 寻求国际性与民族性的平衡、统一要求与地方特色的平衡

国际性与民族性的平衡是指新基础教育课程改革在立足于国情的基础上力求符合世界发展趋势。学习和借鉴国外课程改革的先进经验是我国课程改革的优良传统，在我国的课程改革历史中，国外的先进理论和经验曾发挥过重要作用。然而任何外来的理论和经验若不经过本土化的改造则有可能“水土不服”。此次课程改革在课程理念、课程结构、课程内容、课程实施与评价等各个方面都借鉴和吸收了外来的理论和经验，主要以西欧、东亚、北美三个文化圈中国家的近期课程改革经验为对象。但此次借鉴立足于中国的课程现状，致力于构建中国特色的新课程体系。以教科书管理为例，根据我们教科书管理过于集中的状况、尊重地方和学校管理主体地位的国际趋势，在此次课程改革中提出“中小学教科书由国家教育行政部门加以部分控制”①。

3. 寻求不同课程类型以及不同科目之间的平衡

按照不同的标准可以将课程分为分科课程与综合课程，选修课程与必修课程，国家课程与地方课程、校本课程，传授型课程与发现型课程等多种类型。②不同类型的课程具有不同的价值，不同课程类型的比例决定一个国家所培养的人才类型。因此，任何一个国家的课程改革都把课程类型的调整作为课程结构调整的主要内容。我国现行的基础教育课程类型单一，学科课程、必修课程、国家课程、传授型课程占绝对的主导地位。虽然20世纪80年代末到90年代初的课程改革中增加了活动课和选修课，但这种状况并没有从根本上得到改观。此次课程改革着力纠正旧有课程结构的偏失，增加综合课程，减少国家课程与必修课程的比重，降低语文、数学等传统优势学科的比重，力图建立一个结构均衡的课程体系。特别是在综合课程方面，设置了贯穿小学到高中的综合实践活动课程，并将其纳入必修课范畴，使之成为学校课程体系的重要组成部分。

4. 寻求社会需求、个人发展、知识资源之间的平衡及三者各自内部的平衡

社会、学生、知识是课程内容的三个基本来源，三者之间能否建立合理的平衡关系决定了教育能否真正地实现其应有的功能。我国现行的课程属于知识本位课程模式，强调知识自身的逻辑体系，注重系统知识的学习和书本知识的传授，缺乏对学生学习兴趣和社会要求的观照，课程内容“难、繁、偏、旧”。既不能满足学生个性充分发展的需要，也不能满足社会发展的需求。

为此，新一轮基础教育课程改革对现行课程内容进行了重大调整。一是删除陈旧的、过难的知识内容，吸纳新知识，如信息技术知识，调整不同价值知识的比例。二是增加与社会生活相联系的课程内容，开设社会实践和社区、劳动技术教育等课程，以增强课程的社会适应性。三是将不同学科、不同类型的知识加以整合，呈现给学生近似自然状态存在的知识，促进学生整体发展、全面发展。同时为学生提供不同层次的课程知识，提供给学

①② 钟启泉，崔允漷，张华. 为了中华民族的复兴　为了每位学生的发展：《基础教育课程改革纲要（试行）》解读［M］. 上海：华东师范大学出版社，2001：189，156.

生更多的选择机会以适应学生的不同需要。

5. 寻求课程管理中央集权与地方分权的平衡

综观世界各国课程管理体制改革，寻求中央集权与地方分权的和谐统一，发动多方力量共同参与课程管理和决策是其共同趋势。目前，很少有国家完全采取单一的集权式或者分权式课程管理模式。新中国成立初期，我国沿袭苏联的中央集权式课程管理体制，这种模式在新中国成立初期曾发挥了积极作用。但在今天，中央集权式课程管理模式缺乏弹性、不能满足不同地区需要的弊端日渐凸显。一些有识之士对此早有认识，吕达于 1990 年就率先提出了课程的三级管理模式，并初步探讨了国家、地方、学校在课程管理中的权限与职责。①国家层面则于 1999 年首次提出试行国家、地方和学校三级课程管理体制。尝试构建三级权力主体各自职责的框架，并且根据学校缺乏课程管理的主体意识和全国教师缺乏开发校本课程经验与能力的现状，仍采取以国家和地方管理课程为主要形式、有限度地扩大学校课程管理权的策略。

6. 寻求课程改革主体结构的平衡

课程改革主体结构平衡与否关系到课程改革意图的实现程度。我国以往的基础教育课程改革主要是政府行为，政府是课程改革的发动者、设计者和推广者。课程改革过程中政府必须要咨询专家意见，教师仅仅是课程改革的执行者，社区人员、学生、家长等是局外人，对课程改革没有发言权。课程改革仅反映政府的意志和专家的价值取向，导致其他课程改革参与主体对课程改革态度消极冷漠甚至敌对。解决这一问题的方法是改变课程改革的主体结构，使课程的设计开发主体与课程实施主体相融合。虽然与课程体系比较完善的国家相比，21 世纪基础教育课程改革中课程设计主体与课程实施主体融合程度不够，但与我国以往的课程改革相比，对教师参与课程设计的重视程度明显提高。比如，在课程改革的酝酿阶段吸收部分教师参与课程改革的总体规划，在试点实验阶段定期召开经验总结会，听取广大教师的意见和建议，在课程结构中增加了校本课程，直接赋予教师课程开发的权力，教师既是课程开发设计主体又是课程实施主体等。

7. 寻求编制、实施、评价的一体化和平衡

任何课程改革都是在一定理念指导下进行的，课程编制是课程理念的具体化过程，课程实施是课程理念的实现过程，课程评价包括对课程自身的评价、对教师教学和学生学习的评价，是对课程理念合理性、课程编制科学性、课程实施适切性进行批判和反思的过程，是课程改革中的信息反馈与质量监督系统。我国以往课程改革的弊端之一是课程编制、课程实施与课程评价等环节严重脱节，未构建一体化的课程改革模式，主要原因在于课程改革重编制、轻实施、忽视评价。此次课程改革强调课程编制与实施的一致性，强调课程评价方式的转变，考试制度的完善，建立反映课程改革理念的评价体系，即发展性课程评价体系。

① 吕达. 我国普通高中课程改革向何处去？——“国家教委普通高中课程问题研讨会”述评 [J]. 课程·教材·教法，1990 (8)：14—18.

（四）进入 21 世纪以来我国基础教育课程与教学改革中存在的问题

21 世纪以来，我国基础教育课程与教学改革注重培养学生的创新精神和实践能力，促进学生潜能的发挥，强调学生人文素质的提高，重视价值观教育和学生精神道德的发展等对我国课程与教学理论研究和实践应用产生了很大的冲击和影响。尽管我国基础教育课程与教学改革已取得显著效果，但在改革实践中也暴露出一些问题。

目前，有关 21 世纪基础教育课程与教学改革之问题，不同的研究者基于不同的立场、视角和侧重点给予了不同层面的关注。例如，有研究者从课程与教学改革的总体情况着手，认为课程改革缺乏多方支持，思想观念转变不够深刻，改革整体发展不平衡，课程与教学资源缺乏，可持续发展的机制不够完善等。① 有研究者基于调研分析，认为课程改革存在观念尚需深化和更新，政策和测评体系尚需完善，基础研究和经验研究尚需加强，教师对课程改革的适应性不强，学校课程资源开发不足以及有效的教师专业发展机制尚需健全等问题。② 有研究者为促进教育均衡发展，在分析农村基础教育课程改革成效的基础上，认为农村基础教育课程改革中存在政府重视不够，领导不力；学校课程改革的经费、课程资源配置和开发不足；中小学师资队伍仍然薄弱；信息技术与课程的整合亟待进一步加强等问题。③ 也有研究者以教材改革为切入点进行分析认为，作为教材改革实践的课程改革未能有效推动教师自身对所教学科的研究，课改理念更多地停留于口号和形式，容易抑制自下而上课堂创造构想的生长发展等。④ 还有研究者提出 21 世纪基础教育课程与教学改革关于三级课程管理体制的实施，极大地调动了地方和学校开发课程、参与改革的积极性，但“三级课程管理”制度需要真正落实，学校课程规划和建设能力有待提高，考试评价制度一致性有待提升等。⑤

知识窗10－5

全面深化课程教学改革需要关注的几个重要问题

1. 把握育人方向。立德树人强调在全面发展基础上要高度关注和加强学生的社会责

---

① 关松林. 关于基础教育课程改革成效、问题与对策的思考 [J]. 课程·教材·教法，2010 (7)：14—17.

② 中国教育科学研究院课程教学研究中心课题组. 基础教育课程改革十年：经验、问题与对策 [J]. 教育科学研究，2012 (9)：5—12＋17.

③ 王嘉毅，赵志纯. 我国农村基础教育课程改革：问题与对策 [J]. 教育研究，2010 (11)：25—30.

④ 程良宏. 从教材改革到文化变革：基础教育课程改革的视域演进 [J]. 教育发展研究，2015 (2)：47—52.

⑤ 刘月霞，马云鹏. 课程领导的“困”与“路”——深化基础教育课程改革的思考 [J]. 中国教育学刊，2015 (4)：1—4.

任感、创新精神、实践能力的培养。第一，坚持立德树人导向。第二，聚焦人才培养模式的创新。第三，把握好改革的价值取向。第四，坚持正确的质量关。

2. 加强和完善课程教学制度建设。注重把过去探索的确实行之有效的成果机制化、制度化，让它长期发挥作用。

3. 聚焦课程的深度整合。课程整合可以有不同的角度，有跨学科的横向整合以及学科内部的纵向整合。现在对学校来说，重点在于学科内部的纵向整合。学科内部整合重点是从学科核心思想、学科关键问题、学科核心素养目标角度出发，对整个学科体系的知识进行系统的梳理，然后做必要的归并、精简、整理、补充、加工、调整。

4. 进一步深化课堂教学改革。当前深化课堂教学改革要聚焦教与学关系的调整。

5. 做精细化的研究与寻找操作的策略和方式。关注策略方法模式的研究和创新，先让理念落地，提炼新课改理念真正落地的操作策略、方法与模式。

6. 加强考试评价研究。如何真正发挥考试评价的作用，需要用新的思路，特别是要加强日常的教学评价的改革与研究。

7. 强化信息技术研究。

［资料来源］田慧生：《我国基础教育课程改革：回顾与前瞻》，《中国教育科学》2015年第2期。

教学作为课程改革实施的主渠道，是确保新一轮基础教育课程改革深入推进的重要保障。有研究者在全面分析课程改革的基础上，认为课程改革中提防心理的存在限制了师生的自主性，新理念的泛化理解影响了教学的有效性，否定教学控制破坏了教学的秩序性。① 还有学者对微观的课堂教学活动进行分析后认为，过分追求学生主体理念，导致教师不敢管，不知道怎么管。比如，把握不住课堂节奏；对学生提出的一些问题不知道如何应答；让学生自主学习演变成了放任自流；合作学习成了“合并”学习，随意、低效等。② 可见，新一轮基础教育课程与教学改革的深入推进任重道远。

第三节 课程与教学改革的现状与未来展望

课程与教学作为基础教育的核心要素，其改革的成败事关基础教育质量的提高与学生综合素养的提升。在各个国家大力推进基础教育课程与教学改革的今天，呈现出一些共同的发展趋势。

① 齐军. 基础教育课程改革中的三个教学问题［J］. 课程·教材·教法，2013（3）：36—41.

② 和学新. 提高课堂教学效率的策略与方法［M］. 天津：天津教育出版社，2009：5.

一、进入21世纪以来国际课程改革发展状况

当代各国教育均旨在培育学生的核心素养，培养学生的国际视野和民族意识，追求学生全面发展。各国课程改革除强调生活化、综合化和科学化之外，还呈现出以下共同的发展趋势。

（一）强调基本知识的学习，基础学力的提高

21世纪以来，各国通过不同的文件，不同程度地加强了基础知识和基本技能的学习。美国于2002年1月签署的《不让一个儿童掉队》提出的改善读写——阅读先行计划，是小学生基本阅读能力的最低标准，要求创设一套综合性的、州政府范围内的阅读计划，以确保每位学生到3年级时都能够阅读。英国小学从1999年9月开始实行的“国家基础学力战略”包括“国家读写战略”和“国家计算战略”，到2002年，80%的11岁儿童语文水平达到该年龄阶段儿童应达到的标准；75%的11岁儿童计算水平达到要求的标准。① 日本于1996年7月公布的《21世纪日本教育的发展方向》提出，要坚持基础知识和基本能力的学习。小学算数强调学生掌握基本计算技能，精简复杂图形等内容，初中数学精简了复杂计算等内容，高中数学开设以数学史为题和日常事务的统计处理为内容的新科目，并作为必须选修科目。这些举措表明各国都比较重视基础学力的提高。

（二）追求国家课程、地方课程与校本课程的有机结合

中央集权制国家和地方分权制国家的课程管理和课程决策走向权力分享成为共同趋势。以地方课程和学校课程为主的国家开始强调国家对课程的宏观控制，逐步回收课程管理权力，注重课程的统一性，在全国范围内推广统一的国家课程。例如，美国《2000年目标：美国教育法》既设计了课程改革的总体方案，又制定了国家课程内容标准。英国《1993年教育法》颁布后设立的学校课程和评估局，取代了国家课程委员会和学校考试和评定委员会，第一次在中小学推行国家统一考试等。与此同时，以日本为代表的以国家课程为主的国家开始关注课程开发的多样性和灵活性。日本为了将统一标准和发展地方、学校课程相结合，鼓励各学校和地区设计富有特色的地方课程与学校课程。为了积极发挥地方和学校课程自主权，日本强调选修课和综合学习。可见，各个国家在课程决策与开发权力分配中，都在努力追求国家课程统一性与地方课程、学校课程灵活性的有机结合。

（三）重视课程内容的综合化、生活化

为了增强课程的适切性，加强相关学科之间的联系，增强课程内容与学生生活的联

---

① 钟启泉，杨明全. 主要发达国家基础教育课程改革的动向及启示 [J]. 全球教育展望，2001 (4)：7—16.

系，实现课程的综合化与生活化成为一种共同趋势。美国为了在课程内容中融入学生将要适应社会的基本技能，开设了驾驶、婚姻与成人生活培训等课程。从 2002 年开始，英国不再将现代外语作为 14—16 岁学生的必修课程，以便学生有时间开展自主性社会体验学习。① 在日本，小学阶段实施以生活为中心的合科课程，如低年级的手工图画、社会科、生活科等。《综合课程》的内容涉及关怀、尊重生命、相互协作、福利、国际理解、环境保护等六个方面。②

（四）强调价值观的培养和道德教育

各国课程改革普遍注重学生价值观的培养和道德教育。英国在 1999 年 9 月 9 日颁布的课程改革方案中提出，学校教育应该反映有利于达成促进机会均等、形成健康和公正民主、生产经济和可持续发展基本目的的永恒价值。从 2000 年 8 月起，"公民"将成为法定的国家课程，要求学生掌握有关成为公民的知识，理解公民的权利和义务；具备信息和交流技能。日本为了强调道德教育的价值，改变了学校教育组成部分的排列顺序，将道德教育放在首位，通过学校规定的"道德时间"完成道德教育。日本的教学大纲也规定中小学各年级每学年开设 35 课时的道德课。

（五）注重学生信息素养的提高

为适应信息化社会，必须提高学生的信息素养。美国新泽西州要求所有学生学会使用信息技术和其他工具。英国在新的国家课程中将以前的"信息技术"改为"信息和交流技术"，旨在为学生有能力参与快速变化的世界生活做准备，学会发现、探究、分析、交换、提供信息，创造性和独立性地学习。日本 1997 年公布的《关于改善教育课程基准的基本方向》指出，要培养能够适应运用计算机和信息通信等信息手段的基础素质和能力，加深对信息发出和接受的基本规则与信息化影响的理解。1998 年 6 月，日本公布的新课程方案将"信息科"作为高中普通科的必修科目，以适应计算机、网络的普及带来的信息社会的变化。

二、进入 21 世纪以来国际教学改革发展状况

综观各国教学改革现状，虽然各国教学改革的取向与路径不尽相同，但强调通过教学改革培养未来社会合格公民的做法基本一致。进入 21 世纪以来，各国教学改革主要呈现

---

① 李振玉，张燕军. 新世纪美、英、日三国基础教育课程改革的特点与趋势 [J]. 外国中小学教育，2012 (12)：1—6.

② 杨骞，胡良民. 国外新世纪基础教育课程改革的共同特点 [J]. 辽宁师范大学学报（社会科学版），2002 (4)：32—35.

出以下共同的发展趋势。

（一）注重学生创造性的培养

激发学生的创造潜能，培养学生的创造性是重要的教学目标之一。尤其在全球化和信息化社会，注重学生创造性培养，提高学生的创新能力显得更为迫切。日本在 2000 年 3 月召开的教育改革国民会议中呼吁，学生需要拥有以丰富的想象力、预见力为基础，创造新思想、新方法的能力。通过尊重学生个性，提高学生问题解决能力和创新能力。

（二）强调教学评价的多元化

各国教学评价改革呈现出以下几方面共同点。就教学评价主体而言，越来越强调师生主体间的交流和互动；就教学评价目标而言，越来越强调教学评价的发展性和过程性；就教学评价方式而言，越来越强调定量评价与定性评价有机结合。比如，日本在考试形式上有笔试、面试、小论文写作、实际操作，且评价方法也包括目标评价法、差别条件推荐法、加权法、综合录取法以及大小学区录取法等。① 这种教学评价的多元化有利于突显学生学习的主体地位，实现主体教学和差异性教学；有利于促使学生发挥自身特长，促进学生全面发展。

（三）重视教师教育职前职后一体化

在教学改革中，无论是教学目标的达成、教学内容的组织，还是教学方法的选用，都离不开教师有效的教学决策。为了加强教师队伍建设，提高教师专业水平，美国在 300 多所大学的教育学院创立了新的教师培训专业，提供教育和学科题材课程，将课程学习与在中小学校的现场实习融为一体。这些专业改变了传统的专业学习时间，有为本科毕业或改行去做教师的人员开设的 1—2 年的研究生课程，也有为考入师范专业的未来教师开设的五年制课程。② 英国于 2008 年 9 月逐步引入基于工作的证书制度，2010 年 9 月开始实施新的教师职业许可制度，中小学教师每 5 年将进行一次重新认证，以提高教师的专业地位。这些举措旨在进一步加强教师队伍建设，提高教师队伍的整体素质。

（四）重视学生实践能力的培养

尊重学生的实际，考虑学生的学习方式是教学改革的重要特点之一。日本在 2003 年颁布的《学习指导要领》中设置了综合学习时间，通过设置国际体验教育、情报教育、福利社会服务事业教育等课程，鼓励学生通过丰富的实践性调查和直接性体验活动进行学

---

① 杨静．新世纪以来日本基础教育课程改革及其启示［J］．河北师范大学学报（教育科学版），2014（3）：61—67．

② 牛道生．论 21 世纪初国际课程与教学改革新动向［J］．比较教育研究，2002（S1）：244—250．

习，以培养学生的实践能力。① 该课程的体验学习和课题研究学习通过体验社会、实验与观察、调查与讨论等活动培养学生的动手操作能力、解决问题能力和实践能力。

三、课程与教学改革的未来展望

在课程与教学改革发展的过程中，正确认识课程与教学改革取得的成绩与存在的问题，是深化课程与教学改革的前提和基础，也是思考今后课程与教学改革发展的重要内容。基于对 21 世纪以来课程与教学改革现状的反思，本书认为未来仍需从以下几方面努力。

（一）国际化与本土化相统一

随着全球化进程的不断加快，国际化已经成为基础教育课程与教学发展的趋势之一。我国基础教育课程与教学改革既要汲取世界各国在课程与教学改革方面的有益知识和最新成果，又要及时分享我国在基础教育课程与教学改革方面的成功经验，促进国际课程与教学改革的信息交流、合作研究和资源共享。在我国基础教育课程与教学改革进程中，一味地引进并不能解决根本问题，还需结合我国基础教育实际情况对引进的东西进行“加工”和“再生产”。所以，基础教育课程与教学改革的深化和发展需要展开国际教育理念、课程和教学等方面的相互借鉴和学习。

（二）多样化与标准化相结合

基础教育课程与教学改革发展中多样化和标准化并不冲突。一般来讲，多样化是目标，标准化是基础。只有二者相互结合，才能实现基础教育课程与教学改革效果的最大化。不论是国家课程还是核心课程，均强调课程的统一性和基础性。国家课程很难切实解决不同地区因为文化资源、办学条件和师资水平差异而导致的课程适切性较差的问题，必须通过地方课程、校本课程的灵活性与多样性来增强国家课程的适切性。同样，教学评价也需要将与国家课程相配套的统一考试和学校自行组织的水平测验相结合，以实现国家对课程与教学的有效管理，充分调动学校参与改革的积极性。

（三）信息技术与课程教学深度融合

2012 年 3 月，教育部发布的《教育信息化十年发展规划（2011—2020 年）》中首次提出信息技术与教育“深度融合”。其中，信息技术与教育深度融合的主要载体是学校课程与教学。加强信息技术与课程教学的深度融合，是“追求信息技术与教育教学相互作用

① 杨骞，胡良民. 国外新世纪基础教育课程改革的共同特点［J］. 辽宁师范大学学报（社会科学版），2002（4）：32—35.

的双向影响，追求教育教学业务流程精细化分析的基础上，实现各类元素的数字化迁移和信息化表征，包括课程设置、教学内容选择、内容呈现、教学组织形式创新、教学手段升级、教学流程优化、教学评价系统化、教与学关系重构等诸多方面”①。最关键的是，信息技术与课程教学深度融合能够丰富信息化教学资源，变革传统课堂教学结构，转变教学方式和学习方式。

随着互联网、大数据和人工智能等新一代信息技术的发展与应用，在线教学既是学校教学信息化研究的热点问题，也是信息技术与教学深度融合的重要内容。尤其是2020年在新冠肺炎疫情背景下，在线教学成为教育领域应对延期开学的一项新举措。就我国而言，为了应对新冠肺炎疫情，教育部印发了一系列文件，并发出“停课不停学”的通知。为了贯彻落实这一通知，中小学因地制宜，开展了不同形式的在线教学，诸如网络在线课程、网络直播教学、电视空中课堂等。② 同时，对于不具备在线学习条件的学生来讲，应充分利用诸如电视直播、电子课本等现有信息技术手段和多媒体工具，支持学生居家在线学习。

（四）基于第四次教育技术革命的课程与教学改革

教育信息化的迅速发展，以及教育技术在教育领域的广泛应用，促使第四次教育技术革命随之爆发。第四次教育技术革命的发生改变了教学方式和教学环境，丰富了学习方式和教学资源。无论是慕课、微课等新型课程资源，翻转课堂、混合学习等教学方式，还是以智慧课堂为代表的教学环境，均离不开教育技术的支持和发展。

其中，慕课的开放性、参与性、网络化与个性化弥补了传统学习方式的局限性。微课作为一种课程与教学资源，其选题精、内容少、时间短的特性满足了学习者个性化的学习需求。翻转课堂的智能性和人机互动性增强了学习者对教学内容的理解和掌握。智慧课堂作为一种新型教学环境，以自主、多元、高效为创设学习环境的基本属性，以参与、探究和体验为学生学习的主要方式，旨在提高学习效率，促进学生全面发展。所以说，“智慧教育是第四次教育革命的最新发展态势，也是教育信息化建设在‘互联网’时代的必然选择”③。

---

① 李玉顺．信息技术与教育教学深度融合的发展需求与趋势［J］．中国教育信息化，2014（12）：3—8．

② 焦建利，周晓清，陈泽璇．疫情防控背景下“停课不停学”在线教学案例研究［J］．中国电化教育，2020（3）：106—113．

③ 钟晓流，宋述强，胡敏，等．第四次教育革命视域中的智慧教育生态构建［J］．远程教育杂志，2015（4）：34—40．

本章小结

20 世纪 50 年代以后，世界基础教育的发展进入了一个新的历史时期。尤其是 20 世纪 80 年代以后，由于国际竞争加剧，美国、英国、日本等发达国家加大了基础教育课程与教学改革力度，以培养适应 21 世纪社会发展的新型人才。

新中国成立以来，我国经历了八次基础教育课程改革。从新中国初期的学习苏联到 21 世纪的自主创新，从统一的国家课程到三级课程管理体制的设置，从标准化的评价到多元化评价体系的构建，体现了我国基础教育课程改革的进步，对学生主体地位的尊重以及以人为本的理念与实践取向。21 世纪我国基础教育课程与教学改革将“为了中华民族的复兴，为了每位学生的发展”确定为 21 世纪我国基础教育课程与教学改革理念。强调以人为本，以学生为本，将学生的发展作为课程开发出发点的价值取向，并基于学生的发展进行课程与教学的设计、实施与评价。

21 世纪国际课程改革强调基本知识的学习，基础学力的提高；追求国家课程、地方课程与校本课程的有机结合；重视课程内容的综合化与生活化；强调价值观的培养和道德教育；注重学生信息素养的提高等。21 世纪国际教学改革注重学生创造性的培养，强调教学评价的多元化，加强教师培训与师资建设，重视学生实践能力的培养等。

拓展学习

1. 归纳美、英、日等发达国家当代基础教育课程与教学改革的共同点。
2. 评析 21 世纪我国基础教育课程改革的主要理念。
3. 21 世纪国际课程与教学改革发展趋势有哪些？

选读文献

1. 强海燕著：《中、美、加、英四国基础教育研究》，人民教育出版社 2006 年版。

该书是作者在实地研究的基础上根据丰富的第一手资料撰写而成的，以美、加、英三个国家为对象国，与中国的基础教育进行比较。全书共五编，一至四编分别对中国、美国、加拿大、英国的基础教育改革与发展，基础教育课程，课堂教学方法、策略和模式，基础学校的类型，学习的评价及学校管理等进行研究。第五编从多元文化、民族与双语教育，性别平等与性别公平化教育，特殊儿童的基础教育，课程与教学等方面对四国的基础教育展开横向比较研究。

2. 石鸥主编：《中国基础教育60年（1949—2009）》，湖南师范大学出版社2009年版。

该书分为“义务教育的普及”“基础教育教师队伍的建设与发展”“基础教育课程与教学改革”“基础教育体制改革与发展”“中小学教材建设和教研制度发展”五篇，系统梳理了新中国基础教育60年的发展历程与辉煌成就。

3. 丛立新、王本陆主编：《国际视野中的课程与教学改革》，北京师范大学出版社2012年版。

该书是北京师范大学主办的课程与教学国际学术论坛首届研讨会会议论文精选，主要集中在世界各国课程与教学改革的经验与反思方面，收录了当代课程与教学论研究知名专家的文章。

主要参考文献

一、中文文献

（1）图书

1. 董远骞，张定璋，裴文敏. 教学论 [M]. 杭州：浙江教育出版社，1984.

2. B. S. 布卢姆，等. 教育目标分类——第一分册：认知领域 [M]. 罗黎辉，等译. 上海：华东师范大学出版社，1986.

3. 瞿葆奎. 教育学文集·教学 [M]. 北京：人民教育出版社，1988.

4. 钟启泉. 现代课程论 [M]. 上海：上海教育出版社，1989.

5. A. J. 哈罗，E. J. 辛普森. 教育目标分类学——第三分册：动作技能领域 [M]. 施良方，等译. 上海：华东师范大学出版社，1989.

6. D. R. 克拉斯沃尔，B. S. 布卢姆，等. 教育目标分类——第二分册：情感领域 [M]. 施良方，等译. 上海：华东师范大学出版社，1989.

7. 李秉德，李定仁. 教学论 [M]. 北京：人民教育出版社，1991.

8. 廖哲勋. 课程学 [M]. 武汉：华中师范大学出版社，1991.

9. 拉瓦夫·泰勒. 课程与教学的基本原理 [M]. 施良方，译. 北京：人民教育出版社，1994.

10. 施良方. 课程理论——课程的基础、原理与问题 [M]. 北京：教育科学出版社，1996.

11. 董远骞. 中国教学论史 [M]. 北京：人民教育出版社，1998.

12. 吕达. 课程史论 [M]. 北京：人民教育出版社，1999.

13. 丛立新. 课程论问题 [M]. 北京：教育科学出版社，2000.

14. 张华. 课程与教学论 [M]. 上海：上海教育出版社，2000.

15. 徐继存. 教学理论反思与建设 [M]. 兰州：甘肃教育出版社，2000.

16. 陈玉琨. 课程改革与课程评价 [M]. 北京：教育科学出版社，2001.

17. 李定仁，徐继存. 教学论研究二十年（1979—1999）[M]. 北京：人民教育出版社，2001.

18. 新课程实施过程中培训问题研究课题组. 新课程与评价改革 [M]. 北京：教育科学出版社，2001.

19. 施良方. 学习论（第二版）[M]. 北京：人民教育出版社，2001.
20. 吴永军. 课程社会学 [M]. 南京：南京师范大学出版社，2001.
21. 黄甫全. 课程与教学论 [M]. 北京：高等教育出版社，2002.
22. 李方. 课程与教学基本理论 [M]. 广州：广东高等教育出版社，2002.
23. 沈玉顺. 现代教育评价 [M]. 上海：华东师范大学出版社，2002.
24. 马云鹏. 课程与教学论 [M]. 北京：中央广播电视大学出版社，2002.
25. 廖哲勋，田慧生. 课程新论 [M]. 北京：教育科学出版社，2003.
26. 波帕姆. 促进教学的课堂评价 [M]. 国家基础教育课程改革“促进教师发展与学生成长的评价研究”项目组，译. 北京：中国轻工业出版社，2003.
27. 李定仁，徐继存. 课程论研究二十年（1979—1999）[M]. 北京：人民教育出版社，2004.
28. 王策三. 教学论稿（第二版）[M]. 北京：人民教育出版社，2005.
29. 丁念金. 课程论 [M]. 福州：福建教育出版社，2007.
30. 裴娣娜. 教学论 [M]. 北京：教育科学出版社，2007.
31. 涂艳国. 教育评价 [M]. 北京：高等教育出版社，2007.
32. 余文森，洪明. 课程与教学论 [M]. 福州：福建教育出版社，2007.
33. 陈晓端，郝文武. 西方教育哲学流派课程与教学思想 [M]. 北京：中国轻工业出版社，2008.
34. 王鉴. 课程论热点问题研究 [M]. 桂林：广西师范大学出版社，2008.
35. 钟启泉，汪霞，王文静. 课程与教学论 [M]. 上海：华东师范大学出版社，2008.
36. 王本陆. 课程与教学论（第二版）[M]. 北京：高等教育出版社，2009.
37. 迟艳杰. 教学论 [M]. 北京：高等教育出版社，2009.
38. 石鸥. 中国基础教育 60 年（1949—2009）[M]. 长沙：湖南师范大学出版社，2009.
39. 徐瑞，刘慧珍. 教育社会学 [M]. 北京：北京师范大学出版社，2010.
40. 杨明全. 课程概论 [M]. 北京：北京师范大学出版社，2010.
41. 陈佑清. 教学论新编 [M]. 北京：人民教育出版社，2011.
42. 徐辉. 课程改革论：比较与借鉴 [M]. 北京：人民教育出版社，2011.
43. 陈旭远. 课程与教学论 [M]. 北京：高等教育出版社，2012.
44. 靳玉乐. 课程论 [M]. 北京：人民教育出版社，2012.
45. 李臣之，等. 西方课程思潮研究 [M]. 北京：人民教育出版社，2012.
46. 石鸥，吴小鸥. 中国近现代教科书史 [M]. 长沙：湖南教育出版社，2012.
47. 张广君，徐继存. 当代教学论文选 [M]. 济南：山东教育出版社，2013.
48. 徐继存，张广君. 当代课程论文选 [M]. 济南：山东教育出版社，2013.

49. 李森，陈晓端. 课程与教学论［M]. 北京：北京师范大学出版社，2015.

（2）论文

1. 施良方. 试论课程的心理学基础［J]. 高等师范教育研究，1995（2）：26—32.

2. 钟启泉. 从“课程管理”到“课程领导”［J]. 全球教育展望，2002（12）：24—28.

3. 杨启亮. 为教学的评价与为评价的教学［J]. 教育研究，2012（7）：98—103.

4. 李振玉，张燕军. 新世纪美、英、日三国基础教育课程改革的特点与趋势［J]. 外国中小学教育，2012（12）：1—6.

5. 田慧生. 我国基础教育课程改革：回顾与前瞻［J]. 中国教育科学，2015（2）：83—103＋82＋258—259.

6. 刘月霞，马云鹏. 课程领导的“困”与“路”——深化基础教育课程改革的思考［J]. 中国教育学刊，2015（4）：1—4.

7. 石鸥. 核心素养的课程与教学价值［J]. 华东师范大学学报（教育科学版），2016（1）：9—11.

二、外文文献

1. Stenhouse L. *An introduction to curriculum research and development* [M]. London：Heinmann Educational Books Ltd，1975.

2. Velly V A. *The curriculum：theory and practice* [M]. London：Paul Chapman Publishing Ltd，1989.

3. Pinar W F，Reynolds W M et al. *Understanding curriculum* [M]. New York：Peter Lang Publishing，1996.

4. Smith D G. Curriculum and teaching face globalization//W. F. Pinar. *International handbook of curriculum research* [M]. New Jersey：Lawrence Erlbaum Associates，Inc.，Publishers. 2003.